2026

고졸 NCS
의사소통능력

핵심이론 + 예상문제

타임 NCS 연구소

2026

고졸 NCS 의사소통능력 핵심이론 + 예상문제

인쇄일 2026년 2월 1일 5판 1쇄 인쇄 **발행처** 시스컴 출판사
발행일 2026년 2월 5일 5판 1쇄 발행 **발행인** 송인식
등 록 제17-269호 **지은이** 타임 NCS 연구소
판 권 시스컴2026

ISBN 979-11-6941-914-7 13320
정 가 17,000원

주소 서울시 금천구 가산디지털1로 225, 514호(가산포휴) | **홈페이지** www.nadoogong.com
E-mail siscombooks@naver.com | **전화** 02)866-9311 | **Fax** 02)866-9312

INTRO

NCS(국가직무능력표준, 이하 NCS)는 현장에서 직무를 수행하기 위해 요구되는 능력을 국가적 차원에서 표준화한 것으로 2015년부터 공공기관을 중심으로 본격적으로 실시되었습니다. NCS는 산하기관을 포함한 약 600여 개의 공공기관으로 확대 실시되었습니다.

NCS는 기존의 스펙위주의 채용과정을 줄이고자 실제로 직무에 필요한 능력을 위주로 평가하여 인재를 채용하겠다는 국가적 방침입니다. 기존 공공기관의 적성검사는 NCS 취지가 반영된 형태로 변하고 있기 때문에 변화하는 양상에 맞추어 NCS를 준비해야 합니다.

NCS 의사소통능력은 NCS 영역 중 핵심영역으로 출제되는 영역입니다. 의사소통능력은 내용일치, 주제 찾기, 배열하기, 빈칸추론 등 다른 영역에 비해 문제 유형이 다양하며, 지문의 길이가 길어 내용에 대한 이해를 기반으로 하는 영역입니다. 그렇기 때문에 취업준비생들은 의사소통능력의 정확한 출제유형을 알고, 다양한 문제를 학습함으로써 시험에 완벽하게 대비할 수 있도록 해야 합니다.

본서는 NCS 공식 홈페이지의 자료를 연구하여 필요한 지문과 이론을 정리하여 수록하였고, 이에 맞춰 실전문제를 수록하여 시험 대비에 충분한 연습을 할 수 있게 제작되었습니다.

취업준비생들에게 아름다운 합격이 함께하길 시스컴이 기원하겠습니다.

타임 NCS 연구소

NCS(기초직업능력평가)란 무엇인가?

1. 표준의 개념

국가직무능력표준(NCS, national competency standards)은 산업현장에서 직무를 수행하기 위해 요구되는 지식 · 기술 소양 등의 내용을 국가가 산업부문별 수준별로 체계화한 것으로 산업현장의 직무를 성공적으로 수행하기 위해 필요한 능력(지식, 기술, 태도)을 국가적 차원에서 표준화한 것을 의미함

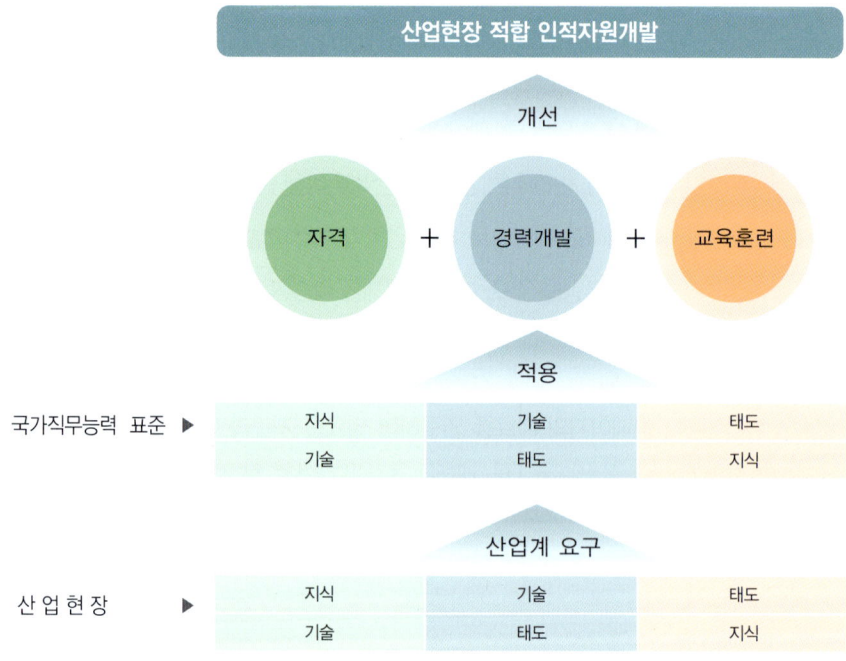

〈국가직무능력표준 개념도〉

2. 표준의 특성

❙ 한 사람의 근로자가 해당 직업 내에서 소관 업무를 성공적으로 수행하기 위하여 요구되는 실제적인 수행 능력을 의미
  – 직무수행능력 평가를 위한 최종 결과의 내용 반영
  – 최종 결과는 '무엇을 하여야 한다' 보다는 '무엇을 할 수 있다'는 형식으로 제시

| 해당 직무를 수행하기 위한 모든 종류의 수행능력을 포괄하여 제시

 - 직업능력 : 특정업무를 수행하기 위해 요구되는 능력
 - 직업관리 능력 : 다양한 다른 직업을 계획하고 조직화하는 능력
 - 돌발상황 대처능력 : 일상적인 업무가 마비되거나 예상치 못한 일이 발생했을 때 대처하는 능력
 - 미래지향적 능력 : 해당 산업관련 기술적 및 환경적 변화를 예측하여 상황에 대처하는 능력

| 모듈(Module)형태의 구성

 - 한 직업 내에서 근로자가 수행하는 개별 역할인 직무능력을 능력단위(unit)화 하여 개발
 - 국가직무능력표준은 여러 개의 능력단위 집합으로 구성

| 산업계 단체가 주도적으로 참여하여 개발

 - 해당분야 산업별인적자원개발협의체(SC), 관련 단체 등이 참여하여 국가직무능력표준 개발
 - 산업현장에서 우수한 성과를 내고 있는 근로자 또는 전문가가 국가직무능력표준 개발 단계마다 참여

3. 표준의 활용 영역

 - 국가직무능력표준은 산업현장의 직무수요를 체계적으로 분석하여 제시함으로써 '일-교육 · 훈련-자격'
   을 연결하는 고리 즉 인적자원개발의 핵심 토대로 기능

〈국가직무능력표준의 기능〉

5

- 국가직무능력표준은교육훈련기관의 교육훈련과정, 직업능력개발 훈련기준 및 교재 개발 등에 활용되어 산업수요 맞춤형 인력양성에 기여함. 또한, 근로자를 대상으로 경력개발경로 개발, 직무기술서, 채용ㆍ배치ㆍ승진 체크리스트, 자가진단도구로 활용 가능함
- 한국산업인력공단에서는 국가직무능력표준을 활용하여 교육훈련과정, 훈련기준, 자격종목 설계, 출제기준 등제ㆍ개정시 활용함
- 한국직업능력개발원에서는 국가직무능력표준을 활용하여 전문대학 및 마이스터고ㆍ특성화고 교과과정을 개편함

구 분		활용콘텐츠
산업현장	근로자	평생경력개발경로, 자가진단도구
	기 업	직무기술서, 채용ㆍ배치ㆍ승진 체크리스트
교육훈련기관		교육훈련과정, 훈련기준, 교육훈련교재
자격시험기관		자격종목 설계, 출제기준, 시험문항, 시험방법

NCS 구성

능력단위

- 직무는 국가직무능력표준 분류체계의 세분류를 의미하고, 원칙상 세분류 단위에서 표준이 개발됨
- 능력단위는 국가직무능력표준 분류체계의 하위단위로서 국가직무능력표준의 기본 구성요소에 해당됨

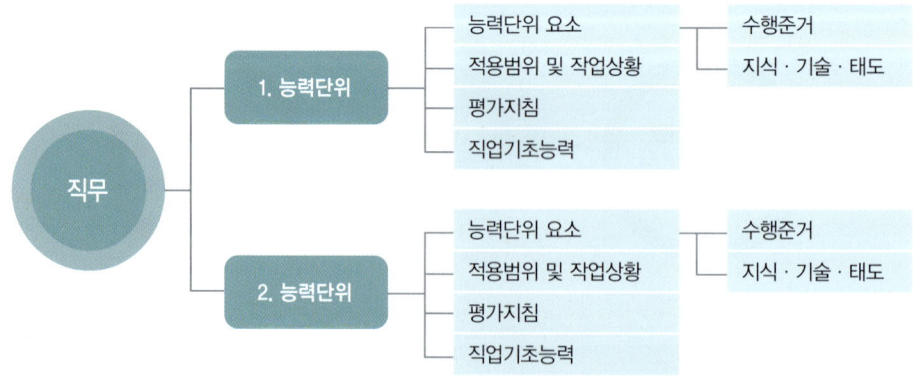

〈 국가직무능력표준 능력단위 구성 〉

NCS 기반 채용 전형절차

NCS 기반 채용 전형절차는 기존의 채용절차와 형식은 같지만 세부 내용은 다른 부분이 많음
이를 전형절차대로 살펴보면 다음과 같음

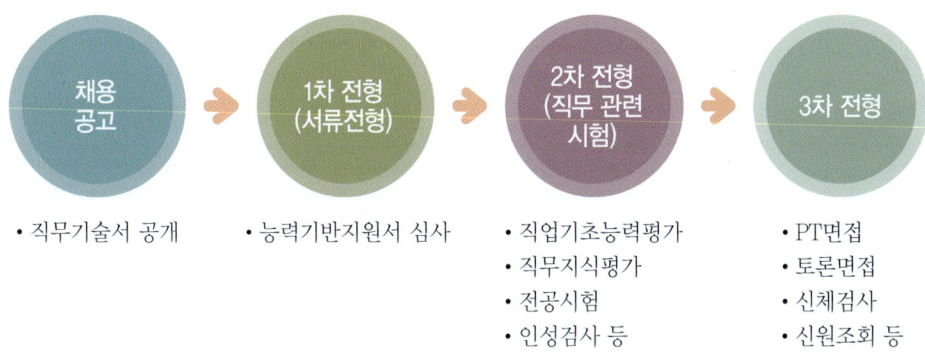

• 직무기술서 공개   • 능력기반지원서 심사   • 직업기초능력평가   • PT면접
                                        • 직무지식평가   • 토론면접
                                        • 전공시험   • 신체검사
                                        • 인성검사 등   • 신원조회 등

1. 채용공고

세부 직무기술서를 사전에 공개하여 어떤 직무 영역의 인재를 선발하는지 구체적으로 알 수 있고, 모집인원
역시 세부적으로 공개하여 지원자가 지원 영역에 대해 예측하고 선별할 수 있도록 함

2. 1차 전형(서류전형)

능력기반지원서는 기존의 인적사항, 학력, 외국어, 자격증 등의 항목 외에 직무관련성이 높은 사항 및 해당
직무에 기본적으로 갖추어야 하는 능력 관련 경험을 기재하도록 되어 있음

3. 2차 전형(직무관련 시험)

직업기초능력평가의 경우 10개의 영역 중 해당 기업체에서 중시하는 능력들을 채택하여 검사를 시행함. 또한
직무지식평가, 전공시험, 인성검사 등 해당 기업체에 따라 시행함

4. 3차 전형

PT면접, 토론면접, 신체검사, 신원조회 등이 시행됨. 1차 전형에서 제출했던 능력기반지원서에 대한 사항을
직무 관련 중심으로 확인하고, 지원자의 직무 영역에 대한 해당 기관의 실제 직무 상황이 주어지고 이에 대한
대처법 등을 답변으로 요구함

● 한국전력공사

| 채용절차

− 서류심사 : 입사지원서

− 필기시험

구분	사무	전기	ICT
직무능력검사	의사소통능력, 수리능력, 문제해결능력		
	자원관리능력, 정보능력	자원관리능력, 기술능력	정보능력, 기술능력

− 인성검사 : 한전 인재상 및 핵심가치, 태도, 직업윤리, 대인관계능력 등 인성전반

− 직무면접/종합면접

직무면접	전공지식 등 직무수행능력
종합면접	인성, 조직적합도 등 종합평가

※ 1차 서류전형은 블라인드 위반 여부, 타 자기소개서 표절 및 단순어휘 반복 등을 판단하여 적격자 전원을 합격시킴

※ 3~4개월 인턴 근무 후 종합평가 기준점수 이상 득점자 또는 자격 취득자에 한해 정규직 전환

※ 채용분야, 인원, 시기는 변경 가능

● 한국수력원자력

▎채용절차

− 서류전형 : 입사지원서

− 필기전형

구분	배점	내용
NCS 직무역량검사	50	• 직업기초능력검사 − 의사소통, 수리, 문제해결, 자원관리, 기술능력 총 50문항 − 해당영역의 근본적인 능력을 평가하는 간단한 문항부터 직무 맥락적인 상황을 포함하는 긴 문항까지 다양한 형태의 문제출제 가능 • 직무수행능력검사 − 선발분야별 기초전공지식 및 기초상식(원자력 · 회사 · 일반) 총 30문항 − 기초전공지식의 경우 직무수행과 관련성이 있는 전공지식 중심의 문항출제
영어	50	• 국내 정기시험 토익(TOEIC) 결과 반영

− 인성검사/심리건강진단

− 면접전형

구분	배점	내용
면접	100	• 직업기초능력면접(40점) − 내용 : 자기소개서 기반 직업기초능력(근로윤리, 자기개발능력 등) − 평가를 위한 질의응답 진행(개인별 약 20분) − 평가등급 : A(40), B(35), C(30), D(25), E(부적격) • 직무수행능력면접(30점) − 내용 : 회사 직무상황 관련 주제에 대해서 문제해결 방안 토의, 개인별 질의응답을 통해 직무수행능력(의사소통능력, 문제해결능력 등) 평가(조별 약 60분) − 평가등급: A(30), B(25), C(20), D(15), E(부적격) • 관찰면접(30점) − 내용 : 조별과제 수행 관찰평가(의사소통능력, 대인관계능력, 문제해결능력 등)를 통해 지원자의 인재상 부합여부 검증 (조별 약 120분) − 평가등급: A(30), B(25), C(20), D(15), E(부적격)

● **한국토지주택공사**

| **채용절차**

– 서류심사 : 입사지원서

– 필기전형

구분		문항수	평가기준
직무능력검사	NCS 직업기초능력	50	의사소통능력, 문제해결능력, 수리능력 등 (갑질 · 성희롱 · 직장내 괴롭힘 분야 5% 수준 포함)

※ NCS 배점의 40% 미만 득점자는 과락(불합격) 처리

– 면접전형 : 종합 심층면접(직무면접 + 인성면접)

면접방식	평가항목
온라인 인성검사(면접 참고자료)	태도, 직업윤리 등 인성전반
AI면접(면접 참고자료)	
직무역량 및 인성 검증면접 (자기소개서, 인성검사 결과지 등 활용 인터뷰 형식)	문제해결 및 논리전개 능력 등
	직업관, 가치관, 사회적 책임감 등

※ 코로나19 관련 사회적 거리두기 단계 상향 등 필요시 온라인 면접을 실시할 수 있으며, 면접방식 등 세부내용은 필기시험

합격자 발표 전후 홈페이지 안내 예정

● 한전kps

| 채용절차

– 1차전형 : 자격증, 직무능력기반지원서(적부판정)

– 2차전형

구분	배점	유의사항
응시분야별 직업기초능력(NCS)	100점	• 3배수 또는 5배수 선발
전공시험	50점	• 필기시험 결과 배점(150점)대비 40%미만 득점자는 합격배수에 상관없이 불합격

– 2차전형 필기시험 전공과목

구분		과목	세부 분야
발전설비운영	기계	기계일반	기계정비 및 설비진단, 기계요소 및 제도, 기계제작 및 가공법 기계재료
	전기	전기일반	전기기기 전기이론 전기설비
	비파괴	비파괴일반	침투비파괴, 초음파비파괴, 방사선비파괴, 자기비파괴, 금속재료 및 용접

– 3차전형 : 인성검사 · 신체검사(적부판정)/개별면접 · 역량면접 등(개별면접 100점)

※본서에 수록된 채용 정보는 추후 변경 가능성이 있으므로 반드시 응시 기간에 채용 홈페이지를 참고하시기 바랍니다.

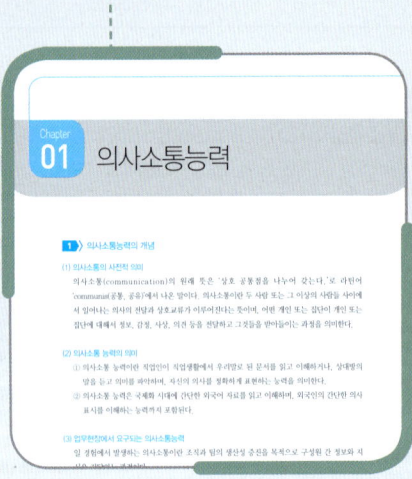

이론편

고졸 NCS 직업기초능력 평가와 직무수행 능력평가를 완벽히 준비하기 위해서 의사소통 능력의 이론을 요약·정리하여 수록하였습니다. 각 영역의 빈출이론, 핵심 개념을 충분히 공부할 수 있도록 수록하여 수험에 도움이 되도록 하였습니다.

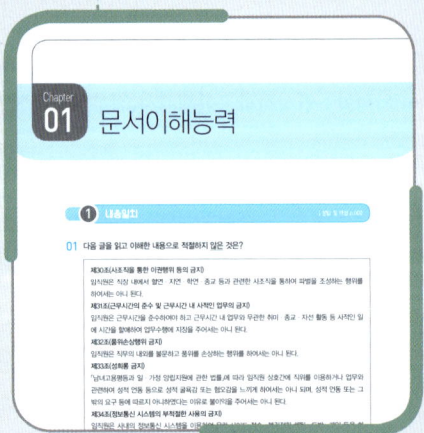

문제편

각 영역의 예상문제들을 통해 실전감각을 익힐 수 있도록 하였습니다.

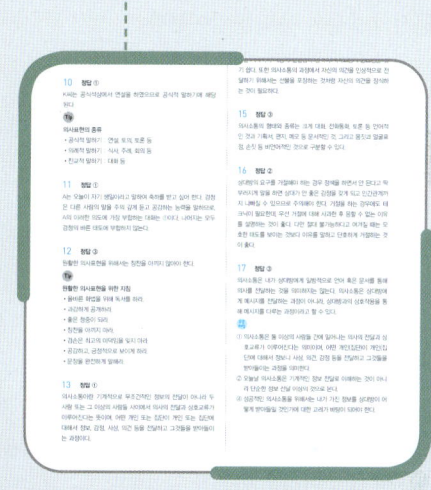

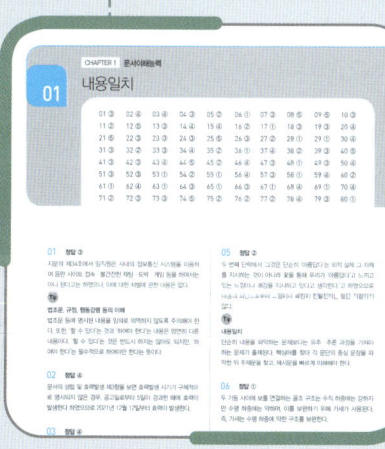

Tip

문제 풀이를 도와주는 공식과 시험에 꼭 출제되는 핵심 암기 이론을 수록하여, 실전에서 당황하지 않고 완벽히 대응할 수 있도록 하였습니다.

정답 및 해설

정답에 대한 해설뿐만 아니라 오답에 대한 해설도 상세히 설명하여, 학습한 내용을 체크할 수 있도록 하였습니다. 문제의 해설 이외에도 문제와 관련된 이론 내용을 첨부하여 관련 문제를 쉽게 이해하고 풀 수 있도록 하였습니다.

1 의사소통능력

의사소통능력이 무엇인지 알아보고, 이를 개발시키기 위한 방법과 저해 요인에 대해 알아보며 의사소통능력에 대해 이해한다.

2 문서이해능력

- 문서를 확인하여 읽고 내용을 이해한 뒤 업무 수행에 필요한 요점을 파악하는 능력을 기른다.
- 문서의 종류와 용도를 알아본다.
- 문서를 이해한다.

3 문서작성능력

여러 상황과 목적에 따라 다양하게 요구되는 문서를 파악하고 작성하는 능력을 기른다.

4 의사표현능력

- 의사표현의 개념과 중요성을 확인하고 의사표현능력을 기른다.
- 원활하고 상황에 맞는 의사 표현을 하는 방법을 알아본다.
- 의사표현이 어려운 이유를 알아본다.

5 경청능력

- 올바른 경청방법을 알아본다.
- 경청능력을 키우는 방법을 알아본다.

6 기초외국어능력

- 기초외국어능력을 향상시키는 법을 알아본다.
- 외국인과의 의사소통법에 대해 이해한다.

● 효율적인 시험 계획 작성법

Chapter별로 Page와 오답 수를 쓰고, 오답에 대한 개선점을 기입해 이후에 비슷한 유형의 문제를 접할 때, 같은 실수를 반복하지 않을 수 있다.

D-DAY	Chapter	Page	오답 수	오답노트	Check
DAY-30	문서이해	65 ~ 70	3	지문 읽기에 너무 많은 시간 소요.	v

D-DAY	Chapter	Page	오답 수	오답노트	Check
D-30					
D-29					
D-28					
D-27					
D-26					
D-25					
D-24					
D-23					
D-22					
D-21					
D-20					
D-19					
D-18					
D-17					
D-16					
D-15					
D-14					
D-13					
D-12					
D-11					
D-10					
D-9					
D-8					
D-7					
D-6					
D-5					
D-4					
D-3					
D-2					
D-1					

CONTENTS

Part **01**

이론편

Chapter 01 의사소통능력

1 〉 의사소통능력의 개념

(1) 의사소통의 사전적 의미

의사소통(communication)의 원래 뜻은 '상호 공통점을 나누어 갖는다.'로 라틴어 'communis(공통, 공유)'에서 나온 말이다. 의사소통이란 두 사람 또는 그 이상의 사람들 사이에서 일어나는 의사의 전달과 상호교류가 이루어진다는 뜻이며, 어떤 개인 또는 집단이 개인 또는 집단에 대해서 정보, 감정, 사상, 의견 등을 전달하고 그것들을 받아들이는 과정을 의미한다.

(2) 의사소통 능력의 의미

① 의사소통 능력이란 직업인이 직업생활에서 우리말로 된 문서를 읽고 이해하거나, 상대방의 말을 듣고 의미를 파악하며, 자신의 의사를 정확하게 표현하는 능력을 의미한다.

② 의사소통 능력은 국제화 시대에 간단한 외국어 자료를 읽고 이해하며, 외국인의 간단한 의사표시를 이해하는 능력까지 포함된다.

(3) 업무현장에서 요구되는 의사소통능력

일 경험에서 발생하는 의사소통이란 조직과 팀의 생산성 증진을 목적으로 구성원 간 정보와 지식을 전달하는 과정이다.

① **업무현장에서 요구되는 의사소통의 목적**

　㉠ 원활한 의사소통을 위해 조직의 생산성을 높인다.

　㉡ 조직 내 구성원들의 사기를 진작시킨다.

　㉢ 조직 생활을 위해 필요한 정보를 전달한다.

　㉣ 구성원 간 의견이 다를 경우 설득한다.

② **업무현장에서 요구되는 의사소통의 기능**

공동의 목표를 추구해야 하는 조직 특성상 의사소통은 집단 내의 기본적 존재 기반이자 성과를 결정하는 핵심 기능이다.

2 》 의사소통의 중요성

(1) 성공적인 의사소통

한 사람이 일방적으로 상대방에게 메시지를 전달하는 과정이 아니라 상대방과의 상호작용을 통해 메시지를 다루는 과정이므로, 성공적인 의사소통을 위해서는 자신이 가진 정보와 의견을 상대방이 이해하기 쉽게 표현해야 할 뿐 아니라 상대방이 어떻게 받아들일 것인가에 대해서도 고려해야 한다.

(2) 업무현장에 요구되는 의사소통의 중요성

① 업무현장에서 의사소통은 구성원들 사이에서 서로에 대한 지각의 차이를 좁혀주며, 선입견을 줄이거나 제거해 주는 수단이다. 직장에서 상사나 동료 혹은 부하와의 의사소통이 원활하게 이루어지면 구성원 간 공감이 증가하고, 조직 내 팀워크가 향상된다. 향상된 팀워크는 직원들의 사기 진작과 능률 향상으로 이어지게 될 것이다.

② 조직이란 다양한 사회적 경험과 지위를 가진 구성원들의 집단이므로 동일한 내용의 메시지를 전달하더라도 각각 다르게 받아들일 수 있으므로 메시지를 주고받는 화자와 청자 간의 상호작용에 따라 다양하게 변형될 수 있다는 사실을 기억해야 한다.

3 》 의사소통능력의 종류

업무현장에서는 많은 사람들과 다양한 의사소통방법을 통해 업무가 이루어진다. 기획서나 보고서, 공문서 등을 작성하는 능력이 필요하고 이미 작성된 문서를 이해할 수 있어야 한다. 또한 일을 하면서 만나게 되는 다양한 관계의 사람들과 원활한 소통을 하기 위해 적절하게 본인의 의사를 표현하고 경청하는 태도를 가져야 한다. 이처럼 일을 하는 동안 다양한 의사소통능력이 요구되는데, 이러한 의사소통능력은 문서적 의사소통능력과 언어적 의사소통능력으로 구분할 수 있다. 또한 세계화 시대에 맞춰 외국인 회사와 업무 협력을 하기 위한 기초외국어능력 역시 필수적인 의사소통능력이다.

(1) 문서적인 측면

① **문서를 통한 의사소통능력의 의미**

문서를 보고 그 내용을 이해하고 요점을 판단하며, 이를 바탕으로 목적과 상황에 적합한 정보를 효과적으로 전달하기 위해 문서를 작성하는 능력을 말한다.

일 경험 중 갖춰야 할 문서적인 의사소통능력은 결국 일 경험의 대부분에서 필요한 능력이며, 전화메모부터 고객을 위한 예산서나 주문서, 직장 내에 의견전달을 위한 기획서나 다른 회사와의 협력을 위한 공문에 이르기까지 다양한 상황에서 요구된다.

② 문서적인 측면의 의사소통 구분

　㉠ 문서이해능력

　　업무와 관련된 다양한 문서를 읽고 문서의 핵심을 이해하며 구체적인 정보를 획득·수집·종합하는 능력을 말한다.

　㉡ 문서작성능력

　　업무 관련 상황과 목적에 적합한 문서를 시각적·효과적으로 작성하는 능력을 말한다.

③ 문서적인 측면에서의 의사소통 특징

　문서적인 의사소통은 언어적인 의사소통에 비해 권위감이 있고 정확성을 요구하며 전달성이 높고 보존성도 크다. 문서적 의사소통은 언어적인 의사소통의 한계를 극복하기 위해 필수불가결한 문자를 수단으로 하지만 때로는 혼란과 곡해를 일으키기도 한다.

(2) 언어적인 측면

① 언어적 의사소통능력의 의미

　언어를 통한 의사소통은 가장 오래된 방법으로 인간은 언어를 수단으로 하는 의사소통에 공식적이든 비공식적이든 자신의 일생 중 가장 많은 시간을 사용한다.

② 언어적 측면의 의사소통 구분

　㉠ 경청능력

　　원활한 의사소통의 방법으로, 상대방의 이야기를 듣고 의미를 파악하는 능력이다.

　㉡ 의사표현능력

　　목적과 상황에 맞는 말과 비언어적 행동을 통해서 아이디어와 정보를 효과적으로 전달하는 의사표현능력이다.

③ 언어적 측면에서의 의사소통 특징

　㉠ 언어적인 의사소통은 다른 의사소통보다는 정확성이 떨어진다는 단점이 있다. 그러나 대화를 통해 상대방의 반응이나 감정을 실시간으로 살피고 설득시킬 수 있다는 유동성이 큰 장점이다.

　㉡ 모든 계층에서 관리자들이 많은 시간을 바치는 의사소통 중에서도 듣고 말하는 시간이 상대적으로 비교할 수 없을 만큼 많다는 점에서 경청능력과 의사표현능력의 중요성이 요구된다.

(3) 기초외국어능력

① 기초외국어능력의 의미

외국어로 된 간단한 자료를 이해하거나 간단한 외국인의 의사표현을 이해하고 자신의 의사를 기초외국어로 표현할 수 있는 능력이다.

② 일 경험에서 요구되는 기초외국어 능력

㉠ 글로벌 시대를 살아가는 직업인에게 요구되는 의사소통능력으로서 기초외국어능력은 일 경험 중에 필요한 문서이해나 문서작성, 의사표현, 경청 등 기초적인 의사소통을 기초적인 외국어로서 가능하게 하는 능력을 말한다.

㉡ 업무와 관련된 컴퓨터나 공장의 기계에 적힌 간단한 외국어 표시 등을 이해하는 것을 포함한다.

---

4 〉 바람직한 의사소통을 저해하는 요인

(1) '일방적으로 말하고', '일방적으로 듣는' 무책임한 마음

직업생활에서 누구나 실수를 범하지 않도록 주의하며 의사소통을 시도한다. 그러나 내 메시지가 정확히 전달되었는지, 상대방이 정확히 이해했는지를 확인하지 않고 그 순간을 넘겨 버린다면 서로 엇갈린 정보를 가지게 된다. 이런 엇갈린 정보에 대한 책임은 듣는 사람에게도 있으며 듣는 사람은 자신이 들은 정보에 대해 확인하는 책임감을 가져야 한다.

→ 의사소통 기법의 미숙, 표현 능력의 부족, 이해 능력의 부족

(2) '전달했는데', '아는 줄 알았는데'라고 착각하는 마음

업무를 위한 의사소통은 많은 정보를 담아야 하는 경우가 종종 있다. 그러나 말하는 사람은 지나치게 많은 정보를 한 번에 담거나, 서로 경쟁하는 메시지를 듣는 사람에게 전달하지 않도록 주의해야 한다. 듣는 사람이 이해하기에 너무 복잡하고 많은 내용의 메시지, 서로 모순되는 내용을 가진 경쟁적인 메시지를 전달하는 것은 잘못된 의사소통으로 가는 지름길이다.

→ 평가적이며 판단적인 태도, 잠재적 의도

(3) '말하지 않아도 아는 문화'에 안주하는 마음

'말하기 전에 해라.', '알아서 판단해라.', '일은 눈치로 배우는 거다.' 등과 같이 직접적인 대화를 통해서 관계를 맺는 것보다, 오히려 눈치를 중요시하는 의사소통을 미덕이라고 생각하는 경향이 있다. 말하지 않아도 마음이 통하는 관계는 최고의 관계이지만, 비지니스 현장에서 필요한 것은 마음으로 아는 눈치의 미덕보다는 정확한 업무처리이다.

→ 과거의 경험, 선입견과 고정관념

(1) 사후검토와 피드백 활용하기

① 피드백(feedback)이란 상대방에게 그의 행동 결과에 대한 정보를 제공해 주는 것을 말한다. 즉, 그의 행동이 나의 행동에 어떤 영향을 미치고 있는가에 대해서 상대방에게 솔직하게 알려주는 것이다. 의사소통의 왜곡에서 오는 오해와 오류를 줄이기 위해 말하는 사람은 사후검토와 피드백을 활용하여 메시지의 내용이 실제로 어떻게 해석되고 있는지 검토하는 것이 필요하다.

② 피드백은 상대방에게 행동을 개선할 기회를 제공해줄 수 있다. 하지만 부정적인 피드백만을 계속하면 오히려 역효과가 나타날 수 있기에 상대방의 긍정적인 면과 부정적인 면을 균형 있게 전달하도록 주의하여야 한다.

(2) 명확하고 쉬운 단어를 선택해 언어의 단순화하여 이해를 높이기

의사소통에서는 듣는 사람을 고려하여 명확하고 이해가 쉬운 어휘를 선택해 사용해야 한다. 또한 전문용어와 일상용어를 구분하여 사용해야 한다. 전문용어는 그 언어를 사용하는 집단 구성원들 사이에서 사용하면 이해를 촉진시키지만, 조직 밖의 사람들에게 사용하면 의사소통에 오류가 발생할 수 있기 때문에 주의해야 한다.

(3) 상대방과 대화 시 적극적인 경청하기

대화를 할 때 상대방의 이야기에 관심을 보이지 않고 딴청을 피운다면 그 사람과 의미 있는 대화를 나눌 수 없다. 단순하게 상대방의 이야기를 듣는 것과 경청의 의미는 같지 않다. 듣는 것은 수동적이지만, 경청은 능동적인 의미의 탐색이다. 하지만 경청은 지적인 노력과 집중을 필요로 하기 때문에 쉽지 않으며, 타인의 입장에서 생각하고 감정을 이입할 때 가능하다.

(4) 감정적으로 메시지를 곡해하지 않고 침착하게 감정 조절하기

의사소통 과정에서 감정을 경험하는 것은 무척 자연스러운 일이나, 자신의 감정에 지나치게 몰입하게 되면 의사소통 과정에서 상대방의 메시지를 오해하기 쉽고, 반대로 자신이 전달하고자 하는 의사를 명확하게 표현하지 못하는 경우가 발생한다. 이를 예방하기 위해서는 침착하게 마음을 비우고 감정을 조절해야 한다.

6 〉 인상적인 의사소통

(1) 인상적인 의사소통의 의미

① 인상적인 의사소통이란, 의사소통 과정에서 상대방에게 같은 내용을 전달한다고 해도 이야 기를 새롭게 부각시켜 좋은 인상을 주는 것이다.

② 상대방이 '과연'하며 감탄하도록 내용을 전달하는 것이다.

③ 자신에게 익숙한 말이나 표현만을 고집스레 사용하면 전달하고자 하는 이야기의 내용에 신 선함과 풍부함, 또는 맛깔스러움이 떨어져 의사소통에 집중하기가 어렵다. 상대방의 마음을 끌어당길 수 있는 표현법을 많이 익히고 이를 활용해야 한다.

④ 자신을 인상적으로 전달하려면, 선물 포장처럼 자신의 의견도 적절히 꾸미고 포장할 수 있어 야 한다.

Chapter 02 문서이해능력

1 〉 문서이해능력의 개념

(1) 문서의 의미

제안서·보고서·기획서·편지·이메일·팩스·메모·공지 사항 등 문자로 구성된 것을 말한다. 사람들은 일상생활에서는 물론 업무현장에서도 다양한 문서를 사용한다. 문서를 통해 효율적으로 의사를 전달함으로써 자신의 의사를 상대방에게 전달하고자 한다.

(2) 문서이해능력의 의미

① 업무현장에서 자신의 업무와 관련된 인쇄물이나 기호화된 정보 등 필요한 문서를 확인하여 문서를 읽고, 내용을 이해하여 요점을 파악하는 능력이다.

② 문서에서 주어진 문장이나 정보를 읽고 이해하여 자신에게 필요한 행동이 무엇인지 추론할 수 있어야 하며 도표, 수, 기호 등을 이해하고 표현할 수 있는 능력을 의미한다.

(3) 업무현장에서 요구되는 문서이해능력

① 일 경험 중에는 업무 관련 인쇄물부터 기호화된 정보로 간략하게 적힌 메모까지 업무와 관련된 수많은 문서를 접하게 된다. 적절한 업무 수행을 위해서는 문서의 내용을 이해하고, 요점을 파악하여 통합할 수 있는 능력이 요구된다.

② 문서에서 전달하는 정보를 바탕으로 업무와 관련하여 요구되는 행동이 무엇인지 적절하게 추론하는 능력, 생산성과 효율성을 높이기 위해 자신이 이해한 업무 지시의 적절성을 판단하는 능력까지 포함한다.

③ 업무현장에서 사용하는 문서는 업무와 관련된 타인의 의사를 전달하고, 필요한 업무를 지시하며, 나아가 어떤 업무가 진행 중인지 기록으로 보존하는 역할을 한다. 따라서 문서이해능력이 부족하면 업무현장에서 본인의 업무를 이해하고 수행하는 데 막대한 영향을 끼치게 된다.

2 〉 문서의 종류와 용도

(1) 공문서

정부 행정기관에서 대내적 · 대외적으로 공무를 집행하기 위해 작성하는 문서를 의미하며 정부기관이 일반회사 또는 단체로부터 접수하는 문서 및 일반회사에서 정부기관을 상대로 사업을 진행하려고 할 때 작성하는 문서도 포함된다. 엄격한 규격과 양식에 따라 정당한 권리를 가진 사람이 작성해야 하며 최종 결재권자의 결재가 있어야 문서로서의 기능이 성립된다.

(2) 기획서

적극적으로 아이디어를 내고 기획해 하나의 프로젝트를 문서 형태로 만들어, 상대방에게 기획의 내용을 전달하고 기획을 시행하도록 설득하는 문서이다.

(3) 기안서

회사의 업무에 대한 협조를 구하거나 의견을 전달할 때 작성하며 흔히 사내 공문서로 불린다.

(4) 보고서

특정한 일에 관한 현황이나 그 진행 상황 또는 연구 · 검토 결과 등을 보고할 때 작성하는 문서이다.

① 영업보고서 : 재무제표와 달리 영업상황을 문장형식으로 기재해 보고하는 문서이다.

② 결산보고서 : 진행됐던 사안의 수입과 지출결과를 보고하는 문서이다.

③ 일일업무보고서 : 매일의 업무를 보고하는 문서이다.

④ 주간업무부고서 : 한 주간에 진행된 업무를 보고하는 문서이다.

⑤ 출장보고서 : 회사 업무로 출장을 다녀와 외부 업무나 그 결과를 보고하는 문서이다.

⑥ 회의보고서 : 회의 결과를 정리해 보고하는 문서이다.

(5) 설명서

상품의 특성이나 사물의 성질과 가치, 작동 방법이나 과정을 소비자에게 설명하는 것을 목적으로 작성하는 문서이다.

① 상품소개서 : 일반인이 친근하게 읽고 내용을 쉽게 이해하도록 하는 문서이며, 소비자에게 상품의 특징을 잘 전달해 상품을 구입하도록 유도하는 것이 궁극적인 목적이다.

② 제품설명서 : 제품의 특징과 활용도에 대해 세부적으로 언급하는 문서이며, 제품 구입도 유도하지만 제품의 사용법에 대해 더 자세히 알려주는 것이 주 목적이다.

(6) 보도자료

정부 기관이나 기업체, 각종 단체 등이 언론을 상대로 자신들의 정보가 기사로 보도되도록 하기 위해 보내는 자료이다.

(7) 자기소개서

개인의 가정환경과 성장과정, 입사 동기와 근무자세 등을 구체적으로 기술하여 자신을 소개하는 문서이다.

(8) 비즈니스 레터(E-mail)

사업상의 이유로 고객이나 단체에 편지를 쓰는 것이며, 직장 업무나 개인 간의 연락, 직접 방문하기 어려운 고객 관리 등을 위해 사용되는 문서이나, 제안서나 보고서 등 공식적인 문서를 전달하는 데도 사용된다.

(9) 비즈니스 메모

업무상 필요한 중요한 일이나 앞으로 체크해야 할 일이 있을 때 필요한 내용을 메모 형식으로 작성하여 전달하는 글이다.

① **전화 메모** : 업무 내용이나 개인적인 전화의 전달사항 등을 간단히 작성하여 당사자에게 전달하는 메모이다.

② **회의 메모** : 회의에 참석하지 못한 상사나 동료에게 전달 사항이나 회의 내용에 대해 간략하게 적어 전달하는 메모이다. 또한 회의 내용을 기록하여 기록이나 참고자료로 남기기 위해 작성하는 메모로 월말이나 연말에 업무 상황을 파악하거나 업무 추진에 대한 궁금증이 있을 때 핵심적인 자료 역할을 한다.

③ **업무 메모** : 개인이 추진하는 업무나 상대의 업무 추진 상황을 적은 메모이다.

3 〉 문서 이해의 구체적 절차

(1) 문서 이해의 순서

① 문서의 목적 이해하기

② 문서가 작성된 배경과 주제 파악하기

③ 문서에 쓰인 정보를 밝혀내고 문제가 제시하고 있는 현안문제 파악하기

④ 문서를 통해 상대방의 욕구와 의도 및 나에게 요구하는 행동에 관한 내용 분석하기

⑤ 문서에서 이해한 목적 달성을 위해 취해야 할 행동을 생각하고 결정하기

⑥ 상대방의 의도를 도표나 그림 등으로 메모하여 요약 · 정리해보기

4 〉 문서이해를 위해 필요한 사항

(1) 문서이해를 위한 노력

① 각 문서에서 꼭 알아야 하는 중요한 내용만을 골라 필요한 정보를 획득하고 수집, 종합하는 능력이 필요하다.

② 다양한 종류의 문서를 읽고, 구체적인 절차에 따라 이해하고 정리하는 습관을 들여 문서이해 능력과 내용종합능력을 키워나가는 노력이 필요하다.

③ 평소에 책이나 업무에 관련된 다양한 문서를 읽고, 구체적인 절차에 따라 이해하고, 정리하는 습관을 들이되 본인에게 적합한 정리 방식을 찾는 노력이 필요하다.

문서작성능력

1 > 문서작성능력의 개념

(1) 문서작성능력의 의미

① 직업생활에서 목적과 상황에 적합한 아이디어나 정보를 전달할 수 있도록 문서를 작성할 수 있는 능력이다.

② 문서작성을 할 때에는 문서를 왜 작성해야 하며, 문서를 통해 무엇을 전달하고자 하는지를 명확히 한 후에 작성해야 한다.

③ 문서작성 시에는 대상, 목적, 시기, 기대효과(기획서나 제안서 등의 경우)가 포함되어야 한다.

(2) 문서작성의 중요성

일상생활에서의 문서작성이 개인과 관련된 일이라면 업무현장에서 요구되는 문서작성은 업무와 관련하여 조직의 비전을 실현시키는 과정으로, 조직의 생존을 위한 필수 요소라 할 수 있다. 그렇기 때문에 직업인의 주 업무로써 문서작성은 개인의 의사표현이나 의사소통을 위한 과정뿐만 아니라 조직의 사활이 걸린 중요한 업무의 일환이다.

(3) 문서작성 시 주의사항

문서는 문서를 작성하는 목표, 즉 문서를 작성하는 이유와 문서를 통해 전달하려는 것을 명확히 한 후에 작성해야 한다. 문서작성은 개인의 사고력과 표현력을 총 동원해야 하는 능력의 결정체이다. 그러므로 문서를 작성할 때에는 문서의 대상, 목적, 시기가 포함되어야 하며, 기획서나 제안서 등 경우에 따라 기대효과 등이 포함되어야 한다.

2 〉 문서작성의 요소

(1) 문서작성 구성요소

① 품위 있고 짜임새 있는 골격

② 객관적이고 논리적이며 체계적인 내용

③ 이해하기 쉬운 구조

④ 명료하고 설득력 있는 구체적인 문장

⑤ 세련되고 인상적이며 효과적인 배치

3 〉 문서작성법

(1) 상황에 따른 문서작성법

업무현장에서 요구되는 문서는 상황에 따라 그 내용이 결정된다. 문서작성 상황은 요청이나 확인을 부탁하는 경우, 정보 제공을 위한 경우, 명령이나 지시가 필요한 경우, 제안이나 기획을 하는 경우, 약속이나 추천을 하는 경우 등으로 구분할 수 있다.

① 요청이나 확인을 부탁하는 경우

업무 내용과 관련된 요청사항이나 확인절차를 요구해야 할 때가 있다. 이러한 경우, 일반적으로 공문서를 활용하는데, 일정한 양식과 격식을 갖추어 작성해야 한다.

② 정보제공을 위한 경우

정보제공과 관련된 문서는 회사 자체에 대한 인력보유 홍보나 기업 정보를 제공하는 홍보가 있다. 이 경우에는 홍보물이나 보도자료 등을 활용한다. 또한 제품이나 서비스에 대한 정보를 제공하는 경우가 있는데, 이와 같은 정보제공을 위한 문서를 작성할 때는 시각적인 자료를 활용하는 것이 효과적이다. 또한 모든 상황에서 문서를 통한 정보제공은 무엇보다 신속하고 정확하게 이루어져야 한다.

③ 명령이나 지시가 필요한 경우

관련 부서나 외부기관, 단체 등에 명령이나 지시를 내려야 하는 경우에는 일반적으로 업무 지시서를 작성한다. 업무 지시서를 작성할 때에는 상황에 적합하고 명확한 내용을 작성할 수 있어야 한다. 또한 단순한 요청이나 자발적인 협조를 구하는 차원의 사안이 아니므로, 즉각적인 업무 추진이 실행될 수 있도록 해야 한다.

④ 제안이나 기획을 할 경우

제안서나 기획서의 목적은 업무를 어떻게 혁신적으로 개선할지, 어떤 방향으로 추진할지에 대한 의견을 제시하는 것이다. 그러므로 회사의 중요한 행사나 업무를 추진할 때 제안서나 기획서를 효과적으로 작성하는 것은 매우 중요하다. 제안이나 기획의 목적을 달성하기 위해서는 관련된 내용을 깊이 있게 담을 수 있는 작성자의 종합적인 판단과 예견적인 지식이 요구된다.

⑤ 약속이나 추천을 위한 경우

약속을 위한 문서는 고객이나 소비자에게 제품의 이용에 관한 정보를 제공하고자 할 때 작성하고, 추천서는 개인이 다른 회사에 지원하거나 이직을 하고자 할 때 일반적으로 상사가 작성한다.

(2) 종류에 따른 문서작성법

업무현장에서의 문서작성은 형식적인 면을 상당히 중요시 한다. 일반적으로 각 회사나 기관별로 고유의 문서양식이 있어서 상황에 따라 적합한 문서를 선정하여 작성한다. 기업의 경우 회사마다 각 문서에 대한 정형화된 틀이 있기 때문에 그 틀에 맞춰 작성하는 것이 필요하다. 별도의 양식이 정해져있지 않은 경우에는 많이 쓰는 양식을 선정하여 작성한다.

① 공문서

회사 외부로 전달되는 문서이므로, '누가, 언제, 어디서, 무엇을, 어떻게, 왜'가 정확하게 드러나야 한다. 공문서는 일정한 형식 안에서 내용을 일목요연하게 전개해야 하며 이 과정에서 정확하고 확실하게 작성하는 것이 요구된다.

ㄱ 날짜 작성 시 유의사항
- 연도와 월일을 함께 기입한다.
- 날짜 다음에 괄호를 사용할 경우에는 마침표를 찍지 않는다.

ㄴ 내용 작성 시 유의사항
- 한 장에 담아내는 것이 원칙이다.
- 마지막에는 반드시 '끝'자로 마무리 한다.
- 복잡한 내용은 항목 별로 구분한다.('-다음-' 또는 '-아래-')
- 대외문서이며 장기간 보관되는 문서이므로 정확하게 기술한다.

② 설명서

    ㉠ 명령문보다는 평서형으로 작성한다.

    ㉡ 상품이나 제품에 대해 설명하는 글의 성격에 맞춰서 정확하게 기술한다.

    ㉢ 정확한 내용전달을 위해 간결하게 작성한다.

    ㉣ 소비자들이 이해하기 어려운 전문용어는 가급적 사용을 삼간다.

    ㉤ 복잡한 내용은 도표를 통해 시각화하여 이해도를 높인다.

    ㉥ 동일한 문장 반복을 피하고 다양하게 표현하는 것이 좋다.

③ 기획서

    ㉠ 기획서 작성 전 유의사항

        • 기획서의 목적을 달성할 수 있는 핵심 사항이 정확하게 기입되었는지 확인한다.

        • 기획서는 상대에게 어필해 상대가 채택하게끔 설득력을 갖춰야하므로, 상대가 요구하는 것이 무엇인지 고려하여 작성한다.

    ㉠ 기획서 내용 작성 시 유의사항

        • 내용이 한눈에 파악되도록 체계적으로 목차를 구성하도록 한다.

        • 핵심 내용의 표현에 신경을 써야 한다.

        • 효과적인 내용전달을 위해 내용과 적합한 표나 그래프를 활용하여 시각화하도록 한다.

    ㉡ 기획서 제출 시 유의사항

        • 충분히 검토를 한 후 제출하도록 한다.

        • 인용한 자료의 출처가 정확한지 확인한다.

④ 보고서

    ㉠ 보고서 내용 작성 시 유의사항

        • 업무 진행 과정에서 쓰는 보고서인 경우, 진행과정에 대한 핵심내용을 구체적으로 제시하도록 삭성한다.

        • 핵심사항만을 산뜻하고 간결하게 작성한다(내용 중복을 피한다).

        • 복잡한 내용일 때에는 도표나 그림을 활용한다.

    ㉡ 보고서 제출 시 유의사항

        • 보고서는 개인의 능력을 평가하는 기본요인이므로, 제출하기 전에 반드시 최종점검을 한다.

        • 참고자료는 정확하게 제시한다.

        • 내용에 대한 예상 질문을 사전에 추출해 보고, 그에 대한 답을 미리 준비한다.

4 》 문서작성의 원칙

(1) 문서작성 방법

① 문장은 짧고 간결하게 작성한다.

    → 문서 내용의 이해를 돕기 위해 문장은 육하원칙에 맞추어 짧고 간결하게 작성하고 행과 단락을 적절하게 배분하여 문서가 체계적으로 되도록 한다.

② 상대방이 이해하기 쉽게 쓴다.

③ 한자의 사용은 자제한다.

④ 긍정문으로 작성한다.

    → 공문서에서 부정문이나 의문문의 형식은 피한다.

⑤ 간단한 표제를 붙인다.

    → 문서의 내용을 바로 파악할 수 있도록 간단한 표제를 붙이면 문서 내용을 이해하는 데 도움이 된다.

⑥ 문서의 주요한 내용을 먼저 쓴다.

    → 업무와 관련된 문서 작성의 핵심은 결론을 먼저 제시하는 것이다.

5 》 문서작성 시 고려사항

(1) 문서작성 방법

① 육하원칙에 의해서 써야 한다.

② 문서의 작성시기가 중요하다.

③ 하나의 사항을 한 장의 용지에 작성해야 한다.

④ 문서작성 후 반드시 내용을 검토해야 한다.

⑤ 첨부자료는 반드시 필요한 자료 외에는 첨부하지 않는다.

⑥ 문서내용 중 금액, 수량, 일자 등의 기재에 정확성을 기해야 한다.

⑦ 문장표현은 작성자의 성의가 담기도록 경어나 단어 사용에 신경을 써야 한다.

6 〉 문서표현의 시각화

문서 중에는 무엇을 의도하고 있는지 그 내용을 파악하기 어려운 경우가 종종 있다. 내용을 텍스트로 나열하는 방식보다 적절하게 시각화함으로써 문서를 읽는 대상은 문서의 전반적인 내용을 쉽게 파악하고, 문서 내용의 논리적 관계를 더욱 쉽게 이해할 수 있다. 또한 적절한 이미지 사용은 문서 내용에 대한 기억력을 높일 수 있다. 대상을 시각화하는 방법은 여러 가지이기 때문에 시각화할 정보의 성격에 따라 그에 맞는 적절한 방식을 사용해야 한다.

(1) 문서표현을 시각화할 수 있는 수단

① 차트 표현

데이터 정보를 쉽게 이해할 수 있도록 시각적으로 표현하는 것으로, 주로 통계 수치 등을 도표나 차트를 통해 명확하고 효과적으로 전달한다.

② 다이어그램 시각화

개념이나 주제 등 중요한 정보를 도형, 선, 화살표 등 여러 상징을 사용하여 시각적으로 표현한다.

③ 이미지 표현

전달하고자 하는 내용을 그림이나 사진 등으로 나타낸다.

(2) 문서표현의 시각화 시 주의사항

① 보기 쉬워야 한다.

② 이해하기 쉬워야 한다.

③ 다채롭게 표현되어야 한다.

④ 숫자를 그래프로 표시한다.

Chapter 04 의사표현능력

1 〉 의사표현능력의 개념

(1) 의사표현의 의미

① 의사표현이란 말하는 이가 자신의 감정, 사고, 욕구, 바람 등을 상대방에게 효과적으로 음성언어와 신체언어로 표현하는 행위이다.

ㄱ 음성언어 : 입말로 표현하는 구어이다.

ㄴ 신체언어 : 신체의 한 부분인 표정, 손짓, 발짓, 몸짓 따위로 표현하는 몸말을 의미한다.

② 의사표현은 의사소통의 중요한 수단으로 특히, 의도나 목적을 가지고 이를 달성하고자 할 때 효과적인 말하기 방식이다.

(2) 의사표현의 사용 목적

① 말하는 이가 듣는 이의 생각이나 태도를 변화시키려는 의도로 주장하는 것이다.

② 말하는 이가 자신에게 필요한 정보를 제공받기 위하여 청자에게 질문하는 것이다.

③ 말하는 이가 청자에게 자신에게 필요한 일을 하도록 요청하는 것이다.

(3) 의사표현의 중요성

일 경험을 할 때 상대방의 생각과 감정, 의견을 이해하는 것도 중요하지만, 자신의 의견과 감정을 상대방에게 잘 표현하는 것 역시 중요하다. 성공적인 일 경험을 위해서는 반드시 자신의 의사표현을 상대에게 정확히 전달해야만 하며, 이는 일 경험을 넘어 전반적인 인간관계에서 필수적인 요소라고 할 수 있다.

2 》 의사표현의 종류

(1) 공식적 말하기

준비된 내용을 대중을 상대로 하여 말하는 것으로 연설, 토의, 토론 등이 있다.

① **연설**

말하는 이 혼자 여러 사람을 대상으로 자기의 사상이나 감정에 관하여 일방적으로 말하는 방식이다.

② **토의**

여러 사람이 모여서 공통의 문제에 대하여 가장 좋은 해답을 얻기 위해 협의하는 말하기이다.

③ **토론**

어떤 논제에 관하여 찬성자와 반대자가 각기 논리적인 근거를 발표하고, 상대방의 논거가 부당하다는 것을 명백하게 하는 말하기이다.

(2) 의례적 말하기

정치적·문화적 행사에서와 같이 의례 절차에 따라 하는 말하기이다. 대표적으로 식사, 주례, 회의 등이 있다.

(3) 친교적 말하기

매우 친근한 사람들 사이에서 자연스럽게 떠오르는 대로 주고받는 말하기이다.

3 》 의사표현에 영향을 미치는 비언어적 요소

(1) 연단공포증

면접이나 발표 등 청중 앞에서 이야기해야 하는 상황일 때, 가슴이 두근거리고 입술이 타고 식은땀이 나고 얼굴이 달아오르는 등의 생리적인 현상을 느끼는 것이다.

(2) 말

장단, 고저, 발음, 속도, 쉼, 띄어 말하기 등이 있다.

① **장단**

목소리의 길이는 한 음절을 얼마나 오래 끌며 발음하느냐를 뜻한다. 똑같은 발음의 '말'이지만 짧게 발음하면 말(馬)이 되고, 길게 발음하면 말(語)이 된다. 즉, 표기가 같은 말이라도 소리가 길고 짧음에 따라 전혀 다른 뜻이 된다. 이런 단어의 경우 긴 소리와 짧은 소리를 구분하여 정확하게 발음해야 한다.

② 발음

발음이 분명하지 못하면 듣는 이에게 정확하게 의사를 전달하기 어렵다. 발음을 정확하게 하기 위해서는 천천히 복식호흡을 하여 깊은 소리를 내며 침착하게 이야기하는 습관을 가져야 한다. 발음을 바르게 내는 기본요령은 다음과 같다.

㉠ 호흡을 충분히 한다.

㉡ 목에 힘을 주지 않는다.

㉢ 입술과 혀와 턱을 빨리 움직인다.

③ 속도

말을 할 때 속도 변화를 통해 그 순간 화자의 감정을 알 수 있다. 말의 속도에 대한 적절한 기준은 10분에 200자 원고지 15장 정도이다. 이 기준보다 빠르게 말하면 청중이 내용에 대해 생각할 시간이 부족하고 놓친 메시지가 있다고 느낀다. 또한 빨리 말하는 것은 말하는 사람이 바쁘고 성의가 없다는 느낌을 주게 된다. 반대로 느리게 말하면, 분위기가 처지게 되어 청중이 내용에 집중을 하지 못할 수 있다.

④ 쉼

쉼이란 대화 도중에 잠시 침묵하는 것을 말한다. 쉼은 의도적인 경우와 비의도적인 경우로 구분할 수 있고, 의도적으로 쉼을 잘 활용함으로써 논리성, 감정제고, 동질감 등을 확보할 수 있다. 듣기 좋은 속도의 이야기에서 숨의 총량이 이야기 전체의 35~40%가 적당하다는 주장이 있다. 쉼의 경우는 여러 가지가 있는데 이를 열거하면 다음과 같다.

㉠ 이야기의 전이 시

㉡ 생략, 암시, 반성의 경우

㉢ 여운을 남길 때

(3) 몸짓

의사표현의 성공을 위해서는 언어적 요소와 비언어적 요소를 모두 고려해야 한다. 비언어적 요소는 말의 장단, 발음 속도뿐 아니라 화자의 몸짓, 표정, 신체적 외모 등도 포함한다. 또한 몸의 방향, 자세, 몸짓이 갖는 의미 역시 중요하다.

① **몸의 방향**

몸의 방향은 주로 말하는 이의 머리, 몸, 발 등이 듣는 이를 향하는가, 피하는가를 본다.

② 자세

자세는 의사표현의 비언어적인 요소 중에 가장 덜 애매한 유형이다. 사람들은 다른 사람들의 자세를 보며 그 사람의 감정을 이해할 수 있다. 자세는 우리가 미처 언어적으로 표현하지 못하는 감정을 표현하는 효과적인 의사표현의 요소로 볼 수 있다.

③ 몸짓

몸짓은 손과 팔의 움직임으로 중요한 비언어적 요소 중 하나이다. 몸짓의 가장 흔한 유형은 몸동작으로, 화자가 말을 하면서 자연스럽게 동반하는 움직임이다. 몸동작은 말로 설명하기 어려운 것들을 설명하는 데 자주 사용되며, 몸동작이 전혀 배제된 의사표현은 때로 어색함을 줄 수 있다. 몸짓의 또 다른 유형으로는 상징적 동작이 있다. 상징적 동작은 말을 동반하지 않아도 의사표현이 가능한 몸짓이다. 그러나 몸동작과 달리 상징적 동작은 문화권에 따라 다를 수 있다.

(4) 유머

유머는 의사표현을 더욱 풍요롭게 해준다. 유머는 흥미 있는 이야기, 과장된 표현, 권위에 대한 도전, 분위기 반전, 변덕스러운 말, 풍자 또는 비교, 반대표현, 모방, 방향전환, 아이러니 등의 방법으로 사용된다.

4 〉 효과적인 의사표현 방법

(1) 효과적인 의사표현 시 고려사항

① 말하는 이는 자신이 전달하고 싶은 의도, 생각, 감정이 무엇인지 분명하게 인식해야 한다.

② 전달하고자 하는 내용을 적절한 메시지로 바꾸어야 한다. 메시지에 전달하려는 내용이 충분히, 명료하게 담겨야 듣는 이가 이해하기 쉽다.

③ 메시지를 전달하는 매체와 경로를 신중하게 선택해야 한다. 같은 내용의 메시지라도 직접 얼굴을 보고 이야기하는 것과 전화나 이메일로 간접 표현하는 경우에 듣는 이에게 다른 의미로 전달될 수 있다.

④ 전달한 내용이 듣는 이에게 어떻게 해석되었는지 확인해야 한다.

⑤ 비언어적 방식을 활용하는 것이 좋다.

⑥ 확실한 의사표현을 위해서는 반복적 전달이 필요하다. 한 번의 의사표현으로 자신의 의도가 충분히 듣는 이에게 전달되는 경우는 드물다.

5 상황과 대상에 따른 의사표현법

(1) 상대방의 잘못을 지적할 때

먼저 상대방과의 관계를 고려한 다음, 상대방이 알 수 있도록 확실하게 지적한다.

(2) 상대방을 칭찬할 때

자칫하면 빈말이나 아부로 여겨질 수 있으므로 정말 칭찬해 주고 싶은 중요한 내용을 칭찬하거나, 대화 서두에 분위기 전환 용도로 간단한 칭찬을 하는 것이 좋다.

(3) 상대방에게 부탁을 해야 할 때

상대방의 사정을 듣고, 응하기 쉽게 구체적으로 부탁해야 한다. 거절을 당해도 싫은 내색을 해서는 안 된다.

(4) 상대방의 요구를 거절해야 할 때

먼저 요구를 거절하는 것에 대한 사과를 한 다음, 응해줄 수 없는 이유를 설명한다. 불가능하다고 여겨질 때는 모호한 태도를 보이는 것보다 정색하지 않되, 단호하게 거절하는 것이 좋다.

(5) 명령해야 할 때

업무상 지시와 같은 명령을 해야 할 때는 강압적 표현보다는 청유식 표현이 훨씬 효과적이다.

(6) 설득해야 할 때

설득은 상대방에게 나의 태도와 의견을 받아들이고 그의 태도와 의견을 바꾸도록 하는 과정이다. 일반적인 강요는 옳지 않다.

① '문 안에 한 발 들여놓기 기법'

말하는 이가 요청하고 싶은 도움이 100이라면 처음에는 상대방이 'Yes'라고 할 수 있도록 50, 60 정도 부탁하고 점차 도움의 내용을 늘려서 상대방의 허락을 유도하는 방법이다.

② '얼굴 부딪히기 기법'

원하는 도움의 크기가 50이라면 처음에 100을 상대방에게 요청하고 거절을 유도하는 것이다. 이미 한 번 도움을 거절한 듣는 이는 말하는 이에게 미안한 마음을 가지게 되고, 좀 더 작은 도움을 요청받으면 미안한 마음을 보상하기 위해 100보다 작은 요청을 들어줄 수 있다.

(7) 충고해야 할 때

충고는 예를 들거나 비유법을 사용하는 것이 효과적일 수 있다. 충고는 가급적 최후의 수단으로 은유적으로 접근하는 것이 더 나을 수 있다.

(8) 질책해야 할 때

'칭찬의 말'+'질책의 말'+'격려의 말'처럼 질책을 가운데 두는 '샌드위치 화법'을 활용하는 것이 좋다.

6 ▷ 의사표현 지침

(1) 원활한 의사표현을 위한 지침

① 올바른 화법을 위해 독서를 하라.

② 좋은 청중이 되라.

③ 칭찬을 아끼지 마라.

④ 공감하고, 긍정적으로 보이게 하라.

⑤ 겸손은 최고의 미덕임을 잊지 마라.

⑥ 과감하게 공개하라.

⑦ '뒷말'을 숨기지 마라.

⑧ '첫마디' 말을 준비하라.

⑨ 이성과 감성의 조화를 꾀하라.

⑩ 대화의 룰을 지켜라.

　ㄱ 상대방의 말을 가로막지 않는다.

　ㄴ 혼자서 의사표현을 독점하지 않는다.

　ㄷ 의견을 제시할 때에는 반론의 기회를 준다.

　ㄹ 임의로 화제를 바꾸지 않는다.

⑪ 문장을 완전하게 말하라.

(2) 설득력 있는 의사표현을 위한 지침

① 'Yes'를 유도하여 미리 설득 분위기를 조성한다.

② 대비 효과로 분발심을 불러일으킨다.

③ 침묵을 지키는 사람의 참여도를 높인다.

④ 여운을 남기는 말로 상대방의 감정을 누그러뜨린다.

⑤ 하던 말을 갑자기 멈춤으로써 상대방의 주의를 끈다.

⑥ 호칭을 바꿔서 심리적 간격을 좁힌다.

⑦ 끄집어 말하여 자존심을 건드린다.

⑧ 정보전달 공식을 활용하여 설득한다.

⑨ 상대방의 불평이 가져올 결과를 강조한다.

⑩ 권위 있는 사람의 말이나 작품을 인용한다.

⑪ 약점을 보여 주어 심리적 거리를 좁힌다.

⑫ 이상과 현실의 구체적 차이를 확인시킨다.

⑬ 자신의 잘못도 솔직하게 인정한다.

⑭ 집단의 요구를 거절하려면 개개인의 의견을 묻는다.

⑮ 동조 심리를 활용하여 설득한다.

⑯ 지금까지의 노고를 치하한 뒤 새로운 요구를 한다.

⑰ 담당자가 대변자 역할을 하도록 하여 윗사람을 설득하게 한다.

⑱ 겉치레 양보로 기선을 제압한다.

⑲ 변명의 여지를 만들어 주고 설득한다.

⑳ 혼자 말하는 척하면서 상대의 잘못을 지적한다.

Chapter 05 경청능력

1 〉 경청능력의 개념

(1) 경청능력의 의미

경청이란 상대방이 보내는 메시지 내용에 주의를 기울이고 이해를 위해 노력하는 행동을 의미한다. 경청을 통해 상대방은 우리가 그들에게 얼마나 집중하고 있는지 알 수 있다. 따라서 경청은 대화의 과정에서 신뢰를 쌓을 수 있는 최고의 방법 중 하나이다. 우리가 먼저 경청하면 상대는 안도감을 느끼고, 듣는 이에게 무의식적으로 믿음을 갖게 되며, 더 집중하게 된다. 따라서 우리의 말과 메시지, 감정은 더욱 효과적으로 상대에게 전달된다.

(2) 경청의 중요성

① 상대방을 한 개인으로 존중하게 된다. 이는 상대방을 인간적으로 존중함은 물론 그의 감정, 사고, 행동을 평가하거나 비판 또는 판단하지 않고 있는 그대로 받아들이는 태도이다.

② 상대방을 성실한 마음으로 대하게 된다. 이는 상대방과의 관계에서 느낀 감정과 생각 등을 긍정적이든 부정적이든 솔직하고 성실하게 표현하는 태도를 말한다. 이러한 감정의 표현은 상대방과의 솔직한 의사 및 감정의 교류를 가능하도록 도와주기 때문이다.

③ 상대방의 입장에 공감하며 이해하게 된다. 이는 자신의 생각이나 느낌, 가치, 도덕관 등의 선입견이나 편견을 가지고 상대방을 이해하려 하지 않고, 상대방으로 하여금 자신이 이해받고 있다는 느낌을 갖도록 하는 것이다.

2 〉 경청의 구분

(1) 적극적 경청

자신이 상대방의 이야기에 주의를 집중하고 있음을 행동을 통해 외적으로 표현하며 듣는 것을 의미한다. 적극적 경청은 상대가 무엇을 느끼고 있는가를 상대방의 입장에서 받아들이는 공감의 이해, 자신이 가지고 있는 고정관념을 버리고 상대의 태도를 받아들이는 수용의 정신, 자신의 감정을 솔직하게 전하고 상대를 속이지 않는 성실한 태도가 필수적이다.

① 비판-충고적인 태도를 버려야 한다.

② 상대방이 말하는 의미를 이해해야 한다.

③ 단어 이외의 표현에도 신경을 쓴다.

④ 상대방이 말하는 동안 경청하고 있다는 것을 표현한다.

⑤ 대화 시 흥분하지 않는다.

(2) 소극적 경청

상대방의 이야기에 특별한 반응을 표현하지 않고 수동적으로 듣는 것을 의미한다. 즉, 상대방이 하는 말을 중간에 자르거나 다른 화제로 돌리지 않고 상대의 이야기를 수동적으로 따라가는 것을 의미한다.

3 〉 올바른 경청의 방해요인

(1) 짐작하기

상대방의 말을 믿고 받아들이기보다 자신의 생각에 들어맞는 단서들을 찾아 자신의 생각을 확인하는 것을 말한다. 이들은 상대방이 하는 말의 내용은 무시하고 자신의 생각이 옳다는 것만 확인하려 한다.

(2) 대답할 말 준비하기

상대방의 말을 듣고 곧 자신이 다음에 할 말을 생각하는 데 집중해 상대방이 말하는 것을 잘 듣지 않는 것을 말한다. 결국 자기 생각에 빠져서 상대방의 말에 제대로 반응할 수가 없게 된다.

(3) 걸러내기

상대방의 말을 듣기는 하지만 상대방의 메시지를 온전히 듣는 것이 아니라 듣고 싶지 않은 것들은 회피하는 것이다. 상대방이 분노나 슬픔, 불안을 토로해도 그러한 감정을 받아들이고 싶지 않을 때 자기도 모르는 사이에 상대방이 아무 문제도 없다고 생각해버린다.

(4) 판단하기

상대방에 대한 부정적인 판단 때문에, 또는 상대방을 비판하기 위해 상대방의 말을 듣지 않는 것을 말한다. 상대방을 어리석다고 생각한다면, 경청하기를 그만두거나 계속 한다고 해도 자신의 생각을 합리화하기 위한 증거를 찾기 위해서만 귀 기울이게 된다.

(5) 다른 생각하기

대화 도중에 상대방에게 관심을 기울이는 것이 어려워지고 상대방이 말을 할 때 자꾸 다른 생각을 하는 것은 대화나 상황을 회피하는 것이다.

(6) 조언하기

다른 사람의 문제에 지나치게 간섭하고 본인이 해결해주고자 하는 것이다. 상대방이 원하는 것이 공감과 위로일 경우에 조언은 오히려 반감을 살 수 있다. 이러한 대화가 매번 반복된다면 상대방은 무시당하고 이해받지 못한다고 느낄 수 있다.

(7) 언쟁하기

단지 논쟁하기 위해서 상대방의 말에 귀를 기울이며, 상대방이 무슨 말을 하든지 자신의 입장을 확고히 한 채 방어하는 것이다. 언쟁은 상호 문제가 있는 관계에서 드러나는 전형적인 의사소통 패턴이다.

(8) 자존심 세우기

자존심이 강한 사람은 자신의 자존심에 상처를 입힐 수 있는 내용에 대해서 거부감이 강하기 때문에 자신의 부족한 점과 관련된 상대방의 이야기를 듣지 않는다. 자신이 잘못했다는 말을 받아들이지 않기 위해 거짓말을 하고, 고함을 지르고, 주제를 바꾸고, 변명을 하게 된다.

(9) 슬쩍 넘어가기

대화가 너무 사적이거나 위협적이면 주제를 바꾸거나 농담으로 넘기려 하는 것을 말한다. 문제를 회피하려 하거나 상대방의 부정적 감정을 회피하기 위해서 유머를 사용하고 핀트를 잘못 맞추게 되면 상대방의 고민을 들어줄 수 없다.

(10) 비위 맞추기

상대방을 위로하기 위해서 혹은 비위를 맞추기 위해서 너무 빨리 동의하는 것을 말한다. 지지하고 동의하는 데에 너무 치중하게 되면 상대방에게 자신의 생각이나 감정을 충분히 표현할 시간을 주지 못하게 된다.

4 〉 경청의 올바른 자세

상대를 정면으로 마주하는 자세는 그와 함께 의논할 준비가 되었음을 알리는 자세이다.

손이나 다리를 꼬지 않는 소위 개방적 자세를 취하는 것은 상대에게 마음을 열어 놓고 있다는 표시이다.

상대방을 향하여 상체를 기울여 다가앉은 자세는 자신이 열심히 듣고 있다는 사실을 강조하는 것이다.

우호적인 눈의 접촉을 통해 자신이 관심을 가지고 있다는 사실을 알리게 된다.

비교적 편안한 자세를 취하는 것은 전문가다운 자신만만함과 아울러 편안한 마음을 상대방에게 전하는 것이다.

5 〉 대화를 통한 경청훈련

(1) 경청훈련 방법

대화 과정에서 자신의 말에 상대방이 어떻게 반응하는가에 따라 우리의 감정은 달라질 수 있다. 상대가 나의 말을 경청하고 수용해준다면 우리는 그에게 긍정적인 감정을 가지게 된다. 상대방에게 호감을 얻기 위한 첫 번째 조건으로 좋은 청자가 되는 것을 들 수 있다. 좋은 청자가 되기 위해서는 평소에 경청훈련을 해 두어야 한다. 대화법을 통한 경청훈련을 통해서 습득한 대화법은 부부관계에서뿐만 아니라 부모-자녀 관계, 직장 동료와의 대화 등 모든 인간관계에서 그대로 적용될 수 있다.

① 주의 기울이기(바라보기, 듣기, 따라하기)

상대방의 이야기에 주의를 기울일 때에는 몸과 마음을 다하여 들어야만 자신의 관심을 상대방에게 보여주는 것이 된다. 산만한 행동은 중단하고 비언어적인 것, 즉 상대방의 얼굴과 몸의 움직임뿐만 아니라 호흡하는 자세까지도 주의하여 관찰해야 한다. 또한 상대방이 하는 말의 어조와 억양, 소리의 크기까지도 귀를 기울인다.

② 상대방의 경험을 인정하고 더 많은 정보 요청하기

'요청하기'는 부드러운 지시나 진술, 질문의 형태를 취함으로써 상대방이 무엇이든지 당신에게 더 많은 것을 말할 수 있도록 하는 수단이 된다.

③ 정확성을 위해 요약하기

요약하는 기술은 상대방에 대한 자신의 이해의 정확성을 확인하는 데 도움이 될 뿐만 아니라, 자신과 상대방을 서로 알게 하며 자신과 상대방의 메시지를 공유할 수 있도록 한다.

④ 개방적인 질문하기

　개방적인 질문은 보통 "누가, 무엇을, 어디에서, 언제 또는 어떻게"라는 어휘로 시작된다. 이는 단답형의 대답이나 반응보다 상대방의 다양한 생각을 이해하고 상대방으로부터 더욱 많은 정보를 얻기 위한 방법으로서, 이로 인하여 서로에 대한 이해의 정도를 높일 수 있다.

⑤ '왜?'라는 질문 피하기

　'왜'라는 질문은 보통 진술을 가장한 부정적 · 추궁적 · 강압적인 표현이므로 사용하지 않는 것이 좋다.

6 〉 공감반응

(1) 공감의 의미

　공감이란 상대방이 하는 말을 상대방의 관점에서 이해하고 그의 감정을 느끼는 것을 뜻한다.

(2) 공감반응을 위한 노력

① 상대방의 이야기를 자신의 관점이 아닌 그의 관점에서 이해하려는 태도를 가져야 한다. 나와 다른 상황에 처해있는 상대방의 관점과 입장에 서서 그의 마음을 헤아리려는 노력이 필요하다.

② 상대방의 말 속에 담겨있는 감정과 생각에 민감하게 반응해야 한다. 상대방의 '말' 안에 담겨져 있는 감정과 기분을 이해하려는 노력이 필요하다.

③ 대화를 통해 자신이 느낀 상대방의 감정을 전달해 주어야 한다. 상대방의 이야기를 들으면서 그의 입장에서 그의 감정을 경험하고, 그 감정들을 다시 돌려주어야 한다. 이런 공감적 반응을 통해 상대방은 자신이 깊이 이해받고 있다고 느끼게 된다.

7 〉 효과적인 경청의 방법

(1) 효과적인 경청 시 고려사항

① 준비한다.

　→ 강의의 주제나 용어에 친숙해지도록 미리 강의 자료를 읽어둔다.

② 주의를 집중 한다.

　→ 말하는 사람의 모든 것에 집중해서 적극적으로 듣는다.

③ 혼자서 대화를 독점하지 않는다.

④ 상대방의 말을 가로채지 않는다.

⑤ 이야기를 가로막지 않는다.

⑥ 의견이 다르더라도 일단 수용한다.

⑦ 말하는 순서를 지킨다.

⑧ 논쟁에서는 먼저 상대방의 주장을 들어준다.

⑨ 시선을 맞춘다.

⑩ 귀로만 듣지 말고 비언어적 요소들을 동원해 적극적으로 경청한다.

⑪ 예측한다.

　　→ 대화를 하는 동안 시간 간격이 있으면, 다음에 무엇을 말할 것인가를 추측해본다.

⑫ 나와 관련짓는다.

　　→ 상대방이 전하려는 메시지가 무엇인가를 생각해보고 자신의 삶, 목적, 경험과 연관지어본다.

⑬ 질문한다.

　　→ 질문을 하려고 하면 적극적으로 경청할 수 있고 집중력도 높아진다.

⑭ 요약한다.

　　→ 대화 도중에 주기적으로 대화의 내용을 요약하면 상대방이 전달하려는 메시지를 이해하고, 사상과 정보를 예측하는데 도움이 된다.

⑮ 반응한다.

⑯ 상대방이 말한 것에 대해 질문을 던지고 이해를 명료화한 뒤 피드백을 한다.

기초외국어능력

1 〉 기초외국어능력의 개념

(1) 기초외국어 능력의 의미

① 글로벌 시장에서 한국어만이 아닌 다른 나라의 언어로 의사소통을 하는 능력을 말한다.

② 외국어로 된 간단한 자료를 이해하거나, 외국인 전화응대와 간단한 대화 등 외국인의 의사표현을 이해하고, 자신의 의사를 외국어로 표현할 수 있는 능력이다.

③ 외국어로 의사소통을 함에 있어 대화뿐 아니라 몸짓과 표정, 무의식적인 행동으로 자신의 기분과 느낌을 표현하는 것도 함께 이해해야 한다. 즉, 직업 활동에 있어 외국인과 성공적으로 협력하기 위해서는 기초외국어능력을 키우는 것뿐만 아니라 그들의 바디랭귀지를 포함한 문화를 이해하려는 노력도 중요하다.

(2) 기초외국어능력의 중요성

국제화 · 세계화 시대에 살고 있는 우리는 다른 나라의 무역을 당연하게 여긴다. 다른 나라와 무역을 하기 위해서는 우리의 언어가 아닌 국제적인 통용어를 사용하거나, 경우에 띠리시는 그들의 언어로 의사소통을 해야 하는 경우가 생기기도 한다.

2 〉 기초외국어능력의 구분

(1) 기초외국어능력 목적

① 외국어로 된 간단한 자료를 이해하는 것이다.

② 외국인과의 전화응대와 간단한 대화를 하는 것이다.

③ 외국인의 의사표현을 이해하고, 자신의 의사를 외국어로 표현할 수 있는 능력이다.

④ 외국인과 간단하게 이메일이나 팩스로 업무 내용에 대해 상호 소통할 수 있는 정도를 말한다.

3 〉 기초외국어능력이 필요한 상황

(1) 기초외국어능력의 사용

① 외국인과의 의사소통 상황에서 전화응대나 안내하는 상황

② 외국에서 들어온 기계가 어떻게 작동되는지 매뉴얼을 봐야하는 상황

③ 외국으로 보낼 서류를 작성하거나, 외국에서 온 서류를 이해하여 업무를 추진해야 하는 상황

④ 필요한 정보를 얻기 위한 경우

4 〉 기초외국어능력 향상을 위한 공부법

(1) 기초외국어능력 향상법

① 외국어공부를 왜 해야 하는지 그 목적부터 정하라.

② 매일 30분씩 눈과 손과 입에 밸 정도로 반복하여 공부하라.

③ 실수를 두려워하지 말고, 기회가 있을 때마다 외국어로 말하라.

④ 외국어와 익숙해 질 수 있도록 쉬운 외국어 잡지나 원서를 읽으라.

⑤ 혼자 공부하는 것보다는 라이벌을 정하고 공부하라.

⑥ 업무와 관련된 외국어 주요용어는 꼭 메모해 두어라.

⑦ 출퇴근 시간에 짬짬이 외국어방송을 보거나, 라디오를 들어라.

⑧ 외국어 단어를 암기할 때 그림카드를 사용해보라.

⑨ 가능하면 외국인 친구를 많이 사귀고 대화를 자주 나눠보라.

5 〉 외국어 자신감 부족형의 특징

(1) 외국어에 대한 자신감이 부족할 때 나타나는 현상

① 처음부터 잘 못한다는 사실을 지나치게 의식한다.

② 자신의 의사를 명확히 표현하지 못한다.

③ 자신의 의사를 간단하게 정리하지 못한다.

④ 심한 긴장감으로 위축되어 표현력이 떨어진다.

6 〉 외국인과의 의사소통

(1) 외국인과의 의사소통 방법

① 표정으로 알아내기

외국인과 대화할 때 그들의 감정이나 생각을 가장 쉽게 알 수 있는 방법이다. 웃는 표정은 행복과 만족, 친절을 표현하는데 비해서 눈살을 찌푸리는 표정은 불만족과 불쾌를 나타낸다. 눈을 마주 보면 관심이 있음을, 다른 곳을 보고 있으면 무관심을 의미한다.

② 음성으로 알아내기

거리상 멀리 떨어져 있는 외국회사의 담당자들과는 직접 마주보고 대화하는 경우보다는 서면이나 전화로 업무를 하는 경우가 많다. 전화는 서면으로 의사소통하는 것과는 달리 상대방의 목소리나 어조, 크기, 음속 등이 의사소통의 수단이 되기도 한다.

㉠ 어조 : 높은 어조 – 적대감이나 대립감

　　　　 낮은 어조 – 만족이나 안심

㉡ 목소리 크기 : 큰 목소리 – 내용 강조, 흥분, 불만족

　　　　　　 작은 목소리 – 자신감 결여

㉢ 말의 속도 : 빠른 속도 – 공포나 노여움

　　　　　　 느린 속도 – 긴장 또는 저항

(2) 외국인과의 의사소통에서 피해야 할 행동

① 상대를 볼 때 흘겨보거나, 아예 보지 않는 행동

② 팔이나 다리를 꼬는 행동

③ 표정 없이 말하는 것

④ 대화에 집중하지 않고 다리를 흔들거나 펜을 돌리는 행동

⑤ 맞장구를 치지 않거나, 고개를 끄덕이지 않는 것

⑥ 자료만 보는 행동

⑦ 바르지 못한 자세로 앉는 행동

⑧ 한숨, 하품을 하는 것

⑨ 다른 일을 하면서 듣는 것

⑩ 상대방에게 이름이나 호칭을 어떻게 할 지 먼저 묻지 않고 마음대로 부르는 것

Part 02

문제편

문서이해능력

① 내용일치

| 정답 및 해설 p.266

01 다음 글을 읽고 이해한 내용으로 적절하지 <u>않은</u> 것은?

> **제30조(사조직을 통한 이권행위 등의 금지)**
> 임직원은 직장 내에서 혈연 · 지연 · 학연 · 종교 등과 관련한 사조직을 통하여 파벌을 조성하는 행위를 하여서는 아니 된다.
> **제31조(근무시간의 준수 및 근무시간 내 사적인 업무의 금지)**
> 임직원은 근무시간을 준수하여야 하고 근무시간 내 업무와 무관한 취미 · 종교 · 자선 활동 등 사적인 일에 시간을 할애하여 업무수행에 지장을 주어서는 아니 된다.
> **제32조(품위손상행위 금지)**
> 임직원은 직무의 내외를 불문하고 품위를 손상하는 행위를 하여서는 아니 된다.
> **제33조(성희롱 금지)**
> 「남녀고용평등과 일 · 가정 양립지원에 관한 법률」에 따라 임직원 상호간에 직위를 이용하거나 업무와 관련하여 성적 언동 등으로 성적 굴욕감 또는 혐오감을 느끼게 하여서는 아니 되며, 성적 언동 또는 그 밖의 요구 등에 따르지 아니하였다는 이유로 불이익을 주어서는 아니 된다.
> **제34조(정보통신 시스템의 부적절한 사용의 금지)**
> 임직원은 사내의 정보통신 시스템을 이용하여 음란 사이트 접속 · 불건전한 채팅 · 도박 · 게임 등을 하여서는 아니 된다.

① 임직원은 직무의 내외를 불문하고 품위를 손상하는 행위를 하여서는 아니 된다.

② 임직원은 직장 내에서 파벌을 조성하는 행위를 하여서는 아니 된다.

③ 임직원은 사내 정보통신 시스템을 음란 사이트 접속 · 불건전한 채팅 · 도박 · 게임 등에 사용하는 행위를 하면 직무정지 등의 처벌을 받을 수 있다.

④ 임직원은 성적 언동 또는 그 밖의 요구 등에 따르지 아니하였다는 이유로 불이익을 주어서는 아니 된다.

⑤ 임직원은 사적인 일에 시간을 할애하여 업무수행에 지장을 주어서는 아니 된다.

02 다음 글을 읽고 이해한 내용으로 적절하지 <u>않은</u> 것은?

1. 문서의 성립 및 효력발생

(1) 문서는 결재권자가 해당 문서에 서명(전자이미지서명, 전자문자서명 및 행정 전자서명을 포함한다)의 방식으로 결재함으로써 성립한다.

(2) 문서는 수신자에게 도달(전자문서의 경우는 수신자가 지정한 전자적 시스템에 입력되는 것을 말한다)됨으로써 효력이 발생한다.

(3) 제2항에도 불구하고 공고문서는 그 문서에서 효력 발생 시기를 구체적으로 밝히고 있지 않으면 그 고시 또는 공고가 있은 날부터 5일이 경과한 때에 효력이 발생한다.

2. 문서 작성의 일반원칙

(1) 문서는 어문규범에 맞게 한글로 작성하되, 뜻을 정확하게 전달하기 위하여 필요한 경우에는 괄호 안에 한자나 그 밖의 외국어를 함께 적을 수 있으며, 특별한 사유가 없으면 가로로 쓴다.

(2) 문서의 내용은 간결하고 명확하게 표현하고 일반화되지 않은 약어와 전문용어 등의 사용을 피하여 이해하기 쉽게 작성하여야 한다.

(3) 문서에는 음성정보나 영상정보 등을 수록할 수 있고 연계된 바코드 등을 표기할 수 있다.

(4) 문서에 쓰는 숫자는 특별한 사유가 없으면 아라비아 숫자를 쓴다.

(5) 문서에 쓰는 날짜는 숫자로 표기하되, 연·월·일의 글자는 생략하고 그 자리에 온점(.)을 찍어 표시하며, 시·분은 24시각제에 따라 숫자로 표기하되, 시·분의 글자는 생략하고 그 사이에 쌍점(:)을 찍어 구분한다. 다만 특별한 사유가 있으면 다른 방법으로 표시할 수 있다.

① 문서에 2026년 1월 18일 오후 10시 40분을 표기해야 할 때 특별한 사유가 없으면 2026. 1. 18. 22:40으로 표기한다.

② 문서 작성 시 어문규범에 맞게 한글로 작성하여야 하며 일반화되지 않은 약어와 전문용어 등의 사용은 피해야 한다.

③ 전자문서의 경우 수신자가 지정한 전자저 시스템에 입력된 때부터 효력이 발생한다.

④ 2025년 12월 7일 공고된 문서에 효력발생 시기가 구체적으로 명시되지 않은 경우 그 문서의 효력은 2025년 12월 2일부터 발생한 것으로 본다.

⑤ 연계된 바코드도 문서에 표기가 가능하다.

03 다음 글을 읽고 나눈 대화 중 적절하지 <u>않은</u> 것은?

제00조

① 교도소, 구치소 및 그 지소의 장(이하 '소장'이라 한다)은 6개월 이상 복역한 수형자로서 그 형기의 3분의 1(21년 이상의 유기형 또는 무기형의 경우에는 7년)이 지나고 교정성적이 우수한 사람이 다음 각 호의 어느 하나에 해당하면 1년 중 20일 이내의 귀휴를 허가할 수 있다.

    1. 가족 또는 배우자의 직계존속이 위독한 때

    2. 질병이나 사고로 외부의료시설에의 입원이 필요한 때

    3. 천재지변이나 그 밖의 재해로 가족, 배우자의 직계존속 또는 수형자 본인에게 회복할 수 없는 중대한 재산상의 손해가 발생하였거나 발생할 우려가 있는 때

    4. 직계존속, 배우자, 배우자의 직계존속 또는 본인의 회갑일이나 고희일인 때

    5. 본인 또는 형제자매의 혼례가 있는 때

    6. 직계비속이 입대하거나 해외유학을 위하여 출국하게 된 때

    7. 각종 시험에 응시하기 위하여 필요한 때

② 소장은 다음 각 호의 어느 하나에 해당하는 사유가 있는 수형자에 대하여는 제1항에도 불구하고 5일 이내의 귀휴를 특별히 허가할 수 있다.

    1. 가족 또는 배우자의 직계존속이 사망한 때

    2. 직계비속의 혼례가 있는 때

※ 단, A~D 모두 교정성적이 우수하고 귀휴를 허가할 수 있는 일수가 남아있다.

이 순경 : 이번 귀휴 허가자 목록이 나왔습니까?

김 순경 : 네, 그런데 귀휴 허가가 나지 않아 안타까운 사례가 몇 있더라구요.

이 순경 : 음, ㉠ 징역 1년을 선고받고 이제 막 5개월 복역한 A는 아버지의 회갑에 참석하지 못 하겠군.

김 순경 : 네, 안타깝지만 ㉡ 아직 6개월이 지나지 않았으니 어쩔 수 없죠.

이 순경 : 징역 10년을 선고받고 이제 막 4년을 넘긴 B는 이번에 아들이 입대한다더니?

김 순경 : 네, ㉢ 그래서 이번에 무사히 귀휴를 나갈 수 있게 되었어요. B와 같은 방에 있는 ㉣ C는 B와 마찬가지로 4년째 복역 중이긴 한데 무기징역이라 아들 결혼식에 참석하지 못 한다더군요.

이 순경 : 그래도 ㉤ 징역 30년을 선고받고 8년째 복역 중인 D는 이번 여동생 결혼식에 참석할 수 있어서 다행이네.

① ㉠   ② ㉡

③ ㉢   ④ ㉣

⑤ ㉤

04 다음 글을 읽고 나눈 대화 중 적절하지 <u>않은</u> 것은?

제7조(여객의 구분)

① 여객은 다음과 같이 구분하며, 연령은 생년월일을 기준으로 적용합니다.

  1. 유아 : 만 6세 미만의 사람. 다만, ITX의 경우 만 4세 미만의 사람

  2. 어린이 : 만 6세 이상 만 13세 미만의 사람 및 만 13세의 초등학생. 다만, ITX의 경우 만 4세 이상 만 13세 미만의 사람

  3. 청소년 : 「청소년복지 지원법」에 따라 운임이 감면되는 만 13세 이상 만 19세 미만의 사람. 다만, ITX의 경우 만 13세 이상 만 25세 미만의 사람

  4. 어른 : 만 13세 이상 만 65세 미만의 사람. 다만, ITX의 경우 만 25세 이상 만 65세 미만의 사람

  5. 노인 : 「노인복지법」의 적용을 받는 만 65세 이상의 사람

  6. 장애인 : 「장애인복지법」의 적용을 받는 사람

② 유아라도 다음의 경우에는 어린이로 봅니다.

  1. 유아가 단독으로 여행할 때

  2. 보호자 1명이 동반하는 유아가 3명을 초과할 때 그 초과된 유아. 다만, ITX의 경우 2명을 초과할 때 그 초과된 유아

  3. 유아가 단체로 여행할 때

영민 : 이번 가족 여행을 위해서 광역철도 여객운송 약관을 같이 살펴보자.

혜정 : ㉠ 유아, 어린이, 청소년, 어른 모두 일반 광역철도 여객운송에서의 기준과 ITX에서의 기준이 다르구나!

영민 : 노인과 장애인은 ITX라고 해서 따로 명시되어 있지는 않은가봐.

혜정 : 그러고보니 ㉡ 유아가 단독으로 여행할 때는 유아가 아닌 어린이가 되는 거구나!

영민 : 그렇지. ㉢ 보통은 만 4세 이상 만 13세 미만의 사람을 어린이라고 하지만 말이야.

혜정 : ㉣ 올해 만 18세가 된 지우는 청소년복지 지원법에 따라 운임이 감면될 수 있겠다.

영민 : 그리고 ㉤ ITX를 타게 되면 만 20세인 세영이도 운임이 감면될 수 있어.

① ㉠

② ㉡

③ ㉢

④ ㉣

⑤ ㉤

05 다음 글을 바탕으로 한 내용으로 가장 적절하지 <u>않은</u> 것은?

> 취미론이 기본적으로 전제하고 있는 것은 미를 판단하는 감각기관의 존재다. 미를 직접 느끼는 감각기관이 존재하지 않는다면 형식적 특성을 중시하는 취미론은 성립할 수 없기 때문이다. 그러나 취미론에서 말하는 감각기관이 우리가 통상적으로 말하는 오감(五感) 그 자체라고 말하기는 어렵다. 특정한 감각 능력이 없는 사람들도 미(美)는 지각할 수 있기 때문이다.
>
> 가령 취미론자들의 경우 우리가 어떤 꽃을 보고 '아름답다'고 느꼈다면 그것은 단순히 '아름답다'는 외적 실체 그 자체를 지시하는 것이 아니라 꽃을 통해 우리가 '아름답다'고 느끼고 있는 느낌이나 쾌감을 지시하고 있다고 생각한다. 따라서 취미론의 입장에서 볼 때, 미(美)란 주관적일 수밖에 없다. 더 나아가 취미론은 미(美)를 인간의 마음속에서 발현되는 하나의 관념으로 간주하기도 하였는데 이 말은 결국 미(美)가 객관적으로 존재하는 것을 지각하는 데 그치는 것이 아니라 대상을 수용할 때 환기되는 특수한 성격이나 즐거움을 지시하는 것이라고 생각했다. 이것은 미학 이론에서 코페르니쿠스적 전환에 비견할 만한 중대한 변화였다.
>
> 그러나 취미론의 관점을 견지한다면 식욕이나 물욕, 성욕, 또는 권력욕 등도 쾌감과 관련되어 있으므로 '미(美)'라고 규정할 수밖에 없는 오류를 감수해야 한다. 취미론자들은 이러한 오류로부터 벗어나기 위해 '미적 무관심성'이라는 개념을 도입하였는데 이는 대상과 관련된 모든 이해관계를 떠나 대상을 그 자체로 인식하는 데서 얻게 되는 쾌감이야 말로 본질적인 미적 쾌감이라는 것이다. 즉, '성욕'이나 '소유욕' 등은 그 자체로 쾌감으로 수용되는 것이 아니며 그것이 내부의 욕망을 충족시켜줄 수 있기 때문에 미의 범주에 연관되는 것이 아니라 성적 욕망이나 소유에 대한 욕망을 충족시켜줄 수 있기 때문에 쾌감을 느끼는 것으로, 미(美)로 볼 수 없다는 것이다.
>
> 취미론은 여기서 한 걸음 더 나아가 대상에 대해 아름다움을 느끼게 하는 공통된 경험적 요소를 찾기 위해 노력하였는데 그 결과 제시된 것들이 바로 '비례'나 '통일성' 등의 요소들이었다. 하지만 이러한 견해는 주관적 측면이 있을 뿐 아니라 그 경계를 명확하게 확정하기 어렵다는 점에서 보편적 원칙으로 제시되기에는 한계가 있었다.

① 취미론의 입장에서는 미(美)는 지극히 주관적일 수밖에 없다.

② 우리가 시각적으로 보는 대상에 따라 '아름답다'고 느꼈다면 우리 스스로 느낌이나 쾌감을 받는 것이 아니라 대상의 외견으로부터 느낌이나 쾌감이 우리에게 전달되는 것이다.

③ 취미론은 대상에 대한 아름다움의 경험적 요소로 제시한 것이 비례나 통일성이었지만 주관적 측면과 경계를 명확히 하기 어려웠다.

④ 미적 무관심성에 의하면, 성욕이나 소유욕 등은 미(美)로 볼 수 없다.

⑤ 취미론에서 말하는 취미론자들의 오감(五感)은 우리가 통상적으로 이해하는 오감 그 자체라고 하기 어렵다.

06 다음 글을 바탕으로 한 내용으로 가장 적절하지 <u>않은</u> 것은?

> 목조 건축물에서 골조 구조의 가장 기본적인 양식은 기둥과 보가 결합된 것으로 두 개의 기둥 사이에 보를 연결한 구조이다. 두 기둥 사이에 보를 연결하여 건물의 한 단면이 형성되고 이를 반복하여 공간을 만든다. 이런 구조는 기둥에 대해 수직으로 작용하는 하중에는 강하지만 수평으로 가해지는 하중에는 취약하다. 이때 기둥과 보 사이에 가새를 넣어주어야 하며, 이를 통해 견고한 구조를 실현한다. 가새는 보와 기둥 사이에 대각선을 이루며 연결하는 부재이다. 기둥과 보, 그리고 가새가 서로 연결되어 삼각형 형태가 되면 골조는 더 안정된 구조를 이룰 수 있다. 이러한 삼각형 형태 때문에 보에 가해지는 수평 하중은 가새를 통해 기둥으로 전달된다. 대부분의 가새는 보에 가해지는 수직 하중의 일부도 기둥으로 전달하는 역할을 하지만, 가새의 크기와 위치를 설계할 때에는 수평 하중의 영향만을 고려한다.

① 가새는 수직 하중에 약한 구조를 보완한다.
② 가새는 수직 하중의 일부를 기둥으로 보낸다.
③ 가새는 목조 골조 구조의 안정성을 향상시킨다.
④ 가새를 얼마나 크게 할지, 어디에 설치할지를 설계할 경우에 수평 하중의 영향만을 생각한다.
⑤ 가새는 대부분 하나의 보를 받치는 두 개의 기둥 각각에 설치된다.

07 다음 글을 바탕으로 한 내용으로 가장 적절한 것은?

> 국내 총생산은 한 나라의 경제 활동 수준을 나타내는 중요한 지표이긴 하지만, 실생활을 반영하지 못하는 성격을 갖고 있다. 시장 가격이 형성되지 않았거나, 시장 밖에서 거래되는 재화나 서비스들이 있기 때문이다. 이 때문에 실제 느끼는 생활수준과 차이가 생긴다. 대표적인 것이 주부의 가사노동이다. 주부가 집에서 빨래하고 밥하고 청소하고 아이를 키우는 것은 국내 총생산에 포함되지 않는다. 시장 가치를 매길 수 없기 때문이다. 반면에 옷을 세탁소에 맡기고 외식을 하고, 놀이방에 아이를 보내는 것은 국내 총생산에 포함된다. 또한 시장 밖에서 이루어지는 음성적 거래를 뜻하는 지하 경제도 국내 총생산에 포함되지 않는다. 게다가 환경오염 발생이나 범죄, 교통사고와 같이 오히려 국민의 삶의 질을 떨어뜨리는 행위가 국내 총생산을 증가시키는 결과를 빚을 수도 있다.

① 국내 총생산은 국민들의 실제 생활수준을 반영한다.
② 삶의 질을 높이는 요소만이 국내 총생산에 포함된다.
③ 세탁소, 레스토랑, 놀이방 등은 시장 가격이 형성된 서비스이다.
④ 국내 총생산은 음성적 거래도 포함한 개념이다.
⑤ 주부의 가사노동은 국내 총생산에 포함된다.

08 다음 글을 바탕으로 한 내용으로 가장 적절하지 <u>않은</u> 것은?

> 양극화의 해소를 위해서는 근본적으로 중산층을 키울 수 있는 방안이 마련되어야 한다. 우선, 양질의 일자리가 만들어져야 중산층의 경제력이 살아날 것이다. 지금 정부와 기업은 비정규직 문제 해결에 소극적인 입장을 취하고 있다. IMF 이후 국민의 조세로 만든 수많은 공적 자금이 기업에게 들어갔으며, 노동자들은 울며 겨자 먹기 식으로 퇴직을 당하거나 비정규직으로 떠밀릴 수밖에 없었다. 우리나라 비정규직의 형태는 유럽이나 미국의 파트타임 근무제가 아니라 정규직과 동일하게 일하면서 비정규직 대우를 받는 기형적인 형태이다. 이러한 비정규직 문제가 해결되지 않는 한 양극화 문제는 해소될 수 없다.

① 비정규직 문제를 해결해야 양극화를 해결할 수 있다.
② 정부와 기업이 비정규직 문제 해결에 소극적인 입장이어도 해결해야 할 문제다.
③ 국민의 조세로 수많은 공적자금이 기업으로 갔기 때문에 일하던 노동자들은 비정규직으로 밀릴 수밖에 없었다.
④ 우리나라 비정규직은 정규직과 동일한 노동을 하지만 대우는 정규직보다 낮거나 부족하다고 봐야 한다.
⑤ 양극화 해소는 상류층을 통해 중산층이 상류층이 생산하는 부가 가치를 활용해야 한다.

09 다음 글을 바탕으로 한 내용으로 가장 적절한 것은?

> 자본주의 초기 독일에서 종교적 소수 집단인 가톨릭이 영리 활동에 적극적으로 참여하지 않았다는 것은 다음과 같은 일반적 의식과 배치된다. 민족적 · 종교적 소수자는 정치적으로 영향력 있는 자리에서 배제되므로, 이들은 영리 활동을 통해 공명심을 만족시키려 한다. 그러나 독일 가톨릭의 경우에는 그러한 경향이 전혀 없거나 뚜렷하게 나타나지 않는다. 이는 다른 유럽 국가들의 프로테스탄트가 종교적 이유로 박해를 받을 때조차 적극적인 경제 활동으로 사회의 자본주의 발전에 기여했던 것과 대조적이다.
> 이러한 현상은 독일을 넘어 유럽 사회의 일반적인 현상이었다. 프로테스탄트는 정치적 위상이나 수적 상황과 무관하게 자본주의적 영리 활동에 적극적으로 참여하는 뚜렷한 경향을 보였다. 반면 가톨릭은 어떤 사회적 조건에 처해 있든 이러한 경향을 나타내지 않았고 현재도 그러하다.

① 소수자이든 다수자이든 유럽의 종교 집단은 사회의 자본주의 발전에 기여하지 못했다.
② 독일에서 가톨릭은 정치 영역에서 배제되었기 때문에 영리 활동에 적극적으로 참여하였다.
③ 독일 가톨릭의 경제적 태도는 모든 종교적 소수 집단에 폭넓게 나타나는 보편적인 경향이다.
④ 프로테스탄트와 가톨릭에 공통적인 금욕적 성격은 두 종교 집단이 사회에서 소주자이든 다수자이든 동일한 경제적 행동을 하도록 추동했다.
⑤ 종교 집단에 따라 경제적 태도가 차이나는 원인은 특정 종교 집단이 처한 정치적 또는 사회적 상황과는 무관하다.

10 다음 글을 바탕으로 한 내용으로 가장 적절한 것은?

> 고려 시대에 지방에서 의료를 담당했던 사람으로는 의학박사, 의사, 약점사가 있었다. 의학박사는 지방에 파견된 최초의 의관으로서, 12목에 파견되어 지방의 인재들을 뽑아 의학을 가르쳤다. 의사는 지방 군현에 주재하면서 약재를 채취하고 백성을 치료했으며, 의학박사만큼은 아니지만 의학교육의 일부를 담당했다.
>
> 지방관청에서는 약점을 설치하여 약점사를 배치했다. 약점사는 향리들 중에서 임명되었다. 약점은 약점사가 환자를 치료하는 공간이자 약재의 유통이 이루어지는 공간이었다. 약점사의 일 중 가장 중요한 것은 백성들이 공물로 바치는 약재를 수취하고 관리하여 중앙 정부에 전달하는 일이었다. 약점사는 왕이 하사한 약재를 관리하는 일과 환자를 치료하는 일도 담당했다. 지방마다 의사를 두지는 못했으므로 의사가 없는 지방에서는 의사의 업무 모두를 약점사가 담당했다.

① 의사들 가운데 실력이 뛰어난 사람이 의학 박사로 임명되었다.
② 약점사의 의학 실력은 의사들보다 뛰어났다.
③ 약점사가 의학 교육을 담당할 수도 있었다.
④ 의사는 향리들 중에서 임명되었다.
⑤ 의사들의 진료 공간은 약점이었다.

11 다음 글을 바탕으로 한 내용으로 가장 적절한 것은?

> 경제학은 인간의 합리성을 가정하나 동물 근성도 잘 감안하지 않으면 안 된다. 인간은 쉽사리 감정적이 되며, 경제 사회가 불안할수록 동물 근성이 잘 발동된다. 이런 의미에서도 경제 안정은 근본 문제가 된다. 그리고 경제는 이러한 인간의 경제 행위를 바탕으로 하므로 그 예측이 어렵다. 예를 들어, 일기 예보의 경우에는 내일의 일기를 오늘 예보하더라도 일기가 예보 자체의 영향을 받지 않는다. 그러나 경기 예측의 경우에는 다르다. 예를 들어, 정부가 경기 침체를 예고하면 많은 사람들은 이에 대비하여 행동을 하고, 반대로 경기 회복을 예고하면 또한 그에 따라 행동하기 때문에 경기 예측 그 자체가 경기 변동에 영향을 미친다. 따라서 예측이 어느 정도 빗나가는 것이 보통이다. '될 것이다.' 또는 '안 될 것이다.'와 같은 예측은 이른바 '자기실현적 예언'이 될 소지가 크다.

① 일기 예보는 날씨 변화에 영향을 주기 쉽다.
② 경기 예측은 사람들의 행동에 영향을 미친다.
③ 경기 예측과 실제 경기 변동은 아무런 상관이 없다.
④ 인간 행동의 변화를 통해 경기 예측이 가능하다.
⑤ 경제가 불안할수록 인간의 이성적 측면이 크게 작용한다.

12 다음 글을 바탕으로 한 내용으로 가장 적절한 것은?

> 자연에 존재하는 기본 구조인 프랙탈 구조에 대한 이해는 혼돈 운동을 이해하는 데 매우 중요하다는 것을 알게 되었다. 이제 물리학에서는 혼돈스런 운동을 분석할 수 있는 새로운 강력한 분석 방법을 갖게 된 것이다. 이러한 발견은 물리학계는 물론 과학계 전체에 큰 충격을 주었다. 자연에서 흔히 발견되는 무질서하고 혼란스런 운동도 규칙 운동처럼 잘 정의된 방정식으로 나타낼 수 있는 운동의 한 부분이고, 따라서 규칙 운동과 같이 분석할 수 있다는 것이다. 이러한 혼돈 현상을 결정론적 혼돈이라고 부른다. 결정론적이라는 말과 혼돈이라는 말은 상반되는 뜻을 갖고 있지만, 혼돈 현상을 나타내는 데는 적당한 표현이다. 지금까지 전통적인 방법으로 파악되지 않아서 혼돈으로 치부되던 많은 현상들이 새로운 방법으로 분석할 수 있게 됨으로써 분석 가능한 자연 현상의 영역은 매우 넓어졌다. 아직 시작된 지 얼마 안 되는 혼돈 과학의 연구가 진척되면 앞으로 자연에 대한 이해가 훨씬 넓고 깊어질 것이다.

① 프랙탈 구조는 부분이 전체 구조와 비슷하게 반복되는 규칙 운동이다.
② 프랙탈 구조는 혼돈 현상을 이해하는 전통적 방법이다.
③ 자연에서 발견할 수 있는 규칙 운동을 결정론적 혼돈이라고 한다.
④ 결정론적 혼돈을 통해 모든 자연 현상을 분석할 수 있게 되었다.
⑤ 프랙탈 구조에 대한 이해는 결정론적 혼돈을 정립하는 데 큰 도움을 주었다.

13 다음 글의 논지를 뒷받침할 수 있는 논거로 가장 적절한 것은?

> 그들은 또 우리 민족이 선천적으로 혹은 숙명적으로 당파적 민족성을 가지고 있으며, 이것이 민족적 단결을 파괴하여 독립을 유지할 수가 없게 되었다고 주장하였다. 그러나 근본적으로 말한다면 민족성이 역사의 산물인 것이지 역사가 민족성의 산물인 것은 아니다. 그러니까 그들의 주장은 거꾸로 돼 있는 것이다. 게다가 국내의 대립 항쟁이 없는 민족이란 어디에서도 찾아볼 수가 없을 것이며, 한 때 지방분권적이었던 일본에서 이 점은 더욱 심하였다. 그리고 흔히 조선 시대의 붕당(朋黨)을 말하자면, 그것이 선천적인 민족성의 소산이었다면 한국사의 시초부터 있었어야 옳았을 것이다. 그런데 붕당은 16세기에 이르러서야 발생하였다. 이것은 붕당의 발생이 역사적 산물이었음을 말해주는 것이다.

① 붕당(朋黨)은 우리 민족의 선천적인 민족성을 대표하는 산물이다.
② 개인마다 성격이 다르듯이 각 민족마다 지닌 고유의 기질이 독특한 문화를 만들어낸다.
③ 민족성이란 문화적 상호작용의 결과로, 어떤 민족이 생성·발전하는 중에 후천적으로 나타나는 것이다.
④ 신앙이나 사상은 바뀌지만 혈통적인 민족만은 공동체의 인연에 얽힌 한 몸으로써 이 땅 위에 살게 되는 것이다.
⑤ 나라마다 자연환경이 다르듯이 민족성은 자연환경에 적응하며 살아가는 과정에서 얻어진 것이다.

14 다음 글을 바탕으로 한 내용으로 가장 적절하지 <u>않은</u> 것은?

> 버켄스탁의 열매는 대단히 매혹적인 향기를 갖고 있지만 식용이 아니며 그것을 먹을 경우 아주 심한 복
> 통이 일어난다. 버켄스탁에는 키가 3~4미터까지 자라는 코피후스텐 종과 다 자라봐야 2미터에 못 미치
> 는 라우터후스텐 종이 있다. 한편, 그린버겐스탁은 발음이 주는 인상 때문에 버켄스탁의 일종이라는 느
> 낌을 주지만 그린버겐의 사촌쯤에 해당하는 것으로, 전 세계적으로 제주도를 비롯한 몇몇 도서 지역에서
> 만 자생하는 종이다. 그린버겐스탁과 그린버겐은 황색버겐 등과 더불어 버겐바움 속(屬)에 속하는 식물
> 종들이다. 이 속의 식물들은 공통적으로 연노랑 색의 유자 모양 열매를 맺는다. 17세기 유럽의 식물학자
> 들은 열매가 비슷한 그린버겐스탁과 버켄스탁이 같은 속에 속하는 이웃 종들이라고 믿었다. 그러나 이들
> 은 다른 과(科)에 속한다.

① 그린버겐스탁은 제주도를 비롯한 몇몇 도서 지역에서만 자생한다.

② 버켄스탁의 열매에는 독성이 있기 때문에 먹으면 아주 심한 복통이 일어난다.

③ 버겐바움 속(屬) 식물의 특징으로는 연노랑 색에 유자 모양의 열매를 맺는다.

④ 그린버겐스탁은 버켄스탁과 동일한 종으로 그린버겐과 함께 버겐바움 속(屬)에 속하는 식물
종이다.

⑤ 17세기 식물학자들은 그린버겐스탁과 버켄스탁 열매가 같은 속(屬)에 이웃하는 종이라고 믿
었다.

15 다음 글을 바탕으로 한 내용으로 가장 적절하지 <u>않은</u> 것은?

> 고대 그리스의 어떤 철학자는 눈, 우박, 얼음의 생성에 대해 다음과 같이 주장했다. 특정한 구름이 바람
> 에 의해 강력하고 지속적으로 압축될 때 그 구름에 구멍이 있다면, 작은 물 입자들이 구멍을 통해 구름
> 밖으로 배출된다. 그리고 배출된 물은 하강하여 더 낮은 지역에 있는 구름 내부의 극심한 추위 때문에
> 동결되어 눈이 된다. 또는 습기를 포함하고 있는 구름들이 나란히 놓여서 서로를 압박할 때, 이를 통해
> 압축된 구름 속에서 동결되어 배출되면서 눈이 된다. 우박은 구름이 물을 응고시키면서 만들어지는데,
> 이런 현상은 특히 봄에 빈번하게 발생한다.
> 얼음은 물에 있던 둥근 모양의 입자가 밀려나가고 이미 물 안에 있던 삼각형 모양의 입자들이 함께 결합
> 하여 만들어진다. 또는 밖으로부터 들어온 삼각형 모양의 물 입자가 함께 결합하여 둥근 모양의 물 입자
> 를 몰아내고 물을 응고시킬 수도 있다.

① 구름의 압축은 바람에 의해 발생하는 경우도 있고, 구름들의 압박에 의해 발생하는 경우도 있다.

② 물에는 둥근 모양의 입자뿐만 아니라 삼각형 모양의 입자도 있다.

③ 봄에는 구름이 물을 응고시키는 경우가 자주 발생한다.

④ 날씨가 추워지면 둥근 모양의 물 입자가 삼각형 모양의 물 입자로 변화한다.

⑤ 얼음에는 삼각형 모양의 물 입자들이 결합되어 있다.

16 다음 글을 바탕으로 한 내용으로 가장 적절하지 <u>않은</u> 것은?

> 철이나 석탄이나 물을 어떻게 얻는가는 누구나 다 알고 있는 사실이다. 그런데 시간이라는 것은 어떻게 얻는 것일까? 이것을 아는 사람은 그리 많지 않을 것이다.
>
> 인간이 시간을 얻을 줄 알게 된 것은 꽤 오랜 옛날의 일이었다. 인간이 도구를 만들기 시작했을 때 그 생활 속에는 새로운 일, 즉, 참으로 인간다운 일은 노동이라는 관념이 생기게 되었다. 그리고 이 노동이라는 것은 시간을 필요로 했다. 돌연장을 만들기 위해서는 우선 그것에 적합한 돌을 찾아내야 했다. 그러나 그것은 그다지 수월한 일이 아니다. 아무 돌이나 연장으로 쓸 수 있는 것은 아니기 때문이다.
>
> 연장으로 만드는 데 가장 적합한 것은 단단하고 모진, 부싯돌이 될 만한 돌이다. 그런데 그런 부싯돌은 아무 데나 뒹굴고 있지는 않다. 그런 돌을 찾아내려면 적지 않은 시간이 필요하다. 그러나 많은 시간을 들인 탐색도 때로는 헛수고가 될 수도 있다. 그럴 때는 결국 그다지 훌륭하지 않은 돌이라도 집어 들어야 했으며, 사암(砂巖)이나 횟돌 같은 부실한 재료로도 만족하지 않으면 안 되었다.
>
> 그러나 마침내 알맞은 돌을 찾아냈다 할지라도 그 돌로 어떤 연장을 만들기 위해서는 다른 돌을 이용하여 두드리고 문지르고 깎아야 한다. 이 일은 또 많은 시간을 필요로 한다. 당시 인간의 손가락은 아직 현재 우리의 손가락처럼 재주를 부리지도 못했고 능숙하지도 못했다. 단지 일하는 것을 익혔을 뿐이었다.
>
> 돌을 깎는 데는 많은 시간을 소비해야만 했다. 하지만 그 대신, 그 깎아낸 날카로운 돌 덕분에 나무껍질 밑의 애벌레를 파내는 일이 아주 쉬워졌다. 돌로 나뭇가지를 다듬는 데도 오랜 시간을 소비해야만 했다. 그러나 그 막대기가 다듬어지고 나면 땅속에서 식용(食用)이 되는 나무뿌리를 캐내는 일도, 숲 속에 사는 작은 동물을 사냥하는 일도 전보다 훨씬 수월하게 할 수 있었다.
>
> 그리하여 식량을 모으는 일이 전보다 쉬워지고 훨씬 빨라졌다. 식량을 찾아 돌아다니는 일에서 해방되고, 그 시간을 활용하여 연장을 만들거나 그 연장을 더욱더 예리하고 우수한 것으로 발전시켜 나감으로써 많은 식량을 얻게 되었던 것이다. 즉, 인간은 다른 노동에 쓸 수 있는 시간을 얻게 된 셈이다.

① 인간이 도구를 만들기 위해 노력한 결과 노동이라는 관념이 생기게 되었다.

② 인간이 단단한 부싯돌 등을 찾기 위해 한 탐색이 헛수고가 될 때도 있었지만, 사암이나 횟돌 등 단단한 재료들을 줍게 되면 좋은 연장을 만들어 낼 수 있었다.

③ 돌을 깎는 데 많은 시간을 쏟아 부어야 했지만 날카롭게 다듬은 돌은 나무뿌리와 애벌레, 작은 동물 등을 채집하거나 사냥하는 일을 더욱 수월하게 할 수 있었다.

④ 인간이 도구를 만든 결과는 식량을 모으는 일이 더욱 쉬워졌고, 연장을 만들어 발전시킴으로써 더욱 많은 식량을 얻게 된 계기가 되었다.

⑤ 도구로 할 알맞은 돌을 찾은 인간은 재주도 없었고, 손을 능숙하게 사용할 수 없어 두드리고, 문지르며, 깎는 작업을 해야만 했지만 곧 날카로운 돌을 만들어냈다.

17 다음 글을 바탕으로 한 내용으로 가장 적절하지 <u>않은</u> 것은?

> 앞으로 개인이 소유할 수 있는 노비의 수를 제한하도록 한다. 종친과 부마로서 1품인 사람은 150명, 2품 이하는 130명, 문무관으로서 1품 이하 2품 이상은 130명, 3품 이하 6품 이상은 100명, 7품 이하 9품 이상은 80명으로 하며, 양반 자손도 이와 같이 한다. 아내는 남편의 관직에 따라 노비를 소유하고, 양인인 첩은 남편의 관직에 따르되 5분의 2를 삭감하며, 천인인 첩은 남편의 관직에 따르되 5분의 4를 삭감한다. 백성은 노비를 10명으로 제한하고, 공·사 천인은 5명, 승려의 경우 판사 이하 선사 이상의 승려는 15명, 중덕 이하 대선 이상의 승려는 10명, 직책이 없는 승려는 5명으로 제한한다.

① 노비 신분에서 해방되는 노비가 늘어나 신분 질서가 무너질 수 있다.
② 1인당 노비 소유에 있어 백성과 천인의 격차보다는 양반과 백성 사이의 격차가 훨씬 클 것이다.
③ 양반 내 노비 소유의 차등이 발생할 것이다.
④ 천인도 노비를 소유할 수 있었다.
⑤ 기본적으로 노비 제도의 존속을 지지하고 있다.

18 다음 글을 바탕으로 한 내용으로 가장 적절하지 <u>않은</u> 것은?

> 런던 패션쇼에서 삐쩍 마른 남자 모델들이 런웨이(Runway)를 활보했다. 뉴욕, 밀라노, 파리의 전체적인 패션 경향을 보여주는 런던 패션쇼는 최근 마른 남자들을 위한 옷이 유행하고 있는 것을 보여준다. 한때는 단단한 복근과 건장한 가슴을 가진 남자 모델들이 유행했지만 지금 모델들은 보디빌더의 허벅지보다 작은 허리를 가지고 있다. 물론 폭식을 즐기는 아이들에게 이 모델들은 통탄할 만한 대상일 것이다. 젊은 여성들에게 선망의 대상이 되는 제로 – 사이즈 여자 모델을 반대하는 시민 단체의 우려에도 불구하고 최근 젊은 남자들에게도 이러한 마른 남자 모델들의 패션이 유행하기 시작했다. 마른 여자 모델을 바라보는 시선과 마른 남자 모델을 바라보는 시선은 분명히 서로 다르다. 일부에서는 크고 건장한 모델들이 항상 좋아 보인다는 편견을 버려야 한다고 주장한다.

① 예전에는 근육질의 남자 모델들이 인기가 있었다.
② 마른 사람들을 위한 옷이 유행하고 있다.
③ 시민 단체들은 극단적으로 마른 남자 모델을 반대한다.
④ 최근 패션쇼에서는 마른 남자 모델들을 선호하고 있다.
⑤ 최근 패션계는 제로 – 사이즈 모델을 선호하고 있다.

19 다음 글을 바탕으로 한 내용으로 가장 적절하지 <u>않은</u> 것은?

조선 시대의 궁궐은 남쪽에서 북쪽에 걸쳐 외전, 내전, 후원의 순서로 구성되었다. 공간 배치 상 가장 앞쪽에 배치된 외전은 왕이 의례, 외교, 연회 등 정치 행사를 공식적으로 치르는 공간이며, 그 중심은 정전 혹은 법전으로 부르는 건물이었다. 정전은 회랑으로 둘러싸여 있는데, 그 회랑으로 둘러싸인 넓은 마당이 엄격한 의미에서 조정이 된다.

내전은 왕과 왕비의 공식 활동과 일상적인 생활이 이루어지는 공간으로써 위치상으로 궁궐의 중앙부를 차지할 뿐만 아니라 그 기능에서도 궁궐의 핵을 이루는 곳이다. 그 가운데서도 연거지소는 왕이 일상적으로 기거하며 가장 많은 시간을 보내는 곳이자 주요 인물들을 만나 정치 현안에 대해 의견을 나누는 곳으로, 실질적인 궁궐의 핵심이라 할 수 있다. 왕비의 기거 활동 공간인 중궁전은 중전 또는 중궁이라고도 불렸는데, 궁궐 중앙부의 가장 깊숙한 곳에 위치한다. 동궁은 차기 왕위 계승자인 세자의 활동 공간으로 내전의 동편에 위치한다. 세자는 동궁이라 불리기도 했는데, 다음 왕위를 이을 사람인 그에게 '떠오르는 해'라는 의미를 부여했기 때문이다. 내전과 동궁 일대는 왕, 왕비, 세자 등 주요 인물의 공간이다. 그들을 시중드는 사람들의 기거 활동 공간은 내전의 뒤편에 배치되었다. 이 공간은 내전의 연장으로 볼 수 있는데 뚜렷한 명칭이 따로 있지는 않았다.

후원은 궁궐의 북쪽 산자락에 있는 원유를 가리킨다. 위치 때문에 북원으로 부르거나, 아무나 들어갈 수 없는 금단의 구역이기에 금원이라고도 불렸다. 후원은 1차적으로는 휴식 공간이었으며, 부차적으로는 내농포라는 소규모 논을 두고 왕이 직접 농사를 체험하며 권농의 모범을 보이는 실습장의 기능을 가지고 있었다.

① 내농포는 금원에 배치되었다.
② 내전에서는 국왕의 일상생활과 정치가 병행되었다.
③ 궁궐 남쪽에서 공간적으로 가장 멀리 위치한 곳은 중궁전이다.
④ 외국 사신을 응대하는 국가의 공식 의식은 외전에서 거행되었다.
⑤ 동궁은 세자가 활동하는 공간의 이름이기도 하고 세자를 가리키는 별칭이기도 하였다.

20 다음 글을 바탕으로 한 내용으로 가장 적절하지 <u>않은</u> 것은?

어떤 시점에서 당신만이 느끼는 어떤 감각에 대하여 W라는 용어의 의미로 삼는다고 해 보자. 이후 다시 그 감각을 느끼는 경우 당신은 "W라고 불리는 그 감각이 나타났다."라고 말할 것이다. 그렇지만 그 용어가 바르게 사용되었는지 아닌지 어떻게 결정할 수 있을까? 만에 하나 첫 번째 감각을 잘못 기억할 수도 있는 것이고, 혹은 밀접하다고 생각했던 유사성이 사실은 착각일 뿐, 어렴풋하고 희미한 것일 수도 있다. 무엇보다도 그것이 착각인지 아닌지를 판단한 근거가 없다. 만약 W라는 용어의 의미가 당신만이 느끼는 그 감각에만 해당된다면, W라는 용어가 바르게 사용되었는지를 구분할 방법은 어디에도 없기 때문이다. 바른 적용에 관해 결정을 내릴 수 없는 용어는 아무런 의미도 갖지 않는다.

① 본인만이 느끼는 감각을 지시하는 용어는 아무 의미도 없다.

② 우리는 감각을 잘못 기억하거나 착각할 수 있다.

③ 감각을 지시하는 용어를 적용할 때에는 그 사용이 옳은지 그른지 판단할 필요가 있다.

④ 감각을 지시하는 용어의 의미는 그것이 지시하는 대상과는 아무 상관이 없다.

⑤ 용어의 적용이 옳게 되었는지 아닌지 판단할 수 있는 경우, 그것은 용어로써 의미를 가질 수 있다.

21 다음 글을 바탕으로 한 내용으로 가장 적절하지 <u>않은</u> 것은?

> 한글의 제자 원리는 얼마나 우수한가? 훈민정음 연구로 학위를 받은 미국 컬럼비아 대학의 교수 게리 레드야드(Gari Ledyard)는 그의 학위 논문에서 다음과 같이 밝혔다. "글자 모양과 기능을 관련시킨다는 착상과 그 착상을 실현한 방식에 정녕 경탄을 금할 수 없다. 유구하고 다양한 문자의 역사에서 그런 일은 있어 본 적이 없다. 소리 종류에 따라 글자 모양을 체계화한 것만 해도 엄청난 일이다. 그런데 그 글자 모양 자체가 그 소리와 관련된 조음 기관을 본뜬 것이라니, 이것은 견줄 데 없는 언어학적 호사야."
>
> 레드야드가 지적했듯, 한글의 닿소리(자음) 글자들은 조음 기관을 본떴다. 예컨대 'ㄱ'과 'ㄴ'은 각각이 글자들에 해당하는 소리를 낼 때 작용하는 혀의 모양을 본뜬 것이다. 그리고 'ㅁ'은 입모양을, 'ㅅ'은 이[齒] 모양을, 'ㅇ'은 목구멍을 본뜬 것이다. 조음 기관의 생김새를 본떠 글자를 만든다는 착상은 참으로 놀랍다. 그런데 '소리 종류에 따라 글자 모양을 체계화'했다는 레드야드의 말은 무슨 뜻인가?
>
> 조음 기관을 본뜬 기본 다섯글자(ㄱ, ㄴ, ㅁ, ㅅ, ㅇ)에다 획을 더함으로써 소리 나는 곳은 같되 소리의 세기가 다른 글자들을 만들어 냈다는 뜻이다. 예를 들어 양순음(입술소리) 글자의 경우 'ㅁ'에 획을 차례로 더해 같은 양순음으로 이보다 소리가 센 'ㅂ'과 'ㅍ'을 만들어 냈다는 것이다. 이를 로마 문자와 비교해 보면 한글에 함축된 음운학 지식이 얼마나 깊고 정교한지 금방 드러난다. 예컨대 이나 잇몸에 혀를 댔다 떼면서 내는 소리들을 로마 문자로는 'N, D, T'로 표시하는데, 이 글자들 사이에는 형태적 유사성이 전혀 없다. 그러나 한글은 이와 비슷한 소리를 내는 글자를 'ㄴ, ㄷ, ㅌ'처럼 형태를 비슷하게 만듦으로써, 이 소리들이 비록 다른 자질에서는 차이가 있지만 소리 나는 곳은 같다는 것을 한눈에 보여 준다.
>
> 이러한 한글의 특성에 대해 영국의 언어학자 제프리 샘슨(Geoffrey Sampson)은 한글을 로마 문자 같은 음소 문자보다 더 나아간 '자질 문자'라고 불렀다. 즉, 훈민정음 창제자들은 음소 단위의 분석에서 더 나아가 현대 언어학자들처럼 음소를 다시 자질로 나눌 줄 알았던 것이다.

① 한글 자음의 기본자는 소리와 관련된 조음 기관을 본떠 만들었다.

② 영어 글자의 형태는 조음 기관과의 유사성과 관련이 없다.

③ 한글 자음은 같은 종류의 소리를 나타내는 것끼리 그 모양이 비슷하다.

④ 한글 자음은 소리의 자질에 따라 글자에 획을 더하는 방식이 사용되었다.

⑤ 한글 자음은 모양이 간단하고 나타낼 수 있는 소리의 종류가 매우 다양하다.

22 다음 글을 바탕으로 한 내용으로 가장 적절하지 <u>않은</u> 것은?

> 탁월성의 획득은 기예의 습득과 유사하다. 무엇을 만드는 법을 배우고자 하는 사람이 그것을 직접 만들어 봄으로써 익히듯이, 우리는 용감한 일을 행함으로써 용감한 사람이 된다.
>
> 또한 탁월성을 파괴하는 기원·원인들에 대해서도 탁월성이 생기는 기원·원인들과 같은 방식으로 말할 수 있다. 집을 잘 지음으로써 좋은 건축가가, 잘못 지음으로써 나쁜 건축가가 된다. 성격적 탁월성의 경우도 이와 마찬가지이다. 다른 사람과 관련된 일들을 행하면서 어떤 사람은 정의로운 사람이 되고 어떤 사람은 정의롭지 않은 사람이 된다.
>
> 욕망이나 분노에 관련된 것에 대해서도 사정은 유사하다. 어떤 사람은 절제 있는 사람이나 온화한 사람이 되지만, 어떤 사람은 무절제한 사람이나 성마른 사람이 된다. 양쪽 모두 자신이 처한 상황 속에서 어떤 방식으로 행동함으로써 그러한 사람이 된다.

① 절제 있고 온화한 사람은 그러한 행동을 취하는 사람이다.

② 기예의 습득과 탁월성의 습득은 그 과정상 유사하다.

③ 정의롭고 온화하며 절제 있는 본성을 지닌 사람이 성격적 탁월성을 가진 자이다.

④ 탁월성의 획득과 파괴의 기원은 같다.

⑤ 좋은 행동을 실천하면 성격적 탁월성을 갖게 된다.

23 다음 글을 바탕으로 한 내용으로 가장 적절하지 <u>않은</u> 것은?

> 경제 발전 초기, 농·어업에 종사하던 노동력은 경제가 발전하면서 제조업 분야로 이동한다. 이런 산업화 과정에서는 제조업의 빠른 성장이 경제 전체의 성장을 이끈다. 하지만 산업화가 어느 정도 진전되면 제조업이 고부가가치 업종 위주로 재편되면서 노동집약적인 제조업의 비중은 감소한다. 그 결과 제조업의 고용 창출 능력이 현저하게 줄어들어 노동력은 제조업에서 서비스업으로 이동하게 되는데, 이것이 탈산업화다. 우리나라의 탈산업화는 다른 선진국들이 경험했던 것에 비해 매우 이른 시점에 훨씬 빠른 속도로 이루어지고 있다. 주된 이유는 세계화가 급격하게 진전되는 데다 개발도상국과의 경쟁이 심화되고 있기 때문이다. 특히 우리 이웃에는 유례를 찾아볼 수 없을 정도로 대규모의 산업화를 진행하고 있는 중국이 있다. 중국이 부상함에 따라 우리 경제에서 중국과 경쟁 관계에 있는 노동집약형·저기술 제조업이 빠르게 비교 우위를 상실했고, 우리 제조업은 고부가가치·고기술 산업으로 재편성되도록 강요당했다. 이러한 변화는 산업 발전 과정에서 필연적이다. 문제는 탈산업화 과정에서 경제성장률의 급격한 하락을 막는 것이다. 그러기 위해서는 반드시 서비스업이 동반 성장해야 한다. 서비스업에서 고부가가치 산업이 등장해 제조업 못지않은 빠른 생산성 향상을 이루려면 신규 노동력의 준비가 필요하다.

① 산업화 과정에는 제조업의 빠른 성장이 경제 전체의 성장에 큰 영향을 끼치며 진전될수록 고부가가치 업종 위주로 재편된다.

② 탈산업화 시대에 경제성장률의 급격한 하락을 막기 위해서는 서비스업이 같이 성장해야 서비스업 안에서 고부가가치 산업이 등장할 수 있다.

③ 제조업에 있어서 중국이 부상하고 있었지만 빠른 생산성을 갖춘 시설들을 수입해 중국의 노동집약형 제조업의 추월을 막아 경제성장률의 급격한 하락을 막았다.

④ 우리나라의 탈산업화는 중국의 급격한 부상으로 인해 다른 선진국들이 경험했던 기간에 비해 훨씬 빠른 속도로 이루어졌다.

⑤ 고부가가치 업종 위주가 제조업의 고용 창출 능력을 감소시켜 노동력은 제조업에서 서비스업으로 이동하게 된다.

24 다음 글을 바탕으로 한 내용으로 가장 적절하지 <u>않은</u> 것은?

> 다음은 페인트의 납(Pb) 성분이 기준치를 넘어간 장난감의 리콜 방법이다. 먼저 소비자들은 그들의 장난감이 리콜 대상인지 알아보아야 한다. 회사 홈페이지를 방문해서 리콜 대상에 포함되는 장난감의 모델 번호와 출고일, 색깔 등을 확인한다. 컴퓨터가 없는 사람들은 고객센터로 전화를 걸어서 이것들을 확인할 수 있다. 소비자의 장난감이 리콜 대상이라면 온라인이나 전화를 사용하여 회사에 소비자의 주소를 알려주어야 한다. 회사에서는 소비자의 주소로 선불우편 라벨을 보내주고, 소비자가 보낸 리콜 대상 장난감을 받으면 새 장난감을 다시 보내준다. 회사는 리콜한 장난감들을 모두 환경적인 방법으로 폐기할 예정이다.

① 모델 번호와 출고일, 색깔 등이 일치해야 리콜 대상이 된다.

② 고객센터를 통해서도 장난감 리콜 대상 여부를 확인할 수 있다.

③ 리콜을 하려면 장난감의 모델 번호를 홈페이지에 등록해야 한다.

④ 리콜한 장난감들은 환경을 해치지 않는 방식으로 폐기될 예정이다.

⑤ 리콜 대상 장난감을 회사로 보내면 새로운 장난감으로 교환받을 수 있다.

25 다음 글을 바탕으로 한 내용으로 가장 적절하지 <u>않은</u> 것은?

> 관리자의 역할 중에 가장 중요한 덕목은 공과 사를 구분하는 것이다. 일반 직원과 개인적으로 어울릴 때는 격의 없이 친하게 지내야 하지만, 직원이 실수를 한 경우에는 나무라거나 충고를 할 줄도 알아야 한다. 직원에게 주의를 줄 때에는 진심을 담아 말하는 것과 사실을 중심으로 얘기하는 것이 중요하다. 사실을 얘기할 때 자료를 제시하는 것도 좋은 방법이다. 야단을 치게 된 경위를 알기 쉽게 설명하면서 '왜' 그렇게 되었는지를 생각하게 한다. 그러나 그 직원의 성격을 개입시킨다면 굉장히 난감해할 뿐만 아니라 반발이 생길 수도 있다. 또한 일방적인 얘기보다 상대방에게 질문을 하면서 당사자에게 설명할 기회를 주는 것도 좋다. 질문할 때 과도하게 몰아세우거나 다른 직원과 비교하는 것은 옳은 방법이 아니다. 이 모든 것을 가능한 짧은 시간에 끝내고 마지막에 직원에게 용기가 될 수 있는 한마디를 하는 것도 잊지 말아야 한다.

① 직원을 나무랄 때 끝에 가서는 용기를 북돋워주는 말을 해주는 것이 좋다.
② 관리자는 사적인 인간관계와 공적인 업무를 구분하여 처리할 수 있어야 한다.
③ 관리자로서 잘못을 지적할 때는 사실에 입각해서 정확한 의사를 전달해야 한다.
④ 직원을 나무랄 때 그가 변명이나 앞으로의 계획을 말할 수 있는 기회를 주는 것이 좋다.
⑤ 직원을 꾸짖을 때 그의 성격 때문에 일이 그릇될 수 있음을 반드시 알려주는 것이 좋다.

26 다음 글을 바탕으로 한 내용으로 가장 적절하지 <u>않은</u> 것은?

> 우리는 흔히 수학에서 말하는 집합을 사물들이 모여 하나의 전체를 구성하는 모임과 혼동하곤 한다. 하지만 사물의 모임과 집합 사이에는 중요한 차이가 있다. 첫째, 전체로서 사물의 모임은 특정한 관계들에 의해 유지되며 그런 관계가 없으면 전체 모임도 존재하지 않는다. 그렇지만 집합의 경우 어떤 집합의 원소인 대상들이 서로 어떤 관계를 가지든 그 집합에 대해서는 아무런 차이가 없다. 둘째, 전체로서 어떤 사물의 모임이 있을 때 우리는 그 모임의 부분이 무엇인지를 미리 결정할 수 없다. 반면에 집합이 주어져 있을 때에는 원소가 무엇인지가 이미 결정되어 있다. 셋째, 전체로서 어떤 사물의 모임 B에 대해서는 B의 부분의 부분은 언제나 B 자신의 부분이라는 원리가 성립한다. 그렇지만 집합과 원소 사이에는 그런 식의 원리가 성립하지 않는다.

① 짝수들만으로 이루어진 집합들의 집합은 짝수를 원소로 갖지 않는다.
② 대대를 하나의 모임으로 볼 때, 이 모임의 부분은 중대일 수도 중대에 속하는 군인일 수도 있다.
③ 대학교를 하나의 모임으로 볼 때, 대학교의 부분으로써 학과의 부분들인 학생들은 대학교의 부분이라고 할 수 없다.
④ 집합 A가 홀수들의 집합이라면 임의의 대상들이 A의 원소냐 아니냐는 그 대상이 홀수냐 아니냐에 따라 이미 결정되어 있다.
⑤ 군인들 각각은 살아남더라도 군대라는 모임을 유지시켜 주는 군인들 사이의 관계가 사라진다면 더 이상 군대라고 할 수 없다.

27 다음 글을 바탕으로 한 내용으로 가장 적절하지 <u>않은</u> 것은?

1910년대를 거쳐 1920년대에 이르러, 추상회화는 유럽인들 사이에 나타난 유토피아를 향한 희망을 반영하는 조형적 형태언어가 되었다. 이러한 경향의 대표적 미술가로는 몬드리안(1872~1944)이 있다. 몬드리안은 양과 음, 형태와 공간, 수직과 수평으로 대변되는 이원론적 원리에 근거한 기호들이 자연에 내재되어 있는 정신성을 충분히 규명할 수 있다고 믿었다. 몬드리안 회화에서 이원론적인 사유 작용은 신지학에서 유래된 것으로 몬드리안의 신조형주의 회화의 절대적 형태 요소가 된다. 여기서 신지학(Theosophy)이란 그리스어의 테오스(Theos : 神)와 소피아(Sophia : 智)의 결합으로 만들어진 용어이다. 이 용어가 시사하듯 신지학은 종교와 철학이 융합된 세계관으로 신플라톤주의의 이원론이 그 초석이 된다. 이것은 몬드리안 이론의 밑바탕이 되었다. 결국, 몬드리안은 점점 자연을 단순화하는 단계에서 수평과 수직의 대비로 우주와 자연의 모든 법칙을 요약하였다. 그는 변덕스러운 자연의 외형이 아니라 자연의 본질, 핵심을 구조적으로 질서 있게 파악하여 자연이 내포하고 있는 진실을 드러내고자 하였다.

① 몬드리안은 자연의 본질을 파악하고자 하였다.
② 몬드리안의 추상화는 인간의 변덕스러운 욕망을 반영하였다.
③ 신지학은 어원상 종교와 철학이 융합된 학문임을 알 수 있다.
④ 1920년대 유럽의 추상회화는 유토피아를 향한 희망을 반영하고 있다.
⑤ 몬드리안의 추상회화에는 신지학의 영향이 반영되어 있다.

28 다음 글을 바탕으로 한 내용으로 가장 적절하지 <u>않은</u> 것은?

자동차 시대의 시작은 다양한 관련 산업의 발달을 촉발함으로써 미국 경제를 이끌어가는 견인차 역할을 하였다. 그러나 자동차의 폭발적인 증가가 긍정적인 효과만을 낳은 것은 아니다. 교통사고가 빈발하여 이에 따른 인적, 물적 피해가 엄청나게 불어났으며 환경 문제도 심각해졌다. 자동차들은 엄청난 에너지를 소비했으며 그 에너지는 대기 중에 분산되있다. 오늘닐 미국 도시들에서 빌생하는 대기오염의 60%는 자동차 배기가스에 의한 것이다. 자동차가 끼친 가장 심각한 문제는 연료 소비가 대폭 늘어남으로 인해 에너지 고갈 위기가 다가왔다는 것이다. 석유 자원은 수십 년 안에 고갈될 것으로 예견되고 있으며 이동시간을 단축시키려던 애초의 소박한 자동차 발명 동기와는 달리 자동차 때문에 인류는 파멸의 위기에 빠질 수도 있다.

① 자동차 사용의 증가는 대체에너지 개발을 촉진하였다.
② 자동차 산업은 다양한 관련 산업의 발달을 촉진하였다.
③ 자동차 사용의 증가로 대기 오염은 심각한 상황에 이르렀다.
④ 자동차 산업은 미국 경제를 이끌어가는 데 중요한 역할을 담당했다.
⑤ 자동차의 증가와 함께 교통사고로 인한 인적 · 물적 피해 역시 증가했다.

29 다음 글을 바탕으로 한 내용으로 가장 적절하지 <u>않은</u> 것은?

> 화이트는 19세기 역사 관련 저작들에서 역사가 어떤 방식으로 서술되어 있는지를 연구했다. 그는 특히 '이야기식 서술'에 주목했는데, 이것은 역사적 사건의 경과 과정이 의미를 지닐 수 있도록 서술하는 양식이다. 그는 역사적 서술의 타당성이 문학적 장르 내지는 예술적인 문체에 의해 결정된다고 보았다. 이러한 주장에 따르면 역사적 서술의 타당성은 결코 논증에 의해 결정되지 않는다. 왜냐하면 논증은 지나간 사태에 대한 모사로써의 역사적 진술의 '옳고 그름'을 사태 자체에 놓여 있는 기준에 의거해서 따지기 때문이다.
> 이야기식 서술을 통해 사건들은 서로 관련되면서 무정형적 역사의 흐름으로부터 벗어난다. 이를 통해 역사의 흐름은 발단·중간·결말로 인위적으로 구분되어 인식 가능한 전개 과정의 형태로 제시된다. 문학 이론적으로 이야기하자면, 사건 경과에 부여되는 질서는 '구성'이며 이야기식 서술을 만드는 방식은 '구성화'이다. 이러한 방식을 통해 사건은 원래 가지고 있지 않던 발단·중간·결말이라는 성격을 부여받는다. 또 사건들은 일종의 전형에 따라 정돈되는데, 이러한 전형은 역사가의 문화적인 환경에 의해 미리 규정되어 있거나 경우에 따라서는 로맨스·희극·비극·풍자극과 같은 문학적 양식에 기초하고 있다.
> 따라서 이야기식 서술은 역사적 사건의 경과 과정에 특정한 문학적 형식을 부여할 뿐만 아니라 의미도 함께 부여한다. 우리는 이야기식 서술을 통해서야 비로소 이러한 역사적 사건의 경과 과정을 인식할 수 있게 된다는 말이다. 사건들 사이에서 만들어지는 관계는 사건들 자체에 내재하는 것이 아니다. 그것은 사건에 대해 사고하는 역사가의 머릿속에만 존재한다.

① 이야기식 서술에 따르면 결과를 가장 중요시한다.

② 문학적 이론으로 이야기식 서술을 보면 구성화 과정이다.

③ 이야기식 서술은 문학적 형식과 의미를 모두 부여받는다.

④ 역사의 구성은 로맨스, 희극, 비극, 풍자극과 같은 문학적 양식에 기초하고 있다.

⑤ 역사적 서술의 타당성은 문학적 장르, 예술적인 문체에 의해 결정되며 논증에 의해 결정되지 않는다.

30 다음 글을 바탕으로 한 내용으로 가장 적절하지 <u>않은</u> 것은?

> 우리나라를 찾는 외국인들이 가장 즐겨 찾는 곳은 이태원이다. 여기서 '원(院)'이란 이곳이 과거에 여행자들을 위한 휴게소였다는 것을 말해 준다. 사리원, 조치원 등의 '원'도 마찬가지이다. 조선 전기에는 여행자가 먹고 자고 쉴 수 있는 휴게소를 '원'이라고 불렀다. 1530년에 발간된 신증동국여지승람에 따르면 원은 당시 전국에 무려 1,210개나 있었다고 한다.
>
> 조선 전기에도 여행자를 위한 편의 시설은 잘 갖추어져 있었다. 주요 도로에는 이정표와 역(驛), 원(院)이 일정한 원칙에 따라 세워졌다. 10리마다 지명과 거리를 새긴 작은 장승을 세우고, 30리마다 큰 장승을 세워 길을 표시했다. 그리고 큰 장승이 있는 곳에는 역과 원을 설치했다. 주요 도로마다 30리에 하나씩 원이 설치되다 보니, 전국적으로 1,210개나 될 정도로 많아진 것이다.
>
> 역이 국가의 명령이나 공문서, 중요한 군사 정보의 전달, 사신 왕래에 따른 영송(迎送)과 접대 등을 위해 마련된 교통 통신 기관이었다면, 원은 그런 일과 관련된 사람들을 위해 마련된 일종의 공공 여관이었다. 원은 주로 공공 업무를 위한 여관이었지만 민간인들에게 숙식을 제공하기도 했다.
>
> 원은 정부에서 운영했기 때문에 재원도 정부에서 마련했는데, 주요 도로인 대로와 중로, 소로 등에 설치된 원에는 각각 원위전(院位田)이라는 땅을 주어 운영 경비를 마련하도록 했다. 그렇다면 누가 원을 운영했을까? 역에는 종육품 관리인 찰방(察訪)이 파견되어 여러 개의 역을 관리하며 역리와 역노비를 감독했지만, 원에는 정부가 일일이 관리를 파견할 수 없었다. 그래서 대로변에 위치한 원에는 다섯 가구, 중로에는 세 가구, 소로에는 두 가구를 원주(院主)로 임명했다. 원주는 승려, 향리, 지방 관리 등이었는데 원을 운영하는 대신 각종 잡역에서 제외시켜 주었다.
>
> 조선 전기에는 원 이외에 여행자를 위한 휴게 시설이 따로 없었으므로 원을 이용하지 못하는 민간인 여행자들은 여염집 대문 앞에서 "지나가는 나그네인데, 하룻밤 묵어 갈 수 있겠습니까"라고 물어 숙식을 해결할 수밖에 없었다. 그러나 임진왜란과 병자호란을 거치면서 점사(店舍)라는 민간 주막이나 여관이 생기고, 관리들도 지방 관리의 대접을 받아 원의 이용이 줄어들게 되면서 원의 역할은 점차 사라지고 지명에 그 흔적만 남게 되었다.

① 여행자는 작은 장승 두 개를 지나 10리만 더 가면 '역(驛)'이 나온다는 것을 알았을 것이다.

② '원(院)'을 운영하는 승려는 나라에서 요구하는 각종 잡역에서 빠졌을 것이다.

③ 외국에서 사신이 오면 관리들은 '역(驛)'에서 그들을 맞이하거나 보냈을 것이다.

④ 민간인 여행자들도 자유롭게 '원(院)'에서 숙식을 해결했을 것이다.

⑤ 역(驛), 원(院)은 큰 장승이 있는 곳에 설치되었을 것이다.

31 다음 글을 바탕으로 한 내용으로 가장 적절하지 <u>않은</u> 것은?

> 인종차별주의는 사람을 인종에 따라 구분하고 이에 근거해 한 인종 집단의 이익이 다른 인종 집단의 이익보다 더 중요하다고 본다. 그 결과 한 인종 집단의 구성원은 다른 인종 집단의 구성원보다 더 나은 대우를 받게 된다. 특정 종교에 대한 편견이나 민족주의도 이와 다르지 않다.
>
> 특정 집단들 사이의 차별 대우가 정당화되기 위해서는 그 집단들 사이에 합당한 차이가 있어야 한다. 예를 들어 국가에서 객관적인 평가를 통해 대학마다 차별적으로 지원하는 경우, 이는 대학들 사이의 합당한 차이를 통해 정당화될 수 있다. 그렇지만 인종차별주의, 종교적 편견, 민족주의에 따른 차별대우는 이런 방식으로는 정당화될 수 없다. 합당한 차이를 찾을 수 없기 때문이다.

① 인종차별주의는 한 인종 집단의 이익이 다른 인종 집단의 이익보다 더 중요하다고 본다.

② 인종차별주의는 특정 종교에 대한 편견이나 민족주의와 비슷한 양상을 띤다.

③ 특정 집단에 속한 구성원들은 다른 집단 구성원들의 이익을 고려해야 한다.

④ 특정 집단들 사이의 차별 대우가 정당화되기 위해서는 합당한 차이가 있어야 한다.

⑤ 특정 집단에 속한 구성원들 사이에 합당한 차이가 없는 경우 인종차별주의, 종교적 편견, 민족주의에 따른 차별 대우는 정당화해서는 안 된다.

32 다음 글을 바탕으로 한 내용으로 가장 적절하지 <u>않은</u> 것은?

> 대안재와 대체재의 구별은 소비자뿐만 아니라 판매자에게도 중요하다. 형태는 달라도 동일한 핵심기능을 제공하는 제품이나 서비스는 각각 서로의 대체재가 될 수 있다. 대안재는 기능과 형태는 다르나 동일한 목적을 충족하는 제품이나 서비스를 의미한다.
>
> 사람들은 회계 작업을 위해 재무 소프트웨어를 구매하여 활용하거나 회계사를 고용해 처리하기도 한다. 회계 작업을 수행한다는 측면에서, 형태는 다르지만 동일한 기능을 갖고 있는 두 방법 중 하나를 선택할 수 있다.
>
> 이와는 달리 형태와 기능이 다르지만 같은 목적을 충족시켜 주는 제품이나 서비스가 있다. 여가 시간을 즐기고자 영화관 또는 카페를 선택해야 하는 상황을 보자. 카페는 물리적으로 영화관과 유사하지도 않고 기능도 다르다. 하지만 이러한 차이에도 불구하고 사람들은 여가 시간을 보내기 위한 목적으로 영화관 또는 카페를 선택한다.
>
> 소비자들은 구매를 결정하기 전에 대안적인 상품들을 놓고 저울질한다. 일반 소비자나 기업 구매자 모두 그러한 의사 결정 과정을 갖는다. 그러나 어떤 이유에선지 우리가 파는 사람의 입장이 되었을 때는 그런 과정을 생각하지 못한다. 판매자들은 고객들이 대안 산업군 전체에서 하나를 선택하게 되는 과정을 주목하지 못한다. 반면 대체재의 가격 변동, 상품 모델의 변화, 광고 캠페인 등에 대한 새로운 정보는 판매자들에게 매우 큰 관심거리이므로 그들의 의사 결정에 중요한 역할을 한다.

① 판매자들은 대안재보다 대체재 관련 정보에 민감하게 반응한다.

② 소비자들은 대안재보다 대체재를 선호하는 경향이 있다.

③ 재무 소프트웨어와 회계사는 서로 대체재의 관계에 있다.

④ 영화관과 카페는 서로 대안재의 관계에 있다.

⑤ 판매자들은 소비자가 구매를 결정하기 전에 대안재들을 놓고 저울질하는 과정에 주목하지 못한다.

33 다음 글을 바탕으로 한 내용으로 가장 적절하지 <u>않은</u> 것은?

> 1950년대 이후 부국이 빈국에 재정 지원을 하는 개발 원조 계획이 점차 시행되었다. 하지만 그 결과는 그리 좋지 못했다. 부국이 개발 협력에 배정하는 액수는 수혜국의 필요가 아니라 공여국의 재량에 따라 결정되었고, 개발 지원의 효과는 보잘것없었다. 원조에도 불구하고 빈국은 대부분 더욱 가난해졌다. 개발 원조를 받아도 라틴 아메리카와 아프리카의 많은 나라들이 부채에 시달리고 있다.
>
> 공여국과 수혜국 간에는 문화 차이가 있기 마련이다. 공여국은 개인주의적 문화가 강한 반면, 수혜국은 집단주의적 문화가 강하다. 공여국 쪽에서는 실제 도움이 절실한 개인들에게 우선적으로 혜택이 가기를 원하지만, 수혜국 쪽에서는 자국의 경제 개발에 필요한 부문에 개발 원조를 우선 지원하려고 한다.
>
> 개발 협력의 성과는 두 사회 성원의 문화 간 상호 이해 정도에 따라 결정된다는 것이 최근 분명해졌다. 자국민 말고는 어느 누구도 그 나라를 효율적으로 개발할 수 없다. 그러므로 외국 전문가는 현지 맥락을 고려하여 자신의 기술과 지식을 이전해야 한다. 원조 내용도 수혜국에서 느끼는 필요와 우선순위에 부합해야 효과적이다. 이 일은 문화 간 이해와 원활한 의사소통을 필요로 한다.

① 공여국은 개인들에게 우선적으로 원조의 혜택이 돌아가기를 원한다.

② 수혜국은 자국 경제 개발에 필요한 부문에 우선적으로 원조의 혜택이 돌아가기를 원한다.

③ 수혜국의 집단주의적 경향은 공여국의 개발 원조 참여를 저조하게 만든다.

④ 공여국과 수혜국이 생각하는 지원의 우선순위는 일치하지 않는다.

⑤ 원조에도 불구하고 빈국들의 대부분이 더욱 가난해졌다.

34 다음 글을 바탕으로 한 내용으로 가장 적절하지 <u>않은</u> 것은?

> 고려 시대에 철제품의 생산을 담당한 것은 철소였는데, 기본적으로 철산지나 그 인근의 채광과 제련이 용이한 곳에 설치되었다. 철소 설치에는 몇 가지 요소가 갖춰져야 유리하였다. 철소는 철광석을 원활하게 공급받을 수 있고, 철을 제련하는 데 필수적인 숯의 공급이 용이해야 하며, 채광 · 선광 · 제련 기술을 가진 장인 및 채광이나 숯을 만드는 데 필요한 노동력이 존재해야 했다. 또한 철 제련에 필요한 물이 풍부하게 있는 곳이어야 했다.
>
> 망이와 망소이가 봉기를 일으킨 공주 명학소는 철소였다. 그러나 다른 철소와는 달리 그곳에서는 철이 생산되지 않았다. 철산지는 인근의 마현이었다. 명학소는 제련에 필요한 숯을 생산하고 마현으로부터 가져온 철광석을 가공하여 철제품을 생산하는 곳이었다. 마현에서 채취한 철광석은 육로를 통해 명학소로 운반되었고, 이곳에서 생산된 철제품은 명학소의 갑천을 통해 공주로 납부되었다. 갑천의 풍부한 수량은 철제품을 운송하는 수로로 적합했을 뿐 아니라, 제련에 필요한 물을 공급하는 데에도 유용했다.
>
> 그러나 명학소민의 입장에서 보면 마현에서 철광석을 채굴하고 선광하여 명학소로 운반하는 작업, 철광석 제련에 필요한 숯을 생산하는 작업, 철제품을 생산하는 작업, 생산된 철제품을 납부하는 작업에 이르기까지 감당할 수 없는 과중한 부담을 지고 있었다. 이는 일반 군현민의 부담뿐만 아니라 다른 철소민의 부담과 비교해 보아도 훨씬 무거운 것이었다. 더군다나 명종 무렵에는 철 생산이 이미 서서히 한계를 드러내고 있었음에도 할당된 철제품의 양이 줄어들지 않았다. 이러한 것이 복합되어 망이와 망소이는 봉기하게 된 것이다.

① 철소는 기본적으로 철산지 또는 그 인근에 설치되었다.
② 명학소에서 숯이 생산되었다.
③ 망이와 망소이가 봉기를 일으킨 곳에서는 철이 생산되지 않는다.
④ 명학소민은 다른 철소민보다 부담이 적었다.
⑤ 풍부한 물은 명학소에 철소를 설치하는 데 이점으로 작용했다.

35 다음 글을 바탕으로 한 내용으로 가장 적절하지 <u>않은</u> 것은?

한국 신화에서 건국신화 다음으로 큰 비중을 차지하는 것은 무속신화이다. 무속신화는 고대 무속 제전에서 형성된 이래 부단히 생성과 소멸을 거듭했다. 이러한 무속신화 중에서 전국적으로 전승되는 '창세신화'와 '제석본풀이'는 남신과 여신의 결합이 제시된 후 그 자녀가 신성의 자리에 오른다는 점에서 신화적 성격이 북방의 건국신화와 다르지 않다. 한편, 무속신화 중 '성주신화'에서는 남성 인물인 '성주'가 위기에 빠진 부인을 구해내고 출산과 축재를 통해 성주신의 자리에 오른다. 이는 대부분의 신화에서 나타나는 부자(父子) 중심의 서사 구조가 아닌 부부 중심의 서사 구조를 보여준다.

특이한 유형을 보이는 신화 중에 제주도의 '삼성신화'가 있다. '삼성신화'에서는 남성이 땅 속에서 솟아나고 여성이 배를 타고 들어온 것으로 되어 있다. 남성이 땅에서 솟아났다는 점은 부계 혈통의 근원을 하늘이 아닌 대지에 두었다는 것으로 본토의 건국신화와 대조된다. 그리고 여성이 배를 타고 왔다는 것은 여성이 도래한 세력임을 말해 준다. 특히 남성은 활을 사용하고 여성이 오곡의 씨를 가지고 온 것으로 되어 있는데, 이것은 남성으로 대표되는 토착 수렵 문화에 여성으로 대표되는 농경문화가 전래되었음을 신화적으로 형상화한 것이다.

① '제석본풀이'는 북방의 건국신화와 신화적 성격이 유사하다.
② 삼성신화에서는 부계 사회에서 모계 중심의 사회로 전환되는 사회상이 나타난다.
③ 성주신화에서는 부부 중심의 서사 구조가 나타난다.
④ 신화에는 당대 민족의 문화적 특징이 담겨있다.
⑤ 한반도 본토의 건국신화에서는 보통 부계 혈통의 근원을 하늘이라고 보았다.

36 다음 글을 바탕으로 한 내용으로 가장 적절한 것은?

EU 철강 협회는 EU 회원국의 철강업체들이 중국이나 대만 그리고 한국에서 수입하는 철강제품 때문에 어려움을 겪고 있다고 주장했다. 최근 철강 제품 수입이 크게 늘어나면서 철강제품 가격이 25%까지 떨어졌으며 수천 명의 근로자들이 일자리를 잃을 위기에 빠져있다고 분석했다. 특히 지난 한 해 동안 중국에서 수입한 철강 제품 톤수는 지난해의 두 배인 100만 톤에 이른다. 특히 EU 철강 협회는 중국에서 수입되는 철강 제품 중에 냉각 압연 철강재와 용융 도금된 철강재를 문제 삼았다. EU 철강 협회의 주장은 미국 철강 협회가 중국산 철강 제품에 대해서 정부에 덤핑 판정을 요구하면서 더 힘을 얻고 있다.

① EU에서는 철강 제품의 공급이 많아진 여파로 많은 근로자들이 일자리를 잃을 수 있다고 보았다.
② 최근 많은 철강 제품의 생산으로 철강제품의 가치가 25%까지 떨어졌다.
③ EU 회원국의 철강 제품 주 수출국은 중국 · 대만 · 한국 등의 아시아 국가이다.
④ 미국 철강 협회는 중국의 냉각 압연 철강재 용융 도금된 철강재를 문제 삼았다.
⑤ 미국은 중국에서 작년에 100만 톤에 이르는 철강 제품을 수입하였다.

37 다음 글의 ㉠과 유사한 사례로 가장 적절한 것은?

> 서울 동숭동 대학로에는 차분한 벽돌 건물들이 복잡한 도심 속에서 색다른 분위기를 형성하고 있다. 이 건물들을 볼 때 알 수 있는 특징은 우선 재료를 잡다하게 사용하지 않았다는 점이다. 건물의 크기를 떠나서 창문의 유리를 제외하고는 건물의 외부가 모두 한 가지 재료로 덮여 있다. 사실 ㉠솜씨가 무르익지 않은 요리사는 되는 대로 이런저런 재료와 양념을 쏟아 붓는다. 하지만 아무리 훌륭한 재료를 쓴들 적절한 불 조절이나 시간 조절이 없으면 범상한 요리를 뛰어넘을 수 없다. 재료 사용의 절제는 비단 건축가뿐만 아니라 모든 디자이너가 원칙적으로 동의하면서도 막상 구현하기는 어려운 덕목이다. 벽돌 건물의 또 다른 예술적 매력은 벽돌을 반으로 거칠게 쪼갠 다음 그 쪼개진 단면이 외부로 노출되게 쌓을 때 드러난다. 햇빛이 이 벽면에 떨어질 때 드러나는 면의 힘은 가히 압도적이다.

① 합창을 할 때 각자 맡은 성부를 충실히 한다.
② 시를 쓸 때 심상이 분명하게 전달되도록 한다.
③ 사진을 찍을 때 배경보다는 인물을 부각시킨다.
④ 영상을 편집할 때 화려한 CG와 편집기술을 최대한 이용한다.
⑤ 그림을 그릴 때 대상을 실제 모습과 다름없이 세밀하게 묘사한다.

38 다음 글의 ㉠과 유사한 사례로 가장 적절한 것은?

> 일반적으로 문화는 '생활양식' 또는 '인류의 진화로 이룩된 모든 것'이라는 포괄적인 개념을 갖고 있다. 이렇게 본다면 언어는 문화의 하위 개념에 속하는 것이다. 그러나 언어는 문화의 하위 개념에 속하면서도 문화 자체를 표현하여 그것을 전파·전승하는 기능도 한다. 이로 보아 언어에는 그것을 사용하는 민족의 문화와 세계인식이 녹아 있다고 할 수 있다. ㉠가령 '사촌'이라고 할 때, 영어에서는 'cousin'으로 통칭(通稱)하는 것을 우리말에서는 친·외·고종·이종 등으로 구분하고 있다. 친족 관계에 대한 표현에서 우리말이 영어보다 좀 더 섬세하게 되어 있는 것이다. 이것은 친족 관계를 좀 더 자세히 표현하여 자별 내지 분별하려 한 우리 문화와 그것을 필요로 하지 않는 영어권 문화의 차이에서 기인한 것이다.

① 한국인들은 보편적으로 개가 짖는 소리를 '멍멍'으로 인식하지만 일본인들은 '왕왕'으로 인식한다.
② 쌀을 주식으로 했던 우리 민족은 '모, 벼, 쌀, 밥'이라는 네 개의 단어를 각각 구별하여 사용하지만, 그렇지 않았던 영어권에서는 이 네 가지 개념을 오직 'rice'라는 단어 하나로 표현한다.
③ 우리가 책이라 부르는 것을 미국인들은 'book', 중국인들은 '冊', 독일인들은 'buch'라는 말로 지칭한다.
④ '머리'는 하나의 언어 기호로 두 가지 면이 있다. 하나는 [məri]라는 소리의 면이고, 하나는 '頭'라는 의미의 면이다.
⑤ 무지개의 색깔이 단지 '빨강, 주황, 노랑, 초록, 파랑, 남색, 보라' 일곱 개로 이루어져 있는 것만은 아니다.

39 A의 논증에 대한 B의 대응을 바르게 설명한 것은?

> A : 대리모는 허용되어서는 안 된다. 자료에 따르면 대부분의 대리모는 금전적인 대가가 지불되는 상업
> 적인 형태로 이루어지고 있다고 한다. 아이를 출산해 주는 대가로 대리모에게 금전을 지불하는 것은
> 아이를 상품화하는 것이다. 칸트가 말했듯이, 인간은 수단이 아니라 목적으로 대하여야 한다. 대리
> 모는 결국 아이를 목적이 아닌 수단으로 취급하고 있다는 점에서 인간의 존엄과 가치를 침해한다.
> B : 대리모는 인간의 존엄과 가치를 침해하지 않는다. 왜냐하면 대리모는 아이 그 자체를 매매의 대상으
> 로 삼는 것이 아니라 임신출산 서비스를 대상으로 하고 있는 것에 불과하므로, 아이의 존엄과 가치
> 를 떨어뜨리지 않기 때문이다.

① B는 A가 제시한 증거를 전면 부정하고 있다.
② B는 A가 제시한 전제가 A가 도출한 결론과 다르다는 것을 증명하고 있다.
③ B는 A의 논증이 기초하고 있는 핵심어에 대하여 A와 다른 견해를 갖고 있다.
④ B는 A가 논증하고자 하는 결론이 윤리원칙에 어긋난다는 것을 증명하고 있다.
⑤ B는 A의 논증이 부당한 권위에 호소하는 오류를 저지른다는 점을 지적하고 있다.

40 A와 B의 주장들에 대한 진술로 가장 적절하지 않은 것은?

> A : 자연의 질서 안에서 동물과 같은 비이성적 존재는 이성적 존재인 인간을 위해 존재한다. 이성을 가
> 진 인간을 죽이는 것은 부도덕한 행동이지만 동물을 죽이는 것은 그렇지 않다. 동물은 인간의 자비
> 를 받아들일 능력이 없다. 그러나 모든 이성적 존재는 도덕적 대우를 받을 능력과 자격을 가진다.
> B : 동물의 권리도 인정되어야 한다. 다리 숫자상의 차이, 물속에 사는가 아니면 육지에 사는가에 따라
> 생기는 차이가 있다고 하더라도 그런 차이가 감각을 느낄 수 있는 존재의 고통을 방관해도 좋을 이
> 유가 될 수는 없다. 권리의 기준은 이성이 있고 없음에 있는 것이 아니라 고통을 느낄 수 있는 능력
> 이 있고 없음에 있다.

① B의 논지에 따르면, 권리의 기준은 고통을 느낄 수 있는 능력의 유무이다.
② A에 의하면 이성을 가진 인간을 죽이는 것은 이성적 존재를 죽였기 때문에 잘못이다.
③ B의 논지에 따르면, 외형적인 조건과 환경의 차이는 동물의 권리를 부정할 근거가 될 수 없다.
④ A의 논지에 따르면, 동물에게는 없는 인간의 능력이 동물과 인간 간의 차별을 정당화한다.
⑤ B의 논지에 따르면, 이성은 있지만 고통을 느낄 수 없는 어떤 존재가 있을 경우 이 존재가 동
물을 죽이는 것은 잘못이 아니다.

41 다음 내용을 바탕으로 '사람들이 하루 두 잔 이상 커피를 마시면 심장병에 걸릴 위험이 높다.'고 결론 내렸을 때, 이를 반박하는 근거가 되는 것은?

> 최근 한 연구에 의하면, 운동량이 적은 중년 남녀 중에서 하루에 두 잔 이상의 커피를 마시는 사람들이 그렇지 않은 사람들에 비해 높은 수준의 콜레스테롤을 혈액 내에 축적하고 있다고 한다. 과다한 콜레스테롤은 심장병을 유발시킨다고 알려져 있다.

① 조사 대상이 된 사람들은 과체중일 경우가 많았다.
② 커피는 심장박동의 증가를 자극하는 카페인을 함유하고 있다.
③ 운동을 별로 하지 않는 것이 혈중 콜레스테롤 수치를 증가시킬 수 있다.
④ 하루 두 잔 이상의 커피를 마신 사람들은 콜레스테롤이 높은 음식을 먹었다.
⑤ 혈중 콜레스테롤 수치가 증가할수록 운동량이 적다.

42 다음 글에 대한 논리적인 반박으로 가장 적절한 것은?

> 공화정 체제는 영원한 평화에 대한 바람직한 전망을 제시한다. 그 이유는 다음과 같다.
> 전쟁을 할 것인가 말 것인가를 결정하려면 공화제하에서는 국민의 동의가 필요한데, 이때 국민은 자신의 신상에 다가올 전쟁의 재앙을 각오해야 하기 때문에 그런 위험한 상황을 감수하는 데 무척 신중하리라는 것은 당연하다. 전쟁의 소용돌이에 빠져들 경우, 국민들은 싸움터에 나가야 하고, 자신들의 재산에서 전쟁 비용을 염출해야 하며, 전쟁으로 인한 피해를 고생스럽게 복구해야 한다. 또한 다가올 전쟁 때문에 지금의 평화마저도 온전히 누리지 못하는 부담을 떠안을 수밖에 없다.
> 그러나 군주제하에서는 전쟁 선포의 결정이 지극히 손쉬운 일이다. 왜냐하면 군주는 국가의 한 구성원이 아니라 소유자이며, 전쟁 중이라도 사냥, 궁정, 연회 등이 주는 즐거움을 아무 지장 없이 누릴 수 있을 것이기 때문이다. 따라서 군주는 사소한 이유로, 예를 들어 한낱 즐거운 유희를 위해 전쟁을 결정할 수도 있다. 그리고 전혀 대수롭지 않게, 늘 만반의 준비를 하고 있는 외교 부서에 격식을 갖추어 전쟁을 정당화하도록 떠맡길 수 있다.

① 전쟁을 방지하기 위해서는 공화제뿐만 아니라 국가 간의 협력도 필요하다.
② 장기적인 평화는 국민들을 경제 활동에만 몰두하게 하여, 결국 국민들을 타락시킬 것이다.
③ 공화제하에서도 국익이나 애국주의를 내세운 선동에 의해 국민들이 전쟁에 동의하게 되는 경우가 적지 않다.
④ 공화제 국가라도 군주제 국가와 인접해 있을 때에는 전쟁이 일어날 가능성이 높다.
⑤ 군주는 외교적 격식을 갖추지 않고도 전쟁을 감행할 수 있다.

43 다음 글을 바탕으로 한 내용으로 가장 적절하지 <u>않은</u> 것은?

> 윤리학은 규범에 관한 진술을 연구하는 학문이다. 우리가 하나의 규범을 진술하고 있는지 아니면 가치 판단을 진술하고 있는지에 관한 문제는 단지 설명 방식의 차이에 불과하다. 규범은 예를 들어 "살인하지 마라."와 같은 명령 형식을 가지고 있다. 이 명령에 대응하는 가치 판단은 "살인은 죄악이다."와 같은 것 이다. "살인하지 마라."와 같은 규범은 문법적으로 명령 형식이며, 따라서 참이거나 거짓으로 드러날 수 있는 사실적 진술로 간주되지 않을 것이다. 그러나 "살인은 죄악이다."와 같은 가치 판단은 규범의 경우 와 마찬가지로 단지 어떤 희망을 표현하는 것에 불과하지만 문법적으로는 서술문의 형식을 가지고 있 다. 일부 사람들은 이러한 형식에 속아 넘어가서 가치 판단이 실제로는 하나의 주장이며, 따라서 참이거 나 거짓이 되어야만 한다고 생각한다. 그러므로 이들은 자신의 가치 판단에 관한 근거를 제시하고 이를 반대하는 사람들의 주장을 논박하려고 노력한다. 그러나 실제로 가치 판단은 오해의 소지가 있는 문법적 형식을 가진 명령이다. 그것은 사람들의 행위에 영향을 미칠 수 있으며 이러한 영향은 우리들의 희망에 부합하거나 부합하지 않을 뿐이지 참이거나 거짓이라고 할 수 없다.

① 가치 판단은 그 문법적 형식에서 규범에 관한 진술과 구별된다.

② "도둑질하지 마라."와 같은 규범은 사실적 진술로 간주해서는 안 된다.

③ "도둑질은 나쁜 일이다."와 같은 진술은 참이거나 거짓이라고 할 수 없다.

④ 윤리학은 사실적 진술을 다루는 경험과학과 그 연구대상의 성격이 다르지 않다.

⑤ "곤경에 빠진 사람을 도와주는 것은 좋은 일이다."와 같은 진술은 사람들의 태도와 행동에 영 향을 미칠 수 있다.

44 다음 글을 바탕으로 한 내용으로 가장 적절하지 <u>않은</u> 것은?

> 한국직업능력개발원 보고서에 따르면 전체 대졸 취업자의 전공 불일치 비율이 6년 간 3.6%p 상승했다. 이는 우리 대학교육이 취업 환경의 급속한 변화를 따라가지 못하고 있음을 보여준다. 기존의 교육 패러 다임으로는 오늘 같은 직업생태계의 빠른 변화에 대응하기 어려워 보인다. 그렇다면, 중고등학교 때부터 직업을 염두에 둔 맞춤교육을 하는 것이 어떨까? 그것은 두 가지 점에서 어리석은 방안이다. 한 사람의 타고난 재능과 역량이 가시화되는 데 훨씬 더 오랜 시간과 경험이 필요하다는 것이 첫 번째 이유이고, 사회가 필요로 하는 직업 자체가 빠르게 변하고 있다는 것이 두 번째 이유이다.
>
> 그러면 학교는 우리 아이들에게 무엇을 가르쳐야 할까? 교육이 아이들의 삶뿐만 아니라 한 나라의 미래 를 결정한다는 사실을 고려하면 이것은 우리 모두의 운명을 좌우할 물음이다. 문제는 세계의 환경이 급 속히 변하고 있다는 것이다. 2030년이면 현존하는 직종 가운데 80%가 사라질 것이고, 2011년에 초등학 교에 입학한 어린이 중 65%는 아직 존재하지도 않는 직업에 종사하게 되리라는 예측이 있다. 이런 상황 에서 교육이 가장 먼저 고려해야 할 것은 변화하는 직업 환경에 성공적으로 대응하는 능력에 초점을 맞 추는 일이다.
>
> 이미 세계 여러 나라가 이런 관점에서 교육을 개혁하고 있다. 핀란드는 2020년까지 학교 수업을 소통, 창의성, 비판적 사고, 협동을 강조하는 내용으로 개편한다는 계획을 발표했다. 이와 같은 능력들은 빠르 게 현실화되고 있는 '초연결 사회'에서의 삶에 필수적이기 때문이다. 말레이시아의 학교들은 문제해결 능력, 네트워크형 팀워크 등을 교과과정에 포함시키고 있고, 아르헨티나는 초등학교와 중학교에서 코딩 을 가르치고 있다. 우리 교육도 개혁을 생각하지 않으면 안 된다.

① 전공과 무관한 직업을 택하는 대졸 취업자가 증가하고 있다.

② 아이들의 재능과 능력이 나타나기 위해서는 오랜 시간이 필요하다.

③ 2030년 이후 대학 졸업자는 대부분 현재 존재하지 않는 직업에 종사하게 될 것이다.

④ 교육에서도 소통과 협력적 네트워크의 중요성이 점차 증가하고 있다.

⑤ 급속한 취업 환경 변화에 대응하기 위해 학교에서의 직업 맞춤형 교육이 필요하다.

45 다음 글을 바탕으로 한 내용으로 가장 적절하지 <u>않은</u> 것은?

> 은하수로부터 오는 전파는 일종의 잡음으로 나타나는데, 천둥이 치는 동안 라디오에서 들리는 배경 잡음과 흡사하다. 전파 안테나에 잡히는 전파 잡음은 전파 안테나 자체의 구조에서 생기는 잡음, 안테나의 증폭회로에서 불가피하게 생기는 잡음, 지구의 대기에서 생기는 잡음과 쉽게 구별되지 않는다. 별처럼 작은 전파원의 경우는 안테나를 파원 쪽으로 돌렸다가 다시 그 부근의 허공에 번갈아 돌려보며 비교함으로써 안테나의 구조나 지구의 대기에서 비롯되는 잡음을 제거할 수 있다. 이러한 잡음은 안테나가 파원을 향하는지 또는 파원 주위의 허공을 향하는지에 상관없이 거의 일정하기 때문이다.
>
> 펜지어스와 윌슨은 은하수로부터 오는 고유한 전파를 측정하려 했기 때문에, 장치 내부에서 생길 수 있는 일체의 잡음을 확인하는 것이 중요했다. 그들은 이 문제를 해결하기 위해 '냉부하 장치'라는 것을 사용했다. 이것은 안테나의 전파 출력을 냉각된 인공 파원에서 나오는 출력과 비교하는 것인데, 이를 통해 증폭회로에서 불가피하게 생긴 잡음을 쉽게 찾아낼 수 있다.
>
> 펜지어스와 윌슨은 지구의 대기로부터 전파 잡음이 발생할 수 있지만, 그것은 안테나의 방향에 따라 차이가 날 것이라고 예상했다. 실제로 그 잡음은 안테나가 가리키는 방향의 대기의 두께에 비례한다. 예를 들어, 안테나가 천정(天頂) 쪽을 향하면 더 작고, 지평선 쪽을 향하면 더 크다. 이렇게 생기는 잡음은 별의 경우처럼 안테나의 방향을 바꾸어 봄으로써 찾아낼 수 있다. 이 잡음을 빼고 나면, 이로부터 안테나의 구조에서 생기는 잡음이 무시할 수 있을 정도로 작다는 것을 확인할 수 있다.
>
> 1964년 봄, 펜지어스와 윌슨은 놀랍게도 7.35센티미터의 파장에서 방향에 무관하게 상당한 양의 전파 잡음이 잡힌다는 것을 알았다. 그들은 또 이 전파 잡음이 하루 종일 그리고 계절의 변화와 무관하게 늘 일정하다는 것을 발견했다. 관측된 전파 잡음이 방향과 무관하다는 사실은 이 전파가 펜지어스와 윌슨의 원래 기대와는 달리 은하수가 아니라 우주의 훨씬 더 큰 부분에서 온다는 것을 아주 강하게 암시했다.

① 지구 대기에 의해 발생하는 잡음은 방향 의존성을 갖는다.

② '냉부하 장치'를 사용하면 안테나의 구조 때문에 발생하는 잡음이 없어진다.

③ 펜지어스와 윌슨은 은하수가 고유한 전파를 방출하고 있을 것으로 예상했다.

④ 지구의 공전 및 자전과 관계없이 7.35센티미터의 파장에서 전파 잡음이 감지된다.

⑤ 전파원과 그 주변의 허공에서 나오는 전파를 비교하여 전파원의 고유 전파를 더 정확하게 알 수 있다.

46 다음 글을 바탕으로 한 내용으로 가장 적절하지 <u>않은</u> 것은?

2007년부터 시작되어 역사상 유례없는 전 세계의 동시 불황을 촉발시킨 금융 위기로 신자유주의의 권위는 흔들리기 시작했고, 향후 하나의 사조로서 신자유주의는 더 이상 주류적 지위를 유지하지 못하고 퇴조해갈 것이 거의 확실하다. 경제정책으로서의 신자유주의 역시 앞으로 대부분의 국가에서 예전과 같은 지지를 받기는 어려울 것이다.

세계 각국은 금융 위기로부터의 탈출과 함께 조속한 경기 회복을 위한 대책을 강구하는 데 총력을 기울일 것이다. 이 과정에서 기존의 경제 시스템을 각국의 실정에 부합하도록 전환하기 위한 다양한 모색도 활발해질 것으로 보인다. 국가별로 내부 시스템의 전환을 위한 모색이 방향을 잡아감에 따라 새로운 국제 경제 질서에 대한 논의도 동시에 진행될 것이다.

그렇다면 각국은 내부 경제 시스템의 전환과 위기 탈출을 위해 어떤 선택을 할 수 있을까? 물론 모든 문제를 해결하는 보편적 해법은 없다. 변형된 신자유주의부터 1929년 대공황 이후 약 40년 간 세계 경제를 지배했던 케인즈주의, 신자유주의의 이식 정도가 낮아서 금융 위기의 충격을 덜 받고 있는 북유럽 모델, 그리고 남미에서 실험되고 있는 21세기 사회주의까지 대단히 폭넓은 선택지를 두고 생존을 위한 실험이 시작될 것이다.

그렇다면 우리나라는 신자유주의 이후의 모델을 어디서부터 모색할 것인가? 해답은 고전적 문헌 속이나 기상천외한 이론에 있지 않다. 경제는 오늘과 내일을 살아가는 수많은 사람들의 삶의 틀을 규정하는 문제이기 때문이다. 새로운 모색은 현재 벌어지고 있는 세계적 금융 위기의 현실과 경제 침체가 고용대란으로 이어질 가능성마저 보이고 있는 우리 경제의 현실에서 이루어져야 한다.

① 신자유주의의 권위는 세계적 불황을 촉발시킨 금융 위기로 인해 위협받고 있다.

② 우리는 신자유주의의 후속 모델을 현재의 세계적 금융 위기의 현실에서 찾아야 한다.

③ 신자유주의의 이식 정도가 낮은 북유럽에서는 금융 위기에 의한 충격을 상대적으로 덜 받고 있다.

④ 각국은 경제 위기를 극복하기 위해 새로운 단일 경제체제를 공동 개발하는 방안을 활발히 논의하고 있다.

⑤ 경기 회복 대책 수립 과정에서 기존의 경세 시스넴을 새로운 시스템으로 전환하는 방안이 활발하게 검토될 것이다.

디지털 이미지는 사용자가 가장 손쉽게 정보를 전달할 수 있는 멀티미디어 객체이다. 일반적으로 디지털 이미지는 화소에 의해 정보가 표현되는데, M×N 개의 화소로 이루어져 있다. 여기서 M과 N은 가로와 세로의 화소 수를 의미하며, M 곱하기 N을 한 값을 해상도라 한다.

무선 네트워크와 모바일 기기의 사용이 보편화되면서 다양한 스마트 기기의 보급이 진행되고 있다. 스마트 기기는 그 사용 목적이나 제조 방식, 가격 등의 요인에 의해 각각의 화면 표시 장치들이 서로 다른 해상도와 화면 비율을 가진다. 이에 대응하여 동일한 이미지를 다양한 화면 표시 장치 환경에 맞출 필요성이 발생했다. 하나의 멀티미디어의 객체를 텔레비전용, 영화용, 모바일 기기용 등 표준적인 화면 표시 장치에 맞추어 각기 독립적인 이미지 소스로 따로 제공하는 것이 아니라, 하나의 이미지 소스를 다양한 화면 표시 장치에 맞도록 적절히 변환하는 기술을 요구하고 있다.

이러한 변환 기술을 '이미지 리타겟팅'이라고 한다. 이는 A×B의 이미지를 C×D 화면에 맞추기 위해 해상도와 화면 비율을 조절하거나 이미지의 일부를 잘라 내는 방법 등으로 이미지를 수정하는 것이다. 이러한 수정에서 입력 이미지에 있는 콘텐츠 중 주요 콘텐츠는 그대로 유지되어야 한다. 즉 리타겟팅 처리 후에도 원래 이미지의 중요한 부분을 그대로 유지하면서 동시에 왜곡을 최소화하는 형태로 주어진 화면에 맞게 이미지를 변형하여야 한다. 이러한 조건을 만족하기 위해 ㉠ 다양한 접근이 일어나고 있는데, 이미지의 주요한 콘텐츠 및 구조를 분석하는 방법과 분석된 주요 사항을 바탕으로 어떤 식으로 이미지 해상도를 조절하느냐가 주요 연구 방향이다.

47 다음 글을 바탕으로 한 내용으로 가장 적절하지 <u>않은</u> 것은?

① 디지털 이미지는 가로와 세로의 화소 수에 따라 해상도가 결정된다.

② 무선 네트워크와 모바일 기술을 이용한 스마트 기기의 경우 그 사용 목적이나 제조 방식 등에 따라 화면 표시 장치의 해상도와 화면 비율이 다양하다.

③ 스마트 기기에 대응하기 위해서는 하나의 이미지 소스를 표준적인 화면 표시 장치에 맞추어 개별적으로 제공할 필요가 있다.

④ 이미지 리타겟팅은 이미지를 다양한 화면 표시 장치에 맞도록 변환하는 기술을 말한다.

⑤ 이미지 리타겟팅 처리 이후에도 이미지의 중요 콘텐츠는 그대로 유지하는 것이 필요하다.

48 다음 글의 ㉠과 유사한 사례로 가장 적절하지 <u>않은</u> 것은?

① 광고 사진에서 화면 전반에 걸쳐 흩어져 있는 콘텐츠를 무작위로 추출하여 화면을 재구성하는 방법

② 풍경 사진에서 전체 풍경에 대한 구도를 추출하고 구도가 그대로 유지될 수 있도록 해상도를 조절하는 방법

③ 인물 사진에서 얼굴 추출 기법을 사용하여 인물의 주요 부분을 왜곡하지 않고 필요 없는 부분을 잘라 내는 방법

④ 정물 사진에서 대상물의 영역은 그대로 두고 배경 영역에 대해서는 왜곡을 최소로 하며 이미지를 축소하는 방법

⑤ 상품 사진에서 상품을 충분히 인지할 수 있을 정도의 범위 내에서 가로와 세로의 비율을 화면에 맞게 조절하는 방법

49 다음 글을 바탕으로 한 내용으로 가장 적절하지 <u>않은</u> 것은?

> 현대 심신의학의 기초를 수립한 연구는 1974년 심리학자 애더에 의해 이루어졌다. 애더는 쥐의 면역계에서 학습이 가능하다는 주장을 발표하였는데, 그것은 면역계에서는 학습이 이루어지지 않는다고 믿었던 당시의 과학적 견해를 뒤엎는 발표였다. 당시까지는 학습이란 뇌와 같은 중추신경계에서만 일어날 수 있을 뿐 면역계에서는 일어날 수 없다고 생각했다.
>
> 애더는 시클로포스파미드가 면역세포인 T세포의 수를 감소시켜 쥐의 면역계 기능을 억제한다는 사실을 알고 있었다. 어느 날 그는 구토를 야기하는 시클로포스파미드를 투여하기 전 사카린 용액을 먼저 쥐에게 투여했다. 그러자 그 쥐는 이후 사카린 용액을 회피하는 반응을 일으켰다. 그 원인을 찾던 애더는 쥐에게 시클로포스파미드는 투여하지 않고 단지 사카린 용액만 먹여도 쥐의 혈류 속에서 T세포의 수가 감소된다는 것을 알아내었다. 이것은 사카린 용액이라는 조건자극이 T세포 수의 감소라는 반응을 일으킨 것을 의미한다.
>
> 심리학자들은 자극-반응 관계 중 우리가 태어날 때부터 가지고 있는 것을 '무조건자극-반응'이라고 부른다. '음식물-침 분비'를 예로 들 수 있고, 애더의 실험에서는 '시클로포스파미드-T세포 수의 감소'가 그 예이다. 반면에 무조건자극이 새로운 조건자극과 연결되어 반응이 일어나는 과정을 '파블로프의 조건형성'이라고 부른다. 애더의 실험에서 쥐는 조건형성 때문에 사카린 용액만 먹여도 시클로포스파미드를 투여 받았을 때처럼 T세포 수의 감소 반응을 일으킨 것이다. 이런 조건형성 과정은 경험을 통한 행동의 변화라는 의미에서 학습과정이라 할 수 있다.
>
> 이 연구 결과는 몇 가지 점에서 중요하다고 할 수 있다. 심리적 학습은 중추신경계의 작용으로 이루어진다. 그런데 면역계에서도 학습이 이루어진다는 것은 중추신경계와 면역계가 독립적이지 않으며 어떤 방식으로든 상호작용한다는 것을 말해준다. 이 발견으로 연구자들은 마음의 작용이나 정서 상태에 의해 중추신경계의 뇌세포에서 분비된 신경전달물질이나 호르몬이 우리의 신체 상태에 어떠한 영향을 끼치게 되는지를 더 면밀히 탐구하게 되었다.

① 애더의 실험에서 사카린 용액은 새로운 조건자극의 역할을 한다.

② 쥐에게 시클로포스파미드를 투여하면 T세포 수가 감소한다.

③ 애더의 실험 이전에는 중추신경계에서 학습이 가능하다는 것이 알려지지 않았다.

④ 애더의 실험은 면역계가 중추신경계와 상호작용할 수 있음을 보여준다.

⑤ 애더의 실험에서 사카린 용액을 먹은 쥐의 T세포 수가 감소하는 것은 면역계의 반응이다.

50 다음 글을 바탕으로 한 내용으로 가장 적절하지 <u>않은</u> 것은?

> 한국 건축은 '사이'의 개념을 중요시한다. 그리고 '사이'의 크기는 기능과 사회적 위계에 영향을 받는다. 또 공간, 시간, 인간 모두 사이의 한 동류로 보기도 한다. 서양의 과학적 사고가 물체를 부분들로 구성되었다고 보고 불변하는 요소들을 분석함으로써 본질 파악을 추구하였다면, 동양은 사이, 즉 요소들 간의 관련성에 초점을 두고, 거기에서 가치와 의미의 원천을 찾았던 것이다. 서양의 건축이 내적 구성, 폐쇄적 조직을 강조한 객체의 형태를 추구했다면, 동양의 건축은 그보다 객체의 형태와 그것이 놓이는 상황 및 자연환경과의 어울림을 통해 미를 추구하였던 것이다.
> 동양의 목재 가구법(낱낱의 재료를 조립하여 구조물을 만드는 법)에 의한 건축 구성 양식에서 '사이'의 중요성을 알 수 있다. 이 양식은 조적식(돌·벽돌 따위를 쌓아 올리는 건축 방식)보다 환경에 개방적이고 우기에 환기를 좋게 할 뿐 아니라, 내·외부 공간의 차단을 거부하고 자연과의 대화를 늘 강조한다. 그로 인해 건축이 무대나 액자를 설정하고 자연이 끝을 내주는 기분을 느끼게 한다.

① 동양과 서양 건축의 차이를 요소들 간의 관련성으로 설명하고 있다.

② 동양의 건축 재료로 석재보다 목재가 많이 쓰인 이유를 알 수 있다.

③ 한국 건축에서 '사이'의 개념은 공간, 시간, 인간 모두를 포함하고 있다.

④ 동양의 건축은 자연환경에 개방적이지만 인공 조형물에 대해서는 폐쇄적이다.

⑤ '사이'는 '조적식'보다 개방적이고, 환기에 용이하며 자연과 조화를 이룬다.

51 다음 글을 바탕으로 한 내용으로 가장 적절하지 <u>않은</u> 것은?

이미지란 우리가 세계에 대해 시각을 통해 얻는 표상을 가리킨다. 상형문자나 그림문자를 통해서 얻은 표상도 여기에 포함된다. 이미지는 세계의 실제 모습을 아주 많이 닮았으며 그러한 모습을 우리 뇌 속에 복제한 결과이다. 그런데 우리의 뇌는 시각적 신호를 받아들일 때 시야에 들어온 세계를 한꺼번에 하나의 전체로 받아들이게 된다. 즉 대다수의 이미지는 한꺼번에 지각된다. 예를 들어 우리는 새의 전체 모습을 한꺼번에 지각하지 머리, 날개, 꼬리 등을 개별적으로 지각한 후 이를 머릿속에서 조합하는 것이 아니다.

표음문자로 이루어진 글을 읽는 것은 이와는 다른 과정이다. 표음문자로 구성된 문장에 대한 이해는 그 문장의 개별적인 문법적 구성요소들로 이루어진 특정한 수평적 연속에 의존한다. 문장을 구성하는 개별 단어들, 혹은 각 단어를 구성하는 개별 문자들이 하나로 결합되어 비로소 의미 전체가 이해되는 것이다. 비록 이 과정이 너무도 신속하고 무의식적으로 이루어지기는 하지만 말이다. 알파벳을 구성하는 기호들은 개별적으로는 아무런 의미도 가지지 않으며 어떠한 이미지도 나타내지 않는다. 일련의 단어군은 한꺼번에 파악될 수도 있겠지만, 표음문자의 경우 대부분 언어는 개별 구성 요소들이 하나의 전체로 결합되는 과정을 통해 이해된다.

남성적인 사고는, 사고 대상 전체를 구성요소 부분으로 분해한 후 그들 각각을 개별화시키고 이를 다시 재조합하는 과정으로 진행된다. 그에 비해 여성적인 사고는, 분해되지 않은 전체 이미지를 통해서 의미를 이해하는 특징을 지닌다. 그림문자로 구성된 글의 이해는 여성적인 사고 과정을, 표음문자로 구성된 글의 이해는 남성적인 사고 과정을 거친다. 여성은 대체로 여성적 사고를, 남성은 대체로 남성적 사고를 한다는 점을 고려할 때 표음문자 체계의 보편화는 여성의 사회적 권력을 약화시키는 결과를 낳게 된다.

① 표음문자로 이루어진 문장은 개별 문자들이 하나로 결합되는 과정을 통해 의미 파악이 가능하다.

② 원앙은 시각을 통해 뇌 속에 전체 모습이 한 번에 받아들여진다.

③ 알파벳 기호는 개별적으로 어떤 이미지만을 나타낼 뿐이며, 그 자체가 아무런 의미를 가지지 않는다.

④ 남성적 사고는 사고 대상의 분해 과정을 거치나, 여성적 사고는 이 과정을 거치지 않는다.

⑤ 그림문자로 이루어진 글은 대체로 남자들보다 여성의 이해력이 높다.

52 다음 글을 바탕으로 한 내용으로 가장 적절하지 <u>않은</u> 것은?

> 지난 300만 년 동안 우리 뇌는 3배나 커져 고등한 존재가 됐으나 골반은 오히려 좁아졌다. 인간은 직립보행을 하게 되면서 다리와 다리 사이가 좁혀졌고 골반도 따라서 좁아진 것이다. 이 때문에 겪은 출산의 부작용은 엄청났다. '커진 두뇌', '좁아진 골반'이라는 딜레마를 우리 조상은 '미숙아 출산 전략'으로 풀었다.
>
> 보통 포유류는 뇌가 성체 뇌 용적의 45% 정도 됐을 때 세상에 나온다. 하지만 인간은 어른의 뇌 용적보다 불과 25%일 때 태어난다. 만일 다른 동물처럼 태아가 충분히 성숙한 상태에서 세상에 나온다면 사람의 임신기간은 21개월은 되어야 한다고 한다. 태어난 아기는 태아의 뇌와 같은 속도로 뇌가 급성장하다가 생후 1년 무렵부터 뇌의 성장이 둔화되며, 이 때 비로소 걷기 시작한다.
>
> 원시시대에 태아에게 인큐베이터 노릇을 한 것은 부모의 강한 결속과 보살핌이었다. '미숙아'를 키우면서 자유분방한 난교가 일부일처제로 바뀌었다고 진화학자들은 본다. 가정을 이뤄 자녀를 잘 돌보는 유전자를 가진 종족만이 생존했고 자손을 남긴 것이다.
>
> 포유류 가운데는 일부일처제가 3~5%에 불과하다. 소나 말 같은 대부분의 포유류는 낳자마자 걸어 다녀 굳이 일부일처제가 필요 없다. 반면 지구상에서 자식에게 가장 공을 많이 들이는 동물인 새는 90%가 일부일처제다.
>
> 일부일처제 동물은 암컷의 '배란 은폐'가 특징이다. 암컷이 배란기가 언제인지 숨김으로써 발정기가 아닌 때도 성교가 가능해졌다는 설명도 있다. 자주 성교를 하는 것이 공고한 일부일처제 가정을 이루는 데 도움이 되는 것은 분명했던 것 같다.

① 인류는 직립보행, 뇌 용적의 증가, '미숙아' 출산 등으로 인해 일부일처제로 진화하게 되었다.

② 갓 태어난 아기의 뇌는 같은 시간에 태어난 보통의 포유류보다 성체 뇌 용적의 비율이 낮다.

③ 인류의 뇌 용적이 크게 늘어난 것은 '미숙아 출산 전략'과 일부일처제의 정착에서 비롯되었다.

④ 인류의 경우 일부일처제는 종족 보존에 기여했다.

⑤ 배란 은폐는 일부일처제 정착과 연관성이 높다.

53 다음 글을 바탕으로 한 내용으로 가장 적절하지 <u>않은</u> 것은?

> 오늘날 대부분의 경제 정책은 경제의 규모를 확대하거나 좀 더 공평하게 배분하는 것을 도모한다. 하지만 뉴딜 시기 이전의 상당 기간 동안 미국의 경제 정책은 성장과 분배의 문제보다는 '자치(self – rule)에 가장 적절한 경제 정책은 무엇인가?'의 문제를 중시했다.
>
> 그 시기에 정치인 A와 B는 거대화된 자본 세력에 대해 서로 다르게 대응하였다. A는 거대 기업에 대항하기 위해 거대 정부로 맞서기보다 기업 담합과 독점을 무너뜨려 경제 권력을 분산시키는 것을 대안으로 내세웠다. 그는 산업 민주주의를 옹호했는데 그 까닭은 그것이 노동자들의 소득을 증진시키기 때문이 아니라 자치에 적합한 시민의 역량을 증진시키기 때문이었다. 반면 B는 경제 분산화를 꾀하기보다 연방 정부의 역량을 증가시켜 독점자본을 통제하는 노선을 택했다. 그에 따르면, 민주주의가 성공하기 위해서는 거대 기업에 대응할 만한 전국 단위의 정치권력과 시민 정신이 필요하기 때문이었다. 이렇게 A와 B의 경제 정책에는 차이점이 있지만, 둘 다 경제 정책이 자치에 적합한 시민 도덕을 장려하는 경향을 지녀야 한다고 보았다는 점에서는 일치한다.
>
> 하지만 뉴딜 후반기에 시작된 성장과 분배 중심의 정치경제학은 시민 정신 중심의 정치경제학을 밀어내게 된다. 실제로 1930년대 대공황 이후 미국의 경제 회복은 시민의 자치 역량과 시민 도덕을 육성하는 경제 구조 개혁보다는 케인즈 경제학에 입각한 중앙정부의 지출 증가에서 시작되었다. 그에 따라 미국은 자치에 적합한 시민 도덕을 강조할 필요가 없는 경제 정책을 펼쳐나갔다. 또한 모든 가치에 대한 판단은 시민 도덕에 의지하는 것이 아니라 개인이 알아서 해야 하는 것이며 국가는 그 가치관에 중립적이어야만 공정한 것이라는 자유주의 철학이 우세하게 되었다. 모든 이들은 자신이 추구하는 가치와 상관없이 일정 정도의 복지 혜택을 받을 권리를 가지게 되었다. 하지만 공정하게 분배될 복지 자원을 만들기 위해 경제 규모는 확장되어야 했으며, 정부는 거대화된 경제 권력들이 망하지 않도록 국민의 세금을 투입하여 관리하기 시작했다. 그리고 시민들은 자치하는 자 즉 스스로 통치하는 자가 되기보다 공정한 분배를 받는 수혜자로 전락하게 되었다.

① A는 시민의 소득 증진을 위하여 경제 권력을 분산시키는 방식을 택하였다.

② B는 거대 기업을 규제할 수 있는 전국 단위의 정치권력이 필요하다는 입장이다.

③ A와 B는 시민 지치 증진에 적합한 경제 정책이 필요하다는 입장이다.

④ A와 B의 정치경제학은 모두 1930년대 미국의 경제 위기 해결에 주도적 역할을 하지 못하였다.

⑤ 케인즈 경제학에 기초한 정책은 시민의 자치 역량을 육성하기 위한 경제 구조 개혁 정책이 아니었다.

54 다음 글을 바탕으로 한 내용으로 가장 적절하지 <u>않은</u> 것은?

대기업의 고객만족 콜센터에서 상담원으로 8년째 근무하고 있는 김 모씨(30세 · 남)는 매일 아침마다 극심한 두통에 시달리며 잠에서 깬다. 김씨는 "욕설을 듣지 않는 날이 손에 꼽을 정도다."라며, "물론 보람을 느낄 때도 있지만, 대부분 자괴감이 드는 날이 많다."라고 '감정노동자'들의 고충을 호소하였다.

이처럼 콜센터 안내원, 호텔 관리자, 스튜어디스 등 직접 사람을 마주해야 하는 서비스업 종사자의 감정노동 스트레스는 심각한 수준으로 나타났다. 특히 텔레마케터의 경우 730개 직업 가운데 감정노동 강도가 가장 높았다. 최근 지방자치단체와 시민단체, 기업 등을 중심으로 감정노동자 보호를 위한 대안들이 나오고 있지만 서비스업 종사자들이 느끼는 감정노동의 현실이 개선되기까지는 여전히 많은 시간이 걸릴 것으로 보인다.

문제는 감정노동자들의 스트레스가 병으로도 이어질 수 있다는 점이다. 산업안전보건공단에 따르면 감정노동자들 중 80%가 인격 모독과 욕설 등을 경험했고, 38%가 우울증을 앓고 있는 것으로 조사됐다. 이는 심한 경우 불안장애 증상이나 공황장애 등의 질환으로 발전할 수 있어 전문가들은 감정노동자들에게 각별한 주의를 요하고 있다.

하지만 이런 현실에 비해 아직 우리 사회의 노력은 많이 부족하다. 많은 감정노동자들이 스트레스로 인한 우울증과 정신질환을 앓고 있지만, 재계의 반대로 '산업재해보상보험법 시행령 및 시행규칙 개정안'은 여전히 공중에 맴돌고 있는 상태이다. 서비스업 특성상 질병의 인과관계를 밝혀내기 어렵기 때문에 기업들은 산재보험료 인상으로 기업의 비용이 부담된다며 반대의 목소리를 내고 있다.

① 감정노동자들의 대부분이 인격 모독과 욕설 등을 경험하였다.
② 지방자치단체나 기업의 반대로 산업재해보상보험법령이 개정되지 않는 상태이다.
③ 텔레마케터의 경우 감정노동으로 인한 스트레스가 가장 심한 직업 유형이다.
④ 감정노동자들이 겪는 스트레스는 심각한 정신 질환을 유발할 수 있다.
⑤ 기업들은 산재보험료 인상으로 기업의 비용이 인상되는 것을 우려하여 법령의 개정에 반대하고 있다.

55 다음 글을 바탕으로 한 내용으로 가장 적절하지 <u>않은</u> 것은?

> 책은 인간이 가진 그 독특한 네 가지 능력의 유지, 심화, 계발에 도움을 주는 유효한 매체이다. 하지만, 문자를 고안하고 책을 만들고 책을 읽는 일은 결코 '자연스러운' 행위가 아니다. 인간의 뇌는 애초부터 책을 읽으라고 설계된 것이 아니기 때문이다. 문자가 등장한 역사는 6천 년, 지금과 같은 형태의 책이 등장한 역사 또는 6백여 년에 불과하다. 책을 쓰고 읽는 기능은 생존에 필요한 다른 기능들을 수행하도록 설계된 뇌 건축물의 부수적 파생 효과 가운데 하나이다. 말하자면 그 능력은 덤으로 얻어진 것이다.
> 그런데 이 '덤'이 참으로 중요하다. 책이 없이도 인간은 기억하고 생각하고 상상하고 표현할 수 있기는 하나 책과 책 읽기는 인간이 이 능력을 키우고 발전시키는 데 중대한 차이를 낳기 때문이다. 또한 책을 읽는 문화와 책을 읽지 않는 문화는 기억, 사유, 상상, 표현의 층위에서 상당한 질적 차이를 가진 사회적 주체들을 생산한다. 그렇기는 해도 모든 사람이 맹목적인 책 예찬자가 될 필요는 없다. 그러나 중요한 것은, 인간을 더욱 인간적이게 하는 소중한 능력들을 지키고 발전시키기 위해서 책은 결코 희생할 수 없는 매체라는 사실이다. 그 능력을 지속적으로 발전시키는 데 드는 비용은 적지 않다. 무엇보다 책 읽기는 결코 손쉬운 일이 아니기 때문이다. 책 읽기에는 상당량의 정신 에너지와 훈련이 요구되며, 독서의 즐거움을 경험하는 습관 또한 요구된다.

① 책 읽기는 별다른 훈련이나 노력 없이도 마음만 먹으면 가능한 일이다.

② 책을 쓰고 읽는 기능은 인간 뇌의 본래적 기능은 아니다.

③ 인간은 책이 없어도 기억하고 생각하고 상상하고 표현할 수 있다.

④ 책과 책 읽기는 인간의 기억, 사유, 상상 등과 관련된 능력을 키우는 데 상당히 중요한 변수로 작용한다.

⑤ 독서 문화는 특정 층위에서 사회적 주체들의 질적 차이를 유발한다.

56 다음 글을 바탕으로 한 내용으로 가장 적절하지 <u>않은</u> 것은?

> 언론의 자유는 현대 민주주의의 이념적 기초이며 헌법에 보장된 국민의 기본권이다. 언론 자유는 민주주의에 필수불가결한 요소이지만, 불가피하게 규제될 수밖에 없는 경우도 존재한다. 언론 자유를 제한할 필요가 있을 경우, 다음과 같은 엄격한 원칙들에 따라 이루어져야 한다.
>
> 첫째, 검열제 등 사전억제 금지의 원칙인데, 이는 사전억제가 가장 최후의 가능성으로만 존재한다는 것을 의미한다. 둘째, 국가안보, 치안, 공공복리 등을 해칠 수 있는 명백하고 현존하는 위험이 존재할 때, 경우에 따라 언론의 자유가 제한될 수 있다. 셋째, 언론에 대한 규제는 반드시 명확하고 일관된 법률에 의거해야 한다. 한편 우리나라 헌법은 언론과 출판의 자유를 보장함과 동시에 그것이 무제한적이지 않으며 다른 기본권과 충돌하는 경우 비교형량해서 제한할 수 있음을 명확히 하고 있다. 국민은 인간으로서의 존엄성과 가치를 가지고 행복을 추구할 권리를 가지며, 이에 따라 개인의 명예나 사생활, 공정한 재판을 받을 권리 등이 언론에 의해 침해당했을 때 법적 보호와 보상을 요구할 수 있다. 일반적으로 공적(公的) 인물들보다 사적(私的) 개인들에 대해 기본적 인격권의 보호가 더 강조된다.

① 언론의 자유는 민주주의에 필수불가결한 요소이며, 국민의 기본권이다.

② 사전억제는 언론 자유를 규제하는 가장 강력한 방식이다.

③ 전쟁, 테러와 같은 위급한 국가 안보 상황에서는 언론의 자유가 규제될 수 있다.

④ 우리나라 헌법은 언론 자유에 대한 절대주의적 시각을 견지하고 있다.

⑤ 인간의 존엄과 가치를 보호하려는 각종 기본권과 언론의 자유는 상황에 따라 비교형량하되, 공적 인물을 대상으로 하는 경우 언론의 자유가 더 포괄적으로 인정된다.

57 다음 글에 대한 논리적인 반박으로 가장 적절한 것은?

> 자신의 스마트폰 없이는 도무지 일과를 진행하지 못하는 K의 경우를 생각해 보자. 그의 일과표는 전부 그의 스마트폰에 저장되어 있어서 그의 스마트폰은 적절한 때가 되면 그가 해야 할 일을 알려줄 뿐만 아니라 약속 장소로 가기 위해 무엇을 타고 어떻게 움직여야 할지까지 알려준다. K는 어릴 때 보통 사람보다 기억력이 매우 나쁘다는 진단을 받았지만 스마트폰 덕분에 어느 동료에게도 뒤지지 않는 업무 능력을 발휘하고 있다. 이와 같은 경우, K는 스마트폰 덕분에 인지 능력이 보강된 것으로 볼 수 있는데, 그 보강된 인지 능력을 K 자신의 것으로 볼 수 있는가? 이 물음에 대한 답은 긍정이다. 즉 우리는 K의 스마트폰이 그 자체로 K의 인지 능력 일부를 실현하고 있다고 보아야 한다. 그런 판단의 기준은 명료하다. 스마트폰의 메커니즘이 K의 손바닥 위나 책상 위가 아니라 그의 두뇌 속에서 작동하고 있다고 가정해 보면 된다. 물론 사실과 다른 가정이지만 만일 그렇게 가정한다면 우리는 필경 K 자신이 모든 일과를 정확하게 기억하고 있고 또 약속 장소를 잘 찾아간다고 평가할 것이다. 이처럼 '만일 K의 두뇌 속에서 일어난다면'이라는 상황을 가정했을 때 그것을 K 자신의 기억이나 판단이라고 인정할 수 있다면, 그런 과정은 K 자신의 인지 능력이라고 평가해야 한다.

① K가 종이 위에 연필로 써가며 253×87 같은 곱셈을 할 경우 종이와 연필의 도움을 받은 연산 능력 역시 K 자신의 인지 능력으로 인정해야 한다.

② K가 집에 두고 나온 스마트폰에 원격으로 접속하여 거기 담긴 모든 정보를 알아낼 수 있다면 그는 그 스마트폰을 손에 가지고 있는 것과 다름없다.

③ K가 자신이 미리 적어 놓은 메모를 참조해서 기억력 시험 문제에 답한다면 누구도 K가 그 문제의 답을 기억한다고 인정하지 않는다.

④ 스마트폰의 모든 기능을 두뇌 속에서 작동하게 하는 것이 두뇌 밖에서 작동하게 하는 경우보다 우리의 기억력과 인지 능력을 향상시키지 않는다.

⑤ 전화번호를 찾으려는 사람의 이름조차 기억이 나지 않을 때에도 스마트폰에 저장된 전화번호 목록을 보면서 그 사람의 이름을 상기하고 전화번호를 알아낼 수 있다.

58 다음 글을 바탕으로 한 내용으로 가장 적절하지 <u>않은</u> 것은?

> 지구와 태양 사이의 거리와 지구가 태양 주위를 도는 방식은 인간의 생존에 유리한 여러 특징을 지니고 있다. 인간을 비롯한 생명이 생존하려면 행성은 액체 상태의 물을 포함하면서 너무 뜨겁거나 차갑지 않아야 한다. 이를 위해 행성은 태양과 같은 별에서 적당히 떨어져 있어야 한다. 이 적당한 영역을 '골디락스 영역'이라고 한다. 또한 지구가 태양의 중력장 주위를 도는 타원 궤도는 충분히 원에 가깝다. 따라서 연중 태양에서 오는 열에너지가 비교적 일정하게 유지될 수 있다. 만약 태양과의 거리가 일정하지 않았다면 지구는 여름에는 바다가 모두 끓어 넘치고 겨울에는 거대한 얼음 덩어리가 되는 불모의 행성이었을 것이다.
>
> 우리 우주에 작용하는 근본적인 힘의 세기나 물리법칙도 인간을 비롯한 생명의 탄생에 유리하도록 미세하게 조정되어 있다. 예를 들어 근본적인 힘인 강한 핵력이나 전기력의 크기가 현재 값에서 조금만 달랐다면, 별의 내부에서 탄소처럼 무거운 원소는 만들어질 수 없었고 행성도 만들어질 수 없었을 것이다. 최근 들어 물리학자들은 이들 힘을 지배하는 법칙이 현재와 다르다면 우주는 구체적으로 어떤 모습이 될지 컴퓨터 모형으로 계산했다. 그 결과를 보면 강한 핵력의 강도가 겨우 0.5% 다르거나 전기력의 강도가 4% 다를 경우에도 탄소나 산소는 우주에서 합성되지 않는다. 따라서 생명 탄생의 가능성도 사라진다. 결국 강한 핵력이나 전기력을 지배하는 법칙들을 조금이라도 건드리면 우리가 존재할 가능성은 사라지는 것이다.
>
> 결론적으로 지구 주위 환경뿐만 아니라 보편적 자연법칙까지도 인류와 같은 생명이 진화해 살아가기에 알맞은 범위 안에 제한되어 있다고 할 수 있다. 만일 그러한 제한이 없었다면 태양계나 지구가 탄생할 수 없었을 뿐만 아니라 생명 또한 진화할 수 없었을 것이다. 우리가 아는 행성이나 생명이 탄생할 가능성을 열어두면서 물리법칙을 변경할 수 있는 폭은 매우 좁다.

① 생명은 탄소의 존재 여부와 관련 없이 자연적으로 진화할 수 있다.

② 중력법칙이 현재와 조금만 달라도 지구는 태양으로 빨려 들어간다.

③ 원자핵의 질량이 현재보다 조금 더 크다면 우리 몸을 이루는 원소는 합성되지 않는다.

④ 별 주위의 '골디락스 영역'에 행성이 위치할 확률은 매우 낮지만 지구는 그 영역에 위치한다.

⑤ 핵력의 강도가 현재와 약간만 달라도 별의 내부에서 무거운 원소가 거의 전부 사라진다.

59 다음 글을 바탕으로 한 내용으로 가장 적절하지 <u>않은</u> 것은?

> 자본주의 시장은 모든 것을 상품화, 즉 가격으로 환원하는 시장체제에 의해 작동된다. 노동시장을 통해서 상품화되는 노동력은 여타 상품과는 달리 재고로 쌓여 있을 수 없으며 끊임없이 재생산되어야 한다. 따라서 상품화에 실패할 때 재생산의 위기, 곧 그 소유주인 노동자의 생존의 위기가 초래된다. 문제는 자본주의라는 생산체제는 거기에 내재된 본래적 결함으로 인하여, 자신의 노동력을 적절히 상품화시키는 데 실패하는 시장 탈락자들을 체계적이고 대규모적으로 발생시킨다는 점이다. 장애인이나 노약자는 논외로 하더라도, 실업자뿐 아니라 저임이나 불안정 고용에 시달리는 노동자들이 바로 그들이다. 탈 상품화란 재생산이라는 절박한 필요로 인하여 쉽사리 시장으로부터 철수되어서는 안 되지만 현실에서는 빈번히 철수되거나 철수의 위험 혹은 위협에 직면해 있는 노동이 '비인격적 시장의 작동 원리로부터 독립할 수 있는 정도'로 정의될 수 있다. 이러한 개념화를 확장하면, 복지체계란 하나의 탈 상품화 체계이며, 비자발적으로 시장에서 밀려난 자들이 자신의 노동력을 상품화하지 않고도 최소 생활을 영위할 수 있게 하는 사회적 장치인 것이다. 그리고 모든 복지국가는 복지 지출의 종류와 규모, 복지 대상의 선정, 복지 공여의 방식 등에 따라 탈 상품화의 효과에서 다양한 양적·질적 차이를 보인다.
>
> 물론 탈 상품화를 위하여 우리는 기업연금이나 개인연금과 같은 민간 부문에 의존할 수 있다. 그러나 앞에서도 살펴보았듯이 민간 부문의 장치들은 대부분 기여와 급여에서 보험식 산정에 입각해 있는, 즉 화폐관계(cash – nexus)의 연장선상에 있기 때문에, 화폐관계의 그물인 시장 밖으로 밀려난 사람들을 위한 탈 상품화 장치로 기능하기에는 뚜렷한 한계를 보인다. 더욱이 세계화 담론의 범람과 더불어 양산되며 전통적 계급 스펙트럼 밖에 위치하는 이른바 저변 계급 혹은 만성적 복지 의존 계층에게 민간 보험 상품이란, 그렇지 않아도 핍진한 현재적 소비자원을 희생해야만 구입이 가능한, 접근 자체가 원천적으로 힘겨운 사치품일 뿐이다. 따라서 여기에서 다루는 복지국가란 일차적으로 '국가' 복지와 관련된 개념이다.

① 민간보험이 고도로 발달되어 있더라도 복지국가로 단정하기는 어렵다.

② 자본주의 사회에서 노동자는 생존을 위해 끊임없는 노동의 상품화를 필요로 한다.

③ 시장이 낳은 빈곤과 불평등의 문제는 시장 외부, 즉 국가의 개입을 통해 완화되거나 해소되어야 한다.

④ 복지체계를 강화하기 위해서는 민간 보험 상품에 대한 규제를 완화해야 한다.

⑤ 복지국가의 탈 상품화 효과는 단순한 양적 지표를 넘어서야 한다.

60 다음 글을 바탕으로 한 내용으로 가장 적절하지 <u>않은</u> 것은?

> 옛날 중국의 정전법(井田法)은 대단히 훌륭한 제도였다. 경계(境界)가 한결같이 바로잡히고 모든 일이 잘 처리되어서 온 백성이 일정한 직업을 갖게 되고, 병사를 찾아서 긁어모으는 폐단이 없었다. 지위의 귀천과 상하를 논할 것 없이 저마다 그 생업을 얻지 못하는 사람이 없으므로 이로써 인심이 안정되고 풍속이 순후해졌다. 장구한 세월을 지내오면서 국운이 잘 유지되고 문화가 발전되어 간 것은 이러한 토지제도의 기반이 확립되어 있었기 때문이다. 후세에 전제(田制)가 허물어져서 토지 사유의 제한이 없게 되니, 만사가 어지럽게 되고 모든 것이 이에 상반되었던 것이다.
>
> 그러므로 아무리 좋은 정치를 해보겠다는 군주가 있다 해도 전제를 바로잡지 못하면 백성의 재산이 끝내 일정할 수 없고, 부역이 끝내 공평하지 못하며, 호구가 끝내 분명하지 못하고, 형벌이 끝내 줄어들지 못하며, 뇌물을 끝내 막을 수 없고, 풍속이 끝내 순후하게 되지 못할 것이다. 이같이 되고서 좋은 정치가 행해진 적은 일찍이 없었다.
>
> 대체 이와 같은 것은 무엇 때문인가? 토지는 천하의 근본이다. 큰 근본이 잘되면 그에 따라 온갖 법도가 한 가지도 마땅하지 않은 것이 없고, 큰 근본이 문란해지면 온갖 법도가 따라서 한 가지도 마땅함을 얻지 못한다. 진실로 정치의 본체를 깊이 인식하지 못한다면, 천리(天理)와 인사(人事)의 이해득실이 이것에 귀착된다는 사실을 어떻게 알겠는가? 후세의 뜻있는 자가 지금이라도 한 번 옛 제도를 시행해 보고자 하지만, 우리나라와 같은 곳에서는 가는 곳마다 산과 계곡이 많아서 땅을 정전으로 구획하기 어렵고 또한 공전(公田)과 채지(采地)[*]의 분배 방법 등을 잘 알지 못한다는 난점이 있다.
>
> *채지 : 귀족들에게 주던 토지

① 좋은 정치를 행하기 위해서는 토지 제도를 바로잡아야 한다.

② 정전제가 무너진 것은 대토지소유 현상이 확산되었기 때문이다.

③ 새로운 토지 제도를 수립하려면 지형 등 환경적 요소를 고려해야 한다.

④ 우리나라에서도 정전제와 같은 훌륭한 토지 제도를 마련할 필요가 있다.

⑤ 토지 제도가 바로 세워지면 사회 · 경제가 안정될 뿐 아니라 문화도 발전한다.

61 다음 글을 바탕으로 한 내용으로 가장 적절하지 <u>않은</u> 것은?

> 세계화는 인적 유동성의 증가, 커뮤니케이션의 향상, 무역과 자본 이동의 폭증 및 기술 개발의 결과이다.
> 세계화는 세계 경제의 지속적인 성장 특히 개발도상국의 경제 발전에 새로운 기회를 열어주었다. 동시에
> 그것은 급격한 변화의 과정에서 개발도상국의 빈곤, 실업 및 사회적 분열, 환경 파괴 등의 문제를 야기하
> 였다.
> 정치적인 면에서 세계화는 탈냉전 이후 군비 축소를 통해 국제적 · 지역적 협력을 도모하는 새로운 기회
> 들을 제공하기도 하였다. 그러나 국제사회에서는 민족, 종교, 언어로 나뉜 분리주의가 팽배하여 민족 분
> 규와 인종 청소 같은 사태들이 끊이지 않고 있다.
> 또한 세계화 과정에서 사람들은 정보 혁명을 통해 더 많은 정보를 갖고 여러 분야에서 직접 활동할 수
> 있게 되었다. 예를 들어, 시민들은 인터넷이라는 매체를 통해 정부나 지방자치단체의 정책 결정 과정에
> 참여하게 되었다. 그러나 정보 혁명의 혜택에서 배제된 사람들은 더욱 심각한 정보 빈곤 상태에 빠져 더
> 큰 소외감을 갖게 되었다.
> 한편 세계화는 사상과 문화도 이동시킨다. 세계화로 인해 제2세계의 오랜 토착 문화와 전통이 손상되고
> 있음은 익히 알려진 사실이다. 그러나 이런 부정적인 측면만 있는 것은 아니다. 세계화는 기업 회계의 규
> 범에서부터 경영 방식, 그리고 NGO들의 활동에 이르기까지 자신이 지나간 자리에 새로운 사상과 관습
> 을 심고 있다.
> 이에 따라 대부분의 사회에서 자신들이 이러한 세계화의 수혜자가 될 것인가 아니면 피해자가 될 것인
> 가 하는 문제가 주요 쟁점이 되고 있다. 세계화가 자신들의 사회에 아무런 기여도 하지 않은 채 그저 전
> 통문화만을 파괴해버리는 태풍이 될 것인지 혹은 불합리한 전통과 사회 집단을 와해시키는 외부적 자극
> 제로 작용하여 근대화를 향한 단초를 제공해 줄 것인지에 대한 논의가 한창 진행 중이다.

① 세계화는 민주주의의 질적 향상을 통해 국가의 의미를 강화하였다.

② 세계화는 개발도상국의 근대화를 촉진할 수도 있지만 전통 문화를 훼손할 수도 있다.

③ 세계화는 정보의 빈익빈 부익부를 조장하여 정보 빈곤 상태에 빠진 사람들을 소외시켰다.

④ 세계화는 협력을 이끄는 힘이 되지만 다른 한편으로는 분열을 조장하는 위협이 되기노 한다.

⑤ 세계하는 세계 경제가 발선할 수 있는 기회를 주기도 했지만 경제 불안과 환경 파괴 같은 문
제도 낳았다.

62 다음 글을 바탕으로 한 내용으로 가장 적절하지 <u>않은</u> 것은?

오늘날 지구상에는 193종의 원숭이와 유인원이 살고 있다. 그 가운데 192종은 온몸이 털로 덮여 있었으나, 단 한 가지 별종이 있으니, 이른바 '호모 사피엔스'라고 자처하는 털 없는 원숭이가 그것이다. 지구상에서 대성공을 거둔 이 별종은 보다 고상한 욕구를 충족하느라 많은 시간을 보내고 있으나, 엄연히 존재하는 기본적 욕구를 애써 무시하려고 하는 데에도 똑같이 많은 시간을 소비한다. 그는 모든 영장류들 가운데 가장 큰 두뇌를 가졌다고 자랑하지만, 두뇌뿐 아니라 성기도 가장 크다는 사실은 애써 외면하면서 이 영광을 고릴라에게 떠넘기려 한다. 그는 무척 말이 많고 탐구적이며 번식력이 왕성한 원숭이다.

나는 동물학자이고 털 없는 원숭이는 동물이다. 따라서 털 없는 원숭이는 내 연구 대상으로서 적격이다. '호모 사피엔스'는 아주 박식해졌지만, 그래도 여전히 원숭이이고, 숭고한 본능을 새로 얻었지만 옛날부터 갖고 있던 세속적 본능도 여전히 간직하고 있다. 이러한 오래된 충동은 수백만 년 동안 그와 함께해 왔고, 새로운 충동은 기껏해야 수천 년 전에 획득했을 뿐이다. 수백만 년 동안 진화를 거듭하면서 축적된 유산을 단번에 벗어던질 가망은 전혀 없다. 이 사실을 회피하지 말고 직면한다면, '호모 사피엔스'는 훨씬 느긋해지고 좀 더 많은 것을 성취할 수 있을 것이다. 이것이 바로 동물학자가 이바지할 수 있는 영역이다.

① 인간에 대해서도 동물학적 관점에서 탐구할 필요가 있다.
② 인간은 자신이 지닌 동물적 본능을 무시하거나 외면하려는 경향이 있다.
③ 인간이 오랜 옛날부터 갖고 있던 동물적 본능은 오늘날에도 남아 있다.
④ 인간의 박식과 숭고한 본능은 수백만 년 전에 획득했다.
⑤ 인간이 옛날부터 갖고 있던 본능이 있다는 사실을 직면한다면 더 많은 것을 성취할 수 있을 것이다.

63 다음 글을 바탕으로 한 내용으로 가장 적절하지 <u>않은</u> 것은?

소리를 내는 것, 즉 음원의 위치를 판단하는 일은 복잡한 과정을 거친다. 사람의 청각은 '청자의 머리와 두 귀가 소리와 상호작용하는 방식'을 단서로 음원의 위치를 파악한다.

음원의 위치가 정중앙이 아니라 어느 한쪽으로 치우쳐 있으면, 소리가 두 귀 중에서 어느 한쪽에 먼저 도달한다. 왼쪽에서 나는 소리는 왼쪽 귀가 먼저 듣고, 오른쪽에서 나는 소리는 오른쪽 귀가 먼저 듣는 다. 따라서 소리가 두 귀에 도달하는 데 걸리는 시간차를 이용하면 소리가 오는 방향을 알아낼 수 있다. 소리가 두 귀에 도달하는 시간의 차이는 음원이 정중앙에서 안쪽으로 치우칠수록 커진다.

양 귀를 이용해 음원의 위치를 알 수 있는 또 다른 단서는 두 귀에 도달하는 소리의 크기 차이이다. 왼쪽 에서 나는 소리는 왼쪽 귀에 더 크게 들리고, 오른쪽에서 나는 소리는 오른쪽 귀에 더 크게 들린다. 이러 한 차이는 머리가 소리의 전달을 막는 장애물로 작용하기 때문이다. 하지만 이런 차이는 소리에 섞여 있 는 여러 음파들 중 고주파에서만 일어나고 저주파에서는 일어나지 않는다. 따라서 소리가 저주파로만 구 성되어 있는 경우 소리의 크기 차이를 이용한 위치 추적은 효과적이지 않다.

또 다른 단서는 음색의 차이이다. 소리가 고막에 도달하기 전에 머리와 귓바퀴의 굴곡은 소리를 변형시 키는 필터 역할을 한다. 이 때문에 두 고막에 도달하는 소리의 음색 차이가 발생한다. 이러한 차이를 통 해 음원의 위치를 파악할 수 있다.

① 다른 조건이 같다면 고주파로만 구성된 소리가 저주파로만 구성된 소리보다 음원의 위치를 파악하기 어렵다.

② 두 귀에 도달하는 소리의 시간차가 클수록 청자와 음원의 거리는 멀다.

③ 저주파로만 구성된 소리의 경우 그 음원의 위치를 파악할 수 없다.

④ 머리가 소리를 막지 않는다면 음원의 위치를 파악할 수 없다.

⑤ 두 귀에 도달하는 소리의 음색 차이는 음원에서 발생한다.

64 다음 글을 바탕으로 한 내용으로 가장 적절하지 <u>않은</u> 것은?

> 세자는 다음 왕위를 계승할 후계자로서 세자의 위상을 높이는 각종 통과의례를 거쳐야 했다. 책봉례는 세자가 왕의 후계자가 되는 가장 중요한 공식 의식으로, 세자는 왕으로부터 세자 임명서를 수여받았다. 책봉례가 끝나면 의궤를 작성하였다. 세자는 적장자 세습 원칙에 따라 왕비 소생의 장자가 책봉되는 것이 원칙이었다. 그러나 실제로 조선 시대를 통틀어 총 스물일곱 명의 왕 중 적장자로서 왕위에 오른 왕은 문종, 단종, 연산군, 인종, 현종, 숙종, 순종 이렇게 일곱 명에 불과했다. 적장자로 태어나 세자로 책봉은 되었지만 왕위에 오르지 못한 세자도 여러 명이었다. 덕종, 순회세자, 소현세자, 효명세자, 양녕대군, 연산군의 장자 등이 그들이다.
>
> 책봉례 후 세자는 조선시대 최고 교육기관인 성균관에서 입학례를 치렀다. 성균관에 입학하는 사대부 자제와 마찬가지로 대성전에 있는 공자의 신위에 잔을 올리고, 명륜당에서 스승에게 예를 행하고 가르침을 받는 의식을 거쳐야 했다. 세자의 신분으로 입학례를 처음 치른 사람은 문종으로, 8세가 되던 해에 성균관 입학례를 치렀다. 세자 입학례는 세자를 위한 중요한 통과의례였으므로 기록화로 남겨졌다. 입학례 이후에 거행되는 관례는 세자가 성인이 되는 통과의례이다. 이것은 오늘날의 성년식과 같다. 관례를 치르면 상투를 틀고 관을 쓰므로 관례라 하였다. 사대부의 자제는 보통 혼례를 치르기 전 15세에서 20세에 관례를 치르지만, 세자는 책봉된 후인 8세에서 12세 정도에 치렀다. 관례를 치르고 어엿한 성인이 된 세자는 곧이어 가례, 즉 혼례를 행하였다. 혼례식은 관례를 행한 직후에 이루어졌다. 관례가 8세에서 12세 정도에 이루어진 만큼, 혼례식은 10세에서 13세 정도에 거행되었다. 왕이나 세자의 혼례식 전 과정은 가례도감 의궤로 남겨졌다.

① 조선시대의 왕이 모두 적장자는 아니었다.

② 사대부 자제도 세자와 마찬가지로 입학례, 관례, 혼례의 통과의례를 거쳤다.

③ 세자의 통과의례가 거행될 때마다 행사의 내용을 의궤로 남겼다.

④ 세자의 대표적 통과의례 중 성인이 된 후 치른 의례는 가례였다.

⑤ 세자의 통과의례는 대개 책봉례, 입학례, 관례, 가례의 순서로 거행되었다.

65 다음 글을 바탕으로 한 내용으로 가장 적절하지 <u>않은</u> 것은?

> 1937년 영국에서 거행된 조지 6세의 대관식에 귀족들은 대부분 자동차를 타고 왔다. 대관식에 동원된 마
> 차는 단 세 대밖에 없었을 정도로 의례에서 마차가 차지하는 비중이 작아졌다. 당시 마차 관련 서적에서
> 드러나듯, 대귀족 가문들조차 더 이상 호화로운 마차를 사용하지 않았다. 당시 마차들은 조각이 새겨진 황
> 금빛 왕실 마차와 같이 의례용으로 이용되는 경우를 제외하고는 거의 사용되지 않은 채 방치되었다.
> 제2차 세계 대전 이후 전투기와 탱크와 핵폭탄이 세계를 지배하면서, 대중은 급격한 과학 기술의 발전에
> 두려움과 어지러움을 느끼게 되었다. 이런 배경 하에 영국 왕실 의례에서는 말과 마차와 검과 깃털 장식
> 모자의 장엄한 전통이 정치적으로 부활하였다. 1953년 엘리자베스 2세의 대관식은 전통적인 방법으로 성
> 대하게 치러졌다. 대관식에 참여한 모든 외국 왕족과 국가 원수를 마차에 태웠는데, 이때 부족한 일곱 대
> 의 마차를 한 영화사에서 추가로 임대할 정도였다.
> 왕실의 고풍스러운 의례가 전파로 송출되기 시작하면서 급변하는 사회를 혼란스러워하던 대중은 전통적
> 왕실 의례에서 위안을 찾았다. 국민의 환호와 열광 속에 화려한 마차를 타고 개선로를 통과하는 군주에게
> 는 어수선한 시대의 안정적 구심점이라는 이미지가 부여되었다. 군주는 전후 경제적 피폐와 정치적 혼란
> 의 양상을 수습하고 국가 질서를 재건하는 상징적 존재로 부상하였다.

① 영국 왕실 의례는 영국의 지역 간 통합에 순기능으로 작용했다.

② 1940년대에 마차는 단지 의례용으로만 사용되었다.

③ 엘리자베스 2세의 대관식은 영국 왕실의 전통적 의례에 맞춰 거행되었다.

④ 엘리자베스 2세는 대관식에서 군중이 지켜보는 가운데 마차를 타고 개선로를 통과하였다.

⑤ 제2차 세계 대전 이후 영국 왕실의 전통적 의례의 부활은 대중에게 위안과 안정을 주는 역할
을 했다.

66 다음 글을 읽고 흡연자가 인지 부조화 이론에 따라 취할 수 있는 전략의 예로 가장 적절하지 <u>않은</u> 것은?

> 인지 부조화이론(cognitive dissonance)은 페스팅거(Fes – tinger, 1957)에 의해 개발되었는데, 이 이론에 의하면 사람들은 갈등을 몰아내고 균형, 평형, 또는 조화 상태를 회복하기 위해 동기화된다고 한다. 보다 잘 알려진 바에 의하면 이 이론은 우리가 심리적으로 세계에 대한 능률적이고 균형되고 잘 조직된 관점을 유지하려고 노력한다고 설명하고 있다. 한편, 인지 부조화 이론에 따르면 갈등은 그 개인으로 하여금 갈등적인 경험을 통해 생성된 불안을 몰아내도록 압박을 가한다고 한다.

① 담배를 끊는다.
② 담배를 줄이기 위한 취미생활을 갖는다.
③ 흡연이 암을 일으킨다는 사실을 받아들인다.
④ 흡연과 암이 무관함을 주장하는 보고서를 찾아 읽는다.
⑤ '죽음은 어차피 고통스럽고 불가피한 것이니, 암인들 무슨 관계가 있겠는가?'라고 생각한다.

67 다음 뉴스를 듣고 아래 네 사람이 보인 반응 중 논리적으로 가장 적절하지 <u>않은</u> 것은?

> 술이 약한 사람들은 술을 잘하는 사람들과 비교해 알츠하이머병에 걸리기 쉽다는 연구결과가 나왔다. 유럽의 한 노인병연구소는 술을 잘 하는 사람에게서 움직임이 활발하게 관찰되는 효소 Y가 알츠하이머병과 관계가 깊은 유독 효소의 분해에 효과가 있다는 사실을 발표했다. 연구소 측이 40~70대 2,400명의 혈액을 조사한 결과, 효소 Y의 움직임이 약한 사람은 문제의 유독 효소를 더 많이 생성하는 것으로 파악됐다. 통상적으로 술이 약한 사람들은 효소 Y의 활동도 약하기 때문이다.

> 선호 : 술을 전혀 마시지 않는 사람은 알츠하이머에 걸릴 확률이 높다.
> 현석 : 술을 무리하게 마신다고 알츠하이머 예방효과가 꼭 있는 것은 아니다.
> 영아 : 주량을 줄인다고 해서 알츠하이머에 걸릴 가능성이 높아지는 것은 아니다.
> 태성 : 술을 잘 마시는 사람은 알츠하이머에 걸릴 확률이 낮다.
> 상준 : 술을 잘 못 마시는 사람은 알츠하이머에 걸릴 확률이 높다.

① 선호
② 현석
③ 영아
④ 태성
⑤ 상준

68 다음은 음주운전 예방대책을 마련하기 위해 외부 연구기관에 의뢰하여 발간된 보고서의 일부분이다. 이 연구결과에 근거하여 도출될 수 있는 예방대책으로 가장 적절하지 <u>않은</u> 것은?

> 일반적으로 단기적인 효과를 가지는 음주운전의 처벌 및 단속에도 불구하고 우리나라에서 1991년 이후 전반적으로 교통사고 사망자 수의 지속적인 감소가 나타나고 있는 것은, 여러 가지 장기적인 효과를 가지는 수단들과 함께 음주문화의 실질적인 개선이 있었기 때문인 것으로 생각된다. 음주운전 예방대책에서 형량이나 벌금과 같은 형사적인 처벌을 강화하는 것은 별다른 효과를 나타내기 어렵고, 나타낸다고 하더라도 이것은 단기적인 효과에 불과하다는 각국의 음주운전 연구들이 제시되고 있다.
>
> 그러나 음주운전에 대한 단속강화에 대해서는 다소 논란의 여지는 있지만, 이것이 지속적으로 이루어진다면 음주운전의 억제효과를 나타내며, 장기적으로 효과가 있다는 연구도 보고되고 있다. 또한 면허정지나 취소와 같은 행정처분의 경우도 상당한 효과를 가질 것으로 생각된다. 왜냐하면 이것이 음주운전을 억제하는 효과가 없다고 하더라도 최소한 면허가 없는 동안에 운전을 하는 어려울 것이기 때문이다.
>
> 따라서 한국의 음주운전 예방대책은 형량이나 벌금의 강화보다는 면허취소와 같은 행정처분을 활용한 방향으로 나아가는 것이 필요하고, 또 일상적인 단속이 필요하며, 장기적인 측면에서 알코올 소비를 줄여나갈 수 있는 정책이 필요하다고 하겠다. 그리고 무엇보다도 중요한 것은 음주문화의 개선과 음주운전에 대한 인식의 개선이 필요하다고 하겠다.

① 술에 대한 세금을 대폭 인상한다.
② 음주운전자에 대한 음주운전방지 프로그램을 강화한다.
③ 운전면허취소 기준을 혈중알코올농도 0.1%에서 0.08%로 내린다.
④ 단속경찰을 대거 투입하여 연 2회 '음주운전집중단속주간'을 선정하여 음주운전을 단속한다.
⑤ 술집이 밀집해있는 곳에서 매일 저녁에 음주운전을 단속한다.

69 다음 기사를 읽은 후 사원들의 반응 중 가장 적절하지 <u>않은</u> 것은?

근로복지공단, 일자리 안정자금 지급 개시

근로복지공단은 올해 1월 1일부터 신청 접수를 시작한 '일자리 안정자금 지원 사업'의 지원금을 1월 31일부터 본격적으로 지급한다고 밝혔다. 최초로 지급되는 금액은 328개 사업장의 538명의 노동자에 대하여 67,910천원이 지급될 예정이나 신청 사업장 및 노동자 수가 증가하고 있어 향후 지급액은 대폭 증가할 것으로 예상된다. '일자리 안정자금 지원 사업'은 사업주의 인건비 부담을 경감시키고 노동자의 최저임금을 보장하기 위하여 정부가 약 3조원의 예산을 편성하여 사업주에게 인건비를 지원해주는 사업이다.

근로복지공단은 '일자리 안정자금 지원 사업'을 차질 없이 수행하기 위하여 지난 해 8월부터 TF팀 구성, 인력채용 등 사업수행을 준비하였으며 지난 1월 1일부터 일자리 안정자금 신청을 받기 시작하였다.

처음으로 안정자금을 지급받는 사업장 중에는 동네 상권이 축소되고 영세 식당들이 많아 수금이 어려운 실정에서도 근로자의 고용단절 없이 대를 이어 사업을 운영해 온 쌀가게도 있는 것으로 전해졌다. 이 쌀가게는 쌀 배송업무를 담당하는 직원 4명 중 3명에 대해 총 384만원(매월 32만원씩)의 일자리 안정자금을 지급받게 될 예정이라고 근로복지공단은 전했다. 그 외에도, 서울시의 한 아파트 단지에서는 일자리 안정자금 지원 사업 덕분에 고용조정이나 휴게시간 연장 등의 조치 없이 최저임금 인상률 이상인 16.8%의 급여를 인상한 사례도 있는 것으로 알려졌다.

심경우 이사장은 일자리 안정자금 지원 사업이 최저임금과 근로자의 고용을 보장하며 소득주도성장을 견인하는 가장 중요한 정책으로 자리매김하게 될 것으로 기대된다고 밝혔다.

---

① A사원 : 일자리 안정자금은 근로복지공단이 주최하는 사업이다.

② B사원 : 사업주의 인건비 부담을 경감시키고 노동자의 최저임금을 보장하기 위함이다.

③ C사원 : 일자리 안정자금은 신청을 받은 사업체에 한해 선발, 적용된다.

④ D사원 : 일자리 안정자금 지원 사업 덕분에 휴게시간 연장 등의 꼼수가 사라지고 있다

⑤ E사원 : 1월 1일부터 일자리 안정자금 신청을 받기 시작했다.

70 다음 글을 바탕으로 한 내용으로 가장 적절하지 **않은** 것은?

> 우리의 이해가 향상된다는 것은 언제나 우리가 새로운 것을 배운다는 것을 의미하지는 않는다. 우리는 이미 막대한 양의 정보를 가지고 있고, 많은 경우 우리가 가지고 있는 것으로부터 무엇을 만들어 낸다. 중요한 것은 이러한 정보들 중에서 무엇이 주목할 만한 가치가 있고 무엇이 무시할 만한가 하는 것이다. 그러나 우리는 보통의 경우에 어떤 것을 주목하고 어떤 것은 무시하는지를 의식하지 않으며, 우리에게 익숙한 기준과 범주를 자연스럽게 적용한다. 예를 들어 식료품점에서 설탕을 볼 때 우리는 그것에 '음식을 달콤하게 해 주는 것'이라는 기준이나 범주를 별다른 의식 없이 적용한다. 그렇지만 익숙한 범주들을 이처럼 의식 없이 적용할 때 이해가 항상 만족스럽지는 않으며, 때로 그것은 진부하고 무익해 보이기도 한다.
>
> 우리의 이해는 종종 재편성(realignment), 즉 기존의 범주에 대해 의문을 제기하고 그것의 대안을 개발하고 향유할 때 향상된다. 이러한 재편성은 새로이 경계선을 긋거나 기존의 선을 지우거나 재배치하는 것 등을 통해서 이루어진다.
>
> 첫째, 고래를 물고기가 아니라 포유류로 분류함으로써 우리의 이해가 향상되는 것처럼, 원래 같은 종류라고 여겼던 것이 다른 종류에 속한다고 인식하는 경우이다. 이는 새로이 경계선을 긋는 것이다. 동일한 것이라 여겼던 권태와 단조로움 사이에 선을 그어 이들 사이의 미묘한 차이를 알게 되거나, 뇌막염을 바이러스성 뇌막염과 박테리아성 뇌막염으로 구분하여 이들 사이에 차이가 있음을 알게 되는 경우이다.
>
> 둘째, 어떤 질병으로 고통 받는 사람들에게서 공통적으로 나타나는 질병의 증상을 파악함으로써 의학이 발전하는 것처럼 서로 무관한 것이라 여겼던 것들이 관련 있는 것으로 인식되는 경우이다. 이는 기존의 선을 지우는 것이다. 나비류 연구가들이 겉으로 보이는 애벌레와 나비의 명백한 차이들을 무시하고 이들을 같은 종류로 봄으로써 관련 학문의 진보를 가져온 경우이다.
>
> 셋째, 새로운 방법을 통해서 오래된 자료들로부터 새로운 것을 보는 경우이다. 이는 정보들의 재배치를 의미하는데, 통계학이 데이터 분석을 통해 의미 있는 것들을 새롭게 추출하면서 사회학 발전을 가져오는 경우이다.

① 윗글은 다양한 예를 제시하며 주요 개념을 설명하고 있다.

② 인간은 별 다른 의식 없이 기존의 범주와 기준을 적용한다.

③ 기존의 기준이나 범주에 새로이 경계선을 그은 예로 권태와 단조로움의 구분을 들 수 있다.

④ 같은 종류라고 여겼던 것을 다른 종류에 속한다고 인식한 예로 애벌레와 나비의 구분을 들 수 있다.

⑤ 데이터 분석을 통해 의미 있는 것들을 새롭게 배우고 익힘으로써 학문은 발전한다.

71 다음은 출퇴근 재해 관련 지침에 대한 자료이다. 이에 대한 설명으로 가장 적절한 것은?

근로복지공단은 2018년부터 통상의 출퇴근 재해를 산재로 인정하는 개정 산재보험법이 시행됨에 따라 17.12.28. 이에 대한 구체적인 출퇴근 재해 관련 지침을 확정, 발표하고 18.1.1.부터 시행한다고 밝혔다. 기존에는 통근버스 등 사업주가 제공하는 교통수단을 이용하던 중 발생한 사고만을 산재로 인정하였으나, 개정된 산재보험법에서는 18.1.1.부터 통상적인 경로와 방법으로 출퇴근하는 중 발생한 사고도 산재로 인정하고 있다. 통상의 출퇴근 재해의 산재보상은 기존의 업무상의 재해와 동일하다.

2018년부터 시행되는 통상의 출퇴근 재해 인정지침은 다음과 같다.

- 출퇴근 재해 : 업무에 종사하기 위해 또는 업무를 마침에 따라 이루어지는 출퇴근 행위 중 이동 경로 상에서 발생한 재해를 말한다.
- 통상적인 경로와 방법 : 대중교통 · 자가용 · 도보 · 자전거 등 다양한 교통수단을 이용하여 누구나 이용할 수 있다고 인정되는 통상적인 경로로 출퇴근을 하는 것을 말하는데, 공사, 시위, 집회 및 카풀을 위해 우회하는 경로도 포함한다.
- 경로의 일탈 · 중단 : 통상적인 출퇴근 경로를 일탈 또는 중단하던 중 발생한 사고는 원칙적으로 업무 상 재해로 보지 않지만, 일탈 · 중단의 사유가 일상생활에 필요한 행위인 경우에는 예외적으로 업무상 의 재해로 인정되는데, 일상생활에 필요한 행위로는 일상생활 용품의 구입, 직무관련 교육 · 훈련 수 강, 선거권 행사, 아동 또는 장애인의 등 · 하교 또는 위탁, 진료, 가족간병 등을 말한다.
- 적용제외 : 개인택시기사, 퀵서비스기사 등과 같이 출퇴근의 경로와 방법이 일정하지 않은 직종 중 본 인의 주거지에 차고지를 두고 있어 주거지 출발부터 업무가 개시되는 경우 사실상 출퇴근 재해의 혜 택은 받기 어렵고 보험료만 부담할 우려가 있으므로 출퇴근 재해에 한해 적용 제외하여 일반 산재보 험료만 부담하고 출퇴근 재해 보험료는 부담하지 않도록 하였다.

※ 통상의 출퇴근 재해는 18.1.1. 이후 발생한 재해부터 적용된다.

① 신입사원 교육을 들으러 가는 길에 사고가 발생하면 이는 출퇴근 재해로 볼 수 없다.
② 퇴근길에 버스를 타러 버스정류장에 가던 중 사고가 발생하면 이는 출퇴근 재해로 볼 수 있다.
③ 개인택시기사가 자택에서 출근 중 사고가 발생하면 이는 출퇴근 재해로 볼 수 있다.
④ 출근길에 집회로 인해 우회하다가 사고가 발생하면 이는 출퇴근 재해로 볼 수 없다.
⑤ 퀵서비스기사가 출근 중 사고가 발생하면 이는 출퇴근 재해로 볼 수 있다.

72 다음 글을 바탕으로 한 내용으로 가장 적절하지 <u>않은</u> 것은?

소장은 혼자서 빙긋 웃었다. 감독조를 짐짓 3공사장으로 보내길 잘했다고 그는 생각했다. 사실은 그들이 없으면 인부들을 통솔하기가 매우 어려운 실정이었다. 원하는 대로 모두 수걱수걱 들어주고 나면 길 잘못 들인 강아지 새끼처럼 또 무엇을 달라고 보챌지 몰라 불안할수록, 더욱 감독조는 필요했다. 그래서 잠잠해질 때까지 당분간 보냈다가 인부들과는 낯선 다른 패들로 교대시킬 뿐이었다. 현재 노임도 올렸고 시간 노동제도 실시하고 있는 척할 수밖에 없지만, 우선 내일의 행사를 위해 숨 좀 돌려보자는 게 그의 속셈이었다. 그 다음엔 주동자들을 먼저 아무도 모르게 경찰에 데려다가 책임을 물어 따끔하게 본때를 보인 후, 여비나 두둑이 주어 구슬리며 딴 지방으로 쫓아 보낼 작정이었다. 그의 손에는 쟁의에 참가했던 인부들의 명단이 저절로 들어와 있는 셈이었다. 그들 불평분자의 절반쯤은 3공사장 인부들과 교대시키고, 나머지는 남겨 두되 각 함바에 뿔뿔이 흩어지게 배당할 거였다. 점차로 시간을 보내면서 하나둘씩 해고해 나갈 것이었다. 차츰차츰 작업량을 늘리고 작업장을 줄여 가면 남는 인부가 많게 될 테니 열흘도 못 가서 감원할 구실이 생길 거였다. 따라서 인상되었던 노임을 차츰 낮추며 도급을 계속시키면서 인부들이 모르는 사이에 전과 같이 나가면 어항에 물 갈아 넣는 것처럼 인부들은 모두 새 사람으로 바뀔 것이었다. 소장은 이 모든 일들을 열흘 안으로 해치우고 원상 복구를 해 놓을 자신이 있었다.

① 소장은 내일의 행사를 원만하게 치르려고 한다.
② 소장은 쟁의의 주동자들을 해고할 생각을 갖고 있다.
③ 소장은 감독조를 해체하여 상황을 원상 복구할 계획이다.
④ 소장은 쟁의를 해결할 수 있다는 강한 자신감을 갖고 있다.
⑤ 소장은 인부들을 열흘 안에 모두 해고하려 한다.

73 다음 기사를 바탕으로 한 내용으로 가장 적절하지 <u>않은</u> 것은?

> 한국가스공사는 지구온난화를 막고 미세먼지를 감축하기 위해 천연가스 확대 노력에 나섰다.
> 천연가스는 액화과정에서 분진·황·질소 등이 제거돼 공해물질이 거의 발생하지 않는 친환경 에너지
> 다. 발화온도가 높아 폭발 위험이 적은데다 연탄·석유보다 열효율이 높고 배관으로 공급돼 수송 수단,
> 저장 공간도 필요 없다. 이 같은 천연가스의 장점은 파리기후협약에 따라 정부가 제8차 전력수급기본계
> 획, 13차 장기천연가스수급계획을 수행하는 데 적합할 것으로 보인다.
> 가스공사도 LNG발전 비중을 올해 1652만에서 2031년 1709만으로 확대하겠다는 정부 정책에 맞춰 산
> 업용 천연가스 요금을 종전대비 10.2% 인하하기로 했다. 경기와 경남을 산업체 밀집 특별 관리지역으로
> 정해 합동 현장 타깃형 마케팅을 실시했다.
> 미세먼지를 줄이기 위해 노후 경유버스는 CNG버스로 바꾸도록 구매보조금 114억 원을 지급했다. 또 선
> 박용 LNG연료를 공급하는 LNG벙커링 등 신사업 기반도 구축할 예정이다.

① 천연가스는 미세먼지를 줄이며 액화과정에서 오염유발물질을 거의 발생시키지 않는다.

② 천연가스는 발화온도가 높아 폭발 위험이 낮다.

③ 천연가스는 석유보다 열효율이 낮고 배관설비도 따로 필요하지 않다.

④ 가스공사는 산업용 천연가스 요금을 종전대비 10% 이상 낮추기로 하였다.

⑤ LNG벙커링 설비는 액화천연가스를 선박용 연료로 주입하는 설비이다

74 다음 글을 바탕으로 한 내용으로 가장 적절한 것은?

> 아리스토텔레스는 정치체제를 세 가지로 구분하는데, 군주정, 귀족정, 제헌정이 그것이다. 세 번째 정치체제는 재산의 등급에 기초한 정치체제로, 금권정으로 불러야 마땅하지만 대부분의 사람들은 제헌정이라고 부른다. 이것들 가운데 최선은 군주정이며 최악은 금권정이다.
>
> 또한 그는 세 가지 정치체제가 각기 타락한 세 가지 형태를 제시한다. 참주정은 군주정의 타락한 형태이다. 양자 모두 일인 통치 체제이긴 하지만 그 차이는 엄청나다. 군주는 모든 좋은 점에 있어서 다른 사람들을 능가하기 때문에 자신을 위해 어떤 것도 필요로 하지 않는다. 그래서 군주는 자기 자신에게 이익이 되는 것이 아니라 다스림을 받는 사람에게 이익이 되는 것을 추구한다. 반면 참주는 군주의 반대이다. 못된 군주가 참주가 된다. 참주는 자신에게만 이익이 되는 것을 추구하기에, 참주정은 최악의 정치체제이다.
>
> 귀족정이 과두정으로 타락하는 것은 지배자 집단의 악덕 때문이다. 그 지배자 집단은 도시의 소유물을 올바르게 배분하지 않으며, 좋은 것들 전부 혹은 대부분을 자신들에게 배분하고 공직은 항상 자신들이 차지한다. 그들이 가장 중요하게 생각하는 것은 부를 축적하는 일이다. 과두정에서는 소수만이 다스리는데, 훌륭한 사람들이 아니라 못된 사람들이 다스린다.
>
> 민주정은 다수가 통치하는 체제이다. 민주정은 금권정으로부터 나온다. 금권정 역시 다수가 통치하는 체제인데, 일정 재산 이상의 자격 요건을 갖춘 사람들은 모두 동등하기 때문이다. 타락한 정치체제 중에서는 민주정이 가장 덜 나쁜 것이다. 제헌정의 기본 틀에서 약간만 타락한 것이기 때문이다.

① 정치체제의 형태는 일곱 가지이다.

② 군주정은 민주정보다 나쁜 정치체제이다.

③ 제헌정, 참주정, 귀족정, 과두정 중에서 최악의 정치체제는 제헌정이다.

④ 금권정에서 타락한 형태의 정치체제가 과두정보다 더 나쁜 정치체제이다.

⑤ 군주정과 참주정은 일인 통치 체제이지만, 제헌정과 민주정은 다수가 통치하는 체제이다.

75 다음 글을 바탕으로 한 내용으로 가장 적절한 것은?

> 원형 감옥은 원래 영국의 철학자이자 사회 개혁가인 제레미 벤담(Jeremy Bentham)의 유토피아적인 열망에 의해 구상된 것으로 알려져 있다. 벤담은 지금의 인식과는 달리 원형 감옥이 사회 개혁을 가능케 해주는 가장 효율적인 수단이 될 수 있다고 생각했지만, 결국 받아들여지지 않았다. 사회 문화적으로 원형 감옥은 그 당시 유행했던 '사회 물리학'의 한 예로 간주될 수 있다.
>
> 원형 감옥은 중앙에 감시하는 방이 있고, 그 주위에 개별 감방들이 있는 원형 건물이다. 각 방에 있는 죄수들은 간수 또는 감시자의 관찰에 노출되지만, 감시하는 사람들을 죄수는 볼 수가 없다. 이는 정교하게 고안된 조명과 목재 블라인드에 의해 가능하다. 보이지 않는 사람들에 의해 감시되고 있다는 생각 자체가 지속적인 통제를 가능케 해준다. 즉 감시를 하는지 안 하는지 모르기 때문에 항상 감시당하고 있다고 생각해야 하는 것이다. 따라서 모든 규칙을 스스로 지키지 않을 수 없는 것이다.

① 원형 감옥은 서로의 시선을 차단해 주는 장치이다.

② 원형 감옥은 타자와 자신, 양자에 의한 이중 통제 장치이다.

③ 원형 감옥의 원리는 감옥 이외에 다른 사회 부문에 적용되었다.

④ 원형 감옥은 관찰자를 신의 전지전능한 위치로 격상시키는 세속적 힘을 부여한다.

⑤ 원형 감옥은 관찰자가 느끼는 불확실성을 수단으로 활용해 피 관찰자를 복종하도록 한다.

76 다음 기사를 바탕으로 한 내용으로 가장 적절하지 <u>않은</u> 것은?

> 한국수력원자력 고리원자력본부가 4월 14일 오전 9시 고리4호기(가압경수로형, 95만kW급)의 발전을 재개했다. 이번 재개는 지난 12일 원자력안전위원회가 고리 4호기의 냉각재 누설 사건을 조사하면서 사업자 대응조치, 방사선 영향평가, 원인분석 및 후속조치의 타당성 등을 점검한 후 재가동 승인을 내린데 따른 것이다.
>
> 이날 한국수력원자력에 따르면 오전에 발전을 재개했으며 오는 16일 오전 9시께 100% 출력에 도달할 예정이며 안정성을 높인 게 특징이다. 예컨대 증기발생기 배수배관과 관련 절차를 개선하는 한편 격납건물의 내부철판에 대한 점검과 정비를 마쳤다.
>
> 고리원자력본부 관계자는 "고리 4호기의 경우 작년 4월 계획예방정비에 들어가 원자력안전법과 전기 사업법에 따른 검사를 수검, 주요 기기와 설비에 대한 점검·정비를 마쳤다."고 전했다. 한편 고리 4호기가 수동 정지된 것은 작년 3월 28일 냉각재가 과다하게 누설되는 일이 발생한 것이 원인이 됐다.

① 고리 4호기의 발전 재개는 원자력안전위원회의 재가동 승인에 따른 결정이다.

② 고리 4호기는 재개 당일 오전 9시께 100% 출력에 도달할 예정이다.

③ 냉각제 누설이 고리 4호기 정지의 직접적 원인이 되었다.

④ 고리 4호기는 관련 법률에 따른 검사와 설비에 대한 정비를 실시하였다.

⑤ 고리 4호기는 정지된 지 약 1년 만에 재개되었다.

77 다음 글을 바탕으로 '확신인간'에 대한 내용으로 가장 적절한 것은?

> 반 보크트는 히틀러나 스탈린 등으로부터 '확신인간'이라는 인간상을 만들어냈다. 그는 이들의 비인도적 행위에 대해 이렇게 묻는다. "이런 인간의 행동에 깔려있는 동기는 도대체 무엇인가? 자기와 생각이 다른 사람을 부정직하거나 나쁜 사람이라고 단정하는데, 그러한 단정은 도대체 어디에 근거하는가? 마음속 깊이 자기는 한 점의 잘못도 범하지 않는 신이라고 믿는 것은 아닐까?"
>
> 반 보크트는 확신인간은 이상주의자라고 지적한다. 이들은 자기만의 고립된 정신세계에 살면서 현실의 다양한 측면이 자신의 세계와 어긋나고 부딪힐 때 이를 무시하려 안간힘을 쓴다. 힘을 쥐게 되면 이들은 자신이 그리는 이상적인 세계의 틀에 맞추어 현실을 멋대로 조정하려 한다.
>
> 그러나 확신인간도 아내나 자기와 밀접한 관계에 있는 사람이 그를 버리면 한순간에 심리적 공황상태에 빠져버리는 경향이 있다. 이러한 상황에 이르면 그는 완전히 기가 꺾여 앞으로는 행실을 고치겠다고 약속한다. 하지만 그렇게 해도 상황이 원상으로 복구되지 않으면 알코올 중독에 빠지거나 마약에 손을 대며 최악의 경우 자살에 이르기도 한다. 그에게 있어 근본 문제는 자기감정을 통제하지 못한다는 것과 뿌리 깊은 열등감이다. 설혹 외형적으로 성공한다 하더라도 그러한 성공이 마음속 깊은 근원적 문제에까지 영향을 미치지는 못한다.
>
> 확신인간은 결코 타인에 의해 통제받지 않겠다는 성격적 특징을 갖는다. 인간은 누구나 현실 사회에서, 특히 타인과의 관계에서 자제심을 배울 수밖에 없다. 그러나 이들은 쉽게 자제심을 잃고 미친 사람처럼 행동한다. 심각한 문제는 그 후에도 이들은 전혀 반성하지 않고 이를 '당연하다'고 생각한다는 점이다. 확신인간에게 분노와 같은 격렬한 감정의 폭발은 그의 이러한 '당연하다'는 생각을 강화한다. 당연하다는 생각은 감정폭발에 대한 자기 통제력을 약화시켜 감정폭발을 더욱 강화한다. 이러한 경향이 폭력심리의 기본이며 범죄의 기본이다.

① 확신인간의 폭력성은 불가피한 상황에서 우발적으로 발생한다.
② 확신인간의 감정 폭발은 자신의 폭력적 행동을 더욱 심화시킨다.
③ 확신인간은 자신을 둘러 싼 주위환경의 변화에 괴로워하지 않는다.
④ 확신인간은 현실에 수긍하고, 타인에게 통제받으며 수동적으로 살아가다.
⑤ 확신인간의 경우 부부관계가 위기에 빠지면 행동에 변화를 일으키나, 관계가 회복되면 원래의 모습으로 돌아간다.

78 다음 글을 바탕으로 한 내용으로 가장 적절한 것은?

개가 사람의 마음을 읽는 능력은 반복된 훈련의 결실이 아닌 천성 때문이라는 연구결과가 나왔다. 영국 에버테이 던디대학의 연구진은 훈련이 잘 된 개와 훈련을 전혀 받지 않은 개 등 총 24마리를 대상으로 실험을 한 결과, 훈련 유무가 개의 반응에는 차이가 나지 않음을 알아냈다. 연구진은 개에게 말을 하는 대신 손가락으로 특정 위치를 가리키거나 응시하는 형태로 지시를 내려 개가 어떻게 대응하는지를 기록했다. 그 결과 훈련을 받은 정도가 사람의 명령을 따르는 것과는 무관한 것으로 확인됐다. 결과에 차이를 주는 것은 신호를 보내는 사람과 개가 얼마나 친밀한가였다. 개들은 특정 사람을 알게 되면 그 사람에게 더 관심을 갖는데, 이는 개들이 친밀도가 올라갈수록 사람의 행동을 더 잘 읽고 예측할 수 있다는 것을 뜻한다.

① 훈련 여부와 종에 따라 개의 반응은 다른 양상을 보인다.
② 훈련되지 않은 개들은 말보다는 제스처에 민감하게 반응을 보인다.
③ 개와 고양이는 친밀도에 따라 사람을 대하는 행동이 상반되게 나타난다.
④ 개가 명령을 수행하는 데에는 지시를 내리는 사람과의 친밀도가 영향을 준다.
⑤ 개는 낯선 사람에 대한 방어 기제로 자세를 낮추고 으르렁거리는 소리를 낸다.

79 다음 글을 바탕으로 한 내용으로 가장 적절한 것은?

자유주의적 자유관에 대한 하나의 대안으로 나는 공화주의 정치이론의 한 형태를 옹호한다. 공화주의 이론의 중심 생각에 따르면 자유는 함께 하는 자치에 달려 있다. 이런 생각이 그 자체로 자유주의적 자유와 비일관적인 것은 아니다. 정치 참여는 사람들이 자신의 목표로 추구하고자 선택한 생활 방식 중 하나일 수 있다. 하지만 공화주의 정치이론에 따르면 자치를 공유하는 것은 그 이상의 어떤 것을 포함한다. 그것은 공동선에 대해 동료 시민들과 토론하는 것을 의미하고 정치공동체의 운명을 모색하는 데에 기여한다는 점을 의미한다. 하지만 공동선에 대해 토론을 잘하기 위해서는 각자가 자신의 목표를 잘 선택하고 타인에게도 그런 똑같은 권리를 인정해 줄 수 있는 능력 외에 더 많은 것이 필요하다. 이를 위해서는 공공사안에 대한 지식, 소속감, 사회 전체에 대한 관심, 나와 운명을 같이 하는 공동체와의 도덕적 연결이 필요하다. 따라서 자기 통치를 공유하기 위해서는 시민들이 어떤 특정한 성품 혹은 시민적인 덕을 이미 갖고 있거나 습득해야 한다.

① 개인의 자유는 공동선에 우선하는 가치이다.
② 공화주의는 개인의 자유에 대하여 소극적이다.
③ 공화주의를 실현하기 위해서는 시민적 자질이 필요하다.
④ 공동선에 대한 토론은 정치공동체의 운명을 위태롭게 한다.
⑤ 공화주의 정부는 경합하는 가치관에 대해서 중립을 지켜야 한다.

80 다음 글에 나타난 정책을 오늘날 확대 시행할 경우 발생할 수 있는 현상으로 가장 예상하기 <u>어려운</u> 것은?

> 가을 7월에 서리가 내려 곡식을 해쳐서 백성들이 굶주렸으므로, 창고를 열어 구휼하였다. 겨울 10월에 왕은 질양 땅으로 사냥 나갔다가 길에서 앉아 우는 자를 보고 "왜 우느냐?"고 물었다. 그가 대답하기를, "저는 가난하고 궁해서 항상 품을 팔아 어머니를 봉양하였는데, 올해 흉년이 들어 품 팔 데가 없어, 한 되, 한 말의 곡식도 얻을 수 없으므로 그래서 우는 것입니다."라고 하였다. 왕은 "아! 내가 백성의 부모가 되어 백성들을 이런 극도의 상황에까지 이르게 하였으니 나의 죄다."라 말하며, 옷과 음식을 주어 안심시키고 위로하였다. 그리고 서울과 지방의 담당 관청에 명하여 홀아비, 과부, 고아, 자식 없는 노인, 병들고 가난하여 스스로 살 수 없는 자들을 널리 찾아 구휼하게 하였다.

① 개인의 보험 기여분만큼을 돌려받지 못하는 경우가 발생할 수 있다.

② 이 정책의 지나친 확대는 서유럽의 복지병과 같은 현상을 초래하여 근로의욕의 감퇴가 발생할 수 있다.

③ 재원의 조달을 둘러싼 사회적 갈등이 격화될 수 있다.

④ 복지혜택의 사각지대에 있던 대상자들 중 일부에게도 이 정책의 시행으로 혜택이 주어질 수 있다.

⑤ 최소한의 인간적 생활을 영위하게 하는 사회적 안전망이 강화될 것이지만 부정수급의 문제도 발생할 수 있다.

| 정답 및 해설 p.277

01 다음 글에 대한 주제로 가장 적절한 것은?

둘 이상의 기업이 자본과 조직 등을 합하여 경제적으로 단일한 지배 체제를 형성하는 것을 '기업 결합'이라고 한다. 기업은 이를 통해 효율성 증대나 비용 절감, 국제 경쟁력 강화와 같은 긍정적 효과들을 기대할 수 있다. 하지만 기업이 속한 사회에는 간혹 역기능이 나타나기도 하는데, 시장의 경쟁을 제한하거나 소비자의 이익을 침해하는 경우가 그러하다. 가령, 시장 점유율이 각각 30%와 40%인 경쟁 기업들이 결합하여 70%의 점유율을 갖게 될 경우, 경쟁이 제한되어 지위를 남용하거나 부당하게 가격을 인상할 수 있는 것이다. 이 때문에 정부는 기업 결합의 취지와 순기능을 보호하는 한편, 시장과 소비자에게 끼칠 폐해를 가려내어 이를 차단하기 위한 법적 조치들을 강구하고 있다. 하지만 기업 결합의 위법성을 섣불리 판단해서는 안 되므로 여러 단계의 심사 과정을 거치도록 하고 있다.

이 심사는 기업 결합의 성립 여부를 확인하는 것에서부터 시작된다. 여기서는 해당 기업 간에 단일 지배 관계가 형성되었는지가 관건이다. 예컨대 주식 취득을 통한 결합의 경우, 취득 기업이 피취득 기업을 경제적으로 지배할 정도의 지분을 확보하지 못하면 결합의 성립이 인정되지 않으며 심사도 종료된다.

반면 결합이 성립된다면 정부는 그것이 영향을 줄 시장의 범위를 획정함으로써, 그 결합이 동일 시장 내 경쟁자 간에 이루어진 수평 결합인지, 거래 단계를 달리하는 기업 간의 수직 결합인지, 이 두 결합 형태가 아니면서 특별한 관련이 없는 기업 간의 혼합 결합인지를 규명하게 된다. 문제는 시장의 획정인데, 대개 한 상품의 가격이 오른다고 가정할 때 소비자들이 이에 얼마나 민감하게 반응하여 다른 상품으로 옮겨 가는지를 기준으로 한다. 그 민감도가 높을수록 그 상품들은 서로에 대해 대체재, 즉 소비자에게 같은 효용을 줄 수 있는 상품에 가까워진다. 이 경우 생산자들이 동일 시장 내의 경쟁자일 가능성도 커진다.

이런 분석에 따라 시장의 범위가 정해지면, 그 결합이 시장의 경쟁을 제한하는지를 판단하게 된다. 하지만 설령 그럴 우려가 있는 것으로 판명되더라도 곧바로 위법으로 보지는 않는다. 정부가 당사자들에게 결합의 장점이나 불가피성에 관하여 항변할 기회를 부여하여 그 타당성을 검토한 후에, 비로소 시정 조치 부과 여부가 최종적으로 결정된다.

① 기업 결합의 성립 여부는 기업 스스로의 판단에 맡겨야 한다.
② 기업 결합으로 얻은 이익은 사회에 환원하는 것이 바람직하다.
③ 기업 결합을 통한 기업의 확장은 경제 발전에 도움이 되지 않는다.
④ 기업 활동에 대한 위법성 판단에는 소비자의 평가가 가장 중요하다.
⑤ 기업 결합의 순기능을 살리되 그에 따른 부정적 측면을 신중히 가려내야 한다.

02 다음 글에 대한 주제로 가장 적절한 것은?

이 참사를 어떻게 설명할 수 있을까? 이러한 사건의 설명은 전형적으로 사건의 원인이 어떻게 그 사건을 야기하였는지를 보여주는 방식으로 이루어진다. 이러한 설명을 '인과적 설명'이라고 부른다. 이 재난의 경우 인과적 설명은 여러 각도에서 제시될 수 있으며, 어떤 설명이 주어지는가에 따라 사건의 원인과 책임 소재가 달라지고 대응방식도 달라질 것이다. 만일 공학적 실패에 초점을 둘 경우, 폭발 원인은 O − 링의 오작동, 다른 봉합 장치의 부재, 연료의 누출 등이 될 것이다. 경영진의 판단이나 윤리적 태도에 초점을 둘 경우, 참사의 원인은 발사를 강행했던 책임자의 결정이나 우주선 설계와 제작에 관여한 사람들의 행동 및 판단에서 찾아야 할 것이다. 또 예기치 못한 사건들의 우연적인 결합이 재난의 발생에 기여했을지도 모른다. 기상학자는 발사일의 낮은 기온이 참사의 직접적 원인이라고 판단할 수도 있다. 사건 발생을 위해 꼭 필요하지 않은 어떤 선행 사건이 원인이라는 설명은 결코 좋은 설명이 아니다. 당시 챌린저호는 한 여교사를 태우고 있었지만, 이 여교사가 탑승하지 않았다면 폭발이 일어나지 않았으리라고 볼 이유는 전혀 없으므로 이 여교사의 탑승을 폭발 원인으로 지목한다면 이는 좋은 설명이 아니다. 한편 하나의 사건을 발생시키는 데에는 무수히 많은 사실과 사건, 정보들이 관련된다. 따라서 사건을 일으키기에 충분한 모든 조건들의 목록을 제시하는 일은 불가능하고, 좋은 설명은 이런 일을 요구하지도 않는다. 좋은 인과적 설명은 사건을 발생시키는 데 결정적으로 기여한 조건을 원인으로 제시하는 것인데, 과연 어떤 목록이 적절한 설명을 주는가 하는 것은 경험적인 질문이며, 물음이 제기된 분야와 우리의 관심사에 따라서 달라진다.

① 인과적 설명에 따라 사건의 원인과 책임 소재가 달라지고 대응방식도 달라진다.

② 사건 발생을 위해 꼭 필요하지 않은 어떤 선행 사건이 원인이라는 설명은 결코 좋은 설명이 아니다.

③ 인과적 설명이란 사건의 원인이 어떻게 그 사건을 야기하였는지를 보여주는 방식으로 이루어지는 설명을 말한다.

④ 좋은 인과적 설명은 사건 발생의 결정적 조건을 원인으로 제시하는 것이며, 그것은 경험과 관심사에 따라 다르다.

⑤ 하나의 사건을 발생시키는 데에는 무수히 많은 사실과 사건, 정보들이 관련된다.

03 다음 글에 대한 주제로 가장 적절한 것은?

> 대중예술에 대한 변호를 자청하는 지식인들도 있기는 하다. 그러나 그들의 문제점은 대개 대중예술이 지닌 미적 결점을 너무 쉽게 인정해 버린다는 점이다. 그들은 고급예술을 뒷받침하는 미학적 이데올로기와, 대중예술에 대한 고급예술 지지자들의 미적 비판을 무비판적으로 지지한다. 그러면서 대중예술 자체의 미적 타당성에 호소하는 것이 아니라 사회적 필요와 민주적 원리 같은 '정상참작'에 호소한다.
>
> 예를 들어, 대중문화에 대한 강력한 옹호자인 하버트 갠스도 대중문화의 미적 빈곤함과 열등함은 인정한다. 창조적 혁신, 형식에 대한 실험, 심오한 사회적·정치적·철학적 질문들의 탐구, 여러 층위에서 이해할 수 있는 깊이 등을 가진 고급예술은 더 크고 더 지속적인 미적 만족을 제공하는 반면, 대중문화는 이러한 미적 특징을 결여하고 있다는 것이다. 그러나 자신들이 즐길 수 있는 유일한 문화적 산물인 대중문화를 선택한다는 이유로 하류계층을 비난할 수는 없다고 갠스는 주장한다. 왜냐하면 그들은 고급문화를 선택하는 데 필요한 사회·경제적 교육 기회를 갖지 못하기 때문이다. 민주 사회는 그들에게 고급문화를 즐길 수 있는 적정한 교육과 여가를 제공하고 있지 못하므로, 그들의 실제적인 취미에 대한 욕구와 기준을 충족시켜 줄 수 있는 문화로써의 대중예술을 허용해야 한다고 주장하였다.
>
> 이러한 주장은 대중문화가 더 나은 선택을 할 수 없는 사람들에게만 유효한 것이라는 결론을 이끌 뿐이다. 대중예술은 찬양의 대상이 아니라 모든 사람이 더 높은 취향의 문화를 선택할 수 있는 충분한 교육적 자원이 제공될 때까지만 관대히 다루어져야 하는 대상이 되는 셈이다. 대중예술에 대한 이러한 사회적 변호는 진정한 옹호를 침해한다. 대중예술에 대한 옹호는 미적인 변호를 필요로 하는 것이다. 그러나 그러한 옹호가 쉽지 않는 또 하나의 이유가 있다. 우리는 고급예술로는 천재의 유명한 작품만을 생각하는 반면, 대중예술의 예로는 대중예술 중에서도 가장 평범하고 규격화된 것들을 생각한다는 점이다. 하지만 불행히도 미적으로 평범한, 심지어는 나쁜 고급예술도 많다. 고급예술에 대한 가장 열성적인 옹호자조차도 이 점은 인정할 것이다. 모든 고급예술이 흠 없는 명작들이 아니듯, 모든 대중예술이 미적 기준이 전혀 발휘되지 못한 몰취미하고 획일적인 산물인 것도 아니다. 이 두 예술 모두에서 성공과 실패의 미적 차이는 존재하며 또 필요하다.

① 미적인 변호를 통한 대중예술의 옹호는 쉽지 않다.

② 대중예술의 미적 가치에 대한 옹호가 대중예술에 대한 진정한 옹호이다.

③ 대중예술과 고급예술의 구분 자체가 고급예술 옹호자들의 편견일 수 있다.

④ 대중예술이 열등하다는 인식을 극복하기 위해 그것의 미적 특징을 밝히는 데 힘써야 한다.

⑤ 다양한 층위에서 이해할 수 있는 깊이를 지닌 고급예술은 대중예술에 비해 지적 만족이 더 크다.

04 다음 글의 제목으로 가장 적절한 것은?

> 자연의 생명체가 보여 주는 행동이나 구조, 그들이 만들어내는 물질 등을 연구해 모방함으로써 인간 생활에 적용하려는 기술이 생체모방이다. 그러나 '생체모방'은 나노기술의 발전과 극소량의 물질을 대량으로 생산해내는 유전공학 등 관련 분야의 발달로 '생체모방 공학'이라고 부를 수 있게 되었다.
> 홍합이 바위에 자신의 몸을 붙이는 데 사용하는 생체물질인 '교원질 섬유 조직'은 물에 젖어도 떨어지지 않는 첨단 접착제로 주목받고 있으며, 거미불가사리의 몸통과 팔을 연결하는 부위에 부착된 방해석이라는 수정체는 인간의 기술로 개발된 어떠한 렌즈보다도 작으면서 정확하게 초점을 맞추는 기능을 가진 것으로 알려졌다.
> 35억 년 역사를 가진 지구에는 서로 다른 특징과 능력을 지닌 수백만 종의 동식물이 살고 있다. 하지만 이들의 능력이 밝혀진 것은 아주 미미하며, 우리가 알지 못하는 놀라운 능력을 가진 동식물이 어딘가에 존재하고 있을 것이다. 그래서 모든 생명체가 간직한 비밀의 열쇠를 찾아 인간 생활에 적용함으로써, 자연과 기술을 조화롭게 응용하여 인간을 이롭게 하자는 것이 생체모방 공학의 목적이다.
> 이제 과학은 다시 자연으로 돌아가 자연을 배우고자 한다. 자연을 배우고, 자연을 모방한 과학이야말로 진정한 인간을 위한 과학이 아닌가 생각한다.

① 생명체의 놀라운 능력
② 생체모방 공학의 특징
③ 생체모방 공학의 한계
④ 생체모방 공학의 목적과 방향
⑤ 생체모방 공학 발전을 위한 노력

05 다음 글의 제목으로 가장 적절한 것은?

남녀 간에 성차가 존재한다고 보는 이들은 그 원인을 환경적 요인이나 유전적 요인으로 설명한다. 먼저 유전적 설명에서는 남녀가 몇 가지 특성에서 차이를 보이는 것은 유전적인 요인 때문이라고 주장한다. 반면에 환경적 설명에서는 성차가 사회적·교육적 환경 때문에 생긴다고 주장하면서 유전적인 설명 자체에 강하게 반발한다. 그러나 적어도 평등의 문제와 관련해서는 성차에 대한 유전적 설명이 옳은가, 환경적 설명이 옳은가를 따지는 것은 중요하지 않다. 그 대신 이런 설명들이 평등이라는 이상에 대하여 어떤 의미를 가지고 있느냐가 중요한 문제이다. 만약 유전적 설명이 그른 것으로 드러난다면 성차에 근거한 차별은 부당하다고 볼 수 있다. 반면에 유전적 설명이 옳다고 하더라도 이것이 남녀 간의 차별을 옹호하고 평등의 원칙을 거부하는 근거라고 단정할 수는 없다. 물론 유전적 설명이 옳다고 가정한다고 해서 그것이 사실이라고 믿는 것은 아니다. 유전적 설명이 차별을 정당화한다는 이유로 그 시도 자체에 반대할 경우, 뜻밖에도 유전적 증거들이 확인된다면 아주 당황하게 될 것이다. 그래서 유전적 설명이 옳다고 가정해서 그 의미를 검토해 보는 것이다. 성차의 원인이 무엇이든 간에 차이는 오직 평균적으로 존재할 뿐이다. 남성의 공간 지각 능력의 우월성을 설명하기 위해 제시된 유전적 가설까지도 여성의 4분의 1이 남성의 절반보다 공간 지각 능력이 뛰어날 것이라고 설명하고 있다. 실제로 주변에서 남성보다 공간 지각 능력이 뛰어난 여성을 쉽게 찾아볼 수 있다. 그러므로 유전적 설명이 맞든 안 맞든 간에, '너는 여자니까 혹은 너는 남자니까 이 일을 잘 할 수 없다.'라는 단정을 해서는 안 된다. 우리가 사람들을 제대로 이해하기 위해서는 그들을 '남성'이나 '여성'이라고 한 덩어리로 뭉뚱그려서는 안 된다. 우리는 그들 각각을 하나의 개별체로 보고 접근해야 한다. 성차가 유전적으로 존재한다는 과학적인 근거가 입증된다고 해도 그렇다. 하물며 단순히 편견에 의존해서 집단 간에 차이를 부여하는 경우는 더 말할 나위가 없다.

① 성별에 따른 차이의 존재 유무
② 성별에 따른 차이의 원인
③ 성별에 따른 차별의 과학적 근거
④ 성별에 따른 차별의 금지
⑤ 성별에 따른 공간 지각 능력의 차이

06 다음 글의 제목으로 가장 적절한 것은?

도덕적 선택의 순간에 직면했을 때 상대방에게 개인적 선호(選好)를 드러내는 행동이 과연 도덕적으로 정당할까? 도덕 철학자들은 이 물음에 대해 대부분 부정적 반응을 보이며 도덕적 정당화의 조건으로 공평성(impartiality)을 제시한다. 공평주의자들의 관점에서 볼 때 특권을 가진 사람은 아무도 없다. 사람들은 인종, 성별, 연령에 관계없이 모두 신체와 생명, 복지와 행복에 있어서 동일한 가치를 지닌다. 따라서 어떤 개인에 대해 행위자의 선호를 표현하는 도덕적 선택은 결코 정당화 될 수 없다. 공평주의자들은 사람들 간의 차별을 인정하지 않기 때문에 개인이 처해 있는 상황이 어떠한가에 따라 행동의 방향을 결정해야 한다고 말한다.

그런데 우리 모두는 특정 개인과 특별한 친분 관계를 유지하면서 살아간다. 상대가 가족인 경우는 개인적 인간관계의 친밀성과 중요성이 매우 강하다. 가족 관계라 하여 상대에게 특별한 개인적 선호를 표현하는 행동이 과연 도덕적으로 정당화될 수 있을까? 만약 허용된다면 어느 선까지 가능할까? 다음 두 경우를 생각해보자.

철수는 근무 중 본부로부터 긴급한 연락을 받았다. 동해안 어떤 항구에서 혐의자 한 명이 일본으로 밀항을 기도한다는 첩보가 있으니 그를 체포하라는 것이었다. 철수가 잠복 끝에 혐의자를 체포했더니, 그는 하나밖에 없는 친형이었다. 철수는 고민 끝에 형을 놓아주고 본부에는 혐의자를 놓쳤다고 보고했다.

민수는 두 사람에게 각각 오천만 원의 빚을 지고 있었다. 한 명은 삼촌이고 다른 한 명은 사업상 알게 된 영수였다. 공교롭게도 이 두 사람이 동시에 어려운 상황에 처해서 오천만 원이 급히 필요하게 되었고, 그보다 적은 돈은 그들에게 도움이 될 수 없는 상황이었다. 이를 알게 된 민수는 노력한 끝에 오천만 원을 마련하였고, 둘 중 한 명에게 빚을 갚을 수 있게 되었다. 민수는 삼촌의 빚을 갚았다.

철수의 행동은 도덕적으로 정당화될 수 있는가? 혐의자가 자신의 형임을 알고 놓아주었으므로 그의 행동은 형에 대한 개인적 선호를 표현한 것이다. 따라서 그는 모든 사람의 복지와 행복을 동일하게 간주해야 하는 공평성의 기준을 지키지 않았다. 그의 행동은 도덕적으로 정당화되기 어려워 보인다.

그렇다면 민수의 행동은 정당화될 수 있는가? 그는 분명히 삼촌에 대한 개인적 선호를 표현했다. 민수가 공평주의자라면 삼촌과 영수의 행복이 동일하기 때문에 오직 상황을 기준으로 판단해야 한다. 만약 영수가 더 어려운 상황에 빠져 있고 삼촌이 어려운 상황이 아니었다면, 선택의 여지없이 영수의 빚을 갚아야 한다. 그러나 삼촌과 영수가 처한 상황이 정확하게 동일하기 때문에 민수에게는 개인적 선호가 허용된다.

강경한 공평주의자들은 이런 순간에도 주사위를 던져서 누구의 빚을 갚을지 결정해야 한다고 주장한다. 이는 개인적 선호를 완전히 배제하기 위해서이다. 반면 온건한 공평주의자들은 이러한 주장이 개인에 대한 우리의 자연스러운 선호를 반영하지 못하기 때문에 그것을 고려할 여지를 만들어 놓을 필요가 있다고 생각한다. 이러한 여지가 개인적 선호의 허용 범위라는 것이다. 그들은 상황적 조건이 동일한 경우에 한정하여 개인적 선호를 허용할 수 있다고 주장한다.

① 공평주의의 적용 방식

② 도덕적 정당성의 의미

③ 공평주의의 개념과 의의

④ 개인적 선호와 도덕적 정당성

⑤ 공평주의의 필요성

07 다음 글의 주제로 가장 적절한 것은?

어떤 경제 주체의 행위가 자신과 거래하지 않는 제3자에게 의도하지 않게 이익이나 손해를 주는 것을 '외부성'이라 한다. 과수원의 과일 생산이 인접한 양봉업자에게 벌꿀 생산과 관련한 이익을 준다든지, 공장의 제품 생산이 강물을 오염시켜 주민들에게 피해를 주는 것 등이 대표적인 사례이다.

외부성은 사회 전체로 보면 이익이 극대화되지 않는 비효율성을 초래할 수 있다. 개별 경제 주체가 제 3자의 이익이나 손해까지 고려하여 행동하지는 않을 것이기 때문이다. 예를 들어, 과수원의 이윤을 극대화하는 생산량이 Q라고 할 때, 생산량을 Q보다 늘리면 과수원의 이윤은 줄어든다. 하지만 이로 인한 과수원의 이윤 감소보다 인접 양봉업자의 이윤 증가가 더 크다면, 생산량을 Q보다 늘리는 것이 사회적으로 바람직하다. 하지만 과수원이 자발적으로 양봉업자의 이익까지 고려하여 생산량을 Q보다 늘릴 이유는 없다. 전통적인 경제학은 이러한 비효율성의 해결책이 보조금이나 벌금과 같은 정부의 개입이라고 생각한다. 보조금을 받거나 벌금을 내게 되면, 제3자에게 주는 이익이나 손해가 더 이상 자신의 이익과 무관하지 않게 되므로, 자신의 이익에 충실한 선택이 사회적으로 바람직한 결과로 이어진다는 것이다.

① 외부성에 따른 사회적 비효율
② 외부성이 초래하는 문제를 해결하기 위한 정부의 개입
③ 제3자의 손익을 고려하지 않는 개별 경제 주체
④ 비효율성 해결을 위한 정부의 개입이 초래하는 해악
⑤ 외부성으로 인해 발생하는 비효율성 문제

08 다음 글의 제목으로 가장 적절한 것은?

어느 대학의 심리학 교수가 그 학교에서 강의를 재미없게 하기로 정평이 나 있는, 한 인류학 교수의 수업을 대상으로 실험을 계획했다. 그 심리학 교수는 인류학 교수에게 이 사실을 철저히 비밀로 하고, 그 강의를 수강하는 학생들에게만 사전에 몇 가지 주의 사항을 전달했다. 첫째, 그 교수의 말 한 마디 한 마디에 주의를 집중하면서 열심히 들을 것. 둘째, 얼굴에는 약간 미소를 띠면서 눈을 반짝이며 고개를 끄덕이기도 하고 간혹 질문도 하면서 강의가 매우 재미있다는 반응을 겉으로 나타내며 들을 것.

한 학기 동안 계속된 이 실험의 결과는 흥미로웠다. 우선 재미없게 강의하던 그 인류학 교수는 줄줄 읽어 나가던 강의 노트에서 드디어 눈을 떼고 학생들과 시선을 마주치기 시작했고 가끔씩은 한 두 마디 유머 섞인 농담을 던지기도 하더니, 그 학기가 끝날 즈음엔 가장 열의 있게 강의하는 교수로 면모를 일신하게 되었다. 더욱 더 놀라운 것은 학생들의 변화였다. 처음에는 실험 차원에서 열심히 듣는 척하던 학생들이 과정을 통해 정말로 강의에 흥미롭게 참여하게 되었고, 나중에는 소수이긴 하지만 아예 전공을 인류학으로 바꾸기로 결심한 학생들도 나오게 되었다.

① 학생 간 의사소통의 중요성　　　② 교수 간 의사소통의 중요성
③ 언어적 메시지의 중요성　　　　④ 강의 방식 변화의 중요성
⑤ 공감하는 듣기의 중요성

09 다음 글의 주제로 가장 적절한 것은?

상업성에 치중한다는 이미지를 극복하기 위해 자사 브랜드를 의도적으로 노출하지 않는 '노 브랜드 콜라보레이션'이 도입되고 있다. 그 사례로 한 기업이 특정 예술 작품을 모티프로 한 기획전을 콜라보레이션 형태로 진행하되, 일반인은 기획전을 관람하면서도 직접적으로 해당 기업의 존재를 알아차리지 못했던 경우를 들 수 있다. 이는 소비자들의 브랜드에 대한 긍정적인 인식이 반드시 구매라는 시장 반응으로 연결되지는 않는다는 한계를 소비자들의 감성에 호소하는 방법을 통해 극복하기 위한 하나의 대안이기도 하다.

① 콜라보레이션의 의의
② 콜라보레이션의 다양한 유형
③ 콜라보레이션의 개념과 기원
④ 노 브랜드 콜라보레이션의 특징과 한계
⑤ 노 브랜드 콜라보레이션의 도입과 그 이유

10 다음 글의 주제로 가장 적절한 것은?

BBC 방송국에 의하면 지난해 인도에선 350만 병의 포도주가 소비되었다. 이에 따라 포도주 제조 및 수입회사들은 인도 전역의 대도시에서 포도주 시음행사를 열고 있다. 인도에서 프랑스산 포도주를 마시는 사람은 대개 영어를 유창하게 하고, 서구에서 교육받은 남녀들이다. 인도의 포도주 붐도 일본, 한국에서와 마찬가지로 건강요인이 작용하고 있다는 것이 현지 분석이다. 이제 인도 포도주는 서구 시장으로도 진출하고 있다. 인도에서 처음으로 포도주 생산을 시작한 술라 포도농원의 경우 미국, 이탈리아는 물론 프랑스에까지 수출하고 있다. 이 회사는 현재 생산설비를 대대적으로 확충하고 있다. 현재 연 50만 병 규모를 150만 병으로 늘릴 예정이다. 인도의 포도주 소비가 앞으로 5년 간 연 30%씩 증가할 것이란 예측을 바탕으로 한 증설이다.

① 중산층의 포도주 소비   ② 인도의 포도주 제조
③ 포도주의 소비 계층   ④ 인도의 포도주 붐
⑤ 포도주와 수명

11 다음 글의 주제로 가장 적절한 것은?

인간의 몸은 이원론적 세계관이 지배적이었던 서구 역사에서 오랫동안 정신에 종속된 하위의 존재로 홀대 당해왔다. 특히 계획과 합리적 행위를 우선시하는 산업 사회로의 발전과정에서 인간은 자신의 몸을 훈육하도록 교육받았으며 자연히 육체의 욕구는 더욱 폄하되고 억압되었다. 그러나 현대로 오면서 몸은 새롭게 평가되기 시작했다.

기존 가치들의 전복을 꾀한 니체의 철학은 몸에 대한 새로운 이해를 하도록 이끌었다. 니체는 기존의 플라톤적 육체관을 비판하면서 몸을 철학의 중심 테마로 끌어올렸다. 즉 인간의 본질적 가치를 이성이나 영혼(정신)으로 파악했던 기존의 사고에 반대하여 몸을 인간 존재의 가장 중요한 부분으로 파악했다.

그동안 음악이나 미술과 달리 춤은 오랫동안 독립된 예술 장르로 인정받지 못했는데 이는 춤의 표현 수단이었던 몸에 대한 부정적 인식에 기인한 결과였다. 이제 춤은 몸에 대한 새로운 자각과 더불어 이성의 언어를 대치할 예술의 중심 장르로 격상되었다. 육체의 자유로운 표현으로서의 춤, 이성적 언어의 중개를 거치지 않는 직접적인 표현으로서의 춤은 현대 문명으로 인한 소외와 억압의 사슬을 끊고 자연성을 회복할 수 있는 매체로 새롭게 주목 받게 된 것이다.

① 거대한 플라톤의 담론에서 파생된 여러 작은 담론들
② 몸과 춤을 주체적인 것으로 바라보려는 시각의 부상
③ 몸에 관한 관점을 단순한 사회 현상으로 치부하는 이론
④ 이성을 중시하는 이론과 몸을 중시하는 이론의 절충과 종합
⑤ 음악과 미술에 대해 춤을 독립된 예술로 변화시킨 시각의 실체

12 다음 글의 주제로 가장 적절한 것은?

우리는 비극을 즐긴다. 비극적인 희곡과 소설을 즐기고, 비극적인 그림과 영화 그리고 비극적인 음악과 유행가도 즐긴다. 슬픔, 애절, 우수의 심연에 빠질 것을 알면서도 소포클레스의 「안티고네」, 셰익스피어의 「햄릿」을 찾고, 베토벤의 '운명', 차이코프스키의 '비창', 피카소의 '우는 연인'을 즐긴다. 이를 동정과 측은과 충격에 의한 '카타르시스', 즉 마음의 세척으로 설명한 아리스토텔레스의 주장은 유명하다. 그것은 마치 눈물로 스스로의 불안, 고민, 고통을 씻어내는 역할을 한다는 것이다.

니체는 좀 더 심각한 견해를 갖는다. 그는 "비극은 언제나 삶에 아주 긴요한 기능을 가지고 있다. 비극은 사람들에게 그들을 싸고도는 생명 파멸의 비운을 똑바로 인식해야 할 부담을 덜어주고, 동시에 비극 자체의 암울하고 음침한 원류에서 벗어나게 해서 그들의 삶의 흥취를 다시 돋우어 준다."라고 하였다. 그런 비운을 직접 전면적으로 목격하는 일, 또 더구나 스스로 직접 그것을 겪는 일이라는 것은 너무나 끔찍한 일이기에, 그것을 간접경험으로 희석한 비극을 봄으로써 '비운'이란 그런 것이라는 이해와 측은지심을 갖게 되고, 동시에 실제 비극이 아닌 그 가상적인 환영(幻影) 속에서 비극에 대한 어떤 안도감도 맛보게 된다.

① 비극을 즐기는 이유
② 비극의 현대적 의의
③ 비극의 기원과 역사
④ 비극의 종류와 특징
⑤ 비극에 반영된 삶

13 다음 글의 주제로 가장 적절한 것은?

두레는 노동하는 과정에서 놀이가 결합되었으며, 김매기가 끝나는 백중에 '술멕이'를 벌이는 축제 공동체였다. 뜨거운 뙤약볕 아래에서 노동을 하는 것은 매우 고통스러운 것이지만 두레와 같은 집단 노동에서는 선소리꾼이 앞소리를 메기고 농군들이 이를 되받는 과정이 반복되면서 노동의 고됨을 잊게 된다. 이러한 노동과 놀이의 결합은 노동의 고통에서 오는 힘의 소진과 육체의 피로를 일하는 가정에서 회복하려는 민중의 지혜를 반영한 것이라고 할 수 있다. 작업이 끝나면 마을로 돌아오는 길에 호미를 씻고 길군악에 맞추어 행진을 하면서 마을로 들어왔다. 이 과정에서 노동의 피로를 신명으로 푸는 놀이판을 벌이기도 했다. 이때 노는 풍물판은 마을의 대동단결을 도와주는 장이었고, 아이들에게 풍물이 전수되는 공간이기도 했다.

① 두레는 조선 후기의 농업 생산력 발전과 관련이 깊다.
② 두레는 농업 생산력 확대를 위한 농법의 변화와 관련이 깊다.
③ 두레는 토지 소유의 양극화가 심화되면서 그 성격이 변화했다.
④ 두레는 노동 과정에서 놀이와 결합하였으며 풍물의 전승과 관련이 깊다.
⑤ 두레는 특정 시기에 많은 노동력이 요구됨에 따라 농촌 사회에 정착되었다.

14 다음 글의 주제로 가장 적절한 것은?

> 서로 공유하고 있는 이익의 영역이 확대되면 적국을 뚜렷이 가려내기가 어려워진다. 고도로 상호 작용하는 세계에서 한 국가의 적국은 동시에 그 국가의 협력국이 되기도 한다. 한 예로 소련 정부는 미국을 적국으로 다루는 데 있어서 양면성을 보였다. 그 이유는 소련이 미국을 무역 협력국이자 첨단 기술의 원천으로 필요로 했기 때문이다.
>
> 만일 중복되는 국가의 이익의 영역이 계속 증가하게 되면 결국에 한 국가의 이익과 다른 국가의 이익이 같아질까? 그건 아니다. 고도로 상호 작용하는 세계에서 이익과 이익의 충돌은 사라지는 것이 아니다. 단지 수정되고 변형될 뿐이다. 이익이 자연스럽게 조화되는 일은 상호 의존과 진보된 기술로부터 나오지는 않을 것이다. 유토피아란 상호 작용 또는 기술 연속체를 한없이 따라가더라도 발견되는 것은 아니다. 공유된 이익의 영역이 확장 될 수는 있겠지만, 가치와 우선순위의 차이와 중요한 상황적 차이 때문에 이익 갈등은 계속 존재하게 될 것이다.

① 주요 국가들 간의 상호 의존적 국가 이익은 미래에 빠른 속도로 증가할 것이다.

② 국가 간에 공유된 이익의 확장은 이익 갈등을 변화시키기는 하지만 완전히 소멸시키지는 못한다.

③ 국가 이익은 기술적 진보의 차이와 상호 작용의 한계를 고려할 때 궁극적으로는 실현 불가능할 것이다.

④ 세계 경제가 발전해 가면서 더 많은 상호 작용이 이루어지고 기술이 발전함에 따라 국가 이익들은 자연스럽게 조화된다.

⑤ 국가 간에 상황적 차이는 존재하지만, 공유된 이익의 영역이 확장된다면 그 상황적 차이를 극복할 수 있게 된다.

15 다음 글의 주제로 가장 적절한 것은?

말은 그 겨레의 삶의 역사 속에서 자라난, 정신적인 깊이를 간직하고 있을 뿐만 아니라 미래를 형성할 수 있는 가능성을 열어준다. 말은 그 자체가 고정적인 하나의 의미를 가진 것이 아니고 사용하는 데 따라서 새로운 의미를 갖게 된다. 또한 철학적인 의미를 표현하는 말들도 곧 통속적인 유행말로 굳어져 그 생동성과 깊이를 잃어버리고 의미가 변질될 수도 있다. 그러므로 철학자는 알맞은 말의 발견을 통해서 큰 즐거움을 맛보기도 하지만 말의 경화와 의미 상실을 통해서 큰 고통을 경험하기도 한다. 그런데 철학적인 표현뿐만 아니라 모든 언어생활에 있어서 이러한 경화와 의미 상실을 완전히 회피할 수는 없다는 데에 말의 숙명이 있다. 따라서 우리는 말을 중요하게 다루지 않을 수 없지만, 그것은 또한 언제나 이른바 '말장난'으로 타락할 수도 있다는 것을 알아야 한다. 이것을 막기 위해서 우리는 말을 위한 말에 관심을 가질 것이 아니라, 말을 통하지 않고는 드러날 수도 없고 파악될 수도 없는 현실, 그러나 또한 굳은 말의 틀 안에만 머물러 있을 수 없는 현실에 관심을 가지면서 말을 다루어야 한다.

① 오래되고 굳어진 말은 언어로서의 기능을 잃어버리게 된다.
② 말은 그 생동적 힘에 의해 철학적 의미가 거듭해서 밝혀지게 된다.
③ 말은 현실을 묘사할 뿐만 아니라, 우리의 역사적인 삶을 창조하기도 한다.
④ 말의 경화와 의미 상실을 줄이기 위해서는 말에 대한 지속적인 관심이 필요하다.
⑤ 말의 창조적인 힘을 충분히 발휘시킬 수 있는 현실 안에서 말의 생동성을 살리는 것이 필요하다.

16 다음 글의 주제로 가장 적절한 것은?

신분 상승은 문화를 통해서만 이루어진다. 그런데 문화는 오랜 시간의 학습을 통해서만 형성된다. 일례로 어릴 때부터 미술과 음악을 가까이 했던 사람만이 어른이 되어서도 미술과 음악을 즐길 수 있다. 현대사회에서 음악이나 미술은 더 이상 가난한 천재의 고통스러운 수고를 통해 얻어진 결실이 아니다. 그것은 이제 계급적인 사치재가 되었다. 불평등은 경제 분야에만 있는 것이 아니라, 오히려 문화 분야에서 더욱 두드러진다. 재벌 총수나 거리의 미화원이 똑같은 스테이크와 똑같은 김치찌개를 먹을 수는 있지만, 베르디의 음악을 즐기는 상류층의 취향을 하류층은 이해할 수 없다. 경제와 마찬가지로 문화에서도 사람들은 표면적으로는 평등하지만 실제적으로는 사회적 상황과 교육수준에 따라 천차만별이다.
결국 문화적 고귀함은 일부 계층에게만 존재한다. 그러므로 진정 사회적 평등을 이루고 싶다면 문화를 저변에 보급하는 교육에 관심을 기울여야 한다.

① 음악과 미술은 신분을 나타내는 중요한 요소이다.
② 사회적 평등을 위해서는 상류층의 취향을 가르치는 교육이 필요하다.
③ 진정한 사회적 평등을 이루려면 문화에 대한 저변 확대가 이루어져야 한다.
④ 어렸을 때부터 음악과 미술을 가까이 하는 문화 조기교육에 관심을 기울여야 한다.
⑤ 문화의 평등이 곧 사회의 평등이므로, 문화만이 사회의 평등 정도를 측정하는 척도가 된다.

17 다음 글의 주제로 가장 적절한 것은?

> 신문이 진실을 보도해야 한다는 것은 새삼스러운 설명이 필요 없는 당연한 이야기이다. 정확한 보도를 하기 위해서는 문제를 전체적으로 보아야 하고, 역사적으로 새로운 가치의 편에서 봐야 하며, 무엇이 근거이고, 무엇이 조건인가를 명확히 해야 한다.
> 그런데 이러한 준칙을 강조하는 것은 기자들의 기사 작성 기술이 미숙하기 때문이 아니라, 이해관계에 따라 특정 보도의 내용이 달라지기 때문이다. 자신들에게 유리하도록 기사가 보도되게 하려는 외부 세력이 있으므로 진실 보도는 일반적으로 수난의 길을 걷기 마련이다. 신문은 스스로 자신들의 임무가 '사실 보도'라고 말한다. 그 임무를 다하기 위해 신문은 자신들의 이해관계에 따라 진실을 왜곡하려는 권력과 이익 집단, 그 구속과 억압의 논리로부터 자유로워야 한다.

① 진실 보도를 위하여 구속과 억압의 논리로부터 자유로워야 한다.
② 자신들에게 유리하도록 기사가 보도되게 하는 외부 세력이 있다.
③ 신문의 임무는 '사실 보도'이나, 진실 보도는 수난의 길을 걷는다.
④ 정확한 보도를 하기 위하여 전체적 시각을 가져야 한다.
⑤ 신문 기사를 볼 때에는 근거와 조건을 잘 파악해야 한다.

18 다음 글의 주제로 가장 적절한 것은?

> 인간이 이성이라는 기능을 가지고 있다고 해서 인간이 하는 일 모두가 합리적이라든가 합리적이어야 한다고 생각하는 것은 잘못이다. 합리성이 아니라 힘이나 감정에 따라 처리해야 할 일이 얼마든지 있는 것이다. 만원 지하철은 힘으로 밀고 들어가 타야하며 사랑하는 사람과의 포옹은 감정으로 해야 한다. 이성적 존재도 얼마든지 비합리적일 수 있고 또 그래야 인간적일 수 있는 것이다. 그러나 이치를 따져서 최선의 선택을 해야 할 필요가 있는 일들이 있는데, 이런 일들을 힘이나 감정으로 해결하려 하는 것은 사랑을 힘으로 해결하려는 것처럼 원칙을 혼동하는 것이다. 합리적으로 처리해야 할 일을 힘이나 감정으로 해결하려는 것은 원칙의 잘못된 적용이라는 문제점 때문에 잘못된 것이기도 하지만 그보다는 인간성을 비하하는 결과를 초래한다는 점에서 더욱 멀리해야 할 일이다.

① 인간은 비합리적이고 감정에 휘둘리는 나약한 존재이다.
② 합리적으로 처리해야 할 일을 힘이나 감정으로 처리해서는 안 된다.
③ 인간은 동물과 달리 합리적으로 일을 처리할 수 있는 능력을 지니고 있다.
④ 합리적으로 처리해야 할 일과 감정적으로 처리해야 할 일의 구별은 불가능하다.
⑤ 인간성을 유지하기 위해서는 일을 합리적으로 처리하려는 태도를 지녀야 한다.

19 다음 자료를 바탕으로 쓸 수 있는 글의 주제로 가장 적절한 것은?

> • 몸이 조금 피곤하다고 해서 버스나 전철의 경로석에 앉아서야 되겠는가?
> • 아무도 다니지 않는 한밤중에 붉은 신호등을 지킨 장애인 운전기사 이야기는 우리에게 감동을 주었다.
> • 개같이 벌어 정승같이 쓴다는 말이 정당하지 않은 방법까지 써서 돈을 벌어도 좋다는 뜻은 아니다.

① 인간은 자신의 신념을 지키기 위해 일관된 행위를 해야 한다.
② 민주 시민이라면 부조리한 현실을 외면하지 말고 그에 당당히 맞서야 한다.
③ 도덕성 회복이야말로 현대 사회의 병폐를 치유할 수 있는 최선의 방법이다.
④ 개인의 이익과 배치된다 할지라도 사회 구성원이 합의한 규약은 지켜야 한다.
⑤ 공공질서의 확립은 개인의 양심에 달려있다.

20 다음 글의 제목으로 가장 적절한 것은?

> 보통 알코올 도수가 높은 술은 증류주(蒸溜酒)에 속한다. 중국의 바이주(白酒), 러시아의 보드카, 영국의 위스키, 프랑스의 브랜디가 모두 증류주다. 최근에야 알코올 도수가 20~30%까지 낮아졌지만, 원래 증류주는 40%가 넘었다.
> 증류를 하는 대상은 주로 양조주(釀造酒)다. 중국의 바이주는 쌀이나 수수로 만든 양조주인 청주나 황주(黃酒)를 먼저 만든 후, 그것을 증류하면 된다. 가오량주(高粱酒)는 그 재료가 수수라서 생긴 이름이다. 위스키는 주로 보리로 양조주인 맥주를 만든 후 그것을 증류해서 만든다. 브랜디는 포도를 원료로 만든 와인을 증류한 술이다. 그렇다면 한국의 소주는 과연 증류주인가. 당연히 증류주라고 해야 옳다. 다만 시중에서 즐겨 마시는 '국민 대중의 술' 소주는 온전한 증류주라고 말하기 어렵다. 상표를 자세히 살펴보면 '희석식 소주'라고 표시돼 있다. 도대체 무엇에 무엇을 희석했다는 것인가. 고구마나 타피오카 같은 곡물을 알코올 분해해 정제시킨 주정(酒精)에 물과 향료를 희석시킨 것이 바로 이 술이다. 주정은 그냥 마시면 너무 독해서 치명적이기에 불을 섞어야 한다. 이와 같은 주정은 결코 전래의 증류방식이 온전하게 도입된 것이 아니다. 밑술인 양조주를 굳이 만들지 않고 발효균을 원료에 넣어 기계에서 연속으로 증류시켜 만든다. 당연히 양조주가 지닌 원래의 독특한 향기도 주정에는 없다.

① 소주의 유래(由來)　　　　　② 전통주의 미학(美學)
③ 소주의 정체(正體)　　　　　④ 소주의 인지도
⑤ 소주와 청주

21 다음 글의 주제로 가장 적절한 것은?

수요 공급 법칙에 따르면 수요보다 공급이 과하면 가격이 내려가게 되고, 가격이 내려가면 과잉공급 상태는 해소되며 가격은 다시 균형을 찾게 된다. 따라서 대졸자가 지금처럼 공급과잉 상태가 되면 대졸자의 평균 임금은 당연히 하락해야 한다. 하지만 한 번 오른 임금은 경제 여건이 변해도 쉽게 내려갈 생각을 하지 않는데, 이를 '임금의 하방 경직성'이라 한다. 임금이 하방 경직성을 띠는 이유는 노동조합의 존재, 균형 임금보다 높은 최저 임금, 균형 임금보다 높은 효율 임금, 장기 근로 계약 등이 있다. 이렇게 대졸자의 임금이 높게 유지되므로 대학 진학률 역시 고공행진을 이어가고 있다. 이는 학력 공급의 탄력성으로도 설명해 볼 수 있다. 학사 이상의 학력을 갖추는 데에는 적어도 3~4년의 세월이 필요하므로 시장의 수요에 즉각 반응할 수 없다. 공급이 비탄력적이므로 노동시장의 변화에 대응하는 속도가 늦어 공급과잉이 쉽게 해소되지 못하는 것이다.

대학을 중시하는 사회 풍토는 기업의 요직을 차지하고 있는 부모 세대의 경험과도 관련이 있다. 대졸자가 고졸자보다 사회적으로 많은 혜택을 누리는 경우를 직접 경험했거나 목격한 부모가 자신의 자식에게 대학을 졸업하는 것에 대한 장점을 지속해서 주지시키면서 결국 자식 세대는 별다른 의심이나 고민 없이 대학에 진학하는 것이다.

이처럼 대학을 졸업하는 사람이 사회에서 필요로 하는 것보다 훨씬 더 많은 지금의 사태는 한쪽 측면에서 단순하게 고려할 문제가 아니다. 경제적인 요인과 사회적인 요인이 서로 영향을 주고받으며 이러한 현상을 공고하게 하는 것이다. 이것은 대학 진학에 대한 문제가 교육 정책만으로 해결할 수 있는 것이 아니라 한국 사회에 대한 깊은 고찰이 수반되어야 함을 의미한다. 다양한 분야의 전문가가 함께하는 자리없이는 우리 사회의 뿌리박힌 교육 문제를 해결하기 어려우며, 수많은 방안 역시 근본적인 해결책이 될 수 없다.

① 대졸자의 평균 임금은 수요 공급 법칙에 따라 변동한다.

② 학력에 따른 임금 격차를 줄이기 위한 방안이 시급히 마련되어야 한다.

③ 대졸자의 공급과잉 문제를 해결하기 위해서는 여러 요인을 함께 고려하여야 한다.

④ 평균 임금에 영향을 미치는 요소에는 학력 외에 다양한 요소가 있다.

⑤ 대학을 중시하는 사회 풍토는 기업의 요직을 차지하고 있는 부모 세대의 경험과 연관된다.

22 다음 글의 주제로 가장 적절한 것은?

> 말은 그 겨레의 삶의 역사 속에서 자라난, 정신적인 깊이를 간직하고 있을 뿐만 아니라 미래를 형성할 수 있는 가능성을 열어준다. 말은 그 자체가 고정적인 하나의 의미를 가진 것이 아니고 사용하는데 따라서 새로운 의미를 갖게 된다. 또한 철학적인 의미를 표현하는 말들도 곧 통속적인 유행말로 굳어져 그 생동성과 깊이를 잃어버리고 의미가 변질될 수도 있다. 그러므로 철학자는 알맞은 말의 발견을 통해서 큰 즐거움을 맛보기도 하지만 말의 경화와 의미 상실을 통해서 큰 고통을 경험하기도 한다. 그런데 철학적인 표현뿐만 아니라 모든 언어생활에 있어서 이러한 경화와 의미 상실을 완전히 회피할 수는 없다는 데에 말의 숙명이 있다. 따라서 우리는 말을 중요하게 다루지 않을 수 없지만, 그것은 이른바 '말장난'으로 타락할 수도 있다는 것을 알아야 한다. 이것을 막기 위해서 우리는 말을 위한 말에 관심을 가질 것이 아니라, 말을 통하지 않고는 드러날 수도 없고 파악될 수도 없는 현실, 그러나 또한 굳은 말의 틀 안에만 머물러 있을 수 없는 현실에 관심을 가지면서 말을 다루어야 한다.

① 오래되고 굳어진 말은 언어로서의 기능을 잃어버리게 된다.
② 말은 그 생동적 힘에 의해 철학적 의미가 거듭해서 밝혀지게 된다.
③ 철학적인 의미를 표현하는 말들은 그 생동성과 깊이를 잃어버리지 않는다.
④ 말은 현실을 묘사할 뿐만 아니라, 우리의 역사적인 삶을 창조하기도 한다.
⑤ 말의 창조적인 힘을 충분히 발휘시킬 수 있는 현실 안에서 말의 생동성을 살리는 것이 필요하다.

23 다음 글의 주제로 가장 적절한 것은?

> 자연은 인간 사이의 갈등을 이용하여 인간의 모든 소질을 계발하도록 한다. 사회의 질서는 이 갈등을 통해 이루어진다. 이 갈등은 인간의 반사회적 사회성 때문에 초래된다. 반사회적 사회성이란 한편으로는 사회를 분열시키려고 끊임없이 위협하고 반항하면서도, 다른 한편으로는 사회를 이루어 살려는 인간의 성향을 말한다. 이러한 성향은 분명 인간의 본성 가운데에 있다.

① 반사회성의 역할
② 반사회적 사회성의 필요성
③ 사회성과 반사회성의 차이점
④ 반사회적 사회성으로 인한 문명의 발견
⑤ 인간의 본성인 반사회적 사회성의 개념

24 다음 글의 주제로 가장 적절한 것은?

촉매 설계 방법은 회귀(回歸) 경로를 통하여 오류를 최소 과정 내에서 통제할 수 있는 체계로써 크게 세 단계로 이루어진다. 첫 번째 단계에서는 대상이 되는 반응을 선정하고, 열역학적 검토와 경제성 평가를 거쳐 목표치를 설정한다. 이 단계에서 열역학적으로 불가능하거나 원하는 수준의 경제성에 도달하기 어렵다고 판단되면 설계의 처음으로 되돌아간다. 두 번째 단계에서는 반응물이 촉매에 표면에 흡착되어 생성물로 전환되는 반응 경로 모델을 구상하며, 그 다음에 이 모델대로 반응의 진행을 쉽게 하는 활성 물질, 활성 물질의 기능을 증진시키는 증진제, 그리고 반응에 적합한 촉매 형태를 유지시키는 지지체를 선정한다. 마지막 단계에서는 앞에서 선정된 조합으로 촉매시료를 제조한 후 실험하고, 그 결과를 토대로 촉매의 활성, 선택성, 내구성을 평가한다. 여기서 결과가 목표치에 미달하면 다시 촉매 조합을 선정하는 단계로 돌아가며, 목표치를 달성하는 경우에도 설정된 경로 모델대로 반응이 진행되지 않았다면, 다시 경로 모델을 설정하는 단계로 회귀(回歸)한다. 설정된 경로 모델에 따라 목표치에 도달하면 촉매 설계는 완료된다.

① 촉매 설계 방법의 과정
② 촉매 설계 방법의 위험성
③ 촉매의 개념과 중요한 역할
④ 다양한 촉매 개발의 필요성
⑤ 촉매 사용 시 유의해야 할 사항들

25 다음 글의 주제로 가장 적절한 것은?

분청사기는 전통 도자 양식 중 하나로 점토[청자토]로 만든 형상 위에 화장토[백토]를 칠한 전후에 바탕을 장식하고 유약을 발라 구워 낸 그릇을 말한다. 고려 말 퇴락해 가던 상감청자의 뒤를 이어 등장한 분청사기는 조선 중기 이전까지 널리 쓰였다. 우리나라 도자기 중에서는 가장 순박하고 서민적이며, 일상의 생활 용기라고 보기 어려울 정도로 예술적 조형미도 매우 뛰어났다.

① 분청사기의 제작 환경
② 분청사기의 쇠퇴 이유
③ 분청사기로의 발전 계기
④ 상감청자의 정의와 특징
⑤ 분청사기의 정의와 특징

26 다음 글의 제목으로 가장 적절한 것은?

1894년, 화성에 고도로 진화한 지적 생명체가 존재한다는 주장이 언론의 주목을 받았다. 이러한 주장은 당시 화성의 지도들에 나타난, '운하'라고 불리던 복잡하게 얽힌 선들에 근거를 두고 있었다. 화성의 운하는 1878년에 처음 보고된 뒤 거의 30년간 여러 화성 지도에 계속 나타났다. 존재하지도 않는 화성의 '운하'들이 어떻게 그렇게 오랫동안 천문학자들에게 받아들여질 수 있었을까?

19세기 후반에 망원경 관측을 바탕으로 한 화성의 지도가 많이 제작되었다. 특히 1877년 9월은 지구가 화성과 태양에 동시에 가까워지는 시기여서 화성의 표면이 그 어느 때보다 밝게 보였다. 영국의 아마추어 천문학자 그린은 대기가 청명한 포르투갈의 마데이라 섬으로 가서 13인치 반사 망원경을 사용해서 화성을 보이는 대로 직접 스케치했다. 그린은 화성 관측 경험이 많았으므로 이전부터 이루어진 자신의 관측 결과를 참고하고, 다른 천문학자들의 관측 결과까지 반영하여 당시로서는 가장 정교한 화성 지도로 제작하였다.

그런데 이듬해 이탈리아의 천문학자인 스키아파렐리의 화성 지도가 나오면서 이 지도의 정확성이 도전받았다. 그린과 같은 시기에 수행한 관측을 토대로 제작한 스키아파렐리의 지도에는, 그린의 지도에서 흐릿하게 표현된 지역에 평행한 선들이 그물 모양으로 교차하는 지형이 나타나 있었기 때문이었다. 스키아파렐리는 이것을 '카날리(canali)'라고 불렀는데, 이것은 '해협'이나 '운하'로 번역될 수 있는 용어였다.

절차적인 측면에서 보면 그린이 스키아파렐리보다 우위를 점하고 있었다. 우선 스키아파렐리는 전문 천문학자였지만 화성 관측은 이때가 처음이었다. 게다가 그는 마데이라 섬보다 대기의 청명도가 떨어지는 자신의 천문대에서 관측을 했고, 배율이 상대적으로 낮은 8인치 반사 망원경을 사용했다. 또한, 그는 짧은 시간에 특징만을 스케치하고 나중에 기억에 의존해 그것을 정교화 했으며, 자신만의 관측을 토대로 지도를 제작했던 것이다.

그런데도 승리는 스키아파렐리에게 돌아갔다. 그가 천문학계에서 널리 알려진 존경받는 천문학자였던 것이 결정적이었다. 대다수의 천문학자들은 그들이 존경하는 천문학자가 눈에 보이지도 않는 지형을 지도에 그려 넣었으리라고는 생각하기 어려웠다. 게다가 스키아파렐리의 지도는 지리학의 채색법을 그대로 사용하여 그린의 지도보다 호소력이 강했다. 그 후 스키아파렐리가 몇 번 더 운하의 관측을 보고하자 다른 천문학자들도 운하의 존재를 보고하기 시작했고, 이후 더 많은 운하들이 화성 지도에 나타나게 되었다.

일단 권위자가 무엇인가를 발견했다고 알려지면 그것이 존재하지 않는다는 것을 입증하기란 쉽지 않다. 더구나 관측의 신뢰도를 결정하는 척도로 망원경의 성능보다 다른 조건들이 더 중시되던 당시 분위기에서는 이러한 오류가 수정되기 어려웠다. 성능이 더 좋아진 대형 망원경으로는 종종 운하가 보이지 않았는데, 놀랍게도 운하 가설 옹호자들은 이것에 대해 대형 망원경이 높은 배율 때문에 어떤 대기 상태에서는 오히려 왜곡이 심해서 소형 망원경보다 해상도가 떨어질 수 있다고 해명하곤 했었다.

① 과학의 방법 : 경험과 관찰
② 과학사의 그늘 : 화성과 운하
③ 과학의 신화 : 화성 생명체 가설
④ 설명과 해명 : 그린 스키아파렐리
⑤ 천문학과 지리학의 만남 : 화성지도

27 다음 글의 주제로 가장 적절한 것은?

그리스 신화에 등장하는 힘센 거인 안타이오스는 땅의 여신 가이아의 아들이었다. 그는 대지(大地)에 발을 붙이고 있는 한 절대로 지지 않았다. 그의 영토를 통과하려는 여행자는 그와 겨루어야만 했는데, 살아서 지나간 사람은 아무도 없었다. 그러나 어느 날 헤라클레스와 맞붙는 일이 벌어졌다. 안타이오스의 어마어마한 힘의 원천을 알고 있던 헤라클레스는 그를 번쩍 들어올렸다. 발이 땅에서 떨어진 안타이오스는 제대로 힘도 쓰지 못한 채 죽을 수밖에 없었다. 이 신화는 수학자들에게 중요한 사실을 시사해 준다. 안타이오스가 대지에서 태어나 거기에서 힘을 얻었듯이, 영속적이고 중요한 모든 수학이 자연 세계로부터 탄생하고 그 속에서 성장해 왔음을 수학의 역사는 보여 준다.

안타이오스의 경우와 같이, 수학도 자연 세계와 접촉하고 있는 경우에만 강력한 힘을 발휘할 것이다. 만약 수학이 자신이 태어난 견고한 대지에서 공기가 희박한 높은 공중으로 올라가서 순수하게 형식적이고 추상적인 상태로 너무 오래 머무르면, 힘이 약화되는 위험을 감수해야 한다. 따라서 새로운 힘을 보충하려면 때때로 자연 세계로 돌아와야만 한다.

수학은 본래 자연에 대한 관찰과 실생활의 경험을 통해 얻은 실용적인 사실들의 수집에서 출발했다. 그 후 고대 그리스 시대에 이르러 증명과 공리(公理)적 방법의 도입으로 확고한 체제를 갖추게 되었다. 여기에서 증명은 다른 사람을 설득하기 위한 논리적 설명이고, 공리적 방법은 증대된 수학 지식의 체계적인 정리(整理)라고 할 수 있다. 그러므로 증명이나 공리적 방법은 발견의 도구가 될 수는 없으며, 창의적 발상을 저해할 수도 있다. 그리스 시대 이후 오랫동안 정체의 늪에 빠져 있던 수학은, 저명한 수학자이며 과학자인 갈릴레오와 케플러의 놀라운 발견이 이루어진 후, 17세기에 새로운 힘을 얻게 되었다. 갈릴레오는 일련의 실험을 통해 지구 중력장 내의 물체 운동에 관한 기초적인 사실을 많이 발견했고, 케플러는 그 유명한 행성의 운동 법칙 세 가지 모두를 밝혀냈다. 이들의 업적은 수학 발전의 위대한 계기로 인정되어야 할 것이다. 이들의 발견이 현대 동역학(動力學)과 현재 천체 역학으로 발전하는 과정에서 이러한 변화와 운동을 다룰 수 있는 새로운 수학 도구를 필요로 했기 때문이다.

이렇게 해서 미분 적분학이라는 새로운 형태의 수학이 탄생했다. 옛 수학과 새로운 수학을 비교하면, 옛 것은 고정되고 유한한 대상을 고려하며 정적인 반면에, 새것은 변화하고 무한한 대상을 연구하며 역동적이다. 이렇듯 수학은 자연에 발을 딛고 있을 때, 현대 동역학이나 현대 천체 역학과 같은 자연 과학의 발전에 공헌함은 물론 수학 자체의 지속적인 발전을 이루어 낼 수 있었다.

① 순수 수학의 발전은 필요하다.

② 수학을 통해서만 참된 과학 발전을 완전히 이해할 수 있다.

③ 자연에 대한 깊이 있는 연구는 수학적 발견을 위한 풍성한 공급원이다.

④ 그리스 시대의 미분 적분학에 대한 생각과 현대 미분 적분학과의 차이점이 크지 않다.

⑤ 수학은 증명과 공리(公理)적 방법의 도입으로 확고한 체제를 갖추게 되었다.

28 다음 글의 제목으로 가장 적절한 것은?

방언의 분화는 크게 두 가지 원인에 의해 발생하는 것으로 알려져 있다. 그 하나는 지역이 다름으로써 방언이 발생하는 경우이며, 다른 하나는 사회적인 요인들, 가령 사회 계층, 성별, 세대 등의 차이에 의해 방언이 발생하는 경우이다.

지역이 다름으로 인해 형성된 방언을 지역 방언이라 한다. 두 지역 사이에 큰 산맥이나 강, 또는 큰 숲이나 늪 등의 지리적인 장애가 있을 때 지역 방언이 발생하며, 이러한 뚜렷한 장애물이 없더라도 거리가 멀리 떨어져 있으면 그 양쪽 지역 주민들 사이의 왕래가 어려워지고 따라서 두 지역의 언어는 점차 다른 모습으로 발전해 가리라는 것은 쉽게 짐작되는 일이다. 행정 구역이 다르다든가 시장권(市場圈)이나, 학군(學群) 등이 다르다는 것도, 서로 소원(疏遠)하게 함으로써 방언의 분화를 일으키는 요인이 된다. 어떠한 조건에 의해서든 이처럼 지리적인 거리로 인하여 서로 분화를 일으킨 방언 각각을 지역 방언이라 한다.

우리나라에서 흔히 '제주도 방언, 경상도 방언, 전라도 방언' 등으로 도명(道名)을 붙여 부르는 방언들이 이 지역 방언의 전형적인 예이지만 '중부 방언, 영동 방언, 흑산도 방언, 강릉 방언'과 같은 이름의 방언도 역시 훌륭한 지역 방언의 예들이다. 전통적으로 방언이라 하면 이 지역 방언을 일컬을 만큼 지역 방언은 방언 중 대표적인 존재라 할 만하다.

방언은 지역이 달라짐에 따라서만 형성되는 것이 아니다. 동일한 지역 안에서도 몇 개의 방언이 있을 수 있는 것이다. 한 지역의 언어가 다시 분화를 일으키는 것은 대개 사회 계층의 다름, 세대·연령의 차이, 또는 성별의 차이 등의 사회적 요인에 기인한다. 이처럼 지리적인 거리에 의해서가 아니라 사회적인 요인에 의하여 형성되는 방언을 사회 방언이라 한다. 사회 방언은 때로 계급 방언이라고 부르는 수도 있는데 이는 사회 방언이 여러 가지 사회적 요인에 의하여 형성되지만 그 중에서도 사회 계층이 가장 중요한 요인임이 일반적인 데서 연유한다.

사회 방언은 지역 방언과 함께 2대 방언의 하나를 이룬다. 그러나 사회 방언은 지역 방언만큼 일찍부터 방언 학자의 주목을 받지 못하였다. 어느 사회에나 사회 방언이 없지는 않았으나 일반적으로 사회 방언 간의 차이는 지역 방언들 사이의 그것만큼 그렇게 뚜렷하지 않기 때문이었다. 가령 20대와 60대 사이에는 분명히 사회 방언으로써의 차이가 있지만 그 차이가 전라도 방언과 경상도 방언 사이의 그것만큼 현저하지는 않은 것이 일반적이며, 남자와 여자 사이의 방언 차 역시 마찬가지다. 사회 계층 간의 방언 차는 사회에 따라서는 상당히 현격한 차이를 보여 일찍부터 논의의 대상이 되어 오기는 하였다. 인도에서의 카스트에 의해 분화된 방언, 미국에서의 흑인 영어의 특이성, 우리나라 일부 지역에서 발견되는 양반 계층과 일반 계층 사이의 방언 차 등이 그 대표적인 예들이다. 이러한 사회 계층 간의 방언 분화는 최근 사회 언어학의 대두에 따라 점차 큰 관심의 대상이 되어 가고 있다.

① 지역 방언과 사회 방언

② 서울 방언과 표준어의 차이

③ 방언의 오늘과 내일, 역사적 의미

④ 사투리와 방언의 공통점과 차이점

⑤ 사회 계층 간의 방언 차

컴퓨터에서는 데이터를 처리하기 위해 여러 가지 데이터 구조를 활용한다. 그 대표적인 것으로 '스택 (stack)'을 들 수 있다. 스택은 한쪽 끝에서만 데이터가 들어가거나 나올 수 있는 특성을 가지는데, 스택에서 데이터가 가장 먼저 나올 수 있는 위치를 톱(top)이라 한다. 스택의 구조는 위쪽만 뚫려 있는 통 안에 책을 차곡차곡 쌓는다고 생각하면 쉽게 이해할 수 있다. 만약 n개의 책을 통에 쌓았다면 가장 먼저 꺼낼 수 있는 책은 아래서부터 n번째에 있는 것이고, 그 위에 책을 또 올리게 되면 그 책은 아래에서부터 $n+1$번째에 있게 된다. 스택 구조는 이와 같은 통에, 톱은 가장 위에 있는 책의 위치에 비유될 수 있다.

그리고 스택 알고리즘은 데이터가 들어가 보관되고 나오는 규칙으로, 통에 책을 넣어 쌓고 책을 꺼내는 행위에 비유될 수 있다. 컴퓨터 내의 데이터 처리에서 스택 알고리즘은 수식 변환의 과정에 활용된다. 수식은 '+'(덧셈), '*'(곱셈), '−'(뺄셈), '/'(나눗셈) 등과 같은 연산자와, 'x, y, z, A, B, C' 등과 같은 변수나 '1, 2, 3' 등과 같은 상수가 포함되는 피연산자로 구성된다. 수식은 크게 세 가지 표기식으로 표현할 수 있는데, 연산자가 피연산자 가운데 있는 중위 표기식, 연산자가 피연산자 앞에 있는 전위 표기식, 연산자가 피연산자 뒤에 있는 후위 표기식이 그것이다. 예를 들어 'x 더하기 y 나누기 z'는 중위 표기식으로는 '$x+y/z$'로, 전위 표기식으로는 '$+x/yz$'로 표현된다. 우리가 일상생활에서 사용하는 것은 중위 표기식이지만, 컴퓨터 내부에서는 괄호를 사용하지 않고도 계산해야 할 순서를 알 수 있는 후위 표기식을 활용하기 때문에 중위 표기식으로 입력한 수식은 스택 알고리즘을 통해 후위 표기식으로 변환되어 계산된다.

중위 표기식을 후위 표기식으로 변환하는 방법은 간단하다. 기본적인 전제는 피연산자들의 순서는 변하지 않는다는 것이다. 즉 중위 표기식을 연산자 기준으로 괄호로 묶은 다음, 각 연산자를 묶고 있는 괄호의 오른쪽 괄호 밖으로 연산자를 이동한 후 괄호를 모두 제거하면 된다. 예를 들어 중위 표기식 '$A+B*C$'를 후위 표기식으로 바꾸기 위해서는 '$(A+(B*C))$'로 괄호를 묶은 뒤, '$(A(BC)*)+$'와 같이 괄호의 오른쪽에 연산자를 옮긴 후 '$ABC*+$'와 같이 괄호를 제거하면 된다. 중위 표기식을 전위 표기식으로 변환하는 과정 역시 동일하다. 다만 연산자를 오른쪽에 옮기는 것이 아니라 왼쪽으로 옮기는 것만 차이가 있다.

컴퓨터에서는 중위 표기식을 후위 표기식으로 변환하기 위해 앞에서 언급한 스택 알고리즘을 활용한다. 후위 표기식에서 피연산자들의 순서는 변하지 않으므로, 선후 순서가 바뀌어야 되는 연산자들만 다른 위치로 이동하면 된다. 스택 알고리즘에서 피연산자는 순서가 되면 후위 표기로 바로 나오게 된다. 그러나 연산자의 경우 피연산자와 달리 뒤에 스택으로 들어갈 연산자의 존재 여부나 우선순위에 따라 스택에 보관되거나 후위 표기로 나오는 것이 결정된다. 이때 연산자의 우선순위는 괄호 안의 연산을 우선하되, 덧셈과 뺄셈보다 곱셈과 나눗셈을 우선하는 것이 원칙이다. 예를 들어 컴퓨터에서 스택 알고리즘을 활용해 중위 표기식 '$A+B*C$'를 후위 표기식으로 바꾸는 경우, 들어가는 데이터는 'A', '+', 'B', '*', 'C'로 모두 5개이다. 들어가는 5개의 데이터 중 피연산자들은 스택에 보관되지 않고 후위 표기에 순차적으로 나오고, 연산자들은 스택에 순차적으로 보관된다. 다만 연산자들이 스택에 보관되거나 후위 표기로 나올 때에는 현재의 스택 톱에 있는 연산자와 우선순위가 비교되는 과정을 먼저 거친다. 만일 스택 톱에 있는 연산자의 우선순위가 보관되려는 연산자의 우선순위보다 높거나 같으면 스택 톱에 있는 연산자가 먼저 스택에서 나오게 된다. 그런 뒤에는 다시 스택 톱에 오게 되는 다른 연산자와 우선순위가 비교된다. 중위 표기를 다 읽고 나면 연산자가 존재하지 않아 스택에 남아 있는 모든 연산자가 톱에서부터 하나씩 나오게 된다.

① 스택과 스택 알고리즘의 특성
② 스택 알고리즘의 원리와 장점
③ 전위 · 중위 · 후위 표기 식의 장단점
④ 스택 알고리즘을 통한 수식의 변환 방법
⑤ 스택 톱의 연산자를 먼저 스택에서 나오게 하는 방법

30 다음 글의 제목으로 가장 적절한 것은?

현대 공연 예술의 연출가들은 극적 사건이라는 허구를 통해서가 아니라, 무대 위에서 배우의 몸이 겪는 고통과 상처의 느낌을 관객들에게 다양한 방법으로 직접 전달하려고 한다. 이것을 위해서 연출가들은 오브제에 새로운 가치를 부여한다. 일상생활에서 고정된 기능을 가진 가구 · 가방 · 책 · 옷 등이 무대 위에서는 전혀 다른 상징적 의미를 갖게 되어 공연에 시적(詩的)인 특질을 부여하게 된다. 이런 것은 지금까지 오브제를 무대 장치에 필요한 소품(小品) 정도로 여겨 온 것과 크게 다르다. 상대적으로 공연에서 중요한 역할을 담당했던 인물들은 이제 마네킹처럼 오브제로 변형되어 존재한다. 기존의 공연 예술의 관습이었던 인간과 사물 사이의 위계질서가 사라져 버리는 것이다.

① 현대 공연 예술의 활성화
② 현대 공연 예술 연출의 변화
③ 현대 공연 예술의 공간 활용
④ 현대 공연 예술 제작자의 역할
⑤ 현대 공연 예술 연출가의 의도

31 다음 글의 내용을 참고할 때 고등학생들이 참여할 만한 토의 주제로 가장 적절한 것은?

사람들은 어떤 방식으로든 사회 공동체에 소속되어 생활해 나간다. 공동체생활을 하다 보면 구성원들이 함께 해결해야 할 문제가 생기기도 한다. 토의란 이러한 공동체의 문제를 구성원들의 협력적 사고를 통해 합리적으로 해결하고자 하는 담화 유형이다. 공통된 하나의 문제에 대하여 공동의 의사 결정 단계를 거쳐 해결책을 논의하는 것이므로 가능한 한 참가자 전원이 의견을 제시하고, 여러 방안을 검토하여 합의를 이루어 내는 것이 바람직하다.

토의는 공동체가 어떤 문제에 당면했을 때, 그 해결 방안을 모색하기 위한 것이다. 따라서 토의 주제는 토의할 가치와 필요성이 있고, 모든 구성원들이 관심을 가질 수 있는 것으로 선정한다. 토의의 주제가 정해지면, 토의 참가자들, 사회자, 청중은 주제에 관한 사전 조사 및 연구를 해야 한다. 구체적으로 어떤 문제가 있는지, 그러한 문제의 배경이나 원인은 무엇인지, 어떤 해결 방안이 있는지 등을 미리 탐색해 보아야 실제 토의에서 좋은 의견을 제시할 수가 있다.

토의는 주제와 목적에 따라 원탁 토의, 패널 토의, 심포지엄, 포럼 등의 토의 방식을 정할 수 있다. 또한 구체적인 토의 사항을 의제라고 하는데, 토의를 효과적으로 진행하려면 토의 사회자는 의제들을 미리 생각해 두어야 한다. 토의 참가자들은 구체적인 의제들을 예측하고, 각각의 의제에 대해 어떤 제안을 하며 어떤 자료나 근거를 제시할 것인지 필요한 준비를 해 두어야 한다.

① 질 높은 급식을 제공하기 위한 방안은 무엇인가?
② 쓰레기를 함부로 버리는 학생들을 어떻게 지도할 것인가?
③ 교실에서 학업 분위기를 유지하기 위한 방안은 무엇인가?
④ 교복을 제대로 입지 않는 학생들을 지도하기 위한 방안은 무엇인가?
⑤ 수업시간에 학생들을 잘 집중할 수 있게 하는 방안은 무엇인가?

[32 – 33] 다음 글을 읽고 물음에 답하시오.

(가) 모든 물질은 전류의 흐름을 방해하는 성질을 가지고 있다. 물질을 이루고 있는 원자핵은 전자보다 무겁기 때문에 금속으로 된 전기 회로나 도선에서 전자에 비해 움직임이 많지 않다. 전기 회로나 도선에 있는 자유 전자들은 전원이 만든 금속의 내부 전기장에 의해 이동하다가 원자핵을 만나면 충돌하게 된다. 금속 안에는 원자가 많기 때문에 1초라는 짧은 시간에도 자유 전자는 원자핵과 무수한 충돌을 하게 되는데, 이런 충돌로 인해 자유 전자가 가진 전기적 위치 에너지의 일부가 원자핵의 운동 에너지로 바뀌게 된다. 또 원자핵의 운동 에너지가 증가하여 원자핵의 운동이 더 활발해지면 열에너지가 발생하여 금속의 온도가 올라가게 된다.

(나) 물리학에서는 물질이 전류를 방해하는 성질을 전기 저항으로 표시한다. 전기 저항(R)은 물질이 전하˙운반 자인 자유 전자를 얼마나 많이 가지고 있는지, 원자핵이 얼마나 촘촘히 배열되어 있는지, 자유 전자가 원자 핵과 얼마나 자주 충돌하는지, 원자핵과 자유 전자의 충돌로 인해 전기적 위치 에너지가 열에너지로 얼마나 전환되는지에 따라 결정된다. 이와 같은 사항들 외에 격자 결함˙, 불순물 등도 전기 저항을 일으키는 원인이 된다.

(다) 물체에 전류가 흐르면 전원으로부터 공급된 전기 에너지의 일부가 물체에 의해 열에너지로 바뀌어 소비된다. 이 때문에 전하가 전기 저항을 거치면 전기적 위치 에너지가 감소한다. 1827년 독일의 물리학자 게오르크 옴은 전원에 저항이 있는 도선을 연결하고 전원의 전압을 바꾸어 가며 도선에 흐르는 전류를 측정하는 실험을 했다. 그 결과, 도선에 흐르는 전류가 전원의 전압에 비례함을 발견했다. 또 전원의 전압을 일정하게 하고 도선의 길이를 줄여 가며 전류를 측정하자 전류가 도선의 길이에 반비례한다는 것도 알게 되었다. 옴은 이와 같은 실험 결과를 수학식 $V = IR$로 표현했다. 이를 옴의 법칙이라고 한다. 이때 V는 도선에 걸어 준 전압, I는 도선에 흐르는 전류이고, R은 도선의 전기 저항이다. 그런데 여기서 유의할 점은 옴의 법칙은 물체에 흐르는 전류가, 걸어 준 전압에 항상 비례하는 경우, 즉 물체의 전기 저항이 전압이나 전류와 관계없이 항상 일정한 물체에 대해서만 성립한다. 그리고 이처럼 전자 소자 가운데 옴의 법칙을 따르도록 특수하게 제작된 것들을 저항체라고 한다.

(라) 한편 전압 V인 전원이 전기 기구나 전기 회로에 전류 I을 흘리면 매초 VI의 전기 에너지가 공급되는데, 이를 전력이라고 한다. 전력의 단위는 흔히 와트(W)를 사용하며, $1W$는 전압이 $1V$인 전원이 $1A$의 전류를 흘린다고 할 때 1초 동안 공급되는 전력을 의미한다. 이제 전기 저항이 R인 저항체를 전압 V인 전원에 연결해 전류 I이 흐른다고 하자. 전원이 공급하는 전력 VI을 받아 저항체는 무슨 일을 할까? 저항체는 공급 받은 전기 에너지를 열에너지로 전환한다. 전원으로부터 전기적 위치 에너지를 얻은 자유 전자는 저항체를 빠져나가며 원자핵과 충돌하여 에너지를 잃고, 에너지를 얻어 운동이 활발해진 원자핵들이 서로 마찰을 일으켜 결국 열에너지로 소비된다. 영국의 물리학자였던 제임스 줄은 저항체가 매초 발생시키는 열에너지로 인해 소비되는 전력을 $\dfrac{V^2}{R} = I^2R$로 정리하였다. 이를 줄의 법칙이라고 부르며, 이때 발생하는 열을 줄열이라고 부른다.

*전하 : 물체가 띠고 있는 정전기의 양으로, 모든 전기 현상의 근원이 되는 실체.
*격자 결함 : 결정 안에 있는 원자의 배열이 규칙적으로 되어 있지 않아서 문란한 현상.

32 다음 글의 표제와 부제로 가장 적절한 것은?

① 전기 저항의 특성과 관련 법칙 – 줄의 법칙과 줄열
② 전기 저항의 특성과 관련 법칙 – 옴의 법칙과 줄의 법칙
③ 전류가 흐를 때 열이 발생하는 이유 – 전기적 위치 에너지
④ 전류가 흐를 때 열이 발생하는 이유 – 저항체의 전기 에너지
⑤ 전류가 흐를 때 열이 발생하는 이유 – 열의 줄열

33 (가)~(라)의 중심 내용으로 적절하지 <u>않은</u> 것은?

① (가) : 원자핵과 자유 전자의 충돌
② (나) : 전기 저항의 개념과 특성
③ (다) : 옴의 법칙과 저항체
④ (라) : 줄의 법칙과 줄열
⑤ (라) : 옴의 법칙

34 다음 글의 표제와 부제로 가장 적절한 것은?

다수의 로봇을 동시에 운용하여 단일 로봇이 하지 못하는 임무를 수행하거나, 동일한 목표를 보다 효율적으로 달성하도록 하는 것이 군집 로봇 기술이다. 군집 로봇 사이의 충돌도 막고 군집 로봇을 원하는 방향으로 정교하게 보내는 것을 '군집 알고리즘'이라 하며 이는 세 가지 규칙을 기반으로 한다. 주변 로봇이 이동하는 방향으로 움직이는 '정렬성', 서로 너무 멀어지는 것을 피하는 '응집성', 주변 로봇과 일정한 거리를 유지해 서로 너무 가까이 접근하지 않도록 하는 '분리성'이다. 군집 알고리즘 중 '선도 추종 제어 기법'은 철새들이 맨 앞의 리더를 중심으로 다른 새들이 V자를 유지하며 편대 비행하는 것을 본떠서 만든 것으로, 한 대의 선도 로봇을 중심으로 추종 로봇들이 일정한 거리와 각도를 유지하면서 이동한다. 선도 추종 제어 기법은 일반적으로 위치 측정, 전역 경로 계획, 지역 경로 계획, 대형 제어 과정으로 구성된다. 선도 로봇의 위치 측정 방법은 크게 상대 위치 측정과 절대 위치 측정이 있다. 상대 위치 측정은 주로 주행 기록계와 관성 센서를 이용하여 현재의 위치를 측정하는 방법이다. 속도 또는 가속도를 이용하여 초기 위치에서부터 로봇의 변위를 계산하는 방법으로, 항공기에서 주로 사용하며 추측 항법이라고도 불린다. 이는 로봇의 가속도를 적분함으로써 구현할 수 있기 때문에 빠르게 계산할 수 있지만 시간에 따라 오차가 누적되는 문제를 가지고 있다. 반면에 절대 위치 측정은 다수의 센서로부터 얻은 정보를 통해 로봇의 위치를 측정하는 방법이다. 과거의 위치 정보를 사용하지 않고 현재의 데이터만을 사용하여 위치를 측정한다. 따라서 오차가 누적되지는 않지만 상대적으로 연산량이 많다. 추종 로봇은 선도 로봇의 위치 및 각도를 이용하여 대형을 유지한다.

전역 경로 계획에서 선도 로봇은 주어진 맵을 이용하여 초기 위치에서 목표 위치까지의 경로를 계획한다. 선도 로봇의 경로를 생성하기 위해서는 A 스타 알고리즘 등을 이용한다. A 스타 알고리즘은 격자로 나누어진 지도를 이용하여 시작점에서 목표점까지 이동 가능한 경로들을 가상의 정점*들로 연결하고 거리 함수를 계산하여 최적 경로를 생성한다. 각 정점에서 거리 함수는 시작점에서 현재 정점까지의 거리와 현재 정점에서 목표점까지의 거리 추정치를 합한 것이다. 즉 현재 위치에 이르기까지 이미 지나온 경로의 거리와 현재 위치에서 목표점까지 도달하는 데 필요한 이동 거리에 대한 추정치의 합이다. 이 과정들을 반복해서 경로가 무효가 되거나 이 경로들 중의 하나가 목표에 도달할 때까지 거리 함수가 최소인 경로를 선택하여 경로상에 있는 정점들을 우선적으로 연결한다.

전역 경로 계획은 주로 정적인 환경에서의 계획이다. 하지만 로봇이 실제 환경을 주행한다면 거의 대부분 장애물이 움직이고 있는 동적인 환경이다. 따라서 지역 경로 계획에서는 동적 환경에서의 장애물 또는 다른 로봇과의 충돌을 피하기 위해 선도 로봇의 경로로 설정된 다수의 정점과 장애물에 가상 힘을 적용하여 경로를 설정한다.

가상 힘은 목표 위치에 도착하기 위해 끌어당기는 인력과 장애물 회피를 위해 밀어내는 척력으로 구분된다. 즉 선도 로봇은 이동 경로상에서 다음 정점을 목표로 설정하여 끌어당기는 인력이 있다고 가상하고, 이동 경로에 있는 장애물 및 주변 로봇과의 사이에는 척력이 존재한다고 가상하여 충돌을 회피하면서 목표 위치로 주행한다.

대형 제어에서 추종 로봇들은 목표와 장애물의 위치를 입력받아 사전에 계획된 대형을 유지하면서 이동한다. 이때 추종 로봇의 위치 및 방향각은 선도 로봇의 위치와 방향각에 의해 결정된다. 또한 추종 로봇은 이동하는 선도 로봇의 위치를 목표 위치로 설정하여 가상 힘인 인력을 발생시켜 이동한다.

선도 추종 제어 기법은 동일 알고리즘으로 로봇 대수를 늘리면서 편대를 유지할 수 있고 알고리즘의 성능과 안정성을 수학적으로 증명할 수 있다는 장점이 있다. 하지만 선도 로봇이 고장 나면 남은 추종 로봇들이 임무를 더 이상 수행할 수 없기 때문에 각 로봇이 동등한 위치에서 주변 정보만으로 움직이게 하는 방법도 연구 중이다.

*정점 : 장소, 위치 따위를 정해 놓은 일정한 점.

① 로봇의 군집 비행 방식 – 군집 알고리즘
② 군십 알고리즘 – 위치 측정과 대형 제어
③ 선도 추종 제어 기법 – 위치 측정과 대형 제어
④ 군집 로봇의 군집 알고리즘 – 선도 추종 제어 기법
⑤ 로봇의 군집 비행 방식 – 대형 제어 기법

35 (가)~(라)의 주제로 가장 적절하지 <u>않은</u> 것은?

> (가) 열선 감지기는 동작 감지기라고도 하며 주로 실내의 천장에 설치하여 침입을 감지하는 데 사용한다. 열선 감지기는 적외선을 이용해 감시하고 있는 영역 내에 일정 시간 동안 열 또는 온도의 변화가 생기면 이를 감지하고 알람 신호를 내보낸다. 물체가 복사하는 적외선은 물체의 온도에 비례하여 그 양이 다르기 때문에 물체의 온도를 측정할 수 있고 낮과 밤에 관계없이 목표 물체를 관찰할 수 있어 가시광선을 이용하는 것보다 침입 감지에 적당하다.
>
> (나) 열선 감지기는 집광 렌즈, 초전 소자, 증폭기, 비교기 등으로 이루어진다. 집광 렌즈는 적외선을 모아 초전 소자에 전달한다. 일반적으로 빛을 모으기 위해서는 볼록 렌즈를 사용하지만, 열선 감지기용으로는 이보다 매우 얇은 프레넬 렌즈를 사용한다. 프레넬 렌즈는 볼록 렌즈의 내부를 제거하여 두께가 매우 얇으면서도 같은 초점 거리를 갖도록 만든 것이다. 열선 감지기는 감지 영역 내에 침입자가 생기면 특정 구역의 온도가 바뀌게 되어 침입 상황을 인식하는 원리인데, 감지 영역이 넓으면 침입자가 움직여도 전체적인 온도 변화가 없어 감지할 수 없다. 따라서 열선 감지기에서는 하나의 집광 렌즈에 여러 개의 프레넬 렌즈를 배치하여 사용한다. 한 개의 프레넬 렌즈마다 하나씩 구역을 나누어 할당하면 침입자가 움직였을 때 온도 변화를 감지할 수 있다. 만약 침입자가 일정 시간 내에 계속 이동하면 감시 구역이 바뀌게 되어 바뀐 구역 수만큼 감지 신호가 발생한다. 한편 구역 내에 침입자가 움직이지 않고 가만히 있다면 더 이상의 온도 변화가 없어서 열선 감지기의 신호는 변화가 없게 된다.
>
> (다) 집광 렌즈에 의해 모아진 적외선은 초전 소자의 표면에 입사된다. 초전 소자의 내부는 진공으로 되어 있으며, 윗부분에는 적외선만 투과하는 투과창이 있어서 감지를 방해하는 요소들인 전등의 불빛 등을 차단한다. 열선 감지기에 사용하는 초전 소자의 내부에는 양(+)전하들이 한 끝에 표면을 따라 배열되어 있으며, 그 반대편 끝에는 같은 양의 음(−)전하들이 배열되어 있다. 이를 자발 분극이라 한다. 이 전하들은 대기 중에 부유하는 전하들을 포획하여 전기적으로 중성을 유지하고 있기 때문에 (+)방향에는 (−)전하들이, (−)방향에는 (+)전하들이 포획되어 있다.
>
> (라) 초전 소자에 적외선이 입사되면 적외선의 열에 의해 초전 소자의 온도가 상승하고, 분자가 열운동을 하면서 초전 소자 내부의 전하의 배열이 흐트러진다. 이로 인해 자발 분극은 감소하는데, 초전 소자 표면의 전하는 이러한 분극의 변화에 신속히 대응해 변하기 어려워서 과잉 전하가 나타난다. 이를 초전 현상이라 한다. 초전 소자의 (+)와 (−)양극을 외부 전기 회로에 연결하면 온도 변화에 의하여 발생된 과잉 전하의 차이만큼 이 회로에 전류가 흐르게 된다. 초전 소자는 입사되는 적외선의 강도가 충분히 크지 않아 소량의 전류가 흐르게 되므로 증폭기에서 전류나 전압을 증폭하여 출력한다. 비교기에서는 전압을 측정하여 미리 정해진 감시 기준 전압 이상인지를 확인한다. 만약 감시 기준 전압보다 높으면 일정 시간 내에 몇 번 감시 기준 전압을 넘었는지 확인하고 감지 상태로 판단되면 발광 다이오드(LED)를 켜고 신호를 보내 침입 상태를 알려 준다.

① (가) : 열선 감지기의 특성
② (나) : 집광 렌즈의 구조와 기능
③ (다) : 집광 렌즈의 종류
④ (라) : 초전 소자의 기능과 동작
⑤ (라) : 초전 소자와 열선 감지기

36 (가)~(라)의 주제로 가장 적절하지 <u>않은</u> 것은?

(가) 현대의 정보 혁명은 광섬유에서 비롯되었다고 말할 수 있다. 사실 머리카락보다 더 가는 광섬유 한 가닥을 통해 구리로 만든 전화선 1만 회선 이상 분량의 정보를 전달할 수 있으니 그런 말이 나올 법하다. 광섬유는 빛 신호로 음성 및 화상 신호를 전송해 주는 매체이다. 19세기에 J.틴들이 자유 낙하하는 물줄기 속에서 빛이 빠져 나가지 않고 진행할 수 있다는 것을 보였는데, 이것이 광섬유에 대한 원리가 공식적으로 발표된 최초이다. 그 후 20세기 초반에 이르러 유리로 된 광섬유가 나타났지만, 그 당시의 광섬유는 전달 과정에서 상당한 양의 빛의 손실이 있었으므로 장거리용으로 사용하기는 불가능했다. 다만 짧은 길이의 광섬유 다발로 만들어, 그것의 한쪽 끝에 맺힌 영상(映像)을 다른 쪽 끝으로 전달시키는 용도에만 쓰이고 있었다. 광섬유를 이용하여 정보를 장거리까지 전달하게 된 것은 1960년대 중반에 이르러서였다.

(나) 그러면 빛이 어떻게 손실 없이 장거리를 가느다란 광섬유 가닥을 통해서 전달될까? 바로 굴절률이 다른 투명체의 경계면에서 빛이 입사하는 각도가 조건에 맞을 경우 빛이 완전 반사가 일어난다는 사실을 이용하는 것이다. 즉, 광섬유의 도관 부분에 해당하는 중심 부분을 굴절률이 높고 투과성이 좋은 석영 혹은 아크릴 계통의 합성 플라스틱으로 만들고, 도관의 표면에 해당하는 부분을 굴절률이 낮은 불소 계통의 플라스틱으로 코팅하면 빛은 두 개의 굴절률이 다른 투명한 플라스틱들의 경계면에서 마치 물이 새지 않고 도관을 통과하듯이 손실 없이 완전 반사를 하면서 광섬유를 통과하게 된다.

(다) 따라서 굴절률뿐만 아니라 재료의 투명성도 빛을 전달하기 위한 재료의 핵심적인 요소이다. 그렇다면 합성 플라스틱 재료가 어떻게 유리처럼 투명할 수 있을까? 광섬유에 사용되는 플라스틱 재료는 단량체라고 불리는 기본 단위들이 사슬처럼 아주 길게 연결된 형태의 분자들로 구성되어 있다. 이러한 긴 분자들이 마치 사발에 담겨 있는 국수처럼 마구잡이 형태로 엉킨 무정형(無定形)으로 되어 있기 때문에 유리처럼 투명하게 되는 것이다. 특히, 플라스틱 섬유는 기존의 유리 섬유와는 달리 유연하고 어지간한 충격에도 잘 견디고 쉽게 성형할 수 있으며 무엇보다도 가볍다는 장점을 가지고 있다. 광섬유의 가장 기본적이고 중요한 역할이라면 국소화, 분할화하여 필요한 부분만을 조명하고, 직진하는 빛을 자유롭게 구부려서 원하는 곳으로 전달하는 광제어일 것이다.

(라) 이러한 관점에서 유연성이 큰 플라스틱 광섬유의 출현은 광 전달용 통신 재료뿐만 아니라 인체의 가느다란 핏줄 내부의 이상 유무까지도 알아 낼 수 있는 미세 의학용 내시경의 실용화를 이끄는 역할을 하게 되었으므로, 광섬유는 정보화의 핵심이라고 해도 과장된 말은 아닐 것이다. 이 밖에도 공업용, 자동차용 조명센서에서 네온사인이나 전광판 대신에 새로운 표시 시스템 장치까지 광섬유의 용도는 극히 넓다고 할 수 있다.

① (가) : 광섬유가 개발되기까지의 과정
② (나) : 광섬유가 빛을 전달하는 원리
③ (다) : 광섬유의 내부 구조
④ (라) : 광섬유 시대를 살아가는 현대인의 자세
⑤ (라) : 광섬유의 다양한 이용 분야

37 다음 글의 주제로 가장 적절한 것은?

경제학에서는 한 재화나 서비스 등의 공급이 기업에 집중되는 양상에 따라 시장 구조를 크게 독점시장, 과점시장, 경쟁시장으로 구분하고 있다. 소수의 기업이 공급의 대부분을 차지할수록 독점시장에 가까워지고, 다수의 기업이 공급을 나누어 가질수록 경쟁시장에 가까워진다.

이렇게 시장 구조를 구분하기 위해서 사용하는 지표 중의 하나가 바로 '시장집중률'이다. 시장집중률을 이해하기 위해서는 먼저 '시장점유율'에 대한 이해가 있어야 한다. 시장점유율이란 시장 안에서 특정 기업이 차지하고 있는 비중을 의미하는데, 생산량, 매출액 등을 기준으로 측정할 수 있다. Y기업의 시장점유율을 생산량 기준으로 측정한다면 '(Y기업의 생산량/시장 내 모든 기업의 생산량의 총합)×100'으로 나타낼 수 있다. 시장점유율이 시장 내 한 기업의 비중을 나타내 주는 수치라면, 시장집중률은 시장 내 일정 수의 상위 기업들이 차지하는 비중을 나타내 주는 수치, 즉 일정 수의 상위 기업의 시장점유율을 합한 값이다. 몇 개의 상위 기업을 기준으로 삼느냐는 나라마다 자율적으로 결정하고 있는데, 우리나라에서는 상위 3대 기업의 시장점유율을 합한 값을, 미국에서는 상위 4대 기업의 시장점유율을 합한 값을 시장집중률로 채택하여 사용하고 있다. 이렇게 산출된 시장집중률을 통해 시장 구조를 구분해 볼 수 있는데, 시장집중률이 높으면 그 시장은 공급이 소수의 기업에 집중되어 있는 독점시장으로 구분하고, 시장집중률이 낮으면 공급이 다수의 기업에 의해 분산되어 있는 경쟁시장으로 구분한다.

한국개발연구원에서는 어떤 산업에서의 시장집중률이 80% 이상이면 독점시장, 60% 이상 80% 미만이면 과점시장, 60% 미만이면 경쟁시장으로 구분하고 있다. 시장집중률을 측정하는 기준에는 여러 가지가 있기 때문에 어느 것을 기준으로 삼느냐에 따라 측정 결과에 차이가 생기며 이에 대한 경제학적인 해석도 달라진다. 어느 시장의 시장 집중률을 '생산량' 기준으로 측정했을 때 A, B, C기업이 상위 3대 기업이고 시장집중률이 80%로 측정되었다고 하더라도, '매출액' 기준으로 측정했을 때는 D, E, F기업이 상위 3대 기업이 되고 시장집중률이 60%가 될 수도 있다. 이처럼 시장집중률은 시장 구조를 구분하는 데 매우 유용한 지표이며, 이를 통해 시장 내의 공급이 기업에 집중되는 양상을 파악해 볼 수 있다.

① 시장 구조의 변천사
② 시장집중률의 개념과 의의
③ 독점시장과 경쟁시장의 비교
④ 우리나라 시장점유율의 특성
⑤ 시장집중률 매출액 수치 계산법

38 다음 글의 제목으로 가장 적절한 것은?

우주에 빅뱅(Big Bang)으로 불리는 대폭발이 일어나고, 그 이후 우주는 지속적으로 팽창해 왔다. 이에 따라 과학자들은 빅뱅을 우주의 시작으로 간주하고 우주의 나이를 연구하기 시작했다. 이러한 연구에 불을 지핀 것은 허블이었다. 허블은 은하가 우주의 중심으로부터 멀어지는 속도와 거리의 상관관계를 조사하였고 그 결과 우주의 중심에서 멀어지는 속도는 거리에 비례한다는 사실을 발견하였다. 이 비례상수를 허블의 이름을 붙여 허블상수라고 한다. 결국 허블상수의 역수는 그대로 우주의 나이가 된다.

우주의 나이에 대한 정보는 다른 곳에서도 구할 수 있다. 우주에서 가장 오래된 천체로 알려진 구상성단의 나이는 약 140억 년이다. 구상성단의 생성은 빅뱅 이후일 것이므로 결국 우주의 나이는 구상성단의 나이 이상이 된다. 그런데 허블상수에 의해 구해진 우주의 나이는 약 115억 년 정도인데 비해 구상성단의 나이는 140억 년이므로 모순이 발생한다. 이것이 이른바 '우주의 나이 문제'이다.

이 모순의 유일한 해결책은 우주의 팽창 속도가 일정하다는 가설을 포기하는 것이다. 우주의 팽창속도가 처음에는 느렸지만 점차 증가하여 현재의 우주 팽창 속도에 이르렀다면 모순은 자연스럽게 해결되기 때문이다. 이에 따라 과학자들은 보다 정교한 팽창 속도에 대한 이론을 만들어냈고, 이를 바탕으로 계산한 우주의 나이는 약 145~155억 년 정도이다. 이는 구상성단의 나이와도 맞아 떨어지므로 성공적으로 문제를 해결한 셈이다.

이제 현재 우주론은 우주 속의 은하와 같은 거대한 구조가 어떤 과정을 거쳐 생성되었는가 하는 것이다. 이 문제는 단지 우주의 팽창 이론만으로는 해결하기 어렵기 때문이다. 과학자들은 가장 작은 은하를 구성하는 별들에 대해 모든 정보를 조사한 뒤 이 별들을 공간에 무작위로 흩어 놓은 뒤 우주 생성의 초기 조건을 만들어내고 은하가 생겨나는 과정을 컴퓨터로 시뮬레이션 하였다. 그러나 그 결과는 오히려 과학자들을 당혹스럽게 만들고 있는 데 시뮬레이션으로 얻어진 은하 생성의 시간이 현재 우주의 나이에 비해 약 100배나 되었기 때문이다.

① 현대 천문학의 복병, 구상성단
② 현대 천문학의 전제, 빅뱅
③ 현대 천문학의 새로운 방법, 시뮬레이션
④ 현대 천문학의 과제, 우주의 나이
⑤ 현대 천문학의 이론, 구상성단

39 다음 글의 제목으로 가장 적절한 것은?

해저는 대륙 주변부와 대양저의 두 지역으로 나눌 수 있다. 대양저는 지구 표면의 절반 이상을 차지하고 있으며, 주로 대양저 산맥과 부근의 평원으로 이루어져 있는데 열수공, 해산, 기요, 해구 등과 같은 지형들이 나타난다.

대양저 산맥은 지각의 확장 축을 따라 발달한 젊은 현무암으로 이루어진 산악이 연결되어 있다. 대양저 산맥은 그 길이가 지구 둘레의 1.5배에 해당하는 65,000km 정도에 이르고, 마치 야구공의 봉합선처럼 지구를 둘러싸고 있다.

대양저에는 열수공이라 불리는 지형이 있다. 열수공은 주로 뜨거운 온도의 검은 물을 분출하는 곳으로, 검은 연기라고도 불린다. 물이 대양저 바닥의 깨어져 있는 틈 사이로 내려가 마그마나 뜨거운 암석을 만나고, 거기서 초고온으로 가열되어 융해된 광물과 기체들이 함께 열수공으로 빠져나오는 것으로 추측되고 있다.

대양저에는 수면 밖으로 나오지 않는 수천 개의 화산들이 돌출해 있다. 이들 화산들은 해저 지각판의 확장 중심부에서 만들어진 다음에 활동이 멈춘 채 물속에 잠겨 있는 것으로 해산이라고 불린다. 특히 중앙 태평양의 서부에는 꼭대기가 평평한 해산들이 있는데, 이를 기요라고 한다. 기요는 한때 수면 밖이나 거의 수면 가까이 올라왔던 해산이다. 꼭대기가 평평한 것은 이것들이 해수면 부근에 있을 때 파도에 의해 침식된 것을 나타내고 있다.

해구는 대양저에서 가장 깊은 곳으로, 주위 대양저보다 약 3~4km 정도 더 깊다. 수온은 주변 해저의 수온보다 더 낮아 거의 빙점에 근접한데, 이는 오래되고 차가운 해양 지각이 비교적 밀도가 작은 지각 아래로 들어가 있는 것을 나타낸다.

① 대양저와 해저 지형
② 대륙 주변부와 대양저
③ 해저 지형의 화산 활동
④ 해저 지형의 지각 운동
⑤ 해저 지형의 열수공

40 다음 글의 주제로 가장 적절한 것은?

기억 정보가 뇌에 저장되는 방식에 대해서는, 최근 많은 학설이 나왔지만, 그 중 뉴런(신경세포) 간 연결 구조인 시냅스의 물리·화학적 변화에 의해 이루어진다는 학설이 가장 설득력을 얻고 있다. 인간의 뇌에는 약 1천억 개의 뉴런이 존재하는데 뉴런 1개당 수천 개의 시냅스를 형성한다. 시냅스는 신호를 발생시키는 시냅스 전(前) 뉴런과 신호를 받아들이는 시냅스 후(後) 뉴런, 그리고 두 뉴런 사이의 좁은 간격, 곧 20~50 나노미터 정도 벌어진 시냅스 틈으로 구성된다. 시냅스 전 뉴런에서 전기가 발생하면 그 말단에서 시냅스 틈으로 신경전달물질이 분비되고, 이 물질은 시냅스 후 뉴런의 수용체 – 신호를 받아들이는 물질 – 를 자극해 전기를 발생시킨다.

뇌가 작동하는 것은 시냅스로 이뤄진 신경망을 통해 이렇게 신호가 전달되어 정보 처리가 이루어지기 때문이다. 뇌가 받아들인 기억 정보는 그 유형에 따라 각각 다른 장소에 저장된다. 우리가 기억하는 것들은 크게 서술 정보와 비서술 정보로 나뉜다. 서술 정보란 학교 공부, 영화 줄거리, 장소나 위치, 사람 얼굴처럼 말로 표현할 수 있는 정보이다. 반면 비서술 정보는 몸으로 습득하는 운동 기술, 습관, 버릇, 반사적 행동 등과 같이 말로 표현할 수 없는 정보이다. 이 중에서 서술 정보를 처리하는 중요한 기능을 담당하는 것은 뇌의 내측두엽에 있는 해마로 알려져 있다. 교통사고를 당해 해마 부위가 손상된 이후 서술 기억 능력이 손상된 사람의 예가 그 사실을 뒷받침한다. 그렇지만 그는 교통사고 이전의 오래된 기억을 모두 회상해냈다. 해마가 장기 기억을 저장하는 장소는 아닌 것이다.

서술 정보가 오랫동안 저장되는 곳으로 많은 학자들은 대뇌피질을 들고 있다. 내측두엽으로 들어온 서술 정보는 해마와 그 주변 조직들에서 일시적으로 머무는 동안 쪼개져 신경정보신호로 바뀌고 어떻게 나뉘어 저장될 것인지가 결정된다. 내측두엽은 대뇌 피질의 광범위한 영역과 신경망을 통해 연결되어 이런 기억 정보를 대뇌피질의 여러 부위로 전달한다. 다음 단계에서는 기억과 관련된 유전자가 발현되어 단백질이 만들어지면서 기억 내용이 공고해져 오랫동안 저장된 상태를 유지한다.

그러면 비서술 정보는 어디에 저장될까? 운동 기술은 대뇌의 선조체나 소뇌에 저장되며, 계속적인 자극에 둔감해지는 '습관화'나 한 번 자극을 받은 뒤 그와 비슷한 자극에 계속 반응하는 '민감화' 기억은 감각이나 운동 체계를 관장하는 신경망에 저장된다고 알려져 있다. 감정이나 공포와 관련된 기억은 편도체에 저장된다.

① 뇌의 생물학적 구조는 어떠한가?
② 뇌는 정보를 어디에다가, 어떻게 저장하는가?
③ 시냅스가 뇌의 정보 처리에 어떻게 작동하는가?
④ 인간의 뇌는 어떻게 감정과 의식을 만들어 내는가?
⑤ 비서술 정보는 어디에 저장될까?

문서작성능력

① 문서작성의 기초

| 정답 및 해설 p.281

01 다음 중 '기획서'의 작성법으로 적절하지 <u>않은</u> 것은?

① 내용이 한눈에 파악되도록 체계적으로 목차를 구성하도록 한다.

② 핵심 내용의 표현에 신경을 써야 한다.

③ 효과적인 내용전달을 위해 내용과 적합한 표나 그래프를 활용하여 시각화하도록 한다.

④ 인용한 자료의 출처는 기입하지 않는다.

02 다음 용도에 맞는 문서로 적절한 것은?

> 이 부장: "김 과장 한 달 후에 있을 행사에 대해 알고 있지? 모레까지 (   ) 만들어서 제출하도록."
>
> 김 과장: "네 알겠습니다. 이번 프로젝트 반드시 성공시키겠습니다."

① 기안서

② 비지니스 레터

③ 기획서

④ 보고서

03 신입사원인 A씨가 신제품에 대한 설명서를 작성하였지만, 상사인 B씨는 다음과 같은 지적을 하며 다시 쓰라고 하였다. B씨가 지적한 내용으로 적절하지 <u>않은</u> 것은?

① "설명을 명령형으로 작성했네? 평서형으로 고쳐서 다시 가져와"
② "연도와 월일은 함께 기입하고 마지막에 '끝'자를 붙여야지"
③ "내용이 너무 복잡해. 이해하기 쉬운 단어로 간결하게 수정해보자"
④ "이 내용에서는 도표를 넣는 것이 이해하는데 쉽지 않을까?"

04 내일 있을 회의에서 문서를 작성해서 보고해야 한다. 다음 중 문서를 작성할 때의 방법으로 적절하지 <u>않은</u> 것은?

① 숫자를 그래프로 표시하여 보기 쉽게 만들었다.
② 육하원칙에 따라 작성하고 경어는 사용하지 않았다.
③ 최대한 자세하게 문장을 써서 보는 사람이 쉽게 이해하도록 하였다.
④ 대상, 목적, 시기, 기대효과를 고려해서 작성하였다.

05 다음은 상황에 따른 문서작성법의 하나이다. 아래의 문서들이 주로 사용되는 문서작성법의 경우는?

> 일반적으로 회사 자체에 대한 홍보나 기업정보를 제공하는 경우에는 홍보물이나 보도자료 등의 문서가 필요하고, 제품이나 서비스에 대해 정보를 제공해야 하는 경우에는 설명서나 안내서 등이 필요하다.

① 요청이나 확인을 부탁하는 경우
② 정보제공을 위한 경우
③ 명령이나 지시가 필요한 경우
④ 제안이나 기획을 할 경우

06 A팀장은 B사원에게 기안문 작성방법에 대해 알려주려고 한다. 다음에 제시된 작성법을 읽고, A팀장과 B사원의 대화 중 적절하지 <u>않은</u> 것은?

[기안문 작성법]

1. 구성
  (1) 두문 : 기관명, 수신, 경유로 구성된다.
  (2) 본문 : 제목, 내용, 붙임(첨부)로 구성된다.
  (3) 결문 : 발신명의, 기안자 및 검토자의 직위와 직급 및 서명, 결재권자의 직위와 직급 및 서명, 협조자의 직위와 직급 및 서명, 시행 및 시행일자, 접수 및 접수일자, 기관의 우편번호, 도로명주소, 홈페이지 주소, 전화, 팩스, 작성자의 전자우편 주소, 공개구분(완전공개, 부분공개, 비공개)으로 구성된다.

2. 일반 기안문 결재방법
  (1) 결재 시에는 본인의 성명을 직접 쓴다. 전자문서의 경우에는 전자이미지 서명을 사용한다.
  (2) 전결의 경우에는 전결권자가 '전결' 표시를 하고 서명을 한다.
  (3) 전결을 대결하는 경우에는 전결권자의 란에는 '전결'이라고 쓰고 대결하는 자의 란에 '대결'의 표시를 하고 서명한다. 결재하지 않는 자의 서명란은 별도로 두지 않는다.

---

① A팀장 : 주소는 꼭 도로명 주소를 써야 해요.
② B사원 : 기안문 작성 시 공개구분을 꼭 표시해야 하는군요.
③ A팀장 : 이 업무는 C부장님이 D과장님께 위임한 것이니, D과장님이 '[과장] 전결 D'로 해야겠죠.
④ B사원 : D과장님은 휴가로 부재중인 경우 A팀장님이 전결 서명을 하시겠군요.

07 행정기관에서 대내적 또는 대외적인 공무를 집행하고자 문서를 작성하려고 한다. 적절한 문서의 종류는?

① 공문서 ② 기안서
③ 보고서 ④ 기획서

08 설명서를 작성하는 방법으로 적절하지 <u>않은</u> 것은?

① 상품과 제품에 대해 설명하는 성격에 맞추어 정확하게 기술한다.
② 평서형보다 명령문으로 작성하며, 정확한 내용 전달을 위해 최대한 길게 작성한다.
③ 도표를 이용해 복잡한 내용을 시각화하여 이해도를 높인다.
④ 동일 문장의 반복을 피하여 다양한 표현을 쓰도록 한다.

09 다음 중 보고서 제출 시 유의사항으로 적절하지 <u>않은</u> 것은?

① 보고서는 개인의 능력을 평가하는 기본요인이다.

② 보고서는 신뢰성이 있는 서류이기 때문에, 참고자료는 생략 가능하다.

③ 보고서를 제출하기 전에 최종점검을 해야 한다.

④ 내용에 대한 예상 질문을 사전에 추출해 보고, 그에 대한 답을 미리 준비한다.

10 다음 중 문서작성능력에 대한 설명으로 적절한 것은?

① 자신의 의사를 목적과 상황에 맞게 설득력을 가지고 표현하는 능력

② 원활한 의사소통의 방법으로 상대방의 이야기를 듣는 능력

③ 업무와 관련된 문서를 통해 구체적인 정보를 획득 · 수집 · 종합하는 능력

④ 상황과 목적에 적합한 문서를 시각적이고 효과적으로 작성하기 위한 능력

11 문서작성의 구성요소로 적절하지 <u>않은</u> 것은?

① 문서는 주관적이고 논리적이며 체계적인 내용이 좋다.

② 문서는 품위와 짜임새가 있는 골격이어야 좋다.

③ 문서는 이해하기 쉬워야 좋다.

④ 문서는 명료하고 설득력 있는 구체적인 문장이어야 좋다.

12 다음 중 문서작성 시 고려해야할 사항으로 적절하지 <u>않은</u> 것은?

① 대상   ② 시기

③ 고객의 만족노   ④ 기대효과

13 다음 종류에 따른 문서작성법을 알맞게 짝지은 것은?

① 공문서 – 누가, 언제, 어디서, 무엇을, 어떻게(왜)가 정확히 드러나도록 작성한다.

② 설명서 – 소비자의 이해를 돕기 위해 전문용어를 사용한다.

③ 기획서 – 상품과 제품에 대해 설명하는 성격에 맞추어 정확하게 기술한다.

④ 보고서 – 상대가 채택할 수 있도록 설득력을 갖추어 어필해야 하므로, 상대가 요구하는 점을 고려하여 작성한다.

14 다음 중 문서작성 시 고려해야할 사항으로 적절하지 <u>않은</u> 것은?

① 문서작성의 목적   ② 고객의 요구

③ 시기   ④ 기대효과

15 다음 중 문서의 종류와 그 작성법에 대한 설명으로 적절하지 <u>않은</u> 것은?

① 공문서 : 복잡한 내용은 '– 다음 –', 또는 '– 아래 –'와 같은 항목 별로 구분하며, 마지막에는 반드시 '끝'자로 마무리 한다.

② 설명서 : 복잡한 내용은 도표를 통해 시각화하며, 동일한 문장 반복보다는 다양한 표현을 사용한다.

③ 보고서 : 핵심사항만을 간결하게 작성하기 보다는 전체적인 내용을 이해할 수 있도록 반복하여 제시한다.

④ 기획서 : 상대에게 어필해 상대가 채택하게끔 설득력을 갖춰야하므로, 핵심 내용의 표현이나 효과적인 내용전달에 주의한다.

16 다음 문서작성의 원칙에 대한 설명 중 적절하지 <u>않은</u> 것은?

① 이해하기 쉽게 쓰며, 우회적인 표현은 가급적 쓰지 않는다.

② 문장은 간결하게 작성하며, 간단한 표제를 붙인다.

③ 관련된 논거와 상황을 모두 제시한 후에 결론을 마지막에 쓴다.

④ 한자의 사용은 되도록 자제해야 한다.

17 다음 중 문서작성 시 주의해야할 사항으로 적절하지 <u>않은</u> 것은?

① 문서는 육하원칙에 따르는 것이 원칙이며, 그 작성 시기는 중요하지 않다.

② 문서는 한 사안을 한 장의 용지에 작성해야 하며, 첨부자료는 반드시 필요한 경우 외에는 첨부하지 않는다.

③ 문서작성 후 반드시 다시 한 번 내용을 검토해야 한다.

④ 문장표현은 작성자의 성의가 담기도록 경어나 단어사용에 신경을 써야 한다.

18 다음 중 문서를 시각화하는 포인트에 대한 설명으로 적절하지 <u>않은</u> 것은?

① 보기 쉬워야 한다.

② 이해하기 쉬워야 한다.

③ 내용이 단순하게 표현되어야 한다.

④ 숫자는 그래프로 표시한다.

19 다음 중 문서작성 시 고려해야할 사항으로 적절하지 <u>않은</u> 것은?

① 구체적 실현 방법   ② 대상 및 목적

③ 기대효과   ④ 시기

20 신입사원이 기획부 과장인 당신에게 공문서를 작성하여 검토를 요청하였다. 다음 중 직접적인 관련이 <u>없는</u> 내용은?

① 날짜 작성 시 연도와 월일을 반드시 함께 기입하며, 날짜 다음에 괄호를 사용할 경우에는 마침표를 찍지 않는다.

② 한 장에 담아내는 것을 원칙으로 하며, 마지막엔 반드시 '끝'자로 마무리 한다.

③ 복잡한 세부 내용은 '- 다음 -', '- 아래 -' 등을 사용하여 항목 별로 구분한다.

④ 복잡한 내용은 도표로 시각화하고, 동일한 문장 반복은 피한다.

21 당신은 보험회사의 마케팅 부서의 사원이다. 하루는 팀장이 문서 파일을 주면서 "오늘 회의에 필요한 것만 간추려 분류하라"는 요청을 하였다. 팀장이 요청한 업무를 처리하기 위해 당신에게 필요한 능력으로 가장 적절한 것은?

① 다른 사람의 말을 주의 깊게 듣고 공감하는 능력

② 자신의 생각과 감정을 언어로 표현하는 능력

③ 구체적인 정보를 획득 · 수집하고, 종합하기 위한 능력

④ 외국어로 된 간단한 자료를 이해하거나 의사표현을 이해하는 능력

22 다음의 전산팀 담당자가 참고하여야 할 자료로 가장 적절한 것은?

> 전산팀 담당자 A는 회사의 컴퓨터에 대한 교육을 담당하고 있는데, 그는 컴퓨터의 기능과 사용방법, 보수 및 유지관리, A/S, 컴퓨터의 폐기와 관련된 모든 정보를 신입사원에게 교육하는 것이 주된 업무이다. 또한 컴퓨터를 통해 직무를 수행해 나가는 방법에 대해서도 전달하는 업무를 담당하고 있다.

① 기획서
② 매뉴얼
③ 계약서
④ 약관

23 다음은 보고서를 작성하기 위하여 계획한 내용이다. 내용상 적절하지 <u>않은</u> 것은?

연구 목적	소득 격차에 따른 아동 비만 실태를 영양 섭취와 식습관의 두 측면에서 정확하게 파악하고, 이에 대한 정부 정책을 알아본다.
연구 내용	• 저소득층 아동들의 비만 수준을 실제 조사를 통해 파악한다. • 조사된 통계자료를 바탕으로 아동의 비만 수준이 부모의 소득 수준에 따라 유의미한 차이가 있는지 파악한다. • 부모의 소득 수준에 따라 아동의 영양 섭취에 차이가 있는지 조사한다. ------------------------------- ① • 부모의 소득 수준에 따라 아동의 식습관에 차이가 있는지 조사한다. • 아동들의 비만에 대한 정부의 정책이 마련되어 있는지 조사한다. ------------------------------- ②
연구 방법 및 조사 항목	• 실제 설문조사 – 조사 대상의 선정 방법 및 이유를 도시지역 아동들의 비만 실태와 함께 제시한다. -------------------- ③ – 부모의 소득 수준에 따른 아동들의 식단과 이에 따른 영양 섭취 현황을 함께 제시한다. • 실제 설문조사 및 현황 조사 – 소득 계층별로 아동들의 주간, 월간 식단을 조사한다. – 소득 계층별로 아동들의 식사 시간, 식사 방법 등의 식습관을 조사한다. – 소득 계층별로 아동들의 영양섭취에 대한 부모의 관심도를 조사한다. – 소득 수준에 따른 식재료 구입 방법과 경로를 조사한다. – 저소득층 아동들에 대한 정부의 영양 섭취 및 식습관 지도에 관한 지원 정책을 조사한다. – 부모의 교육 수준에 따른 아동의 영양 섭취에 대한 기초지식 및 관심도를 조사한다. -------------------- ④

24 개요를 작성할 때, ㉠~㉣을 구체화한 내용으로 적절하지 <u>않은</u> 것은?

서론 : (   ) ················· ㉠

본론

1. 국내 아동 성범죄 현황

  (1) 연도별 아동 대상 성범죄 발생 빈도의 증가

  (2) 아동 대상 성범죄 재범률의 증가

2. 아동 성범죄의 문제점

  (1) 피해 아동의 치명적인 정신적 상처

  (2) 비교적 가벼운 처벌 ·· ㉡

3. 아동 성범죄 대응 방안

  (1) 아동 성범죄자의 신상공개 및 전자발찌 착용 강화 ················· ㉢

  (2) 아동 성범죄와 관련된 범행의 형량 강화

  (3) 아동 성범죄 전담반 구성을 통한 전문적 대응

  (4) 성범죄자의 출소 후 지속적 감시 및 관리로 재발 방지 노력 ········· ㉣

결론 : (   )

---

① ㉠ : 아동의 정신적 · 신체적 특성상 성범죄로 인한 피해가 성인에 비해 훨씬 심각함을 제시하며 주의를 환기시킨다.

② ㉡ : 아동 성범죄자들의 평균 형량과 국민들이 원하는 형량의 차이를 제시하여 범죄의 심각성에 비해 현재의 형량이 매우 가볍다는 점을 지적한다.

③ ㉢ : 아동 성범죄자들의 신상을 주변의 주민들에게 알림으로써 주민들 스스로 이를 경계하여 아동 성범죄를 미연에 방지할 수 있는 다양한 방법을 강화시킬 필요가 있음을 강조한다.

④ ㉣ : 아동 성범죄자들의 재범률이 높다는 점을 고려하여 성범죄자들이 출소 후에 사회로 복귀하여 자리를 잡을 수 있도록 지속적으로 추적, 관리하여 재범을 막아야 함을 제시한다.

25 보고서를 작성하기 위하여 계획한 내용이다. 내용상 적절하지 <u>않은</u> 것은?

연구 목적	우리나라의 고속 탈산업화에 따른 대안을 모색한다.
연구 내용	• 탈산업화의 의미와 일반적 과정을 조사한다. • 우리나라의 산업 구조 현황을 조사한다. • 조사된 산업 구조 현황 자료를 토대로 우리나라의 탈산업화가 유의미한 변화를 보이고 있는지 조사한다. ·· ① • 다른 나라와 비교하여 우리나라의 탈산업화 과정에 차이가 있는지 조사한다. • 탈산업화 과정에서 서비스업의 비중 변화를 조사한다. • 국내 서비스업과 외국 서비스업의 경쟁력을 비교 조사한다. • 우리나라의 탈산업화가 이루어지는 원인을 조사하여 분석한다. • 우리나라의 탈산업화 과정에서 예상되는 문제점을 조사한다. • 우리나라의 탈산업화 과정에서 발생하는 문제를 해결하기 위한 대안은 마련되어 있는지 조사한다.

연구 방법 및
조사 항목
	• 통계자료 조사
	  – 우리나라의 산업 구조 변동에 대한 통계를 조사한다.
	  – 외국의 경우와 비교하여 우리나라의 탈산업화 과정의 특징을 제시한다.
	  – 중국의 산업화 과정의 특징을 조사한다.
	  – 우리나라의 탈산업화에 대한 국민들의 인식을 조사한다.························· ②
	• 통계자료 분석
	  – 우리나라의 산업별 구조 변동의 특징을 분석한다.
	  – 우리나라의 탈산업화 과정의 특징을 분석한다. ································· ③
	• 문제점과 대안 제시
	  – 탈산업화의 보편적인 문제점을 분석한다. ······································· ④
	  – 문제점 극복을 위한 외국의 사례를 조사한다.
	  – 문제점 극복을 위한 정부의 대책이 있는지 정부의 정책자료를 조사한다.

26 〈보기〉를 참고하여 개요의 내용을 구체화 한 것으로 적절하지 <u>않은</u> 것은?

> **보기**
>
> 서론 : 탈산업화의 개념 소개 ⋯⋯⋯⋯⋯⋯⋯⋯⋯⋯⋯⋯⋯⋯⋯⋯⋯⋯⋯⋯ ㉠
> 본론
> 1. 우리나라의 탈산업화 현황
>   (1) 우리나라의 제조업 구조 변화
>   (2) 우리나라의 서비스업 구조 변화 ⋯⋯⋯⋯⋯⋯⋯⋯⋯⋯⋯⋯⋯⋯⋯⋯ ㉡
> 2. 탈산업화의 문제점
>   (1) 경제 성장률 둔화
>   (2) 노동력 공급 불균형
>   (3) 외국과의 경쟁 심화
> 3. 탈산업화의 원인
>   (1) 급격한 세계화의 진행
>   (2) 개발도상국과의 경쟁 심화 ⋯⋯⋯⋯⋯⋯⋯⋯⋯⋯⋯⋯⋯⋯⋯⋯⋯⋯ ㉢
> 4. 탈산업화의 대안
>   (1) 제조업과 서비스업의 비율 유지 ⋯⋯⋯⋯⋯⋯⋯⋯⋯⋯⋯⋯⋯⋯⋯⋯ ㉣
>   (2) 신규 노동력 확보
>   (3) 고부가가치 산업 창출
> 결론 : (   )

① ㉠ : 탈산업화의 일반적 의미와 함께 탈산업화의 일반적 과정을 제시한다.

② ㉡ : 탈산업화로 인해 전체 산업에서 서비스업의 비중이 높아지고 있음을 나타내는 통계 자료를 제시한다.

③ ㉢ : 중국의 경제 성장에 따른 제조업 경쟁력 강화를 구체적 사례로 들어 우리나라가 제조업에서 경쟁력이 약화되고 있음을 보여준다.

④ ㉣ : 서비스업과 제조업의 비율을 균일하게 유지하여 전체 산업이 고르게 성장할 수 있도록 해야 함을 제시한다.

27 다음 〈보기〉의 내용을 서론, 본론, 결론으로 적절하게 짝지어 나눈 것은?

ㄱ. 청소년 문화의 중요성 강조

ㄴ. 청소년 비행의 뜻을 밝힘.

ㄷ. 향락적 분위기에 빠진 현실

ㄹ. 청소년 비행의 실태

ㅁ. 전인 교육 강화의 중요성

ㅂ. 뚜렷한 가치관이 부재한 청소년

ㅅ. 청소년에 대한 사랑과 관심의 촉구

ㅇ. 퇴폐문화로부터 청소년을 보호해야 함.

	서론	본론1	본론2	결론
①	ㅅ	ㄴ, ㄷ	ㄱ, ㄹ	ㅁ, ㅇ
②	ㄴ, ㄷ	ㄱ, ㅁ	ㅂ, ㅇ	ㄹ, ㅅ
③	ㄴ, ㄹ	ㄷ, ㅂ	ㅁ, ㅇ	ㄱ, ㅅ
④	ㄴ, ㄹ	ㄷ, ㅇ	ㅁ, ㅂ	ㄱ, ㅅ

28 다음 중 글의 제목과 구성 방식이 적절하지 <u>않은</u> 것은?

① 제주도 지방의 음식 – 공간적 구성

② 집단 식중독 사건의 진상 – 인과적 구성

③ 자본주의의 본질 – 점층식 구성

④ 공공예절 지키기 – 단계식 구성

29 〈보기〉를 바탕으로 권장 도서의 독서를 장려하는 홍보 문구를 만들 때, 가장 적절한 것은?

보기

[추가 자료]

컴퓨터만 켜면 수많은 지식을 손쉽게 얻을 수 있기에 청소년들은 고전을 고리타분하다고 생각합니다. 그러나 고전 속에는 시대를 초월한 삶의 지혜가 담겨 있습니다. 고전을 읽음으로써 문제를 다양하게 바라보는 안목이 생기고 이를 해결할 수 있는 방법도 찾을 수 있습니다.

– ○○대학교 교수 –

〈조건〉
• 추가 자료의 내용을 반영할 것
• 대구법을 사용할 것

① 나무에게는 물이 당신에게는 독서가 필요합니다.
② 책과 함께하는 세상 우리가 함께하는 세상 세대를 초월하는 경험, 고전과 함께해요.
③ 고전은 풍요로운 삶의 길을 여는 지혜의 열쇠, 고전을 읽어 세상을 바라보는 안목을 넓히세요.
④ 책꽂이 빈자리가 늘어날수록 좁아지는 우리의 마음, 고전으로 우리의 생각을 아름답고 풍성하게 만들어요.

30 다음 제시된 글에서 가장 문제가 되는 것은?

그네뛰기는 단순한 놀이가 아니다. 그네를 탈 때, 그넷줄을 놓치지 않으려면 팔에 계속 힘을 주어야 한다. 그리고 좀 더 높이 차오르기 위해서는 온몸의 탄력을 이용하여 빠르고 힘차게 발을 굴러야 한다. 그네뛰기는 예로부터 주로 여성들이 즐겨온 대표적인 민속놀이 중 하나이다. 이처럼 그네뛰기는 근육을 강화하고 민첩성을 기르는데 적합한 운동이라 할 수 있다.

① 중심 문장이 제시되어 있지 않다.
② 동일한 의미를 지닌 구절이 중복되었다.
③ 글의 통일성을 약화시키는 부분이 있다.
④ 필요한 문장 성분을 빠트렸다.

31 다음 중 '과제의 초고'에서 글쓴이가 활용한 글쓰기 방법을 〈보기〉에서 고른 것은?

[작문 과제]

'시간 관리'에 대해 써 보자.

[과제의 초고]

시간을 잘 관리하는 사람은 서두르지 않으면서도 늦는 법이 없다. 시간의 주인으로 살기 때문이다. 반면, 시간을 잘 관리하지 못하는 사람은 잡다한 일로 늘 바쁘지만 놓치는 것이 많다. 시간에 묶이기 때문이다. 당신은 어떤 사람인가.

우리는 목표를 정하고 부수적인 것들을 정리하면서 삶의 곳곳에 비는 시간을 만들어야 한다. 하지만 이 말이 일분일초의 여유도 없이 빡빡하게 살라는 말은 아니다. 주어진 순간순간을 밀도 있게 사는 것은 중요하다. 자동차와 빌딩으로 가득한 도시에 공원이 필요하듯 우리의 시간에도 여백이 필요한 것이다.

조금은 비워 두고 무엇이든 자유롭게 할 수 있는 여백은 우리 삶에서 꼭 필요하다. 목표를 향해 가면서 우리는 예상치 못한 일에 맞닥뜨릴 수 있다. 그러한 뜻밖의 상황에서 시간의 여백이 없다면 우리는 문제를 해결하지 못해 목표와 방향을 잃어버릴지도 모른다. 그러므로 시간의 여백을 만드는 것은 현명한 삶을 위한 최고의 시간 관리라 할 수 있다.

보기

ㄱ. 대조를 통해 문제를 제기하며 글을 시작한다.

ㄴ. 시간적 순서에 따라 개인적인 경험을 제시하여 글의 전달 효과를 높인다.

ㄷ. 유사한 상황에 빗대어 내용을 보다 효과적으로 전달한다.

ㄹ. 객관적 사실을 나열한 후 간략하게 의견을 덧붙여 글을 마무리한다.

① ㄱ, ㄷ ② ㄱ, ㄹ
③ ㄴ, ㄷ ④ ㄴ, ㄹ

32 다음은 문서의 파악의 절차이다. 빈칸에 들어갈 내용으로 알맞은 것을 순서대로 나열한 것은?

> 1. 문서의 (   )을 이해하기
> 2. 문서가 작성된 배경과 주제 파악하기
> 3. 문서에 쓰인 정보를 밝혀내고 문서가 제시하고 있는 (   ) 파악하기
> 4. 문서를 통해 상대방의 욕구와 의도 및 내게 요구하는 행동에 관한 내용을 분석하기
> 5. 문서에서 이해한 목적 달성을 위해 취해야 할 행동을 생각하고 결정하기
> 6. 상대방의 의도를 도표나 그림 등으로 메모하여 요약, (   )해보기

① 제목 – 현안문제 – 유추   ② 목적 – 현안문제 – 정리
③ 제목 – 해결된 문제 – 정리   ④ 목적 – 해결된 문제 – 유추

33 다음 중 문서와 그에 대한 설명이 옳지 <u>않은</u> 것은?

① 결재문서 : 기안문서에 그 내용에 대하여 권한 있는 결재권자의 결재를 받은 문서
② 공람문서 : 일정한 양식에 인쇄하여 필요한 사항을 쉽게 기입할 수 있도록 만든 사무문서
③ 특수문서 : 일반 문서에 속하지 않는 문서로 기업의 정과, 규칙, 회의록 등이 포함됨
④ 주간업무보고서 : 한 주 간에 진행된 업무를 보고하는 문서

34 직장생활에서 사용되는 문서의 종류 중 다음 (A)와 (B)에 해당하는 것을 모두 알맞게 짝 지은 것은?

> (A) 사안의 수입과 지출결과를 보고하는 문서
> (B) 언론을 상대로 자신의 정보가 기사로 보도되도록 하기 위해 보내는 자료

	(A)	(B)
①	영업보고서	비즈니스 레터
②	결산보고서	비즈니스 레터
③	영업보고서	보도자료
④	결산보고서	보도자료

[35 – 36] 다음 글을 읽고 물음에 답하시오.

교장 선생님께.

안녕하십니까? 어려운 여건 속에서도 늘 학생들에게 애정을 가져 주시고 다양한 교육과정 운영을 통해 학생들의 진로를 위해 노력해 주셔서 감사드립니다. 최근 사회 문제로 대두되고 있는 유해 먼지 유입으로 인해 우리 학생들의 호흡기 건강이 크게 위협받고 있습니다. 특히 우리 학교는 주변에 공장이 많고 교통량이 많아 학교로 유입되는 미세 먼지 양도 많을 것으로 예상됩니다. 미세 먼지 농도가 '나쁨'인 날은 점점 많아지고 있는데 실내 공기 질을 정확하게 파악할 수 없어 실내에서 종일 생활하는 학생들은 늘 걱정이 됩니다. 그래서 학생회 대표로서 건강한 교실 환경 조성을 위해 교장 선생님께 몇 가지 건의를 드리고자 합니다.

첫째, 교실 내 공기 질을 실시간으로 학부모들이 확인할 수 있는 시스템을 만들어 주시기 바랍니다. 최근 ○○교육청에서는 학교 보건법 시행 규칙 개정으로 공기 질 측정 내용 중에 미세 먼지 기준치(PM2.5)를 추가하고, 일부 표본 학교를 대상으로 교실 내 공기 질을 수시로 측정, 분석하고 있는 것으로 알고 있습니다. 우리 학교에도 각 교실에 실내 공기 질 측정기를 설치하여 기준치를 넘었을 때에 즉각적으로 조치를 할 수 있도록 해 주셨으면 좋겠습니다.

둘째, 학교 교육 활동과 관련하여 미세 먼지 농도가 '나쁨'일 경우에 교실 내에서 대체할 수 있는 수업 계획을 체계적으로 마련해 주시기 바랍니다. 갑작스럽게 미세 먼지 농도가 올라가서 실외 수업이 취소된 경우 교실에서 수업이 제대로 이루어지지 않아 무의미하게 시간을 보내는 경우도 있었습니다.

셋째, 교실 환경을 개선하기 위해서 교실에 환경 정화 식물이 담긴 화분을 배치해 주십시오. 교실에서 환경 정화 식물을 키우면 교실 공기 질 개선에 다소 도움이 될 것 같습니다.

위 건의 내용들이 잘 수용된다면 학생들은 보다 쾌적한 환경 속에서 학습에 집중할 수 있을 것이라고 생각합니다. 긴 내용 읽어 주셔서 다시 한 번 감사드립니다.

– □□고 학생회 대표 ○○○ 올림

35 다음 글에 사용된 글쓰기 전략으로 적절하지 <u>않은</u> 것은?

① 주변 상황과 관련지어 문제의 심각성을 드러낸다.
② 건의 내용이 받아들여졌을 때 예상되는 효과를 제시한다.
③ 건의 내용과 관련하여 최근에 발표된 정책을 활용하여 설득력을 높인다.
④ 건의 내용이 수용되기 어려울 경우를 대비하여 차선책을 제시한다.

36 다음은 윗글을 쓰기 전에 세운 계획이다. 계획을 점검한 결과로 적절하지 <u>않은</u> 것은?

계획	반영	미반영	
건의자가 드러나도록 건의문 끝에 건의자를 밝혀야겠어.	○		①
문제 상황을 언급하고 이에 대한 해결 방안을 제시해야겠어.	○		②

| 예상 독자를 고려하여 격식을 갖춘 표현으로 글을 작성해야겠어. | ○ | .... ③ |
| 구체적인 피해 사례를 통계 수치로 언급해 문제의 심각성을 강조해야겠어. | ○ | .... ④ |

37 다음 글에 나타난 쓰기 전략으로 가장 적절한 것은?

[작문 과제]

자기를 소개하는 글을 써 보자. 글을 쓴 후에는 모둠별로 친구들과 자신의 글에 대해 상호 평가해 보자.

[초고]

저는 어린 시절부터 만화에 흥미를 가지고 있었습니다. 만화를 재미있는 읽을거리의 하나쯤으로 막연하게 여기고 있던 저에게 만화를 글과 그림이 결합된 서사가 있는 예술 작품으로 바라보게 해 준 계기는 미술 선생님 말씀이었습니다. 미술 수업 시간에 선생님께서는 "만화는 글과 그림을 전체적으로 바라볼 때 하나의 완성된 작품으로 마주할 수 있다."라고 말씀하셨습니다. 이후 저는 만화 창작과 관련된 여러 책을 찾아보았습니다. 스콧 매클라우드가 쓴 『만화의 이해』를 통해 만화에 대한 이론들을 접할 수 있었고, 윌 아이스너가 쓴 『그래픽 스토리텔링과 비주얼 내러티브』를 통해 만화를 창작하는데 필요한 요소에는 어떤 것이 있는지 알 수 있었습니다. 또 만화를 직접 그리기 시작하면서 만화에서 중요한 것은 디자인이나 데생, 그리고 이야기가 갖는 힘이라는 것을 알게 되었습니다. 그리고 이 중에서 이야기가 갖고 있는 힘이 어디에서 오는지 찾는 것이 필요하다고 생각했습니다.

저는 사람들의 흥미를 불러일으키는 만화의 이야기 요소를 알아보기 위해 친구들을 대상으로 설문 조사를 해야겠다고 생각했습니다. 저는 제가 여러 이론서에서 읽은 내용을 토대로 설문 조사 문항을 만들기 시작했습니다. 그런데 설문 조사 문항을 만들던 중 제가 만화 이론에 대해 정확하게 알고 있는지 확신이 들지 않았습니다. 고민 끝에 저는 △△대학교 모 교수님께 자문하였고, 교수님께서는 제가 구성한 설문 조사 문항을 이론적으로 뒷받침할 수 있는 연구물들을 읽어 보라고 알려 주셨습니다. 교수님께서 알려 주신 연구물들은 설문 조사 문항을 구성하는 과정에 큰 도움이 되었습니다.

어려 노력 끝에 설문 조사 문항을 완성하였고 만화에서 흥미를 유발하는 이야기의 요소를 주제, 인물, 에피소드로 나누어 탐구하게 되었습니다. 그 결과 친구들은 만화의 주제보다는 인물에, 인물보다는 에피소드에 관심을 갖는 것으로 나타났습니다. 흥미 있는 주제에 독특한 인물이 등장하더라도 그 세부적인 이야기를 구성하는 에피소드가 매력적이지 않으면 만화가 부실하다고 느낀다는 것이었습니다. 저는 그림 못지않게 이야기도 만화에서 중요하다는 것을 설문 조사 결과를 통해 확신하게 되었습니다. 그래서 저는 그림과 이야기 둘 다를 비중 있게 다룰 수 있는 만화가가 되기로 결심했습니다. 이야기의 중요성을 알고 만화의 내용을 구성하기 위해 노력을 기울인다는 점은 다른 사람과 구별되는 저의 좋은 점이라고 생각합니다. 이러한 저의 노력이 계속된다면 궁극적으로는 만화의 발전에 기여할 수 있을 것이라 생각합니다. 그래서 저는 ○○대학교 만화창작학과에 진학해 만화의 글과 그림에 대해 공부하고 하나의 예술 작품으로 만화를 창작하여 만화의 위상을 높이고 싶습니다.

① 의미 있는 경험을 소개하며 장점을 부각하고 있다.

② 질문의 방식을 활용하여 핵심 내용을 표현하고 있다.

③ 개념을 정의하여 글의 중심 화제를 설명하고 있다.

④ 설의적 표현을 통해 말하고자 하는 바를 강조하고 있다.

38 다음은 아래 글을 쓰기 위한 작문 계획이다. ㉠~㉢ 중 아래 글에 반영되지 <u>않은</u> 것은?

> 틀린 게 아니라 다른 것이다. 언제부터인가 우리 사회에서 '틀리다'와 '다르다'의 의미를 명확히 구분하자는 말이 일종의 유행어처럼 돼 버렸다. 우리가 알아야 할 점은 다문화 가정은 여전히 '다른' 존재가 아닌 '틀린' 존재로 우리 사회의 한쪽 구석을 차지하고 있다. 우리 사회가 보편적인 다문화 사회로 나아가는 데에 걸림돌이 되는 것은 과연 무엇인가?
>
> 우선 지적하고 싶은 것은 외국인 및 다문화 가정에 대한 차별의 시선이 우리 사회에 여전히 존재한다. 우리나라 사람들의 단일민족주의 관념은 뿌리가 깊다. 과거, 반도로 대변되는 지형학적 특수성과 잦은 외침을 겪은 역사적 배경 때문이라고 말하는 사람도 있을 것이다. 전 지구적 단위로 교통 및 통신망이 구축된 지금, 지구촌이라고 해도 무방한 이 시대에 아직도 우리가 우리와 조금이라도 다른 것을 쉽게 배척하려 든다는 것은 너무도 편협한 태도이다. 이는 우리가 시급하게 고쳐야 할 점이다.
>
> 그리고 다문화 가정을 지원할 수 있는 시스템이 미비하다는 것도 개선해야 할 점이다. 정도의 차이는 있지만 일반적으로 다문화 가정이 경제적인 어려움을 겪고 있는 건 사실이다. 다문화 가정에 대한 실태 조사에 따르면 월평균 소득이 150만원에 못 미치는 가정이 68.9%나 된다. 결혼 이민 여성들은 취업을 원하지만 현실은 녹록지 않다. 육아와 가사 부담으로 취업할 여건을 갖추지 못한 경우가 태반이고, 여건이 갖추어진다고 하더라도 취업 기회가 제한적이다. '재한 외국인 처우 기본법'이 제정되었지만 법 조항의 대부분이 의무조항이 아니어서 실효성을 거두기가 힘들다. 결혼한 이민자가 쉽게 헤어지고 그 자녀가 쉽게 학업을 그만두는 것은 그들이 뿌리내려야 할 토양이 너무 척박하기 때문이다.
>
> 강조되어야 할 점은 우리는 외국인과 다문화 가정 구성원들이 우리 문화에 동화되기를 바라면 안 된다는 것이다. 그들의 문화를 존중하고 공유하려는 태도가 필요하다. 단일민족주의의 신화를 버리고, 다양성이 우리 사회를 더욱 크고 강하게 만들 것이라는 믿음을 가져야 한다. 이러한 믿음이 내면화될 때까지 사회적 캠페인이 지속되어야 할 것이다. 다문화 가정의 구성원이 이 사회의 일원이 되기 위해 노력하는 만큼 그들이 사회 속에서 나름의 정체성을 가질 수 있도록 우리 또한 노력을 해야 한다. 정부 역시 혼란스러운 정책을 거두고 법과 제도를 개선하기 위한 구체적이고 통일된 움직임을 보여 주어야 한다.
>
> 단언컨대 이제 '튀기'라는 말이 더 이상 비속어로 쓰일 수 없다. 그 단어가 관용과 화합의 상징으로, 이 사회의 다문화적 정체성을 대변하는 아름다운 단어로 쓰여야 한다. 다양한 색과 여러 형태의 무늬가 하나의 큰 그림을 이루듯 서로 다른 것이야말로 진정 아름다운 것이 아니겠는가?

〈작문 계획 및 개요〉

– 작문 과제 : 다문화 사회로 나아가는 과정에서 당면한 문제점과 개선 방안을 제시함.

– 작문 목적 : 인식과 행동의 변화 촉구(설득하기) ┄┄┄┄┄┄┄┄┄┄┄┄┄┄┄┄┄┄┄┄ ㉠

– 개요

◇ 서론 (문제 제기 : 다문화 사회의 장애물은?)

◇ 본론1 (문제 상황 인식) ┄┄┄┄┄┄┄┄┄┄┄┄┄┄┄┄┄┄┄┄┄┄┄┄┄┄┄┄┄┄┄ ㉡

– 다문화 가정에 대한 차별적인 시선

– 다문화 가정을 위한 지원 시스템 부족

◇ 본론2 (문제 상황을 해결하기 위한 방안) ┄┄┄┄┄┄┄┄┄┄┄┄┄┄┄┄┄┄┄ ㉢

– 다문화 가정에 대한 인식 개선

– 정부 차원의 법과 제도 개선

◇ 결 론(주장 강조 : 다문화인의 적응을 도와야 함.) ┄┄┄┄┄┄┄┄┄┄┄┄ ㉣

① ㉠   ② ㉡

③ ㉢   ④ ㉣

39 주어진 개요를 읽고 ㉮, ㉯에 들어갈 알맞은 단어를 고른 것은?

제목 : 한국의 수출 경쟁력 향상 전략

주제 : 수출 경쟁력 향상을 위해서는 (㉮)과/와 (㉯)을/를 동시에 강화하는 데 힘써야 한다.

서론 : 1. 2021 수출 실적과 수출 경쟁력의 상관관계

       2. 수출 경쟁력의 실태 분석

        1) (㉮)

          ㄱ. 제조 원가 상승

          ㄴ. 고금리

          ㄷ. 환율에 따른 소비자 심리

        2) (㉯)

          ㄱ. 연구 개발 소홀

          ㄴ. 품질 불량

          ㄷ. 납기 지연

          ㄹ. 고객 서비스 부족

결론: 분석 결과의 요약 및 수출 경쟁력 향상 방안 제시

① ㉮ 비수출 경쟁력 요인　　　　　㉯ 비가격 경쟁력 요인

② ㉮ 비수출 경쟁력 요인　　　　　㉯ 수출 경쟁력 요인

③ ㉮ 수출 경쟁력 요인　　　　　　㉯ 가격 경쟁력 요인

④ ㉮ 가격 경쟁력 요인　　　　　　㉯ 비가격 경쟁력 요인

40 위 글을 논문으로 쓸 때, '제목 – 부제'로 적절한 것은?

> 자동차를 사용하는 사람들 개개인 모두가 온실효과에 대해서 책임이 있지만, 너무 많은 사람들이 이 문제에 연루되어 있기 때문에 개인의 잘못이나 책임은 종종 간과된다. 생태학자인 개렛 하딘은 '목초지의 비극'이라는 용어로 이러한 사회적 딜레마 상황을 표현했다. 이 용어는 옛날 영국에서 흔히 발견되는 마을 공동 목초지에 기원을 두지만, 굳이 목초지가 아니더라도 공기, 물, 고래, 삼림 등처럼 여러 사람이 공유하고 있지만 그 양이 제한된 자원을 가리키는 데에도 사용된다. 만약 모든 사람들이 자원 사용을 절제한다면, 자원을 재충전하는 데 걸리는 시간도 단축되고 궁극적으로는 자원의 고갈을 막을 수 있다.
>
> 한 마을에 100마리 젖소를 먹일 수 있는 크기의 공동 목초지가 있고, 이 공동 목초지를 100명의 농부가 공유하고 있다고 가정해 보라. 이 경우 목초지를 가장 효율적으로 사용하는 방법은 농부 한 사람당 한 마리의 젖소만 방목하는 것이다. 그런데 어느 날 한 농부가 "내가 가진 젖소 두 마리를 목초지에 내보내면 나의 우유 생산량은 두 배로 느는 반면, 그로 인해서 목초지가 입는 피해는 단 1%에 불과하다."는 생각을 한다. 그래서 이 농부는 한 마리가 아닌 두 마리의 젖소를 목초지에 내보낸다. 문제는 같은 생각을 다른 농부들도 한다는 것이다.

① 제목 : 낙농사업의 효율적 경영

　　부제 : 영국의 목초지를 중심으로

② 제목 : 자동차와 환경 문제

　　부제 : 영국의 사례를 중심으로

③ 제목 : 온실효과와 축산산업

　　부제 : '목초지의 비극'과 관련하여

④ 제목 : 개인의 사회적 책임

　　부제 : '목초지의 비극'을 중심으로

2 배열하기

| 정답 및 해설 p.286

01 다음 중 (가)~(라)를 문맥에 맞게 배열한 것은?

> (가) 금속활자 인쇄술을 발명하고 실제로 쓸 수 있도록 노력한 사람은 독일의 구텐베르크로 알려져 있다. 귀족 출신인 그는 금속 공예에 종사하여 자신이 발명한 인쇄 기술을 상업화하였다. 인쇄 시스템의 전반적인 요소들이 충족되고 나서야 구텐베르크의 인쇄술도 가능하게 되었다.
>
> (나) 한편, '프레스'라는 압축기를 만들면서 원래 상태를 유지하며 대량 인쇄를 할 수 있게 되었다. 구텐베르크의 프레스는 활판에 동일한 압력을 가해 종이에 찍어 내었는데 이것은 고대에 쓰인 포도주의 압착기를 변형하여 만든 것이었다. 그 외에도 잉크의 개발, 활자의 개발, 종이의 개발 등을 통해 인쇄 시스템이 완성되었다.
>
> (다) 활자를 복제하는 기술은 펀치와 모형, 수동주조기로 구성된다. 펀치는 강한 금속 조각에 줄 등으로 문자를 볼록하게 돋을새김하는 것을 말한다. 이 펀치에 연한 금속 조각을 올려놓고 각인하여 만든 모형을, 수동주조기에 장착하여 활자를 주조하였다. 이 기술은 인쇄를 많이 하였을 때 활자가 닳아도 계속해서 필요한 활자를 주조할 수 있게 하였다.
>
> (라) 1455년 금속활자 인쇄술이 생겨나기 전에 유럽에서는 필사 작업을 통해서 책이 제작되었다. 그 당시 책은 고위층만이 접할 수 있었다. 하지만 인쇄술이 보급되자 짧은 세기 동안에 유럽인들은 1,000만 권이 넘는 책을 가질 수 있게 되었다. 지난 천 년간의 역사에서 가장 영향력이 있는 발명인 금속활자 인쇄술은 어떻게 발명되었는지 알아보자.

① (라) - (가) - (다) - (나)
② (라) - (가) - (나) - (다)
③ (라) - (나) - (가) - (다)
④ (다) - (나) - (라) - (가)
⑤ (가) - (나) - (다) - (라)

02 다음 중 (가)~(라)를 문맥에 맞게 배열한 것은?

> (가) 35억 년 역사를 가진 지구에는 서로 다른 특징과 능력을 지닌 수백만 종의 동식물이 살고 있다. 하지만 이들의 능력이 밝혀진 것은 아주 미미하며, 우리가 알지 못하는 놀라운 능력을 가진 동식물이 어딘가에 존재하고 있을 것이다.
>
> (나) 그래서 모든 생명체가 간직한 비밀의 열쇠를 찾아 인간 생활에 적용함으로써, 자연과기술을 조화롭게 응용하여 인간을 이롭게 하는 것이 생체모방 공학의 목적이다. 이제 과학은 다시 자연으로 돌아가 자연을 배우고자 한다. 자연을 배우고, 자연을 모방한 과학이야말로 진정한 인간을 위한 과학이 아닌가 생각한다.
>
> (다) 자연의 생명체가 보여 주는 행동이나 구조, 그들이 만들어내는 물질 등을 연구해 모방함으로써 인간 생활에 적용하려는 기술이 생체모방이다. 그러나 '생체모방'은 나노기술의 발전과 극소량의 물질을 대량으로 생산해내는 유전공학 등 관련 분야의 발달로 '생체모방공학'이라고 부를 수 있게 되었다.
>
> (라) 홍합이 바위에 자신의 몸을 붙이는 데 사용하는 생체물질인 '교원질 섬유 조직'은 물에 젖어도 떨어지지 않는 첨단 접착제로 주목받고 있으며, 거미불가사리의 몸통과 팔을 연결하는 부위에 부착된 방해석이라는 수정체는 인간의 기술로 개발된 어떠한 렌즈보다도 작으면서 정확하게 초점을 맞추는 기능을 가진 것으로 알려졌다.

① (다) – (가) – (나) – (라)

② (다) – (라) – (가) – (나)

③ (나) – (다) – (가) – (라)

④ (가) – (라) – (다) – (나)

⑤ (가) – (다) – (라) – (나)

03 다음 중 (가)~(라)를 문맥에 맞게 배열한 것은?

> 욕은 공격성의 표현이자, 말로 하는 폭력이다. 아이가 욕을 배워 친구 앞에서 욕을 하는 것은 어른 세계에 대한 반항이자 거기서 벗어나고 싶다는 표현이다.
>
> (가) 그들이 집회에서 내뱉는 폭언은 자신들과 기성세대의 차이를 분명하게 구분 짓는 행동 양식이었다. 기성세대와는 다른 그들만의 독자성을 가진 집단을 만들어 내기 위한 방법이었다.
>
> (나) 그러나 욕은 특수 용어가 아니다. 특수 용어는 개념을 더 정확하게 나타내고 미묘한 뉘앙스 차이를 분명하게 한다. 언어 그 자체를 약화시키는 것이 아니라 오히려 이해에 도움을 주는 것이다. 하지만 욕과 같은 추한 말은 언어를 저하시키고 못쓰게 만든다.
>
> (다) 1968년 이탈리아에서 학생운동이 시작되었을 당시, 학생들이 귀에 담기에 힘든 폭언을 내뱉은 것도 같은 이유에서였다. 자신들은 규범을 깨뜨릴 것이며 이제 기성세대에, 국가 권력에 따르지 않겠다는 성명이었다. 학생 집회에 참가했던 사람들은 놀라서 그 자리에 못이 박히고 말았다. 입만 열면 욕설이 난무하는 집단 속에서는 말을 할 수가 없었다. 바보나 멍청이로 밖에 보이지 않을 것이기 때문이다. 그렇다고 해서 학생들 흉내를 내며 학생들 편에 설 수도 없었다.
>
> (라) 어떤 집단이나 직업에도 특수한 말이 있다. 의사, 변호사, 공증인 등 이들이 외부 사람들이 알아듣기 어려운 전문 용어를 쓰는 것은 동료 간의 의사소통에 편리할 뿐만 아니라 타 분야와 확실히 구별을 짓고 싶기 때문이다. 그래서 화자가 특수 용어를 쓰지 않고 일반적인 말을 쓰면 그 분야 사람들은 화를 낸다. 배신당한 기분이 들기 때문이다.

① (가) – (라) – (다) – (나)

② (다) – (가) – (나) – (라)

③ (다) – (가) – (라) – (나)

④ (라) – (나) – (가) – (다)

⑤ (라) – (나) – (다) – (가)

04 다음 중 (가)~(라)를 문맥에 맞게 배열한 것은?

> (가) 도덕적 해이란, 일반적으로 보험 회사가 가입자의 행태를 완벽하게 감시, 감독할 수 없으므로, 보험 회사가 생각할 때 가입자가 최상이라고 생각하는 만큼의 노력을 기울이지 않는 현상, 즉 보험가입자가 위험 발생 가능성이 높아지는 현상을 말한다.
>
> (나) 즉, 시장에 참여한 거래 당사자(예를 들면 생산자와 소비자) 간에 쌍방이 동일한 양의 정보를 가지고 있기보다는 한 쪽이 더 많은 정보를 가지고 있다는 문제이다. 이로 인해 도덕적 해이와 역 선택의 문제가 발생하게 된다. 이를 보험 시장에 적용하여 알아보자.
>
> (다) 정부가 시장에 개입하게 되는 주요 논거는 시장의 결함 또는 시장의 실패이다. 시장 실패는 여러 가지 원인에 의하여 발생하는데 그 중 하나는 정보의 비대칭성이다.
>
> (라) 한편 역 선택이란, 시장에서 미래에 발생할 위험에 대비한 보험을 공급하는 측(예를 들면 보험회사)이 보험에 가입하려는 사람들의 위험 발생 가능성에 대한 정보를 충분히 갖고 있지 못한 상황에서, 위험이 발생할 가능성이 높은 사람들이 집중적으로 이러한 보험을 구입하게 되는 현상을 말한다.

① (가) − (나) − (다) − (라)

② (가) − (라) − (다) − (나)

③ (나) − (가) − (다) − (라)

④ (다) − (나) − (가) − (라)

⑤ (다) − (라) − (가) − (나)

05 다음 중 (가)∼(라)를 문맥에 맞게 배열한 것은?

> (가) "인력이 필요해서 노동력을 불렀더니 사람이 왔더라."라는 말이 있다. 인간을 경제적 요소로만 단순하게 생각했으나, 이에 따른 인권문제, 복지문제, 내국인과 이민자와의 갈등 등이 수반된다는 말이다. 프랑스처럼 우선 급하다고 이민자를 선별하지 않고 받으면 인종 갈등과 이민자의 빈곤화 등 많은 사회비용이 발생한다.
>
> (나) 이제 다문화 정책의 패러다임을 전환해야 한다. 한국에 들어온 다문화 가족을 적극적으로 지원해야 한다. 다문화 가족과 더불어 살면서 다양성과 개방성을 바탕으로 상생의 발전을 도모해야 한다. 그리고 결혼 이민자만 다문화 가족으로 볼 것이 아니라 외국인 근로자와 유학생, 북한 이탈 주민까지 큰 틀에서 함께 보는 것도 필요하다.
>
> (다) 다문화 정책의 핵심은 두 가지이다. 첫째, 새로운 사회에 적응하려는 의지가 강해서 언어 배우기, 일자리, 문화 이해에 매우 적극적인 태도를 지닌 좋은 인력을 선별해서 입국하도록 하는 것이다. 둘째, 이민자가 새로운 사회에 잘 정착할 수 있도록 사회통합에 주력해야 하는 것이다. 해외 인구 유입 초기부터 사회비용을 절약할 수 있는 사람들을 들어오게 하는 것이 중요하기 때문이다.
>
> (라) 이미 들어온 이민자에게는 적극적인 지원을 해야 한다. 언어와 문화, 환경이 모두 낯선 이민자에게는 이민 초기에 세심한 배려가 필요하다. 특히 중요한 것은 다문화 가족이 그들이 가지고 있는 강점을 활용하여 취약 계층이 아닌 주류층으로 설 수 있도록 지원해야 한다. 뿐만 아니라 이민자에 대한 지원 시기를 놓치거나 차별과 편견으로 내국인에게 증오감을 갖게 해서는 안 된다.

① (가) – (라) – (나) – (다)
② (가) – (다) – (나) – (라)
③ (나) – (다) – (가) – (라)
④ (다) – (나) – (라) – (가)
⑤ (다) – (가) – (라) – (나)

06 다음 중 (가)~(바)를 문맥에 맞게 배열한 것은?

> (가) 그러나 이 두 가지가 완전히 일치되는 것은 아니니, 그 차이점은 여기에 있다.
>
> (나) 문화인이면 문화인일수록 서적 이용의 비율이 높아지고, 이상이 높으면 높을수록 서적의 의존도 또한 높아지는 것이다.
>
> (다) 이상이나 문화나 다 같이 사람이 추구하는 대상이 되는 것이요, 또 인생의 목적이 거기에 있다는 점에서는 동일하다.
>
> (라) 문화란 인간의 생활을 편리하게 하고, 유익하게 하고, 행복하게 하는 것이니 이것은 모두 지식의 소산이다.
>
> (마) 이상은 현실 이전의 문화라 할 수 있을 것이다.
>
> (바) 어쨌든 이 두 가지를 추구하여 현실화시키는 데에는 지식이 필요하고, 이러한 지식의 공급원으로는 다시 서적이란 것으로 돌아오지 않을 수가 없다.

① (나) - (가) - (라) - (마) - (바) - (다)
② (다) - (가) - (마) - (나) - (라) - (바)
③ (라) - (다) - (가) - (마) - (바) - (나)
④ (마) - (라) - (다) - (가) - (나) - (바)
⑤ (가) - (라) - (다) - (나) - (마) - (바)

07 다음 중 (가)~(라)를 문맥에 맞게 배열한 것은?

> (가) 적응의 과정은 북쪽의 문헌이나 신문을 본다든지 텔레비전, 라디오를 시청함으로써 이루어질 수 있는 극복의 원초적인 단계이다. 선택은 전문 학자들의 손을 거쳐 이루어질 수도 있고 장기적으로 언어 대중의 손에 맡기는 것이 최상의 길이다.
>
> (나) 이질성의 극복을 위해서는 이질화의 원인을 밝히고 이를 바탕으로 해서 그것을 극복하는 단계로 나아가야 한다. 극복의 문제도 단계를 밟아야 한다. 일차적으로는 적응의 과정이 필요하고, 다음으로는 최종적으로 선택의 절차를 밟아야 한다.
>
> (다) 남북의 언어가 이질화되었다고 하지만 사실은 그 분화의 연대가 아직 반세기에도 미치지 않았고 맞춤법과 같은 표기법은 원래 하나의 뿌리에서 갈라진 만큼 우리의 노력 여하에 따라서는 동질성의 회복이 생각 밖으로 쉬워질 수 있다.
>
> (라) 문제는 어휘의 이질화를 어떻게 극복할 것인가에 귀착된다. 우리가 먼저 밟아야 할 절차는 이질성과 동질성을 확인하는 길이다. 이러한 작업은 언어·문자뿐만 아니라 모든 분야에 해당한다. 동질성이 많이 확인되면 통합이 그만큼 쉽고 이질성이 많으면 통합이 어렵다.

① (가) - (다) - (라) - (나)
② (나) - (가) - (다) - (라)

③ (다) - (라) - (나) - (가)

④ (라) - (나) - (다) - (가)

⑤ (가) - (나) - (다) - (라)

08 다음 중 (가)~(라)를 문맥에 맞게 배열한 것은?

> (가) 위는 모가 나 있고, 아래는 넓고 둥글어 그 속에서 위로 올라가도록 되어 있다.
>
> (나) 윗부분이 우물 귀틀같이 생긴 것으로 보아 그 위에 천문 관측기를 놓고 하늘을 보았던 것으로 추측된다.
>
> (다) 천문대의 일종인 경주 첨성대는 신라 선덕 여왕 때 돌로 쌓아 만든 것으로, 높이는 약 8.7미터가 된다.
>
> (라) 천체의 온갖 형상, 곧 천문을 관측하기 위하여 설치한 시설을 천문대라 한다.

① (가) - (나) - (다) - (라)

② (나) - (라) - (다) - (가)

③ (라) - (나) - (가) - (다)

④ (라) - (다) - (가) - (나)

⑤ (다) - (라) - (가) - (나)

09 다음 중 (가)~(라)를 문맥에 맞게 배열한 것은?

> (가) 그것은 수많은 움직임을 하나의 움직임으로 집중하여 완결시킨 경지이다.
>
> (나) 한국 전통 춤이 가진 특성의 하나를 단적으로 알려주는 것으로써 "손 하나만 들어도 춤이 된다."는 말이 있다.
>
> (다) 가장 간소한 형태로써 가장 많은 의미를 담아내고, 가장 소극적인 것으로써 가장 적극적인 것을 전개하는 그것은 불필요한 것이나 잡다한 에피소드를 없애 나가서 드디어 사상(事象)의 본질만을 드러내는 춤이다.
>
> (라) 겉으로는 동작이 거의 없는 듯하면서도 그 속에 잠겨 흐르는 미묘한 움직임이 있다. 이를 흔히 '정중동(靜中動)'이라고 한다.

① (나) - (가) - (라) - (다)

② (나) - (라) - (가) - (다)

③ (라) - (가) - (나) - (다)

④ (라) - (다) - (나) - (가)

⑤ (가) - (나) - (라) - (다)

10 다음 중 (가)~(라)를 문맥에 맞게 배열한 것은?

> (가) 일반적으로 다른 사람들이 하는 대로 행동하게 되면, 즉 사회적 증거에 따라 행동하면 실수할 확률
> 이 그만큼 줄어든다.
> (나) 다른 사람들이 하는 대로 행동하는 경향은 여러 모로 유용하다.
> (다) 왜냐하면 다수의 행동이 올바르다고 인정되는 경우가 많기 때문이다.
> (라) 그러나 이러한 사회적 증거의 특성은 장점인 동시에 약점이 될 수도 있다.

① (나) – (가) – (다) – (라)
② (나) – (가) – (라) – (다)
③ (라) – (나) – (가) – (다)
④ (라) – (다) – (나) – (가)
⑤ (라) – (가) – (나) – (다)

11 다음 중 (가)~(라)를 문맥에 맞게 배열한 것은?

> (가) 사진술은 다양한 물질의 감광성에 대한 길고도 지루한 실험의 토대 위에서 출현하였다.
> (나) 한편 영국인 톨벗은 1835년에 최초의 '감광 소묘'에 성공했는데 이것은 염화은으로 감광성을 띠게
> 한 종이 위에 물건이나 식물을 놓고 산출한 음화(陰畵)였다.
> (다) 상(像)을 정착시키는 기술의 선구자인 니에프스와의 공동 연구 이후 다게르는 1837년에 동판 위에
> 감광성 물질인 요오드화은을 점착시키고 암상자 속에서 빛을 노출시킨 다음, 수흔 증기를 쐬어 세부
> 묘사가 대단히 정밀한 상을 얻어 내었다.
> (라) 그 직후 그는 작은 암상자를 이용하여 사물의 영상을 종이에 정착시킬 수 있었다.

① (가) – (다) – (나) – (라)
② (가) – (라) – (나) – (다)
③ (나) – (가) – (라) – (다)
④ (나) – (라) – (다) – (가)
⑤ (라) – (가) – (나) – (다)

12 다음 중 (가)~(라)를 문맥에 맞게 배열한 것은?

> (가) 자기의 신념에 어긋날 때면 목숨을 걸어 항거하여 타협하지 않고 부정과 불의한 권력 앞에는 최저의 생활, 최악의 곤욕을 무릅쓸 각오가 없으면 섣불리 지조를 입에 담아서는 안 된다.
> (나) 정신의 자존(自尊), 자시(自恃)를 위해서는 자학과도 같은 생활을 견디는 힘이 없이는 지조는 지켜지지 않는다.
> (다) 지조를 지키기란 참으로 어려운 일이다.
> (라) 그러므로 지조의 매운 향기를 지닌 분들은 심한 고집과 기벽까지도 지녔던 것이다.

① (가) – (나) – (다) – (라)
② (가) – (다) – (라) – (나)
③ (나) – (라) – (가) – (다)
④ (다) – (가) – (나) – (라)
⑤ (라) – (가) – (나) – (다)

13 다음 중 (가)~(마)를 문맥에 맞게 배열한 것은?

> (가) 이것은 단순히 사회적인 지위나 직업이 인간의 자아의식에 미치는 심리적인 규제에서 오는 것만이 아니다.
> (나) 직업이나 지위에 대한 의식보다 오히려 '선생님' 혹은 '아버지'라고 불렸을 때 그 말들은 순간적으로 나의 행동과 삶에 작용하여 유동적인 행동이나 삶을 늘 일정한 길을 따라 발전해 가게 한다.
> (다) 다른 사람들이 나를 '선생님'이라고 부를 때, 이 말은 나의 행동과 삶을 선생님이라는 틀 속에 몰아넣는다.
> (라) 인간의 순간적인 행동, 그리고 나아가 자아 형성은 다른 사람들이 나를 부르는 호칭과 이름에 영향을 받는다.
> (마) 예를 들어, 처음으로 어린아이를 가진 사나이가 '아버지'라고 불렸을 때, 이 '아버지'라는 말은 그의 행동과 삶에 크게 작용하며, 그의 자아 형성에 영향을 주게 된다.

① (가) – (나) – (다) – (라) – (마)
② (나) – (가) – (라) – (마) – (다)
③ (다) – (가) – (나) – (마) – (라)
④ (라) – (마) – (다) – (가) – (나)
⑤ (라) – (가) – (나) – (다) – (마)

14 제시문의 빈칸에 들어갈 문장을 〈보기〉에서 골라 순서대로 나열한 것은?

영화의 기본적인 단위는 프레임이다. (　) 촬영 과정에서는 카메라를 통해 들여다보는 장면의 구도로, 편집 과정에서는 필름에 현상된 낱낱의 정지 사진으로, 그리고 상영 과정에서는 극장의 어둠과 화면을 가르는 경계선으로 규정되는 것이다. 그러나 어떻게 정의되는 간에 이 개념은 영화가 프레임을 통해 비추어진 세계이며 프레임을 경계로 어두운 객석의 현실 세계와 구분된다는 것을 의미한다는 점에서 일치한다. (　)(　) 그렇기 때문에, 어떤 프레임일지라도 그 시간과 동작의 원래 맥락에서 분리되지 않으며, 그 자체가 독립적으로 완결된 의미를 지니는 경우는 거의 없다.

보기

가. 영화는 연속적으로 교체되는 많은 수의 프레임을 가진다.

나. 그리고 이 프레임들은 통합의 과정을 거치면서 한 편의 영화로 만들어진다.

다. 테두리 혹은 틀을 뜻하는 프레임은 영화가 만들어져 상영되는 단계마다 서로 다르게 정의된다.

① 가 – 나 – 다　　　　　　② 가 – 다 – 나

③ 나 – 다 – 가　　　　　　④ 다 – 가 – 나

⑤ 다 – 나 – 가

15 제시문의 빈칸에 들어갈 문장을 〈보기〉에서 골라 순서대로 나열한 것은?

백신은 일반적으로 두 가지 경로를 통해 병균을 파괴한다. (　) 이 중 한 가지는 병균이 세포 안에 숨어버릴 때 그 세포를 '폭격 지점'으로 삼는다. 이 역할을 담당하는 몸 속 방어균은 T세포 – 임파구라고 불린다. 또 다른 방어군의 이름은 B세포이다. 병균 – 항원에 직접 결합해 조각내 버리는 항체를 만드는 세포이다. 그러나 두 가지 역할을 훌륭히 수행한다고 해서 모두 좋은 백신이 아니다. (　) 백신이 제 아무리 면역 반응을 잘 일으킨다고 해도 몸의 입장에서는 낯선 이물질인 것이 사실이다. (　)

보기

가. 백신이 투여되면 몸 안에서는 두 가지 종류의 방어군이 형성된다.

나. 기본적으로 약효뿐만 아니라 안정성을 갖추어야 하기 때문이다.

다. 그래서 과학자들은 효과를 최대화시키고 부작용을 최소화시키는 방향으로 다양한 백신을 개발해 왔다.

① 가 – 나 – 다　　　　　　② 가 – 다 – 나

③ 나 – 가 – 다　　　　　　④ 나 – 다 – 가

⑤ 다 – 가 – 나

16 제시문의 빈칸에 들어갈 문장을 〈보기〉에서 골라 순서대로 나열한 것은?

> ( ) 기업 또한 이익 추구라는 목적에서 탄생하여, 생산의 주체로서 자본주의 체제의 핵심적 역할을 수행하고 있다. 곧, 이익은 기업가로 하여금 사업을 시작하게 된 동기가 된다. ( ) 기업이 장기적으로 존속, 성장하기 위해서는 단기 이익보다 장기 이익을 추구하는 것이 더 중요하다. 실제로 기업은 단기 이익의 극대화가 장기 이익의 극대화와 상충될 때에는 단기 이익을 과감하게 포기하기도 한다. ( ) 소자본끼리의 자유 경쟁 상태에서는 단기든 장기든 이익을 포기하는 순간에 경쟁에서 탈락하기 때문이다. 그에 따라 기업은 치열한 경쟁에서 살아남기 위해 주어진 자원을 최대한 효율적으로 활용하여 가장 저렴한 가격으로 상품을 공급하게 되었다.

> **보기**
>
> 가. 자본주의 경제체제는 이익을 추구하는 인간의 욕구를 최대한 보장해 주고 있다.
> 나. 자본주의 초기에는 기업이 단기 이익과 장기 이익을 구별하여 추구할 필요가 없었다.
> 다. 이익에는 단기적으로 실현되는 이익과 장기간에 걸쳐 지속적으로 실현되는 이익이 있다.

① 가 – 나 – 다　　　　　② 가 – 다 – 나
③ 나 – 다 – 가　　　　　④ 다 – 가 – 나
⑤ 다 – 나 – 가

17 다음 중 (가)~(마)를 문맥에 맞게 배열한 것은?

> 민주주의 정치 체제는 시민이 스스로 다스리는 동시에 다스림을 받는다는 원리에 근거한다.
> (가) 이러한 대표의 정체성을 두고 대리자라는 견해와 수탁자라는 견해가 대립한다.
> (나) 오늘날 대부분의 민주국가는 대의 민주주의를 채택하고 있는데, 대의 민주주의에서는 시민들이 선출한 대표가 시민들의 요구에 따라 정책을 결정한다.
> (다) 대리자는 국민의 의사대로 정치를 해야 하는 존재이고, 수탁자는 대표 자신의 의사대로 정치 행위를 할 수 있는 존재이다.
> (라) 반면 고대 로마에서처럼 소수의 귀족 집단에서 대표를 선거로 뽑는 경우, 대표는 일반 국민과 동일한 정치 의사를 가진 존재가 아니며, 따라서 일반 국민의 정치 의사를 따를 필요가 없다.
> (마) 고대 아테네에서처럼 대표를 추첨으로 뽑는 경우, 대표는 일반 국민과 동일한 정치 의사를 가진 존재가 되고, 대표의 정치 의사는 자동적으로 국민의 정치 의사를 대변하게 된다.

① (나) – (가) – (다) – (라) – (마)
② (나) – (가) – (다) – (마) – (라)
③ (나) – (다) – (가) – (마) – (라)
④ (나) – (마) – (라) – (가) – (다)
⑤ (마) – (라) – (다) – (나) – (가)

18 제시문의 빈칸에 들어갈 문장을 〈보기〉에서 골라 순서대로 나열한 것은?

가이아는 본래 그리스 신화에 나오는 대지의 여신을 일컫는 말이다. 영국의 대기 과학자인 제임스 러브룩은 지구를 하나의 생물체로 정의한 가이아(Gaia) 이론을 발표하였다. (　) 지구를 생물과 그것의 환경, 즉 생물과 무생물로 구성된 하나의 초유기체로 보는 것이다. 지구를 초유기체로 본다는 것은 지구를 하나의 살아 있는 생명체로 간주한다는 의미이다. (　) 예컨대 기온이 10도 상승했다고 해서 체온이 10도 올라가는 것은 아니며, 발한 작용에 의하여 체온이 일정하게 유지된다. 생물체의 이러한 매커니즘을 항상성이라고 명명했다. (　)

가. 말하자면 가이아는 항상성을 갖고 있다는 것이다.
나. 생물체는 생존을 위해서 외부 환경의 변화에도 불구하고 체내의 환경을 일정한 상태로 유지하려는 속성을 갖고 있다.
다. 그에 따르면, 가이아는 지구의 생물, 대기권, 대양 그리고 토양까지를 포함하는 하나의 범지구적 실체이다.

① 가 – 나 – 다   ② 가 – 다 – 나
③ 나 – 가 – 다   ④ 다 – 가 – 나
⑤ 다 – 나 – 가

19 제시문의 빈칸에 들어갈 문장을 〈보기〉에서 골라 순서대로 나열한 것은?

자신이 죽는다는 사실을 아는 동물은 인간뿐으로, 인간은 그 공포에서 벗어나기 위해 수많은 설명과 행위를 만들어낸다.
유학자들도 예외가 될 수 없다. (　) 유교에서 제사가 그렇게 중요시되었던 것도 바로 인간의 영생을 간접적이나마 약속해 준다는 것 때문이었을 것이다. 이것마저 양보하면 유교는 그 높은 형이상학적 교리만으로는 버틸 수가 없었을 것이다. (　) 그래서 조선 후기에 천주교가 제사의례를 부정하고 나왔을 때 당시 유교적 위정자들이 온갖 박해로 천주교를 탄압한 것이라고 추리할 수 있다. (　)

가. 제사야말로 유교를 근본적으로 받쳐 주고 있는 종교의례였던 것이다.
나. 아무리 이론적인 무장을 잘 해도 죽음 앞에서는 한갓 헛될 뿐이다.
다. 종교적으로 절대적인 도그마로 뿌리박혀 있는 것을 공격하게 되면 어떤 종교에서든 강력한 거부감을 가지고 호전적으로 맞서게 되는 것이다.

① 가 – 나 – 다   ② 가 – 다 – 나
③ 나 – 가 – 다   ④ 나 – 다 – 가
⑤ 다 – 나 – 가

20 제시문의 빈칸에 들어갈 문장을 〈보기〉에서 골라 순서대로 나열한 것은?

군주가 자신의 권력을 이용해 신하에게 일방적인 충성을 강요할 수 없다. ( ) 만약 군주가 간언을 듣지 않는다면 그를 버리고 떠나면 그만이다. ( ) 따라서 군신유의라 함은 힘에 의한 일방적인 복종이 아니라 덕에 의한 상호 의무를 전제로 한 관계이고 서로 견해가 다르면 언제든지 떠날 수 있는 관계이기 때문에 무조건적인 복종도 무조건적인 강요도 있을 수 없다. 비록 신분상으로는 신하일지라도 덕이 많은 사람이라면 군주도 그를 스승으로 섬기고 그에 알맞은 대접을 해야 한다. 맹자는 임금이 자기의 권력을 믿고 거만하게 행동하면 불러도 가지 않았다. ( ) 부자 관계는 천륜이기에 떨어질 수 없지만, 군신 관계는 언제든지 뜻이 다르면 떠날 수 있는 관계이다. 그래서 군신 관계도 수평적인 관계인 것이다.

보기

가. 덕으로 따지면 자기가 우위라고 생각했기 때문이다.

나. 군주가 옳지 못하다면 신하는 간언을 서슴지 않아야 한다.

다. 자신의 직분을 다하지 않고 의리를 저버린다면 임금과 신하 사이의 의는 깨지고 말 것이다.

① 가 – 나 – 다　　　　② 가 – 다 – 나

③ 나 – 다 – 가　　　　④ 다 – 가 – 나

⑤ 다 – 나 – 가

21 제시문의 빈칸에 들어갈 문장을 〈보기〉에서 골라 순서대로 나열한 것은?

( ) 그런데 운전석에 앉았을 때 왼쪽 거울에 비치는 모습과 오른쪽 거울에 비치는 모습은 동일하지가 않다. 사이드 미러로 자기 얼굴을 비추어 보면 이를 확인할 수 있다.

( ) 왜 그럴까? 이를 알아보기 위해서는 먼저 거울에 적용되는 반사의 법칙을 알아볼 필요가 있다. 반사의 법칙은 왜 사이드 미러의 좌우가 다르게 보이는지를 설명하는 기초가 된다. 반사면에서 수직을 이루는 가상의 선을 법선이라고 하는데, 입사광이 들어왔을 때 입사광의 진행 방향과 법선이 이루는 각을 입사각이라고 한다. 반사면에서 반사되는 반사광도 법선과 어떤 각을 이루며 반사되는데 그 각을 반사각이라 한다. ( )

보기

가. 반사각이 입사각과 같다는 것이 바로 반사의 법칙이다.

나. 사이드 미러는 자동차 문에 붙여서 뒤를 볼 수 있게 한 거울이다.

다. 왼쪽 거울에 비추어 보면 얼굴이 실제와 거의 같게 보이는데, 오른쪽 거울에 비추어 보면 얼굴이 실제보다 작게 보인다.

① 가 – 나 – 다　　　　② 가 – 다 – 나

③ 나 – 다 – 가　　　　④ 다 – 가 – 나

⑤ 다 – 나 – 가

22 제시문의 빈칸에 들어갈 문장을 〈보기〉에서 골라 순서대로 나열한 것은?

( ) 이 지명들은 인류 문명사의 획기적인 전환점을 상징적으로 말해 준다는 점에서 단순한 이름이기보다는 역사적 기호들이다. 예컨대 과학적 인간 청소를 대변하는 아우슈비츠는 과거에도 인간에 대한 억압이 있었다는 말을 무력하게 만들었고, 히로시마의 원자 폭탄 투하로 끝난 제 2차 세계 대전은 어느 시대에나 전쟁은 있었다는 사실을 우습게 만들었으며, 인류가 과학 기술을 완전히 통제할 수 없을 뿐만 아니라 한 지역의 환경오염은 전 지구에 영향을 미친다는 교훈을 남긴 체르노빌 사건은 인간에 의한 자연의 착취가 한계에 도달했음을 보여 준다. ( ) ( )

보기

가. 이처럼 20세기는 야만을 극복하는 것으로 이해되어 온 문명이 전혀 다른 종류의 야만을 산출할 수 있다는 의식이 생겨난 세기이다.

나. 그것들은 문명의 진보가 반드시 인간성의 실현과 일치하는 것은 아니라는 사실을 보여준다.

다. 20세기 겪은 문명의 야만(野蠻)은 아우슈비츠, 히로시마, 체르노빌이라는 세 지명으로 특징지어진다.

① 가 – 나 – 다 ② 가 – 다 – 나
③ 나 – 다 – 가 ④ 다 – 가 – 나
⑤ 다 – 나 – 가

23 제시문의 빈칸에 들어갈 문장을 〈보기〉에서 골라 순서대로 나열한 것은?

훈민정음이 말소리를 제대로 담아낼 수 있는 문자 시스템이 될 수 있었던 것은 말소리를 정확히 관찰해 분석해 냈기 때문이다. ( ) 과정 층위에서 독특한 점은 균형 잡힌 이분법과 삼분법의 철저한 결합을 시도했다는 것이다. ( ) 이는 다른 음운 문자와 다를 바 없다. 그러나 훈민정음은 자음과 모음이 균형을 이룬다. 영어는 26자의 자모 중에 모음이 5자(a, e, i, o, u)이고 자음이 21자이다. ( ) 실제 쓰임새에서 영어는 자음과 모음의 배열이 들쑥날쑥하다. 'school'은 '자자자모모자'이고, 'apple'는 '모자자모'이다. 그러나 훈민정음은 글자(음절)마다 모음이 배치되어 일종의 기준 역할을 한다.

보기

가. 이분법은 자음과 모음을 각각 문자화한 것을 말한다.

나. 문자를 만들기 위한 세밀한 과정이 '과정 층위'이다.

다. 이에 비해 훈민정음은 자음이 17자이고 모음이 11자로 수적으로 어느 정도 균형이 맞는다.

① 가 – 나 – 다 ② 가 – 다 – 나
③ 나 – 가 – 다 ④ 다 – 가 – 나
⑤ 다 – 나 – 가

24 제시문의 빈칸에 들어갈 문장을 〈보기〉에서 골라 순서대로 나열한 것은?

> 흔히 "마법의 돌"이라고 일컬어지는 반도체는 현대 생활에 없어서는 안 되는 핵심 전자 부품의 하나이다. (   ) 이들 패턴이 여러 개 모여서 다양한 전자 소자를 형성하고 컴퓨터 프로그램의 수행, 카메라 영상의 촬영, 스마트폰의 전파 송수신과 같은 기능을 수행한다. 반도체 표면에 새겨진 패턴은 머리카락 굵기의 500분의 1 정도로 작은 것도 있는데, 이렇게 작은 패턴을 어떻게 새길 수 있을까? (   ) 즉, 빛을 사용하여 돌과 같이 단단한 반도체 표면 위에 그림을 새겨 넣는 과정을 말한다. (   )

보기

가. 반도체 표면에는 다양한 두께와 모양을 가진 패턴이 새겨져 있다.

나. 돌에 조각을 새기기 위해서는 붓으로 밑그림을 그리고 정으로 밑그림 이외의 부분을 깎아내지만 포토리소그래피에서는 새겨야 할 패턴이 매우 작기 때문에 빛과 화학 물질을 사용한다.

다. 반도체 위에 패턴을 새기는 공정을 '포토리소그래피'라고 하는데, 이는 '빛'을 의미하는 '포토'와 '돌'을 의미하는 '리소', '그림'을 의미하는 '그래피'가 결합된 말이다.

① 가 – 나 – 다
② 가 – 다 – 나
③ 나 – 다 – 가
④ 다 – 가 – 나
⑤ 다 – 나 – 가

25 다음 중 (가)~(마)를 문맥에 맞게 배열한 것은?

(가) 노동이 생산의 주역이 아니라 소비가 생산의 주역이 되는 시대가 된 것이다. 서비스 경제가 활성화되면서 차츰 상품의 가치는 교환가치와 사용가치를 넘어서 새로운 의미를 지니게 되었는데, 그것이 바로 기호 가치이다. 상품을 사용하는 가치보다는 이미지를 소비하는 행위를 중요시하게 된 것이다. 이러한 결과 근래에 와서는 상품의 질보다는 브랜드나 이미지를 선호하게 되었다.

(나) 산업혁명 이전의 상품은 대부분 가내수공업 형태로 생산되는 것이었다. 사람들은 자신에게 필요한 것들을 직접 만들어 사용했으며 최소한의 것만 서로 교환했다. 가격은 교환을 위한 최소한의 의미만을 지닌 것이었다. 그러나 산업혁명의 결과 제품의 생산이 일대 혁신을 맞게 되면서 본격적으로 소비사회에 들어가게 된다. 소비사회로 접어들면서 상품의 교체 주기가 빨라졌고, 매일 같이 신제품이 출시되며 사람들은 그 제품을 소비하기 위해 노동을 한다.

(다) 가격의 의미는 시대를 거쳐 가며 다양한 의미를 지니게 되었다. 하지만 이는 현재 상품을 구입할 때에도 언제나 유용한 판단의 기준이 된다. 만약 향수를 산다면, 직접 만들어 쓸 것인지, 구매할 것인지를 일차적으로 판단하게 된다. 그리고 이때 지불하는 가격은 구매하는 의도와 기호에 따라 의미를 지니게 된다. 비브랜드 제품을 저렴하게 구입하는 사람은 사용가치에 더 큰 비중을 둔 것이며, 브랜드 제품을 구입하는 사람은 기호 가치에 비중을 둔 것이다.

(라) 자본주의 사회에서 살아가는 우리는 돈으로 상품을 사고판다. 아무리 사고 싶은 물건이 있어도 돈이 없으면 살 수가 없다. 그리고 같은 제품이라도 누가, 어느 곳에서 파느냐에 따라 다른 값을 지불한다. 각각의 제품은 생산비용과 판매비용 등이 모두 다르기 때문이다. 하지만 요즘은 아무리 이러한 가격 차이를 인정한다고 하더라도 너무 가격 차이가 큰 것들이 있다. 소위 말하는 이미지와 브랜드의 가격 차이 때문인데, 과연 이러한 가격차는 합당한 것일까?

(마) 앞으로도 사회는 이미지의 중요성이 더 부각될 것이다. 그리고 기호 가치에 비중을 두어 소비하는 사람들이 더 많아질 것이다. 소비를 하는 것은 자신이기 때문에 뭐라 할 사람은 없지만, 화폐와 상품이 생겨나게 된 근본 이유를 생각한다면 지나치게 기호가치에 비중을 두기보다는 사용가치에 비중을 둔 합리적 소비가 더 많아져야 할 것이다.

① (라) – (나) – (가) – (다) – (마)

② (다) – (나) – (라) – (마) – (가)

③ (라) – (가) – (다) – (마) – (나)

④ (마) – (가) – (나) – (라) – (다)

⑤ (가) – (다) – (라) – (나) – (마)

26 다음 중 (가)~(라)를 문맥에 맞게 배열한 것은?

> (가) 이들은 만일 그렇지 않았다면 우리는 원하는 대로 자식들을 이끌어 훌륭한 품성을 갖도록 만들 수
> 있을 것이라고 주장한다.
>
> (나) 하지만 주변에서 흔히 보듯이 우리가 원한다고 해도 반드시 자식들이 훌륭한 품성을 갖게 할 수는
> 없다는 점을 환기시키며 "이래도 우리 주장을 수용하지 못하겠는가?"라고 사람들에게 묻는다.
>
> (다) 인간의 행위에 대해서 어떤 비판이나 칭찬도 할 수 없다고 주장하는 사람들이 있다. 이들은 만일 인
> 간의 행위가 통제할 수 없는 원인에 의해 일어났다면 그 행위에 대해선 비난도 칭찬도 할 수 없다고
> 생각한다.
>
> (라) 그런데 인간의 행위가 통제할 수 없는 원인에 의해 일어났다고 생각할 충분한 이유가 있다는 것이다.

① (가) – (나) – (다) – (라)

② (가) – (라) – (다) – (나)

③ (다) – (나) – (가) – (라)

④ (다) – (라) – (가) – (나)

⑤ (라) – (가) – (나) – (다)

27 다음 중 (가)~(라)를 문맥에 맞게 배열한 것은?

> (가) 인간은 성장 과정에서 자기 문화에 익숙해지기 때문에 어떤 제도나 관념을 아주 오래 전부터 지속
> 되어 온 것으로 여긴다.
>
> (나) 그러나 이런 생각은 전통의 시대적 배경 및 사회 문화적 의미를 제대로 파악하지 못하게 하는 결과
> 를 초래한다.
>
> (다) 여기에 과거의 문화를 오늘날과는 또 다른 문화로 보아야 할 필요성이 생긴다.
>
> (라) 나아가 그것을 전통이라는 이름 아래 자기 문화의 본질적인 특성으로 믿기도 한다.

① (가) – (나) – (다) – (라)

② (가) – (라) – (나) – (다)

③ (다) – (라) – (가) – (나)

④ (다) – (라) – (나) – (가)

⑤ (라) – (가) – (나) – (다)

28 다음 중 (가)~(라)를 문맥에 맞게 배열한 것은?

> (가) 그리고 그러한 그들의 의지가 바로 다사다난한 인생을 관통하여 재즈에 담겨 있다.
>
> (나) 재즈 역사가들은 재즈를 음악을 넘어선 하나의 이상이라고 얘기한다. 그 이상이란 삶 속에서 우러나온 경험과 감정을 담고자 하는 인간의 열정적인 마음이다.
>
> (다) 초기의 재즈가 미국 흑인들의 한과 고통을 담아낸 흔적이자 역사 그 자체라는 점이 이를 증명한다.
>
> (라) 여기에서 영감을 얻은 재즈 작곡가나 연주자는 즉자적으로 곡을 작곡하고 연주해왔다.

① (나) − (다) − (라) − (가)

② (나) − (가) − (라) − (다)

③ (나) − (라) − (가) − (다)

④ (다) − (가) − (나) − (라)

⑤ (라) − (가) − (나) − (다)

29 다음 중 (가)~(라)를 문맥에 맞게 배열한 것은?

> (가) 서로의 의견이 충돌할 때에는 토론을 통하여 생각의 차이를 확인하고 그 차이를 좁혀 더 합리적이고 수용 가능한 방향으로 합의해 나가는 것이 바람직하다.
>
> (나) 이때 생각의 차이를 이해하는 것도 문제의 해결책을 탐색하는 한 과정이 될 수 있다.
>
> (다) 그러나 각자의 전제가 달라 서로 다른 주장을 한다면 근본적으로 그 차이를 좁히기 어렵다.
>
> (라) '해결(解決)'이란 제기된 문제를 해명하거나 얽힘을 해소하는 것을 말한다.

① (가) − (다) − (나) − (라)

② (가) − (라) − (나) − (다)

③ (라) − (나) − (가) − (다)

④ (라) − (가) − (다) − (나)

⑤ (라) − (가) − (나) − (다)

30 다음 중 (가)~(라)를 문맥에 맞게 배열한 것은?

> (가) 정형화된 사고의 틀을 깨는 이러한 발상의 전환을 직관적 영감에서 나온 것으로 과학의 발전에서 직관적 영감이 얼마나 큰 역할을 하는지 잘 보여준다.
>
> (나) 그 밖에도 뉴턴은 떨어지는 사과에서 만유인력을 발견하였고, 갈릴레이는 피사의 대사원에서 기도하던 중 천장에서 흔들리는 램프를 보고 진자의 원리를 발견했다.
>
> (다) 아인슈타인은 누구에게나 절대적 진리로 간주되었던 시간과 공간의 불변성을 뒤엎고, 상대성 이론을 통해 시간과 공간도 변할 수 있다는 것을 보여주었다.
>
> (라) 이렇게 볼 때 과학의 발견이 1%의 영감과 99%의 노력에 의해 이루어진다는 말은 과학의 발전에서 직관적 영감의 역할을 과소평가한 것이다.

① (가) – (나) – (다) – (라)
② (가) – (다) – (나) – (라)
③ (다) – (가) – (나) – (라)
④ (다) – (가) – (라) – (나)
⑤ (라) – (가) – (나) – (다)

31 다음 중 (가)~(라)를 문맥에 맞게 배열한 것은?

> (가) 이렇듯 인간은 생물학적으로 이기적일 것을 요구받고, 또 이 요구를 벗어날 수 있는 인간은 없다.
>
> (나) 하지만 생명체가 자신의 의지로 이런 고비를 넘어야 할 때에는 이기주의적 전략이 거의 항상 좋은 방법이 된다.
>
> (다) 이 고비를 넘는 과정이 순전히 행운에 맡겨진 경우도 있다.
>
> (라) 인간이 갖는 이기주의적 성향은 너무나 자연스러운 현상이다. 하나의 생명이 탄생하는 과정을 관찰하면, 너무나 많은 생사의 고비를 거쳐야 한다는 것을 알 수 있다.

① (라) – (나) – (가) – (다)
② (라) – (다) – (가) – (나)
③ (라) – (나) – (다) – (가)
④ (라) – (다) – (나) – (가)
⑤ (라) – (가) – (나) – (다)

32 다음 중 (가)~(라)를 문맥에 맞게 배열한 것은?

> (가) 작가는 외부 사물의 묘사로 복잡한 심리 상태를 암시하기도 하고, 예상하지 못했던 극적인 반전으로 우리를 당황하게 하기도 한다.
>
> (나) 소설 읽기는 삶의 의미를 발견하기 위한 일종의 여행으로, 우리를 안내하는 작가는 여러 가지 방법으로 우리의 여행을 돕는다.
>
> (다) 그는 상황을 요약하여 제시해 줌으로써 우리의 수고를 덜어 주기도 하고, 개념적인 언어로 자신의 사상을 직접 피력하기도 한다.
>
> (라) 그러나 집을 떠난 여행이 그렇듯이 소설을 읽는 여정 역시 순조롭지만은 않다.

① (나) – (다) – (라) – (가)
② (나) – (라) – (가) – (다)
③ (다) – (가) – (라) – (나)
④ (다) – (나) – (라) – (가)
⑤ (라) – (가) – (나) – (다)

33 다음 중 (가)~(마)를 문맥에 맞게 배열한 것은?

> (가) 다시 말해, 노동자 계급이 읽는 능력을 획득하면, 수신의 충실도가 높아지는 것이다.
>
> (나) 산업혁명 초기의 영국에서 교육 조직이 개편될 때, 지배 계층은 노동자 계층에게 읽는 능력은 가르쳐주되 쓰는 능력은 가르쳐주지 않으려 했다.
>
> (다) 따라서 지배 계급의 입장에서 노동자들이 반드시 글을 쓸 줄 알아야 할 필요는 없었다.
>
> (라) 그러나 노동자 계급이 쓸 수 있는 능력을 획득하게 되면 정치적 지배에 균열이 생길수 있다.
>
> (마) 노동자 계층이 글을 읽을 줄 알게 되면 새로운 지시사항을 보다 쉽게 이해할 수 있고, 성서를 읽음으로써 도덕적 계발의 효과까지 얻을 수 있다.

① (나) – (가) – (마) – (다) – (라)
② (나) – (마) – (가) – (라) – (다)
③ (다) – (라) – (나) – (마) – (가)
④ (마) – (나) – (가) – (라) – (다)
⑤ (라) – (가) – (나) – (다) – (마)

34 다음 중 (가)~(마)를 문맥에 맞게 배열한 것은?

> (가) 근대 민법은 실질적으로 평등하고 자유로운 인간 생활을 확보하지는 못하였다.
> (나) 그러나 민법전의 규정만으로는 노동자들의 사회적 권리를 현실적으로 보호할 수 없었으며, 이는 사용자에 의한 노동자의 노동력 착취로 이어지게 되었다.
> (다) 그 원인은 근대 민법이 자본주의와 결합하는 과정에서 실질적 자유와 평등을 확보할 적절한 법 제도와 법 기술을 보유하지 못한 데서 찾을 수 있다.
> (라) 이 근대 민법에서는 사용자와 노동자를 평등한 인격체로 전제한다.
> (마) 이에 노동자의 생존권을 보호할 책임을 느낀 국가는 노동자에 대한 후견적 배려로써 여러 특별법적 조치를 마련하기에 이르렀다.

① (가) – (다) – (라) – (나) – (마)
② (가) – (다) – (나) – (라) – (마)
③ (가) – (라) – (다) – (나) – (마)
④ (가) – (라) – (나) – (다) – (마)
⑤ (라) – (가) – (나) – (다) – (마)

35 다음 중 (가)~(마)를 문맥에 맞게 배열한 것은?

> (가) 양쪽 차원 모두에서 사이버공간의 본질은 관계적이다.
> (나) 또한, 사이버공간은 광섬유와 통신위성 등에 의해 서로 연결된 컴퓨터들의 물리적인 네트워크로 구성되어 있다.
> (다) 사이버공간은 관계의 네트워크이다.
> (라) 그러나 사이버공간이 물리적인 연결만으로 이루어지는 것은 아니다.
> (마) 사이버공간을 구성하는 많은 관계들은 오직 소프트웨어를 통해서만 실현되는 순전히 논리적인 연결이기 때문이다.

① (가) – (다) – (나) – (라) – (마)
② (나) – (다) – (라) – (가) – (마)
③ (나) – (다) – (라) – (마) – (가)
④ (다) – (나) – (라) – (마) – (가)
⑤ (라) – (가) – (나) – (다) – (마)

36 다음 중 (가)~(마)를 문맥에 맞게 배열한 것은?

> (가) 크릭은 곧 폴링의 발견이 상식의 산물이며 결코 복잡한 고등 수학을 통해 끌어낸 결론이 아님을 알게 되었다.
>
> (나) X선 사진만 들여다보고 있었다면 α나선을 발견할 수 없었을 것이다.
>
> (다) 폴링이 폴리펩티드 사슬의 구조를 밝힌 것을 보고 크릭은 같은 방법으로 DNA의 구조도 밝힐 수 있으리라고 생각했다.
>
> (라) 우선 가장 중요했던 것은 라이너스 폴링이 어떻게 α나선을 발견했는지를 이해하는 일이었다.
>
> (마) 폴링의 성공의 열쇠는 그가 구조 화학의 법칙들과 친숙했다는 점에 있었다.

① (가) - (마) - (나) - (다) - (라)
② (다) - (라) - (가) - (마) - (나)
③ (다) - (나) - (마) - (가) - (라)
④ (마) - (나) - (다) - (라) - (가)
⑤ (라) - (가) - (나) - (다) - (마)

37 다음 중 (가)~(마)를 문맥에 맞게 배열한 것은?

> (가) 지구의 대기에서 나비 한 마리가 날갯짓을 한 경우와 하지 않은 경우를 비교하면, 그로부터 3주 뒤 두 경우의 결과는 판이하게 달라질 수 있다.
>
> (나) 물리계 중에는 예측 불가능한 물리계가 있다.
>
> (다) 따라서 몇 주일 뒤의 기상이 어떻게 전개될지 정확히 예측하려면 초기 데이터와 수많은 변수들을 아주 정밀하게 처리해야만 가능하다.
>
> (라) 그러나 아무리 성능이 뛰어난 컴퓨터라고 해도 이를 제대로 처리하기 어렵다.
>
> (마) 이와 같은 물리계가 예측 불가능한 이유는 초기 조건의 민감성 때문인지, 물리 현상이 물리학의 인과법칙을 따르지 않기 때문은 아니다.

① (가) - (다) - (라) - (나) - (마)
② (가) - (다) - (마) - (라) - (나)
③ (나) - (가) - (다) - (마) - (라)
④ (나) - (마) - (가) - (다) - (라)
⑤ (라) - (가) - (나) - (다) - (마)

38 다음 중 (가)~(마)를 문맥에 맞게 배열한 것은?

> (가) 지식의 본성을 다루는 학문인 인식론은 흔히 지식의 유형을 나누는 데에서 이야기를 시작한다. 지식의 유형은 '안다'는 말의 다양한 용례들이 보여 주는 의미 차이를 통해서 드러나기도 한다.
>
> (나) 어떤 사람이 자전거에 대해서 많은 정보를 갖고 있다고 해서 자전거를 탈 수 있게 되는 것은 아니며, 자전거를 탈 줄 알기 위해서 반드시 자전거에 대해서 많은 정보를 갖고 있어야 하는 것도 아니다.
>
> (다) 예컨대 '그는 자전거를 탈 줄 안다.'와 '그는 이 사과가 둥글다는 것을 안다.'에서 '안다'가 바로 그런 경우이다.
>
> (라) 전자의 '안다'는 능력의 소유를 의미 하는 것으로 '절차적 지식'이라고 부르고, 후자의 '안다'는 정보의 소유를 의미하는 것으로 '표상적 지식'이라고 부른다.
>
> (마) 아무 정보 없이 그저 넘어지거나 다치거나 하는 과정을 거쳐 자전거를 탈 줄 알게 될 수도 있다.

① (가) – (다) – (라) – (나) – (마)
② (가) – (다) – (마) – (라) – (나)
③ (나) – (가) – (다) – (마) – (라)
④ (나) – (마) – (가) – (다) – (라)
⑤ (라) – (가) – (나) – (다) – (마)

39 다음 중 (가)~(마)를 문맥에 맞게 배열한 것은?

> (가) 위생 환경이 좋지 않은 곳에서 자라면 세균과 바이러스에 노출되어 그에 대한 면역체계가 만들어지고 강화된다.
>
> (나) 따라서 의사들은 열이 조금 올랐다고 해열제를 먹이기보다는 아이가 땀을 내면서 감기 바이러스와 싸워야 한다고 말한다.
>
> (다) X가설이란 위생 수준이 높아질수록 면역력이 떨어진다는 이론이다.
>
> (라) 이 이론에 따르면 감기 등 잔병치레를 많이 하면 면역력도 강화된다.
>
> (마) 그러나 깨끗한 곳에서 자라면 면역체계를 만들 기회가 적어 쉽게 병에 걸린다는 것이다.

① (가) – (나) – (다) – (라) – (마)
② (가) – (마) – (나) – (다) – (라)
③ (가) – (마) – (다) – (라) – (나)
④ (다) – (가) – (마) – (라) – (나)
⑤ (라) – (가) – (나) – (다) – (마)

40 다음 중 (가)~(라)를 문맥에 맞게 배열한 것은?

> (가) 문제는 어휘의 이질화를 어떻게 극복할 것인가에 귀착된다. 우리가 가장 먼저 밟아야 할 절차는 이질성과 동질성을 확인하는 일이다. 이러한 작업은 언어·문자뿐만 아니라 모든 분야에 해당된다. 동질성이 많이 확인되면 통합이 그만큼 쉬워지고 이질성이 많으면 통합이 어렵다.
>
> (나) 남북의 언어가 이질화되었다고 하지만 사실은 그 분화의 연대가 아직 반세기에도 미치지 않았다. 맞춤법과 같은 표기법은 원래 하나의 뿌리에서 갈라졌기에 우리의 노력 여하에 따라서는 동질성의 회복이 생각 밖으로 쉬워질 수 있다.
>
> (다) 이질성의 극복을 위해서는 이질화의 원인을 밝히고 이를 바탕으로 해서 그것을 극복하는 단계로 나아가야 한다. 극복의 문제도 점차적으로 단계를 밟아야만 한다. 일차적으로는 서로 적응의 과정이 필요하고, 그 다음으로는 최종적으로 선택의 절차를 밟아야 한다.
>
> (라) 적응의 과정은 북쪽의 문헌이나 신문을 본다든지 텔레비전, 라디오를 시청함으로써 이루어질 수 있는 극복의 원초적인 단계이다. 선택은 전문 학자들의 손을 거쳐 이루어지거나 장기적으로 언어 대중의 손에 맡기는 것이 최상의 길이다.

① (나) – (다) – (가) – (라)

② (가) – (나) – (라) – (다)

③ (라) – (다) – (가) – (나)

④ (다) – (라) – (나) – (가)

⑤ (나) – (가) – (다) – (라)

③ 빈칸추론

| 정답 및 해설 p.293

01 다음 중 빈칸에 들어갈 내용으로 가장 적절한 것은?

> (   ) 예를 들어 아프리카의 중부, 북부지역에는 돌연변이로 인하여 낫 모양으로 찌그러진 적혈구를 보유한 사람들이 많은데, 이러한 모양의 '겸상 적혈구'로 인하여 그 사람들은 말라리아에 걸리는 일이 매우 드물다. 말라리아가 창궐하는 아라비아 반도, 인디아 남부에도 이 유전자를 가진 사람들이 많다. 반면 말라리아 걱정이 없는 아프리카 남단에는 겸상 적혈구를 보유한 사람들이 별로 없다. 말라리아가 흔한 지중해 지역과 동남아 등에 사는 사람들은 다른 형태의 말라리아 대항 유전자를 지니고 있기도 하다. 유럽에서도 북부와 남부 간의 차이가 발견되는데, 말라리아에 관한 한 북부 유럽 사람들은 남부 유럽 사람보다는 남아프리카 사람에 더 가깝다고 할 수 있다.

① 면역학적 관점에서 보면 인종적 특징에 의한 구분은 큰 의미가 없다.

② 지중해 지역과 동남아 등에 사는 사람들은 겸상 적혈구를 보유하고 있지 않다.

③ 특정 질병에 대하여 면역력을 키우는 방법은 개인의 체질에 따라서 매우 다양하다.

④ 돌연변이로 인한 유전자 변형은 인종적 특성에 따라서 그 결과가 매우 심각할 수도 있고 미미할 수도 있다.

⑤ 대부분의 대륙에서 북부 지역 사람들은 남부 지역 사람들보다 전염병에 대한 면역력이 강한 것으로 알려져 있다.

02 다음 중 빈칸에 들어갈 내용으로 가장 적절한 것은?

> 애초에 자동차는 이동에 걸리는 시간을 줄이기 위해 발명되었다. 그러나 자동차가 대중화된 후 자동차 발명의 최초 동기는 충족되지 못하고 있다. (   ) 40년 전만 해도 사람들은 대부분 걸어서 출근할 수 있는 가까운 거리에 살았지만 오늘날 사람들은 일터에서 30~50킬로미터 떨어진 교외에 흩어져 산다. 더욱이 출퇴근 시 시속 10킬로미터 이하로 거북이 운행을 할 때의 자동차는 걷는 것과 별반 차이가 나지 않는다.

① 교통사고가 빈발하여 이에 따른 인적, 물적 피해가 엄청나게 불어난 것이다.

② 다양한 산업의 발달로 지역이 도시화됨에 따라 자동차 수가 증가되었기 때문이다.

③ 자동차 시대가 열리자 고속도로가 등장했고 수천 킬로미터의 아스팔트와 시멘트로 포장되었다.

④ 자동차 자체의 부품이 가진 복잡성으로 인해 자동차 산업은 다양한 관련 산업의 발달을 촉진하였다.

⑤ 자동차가 널리 보급됨에 따라 사람들이 직장으로부터 점점 더 먼 곳에 살기 시작했던 것이다.

03 다음 중 빈칸에 들어갈 내용으로 가장 적절한 것은?

> 스칸디나비아 항공의 얀 칼슨 사장은 1970년대 말 오일쇼크로 세계적인 불황을 맞은 항공사의 서비스 혁신을 단행했다. 그는 고객과 직원들이 만나는 15초의 짧은 순간이야말로 중요한 순간이며, 이 15초 동안에 고객 접점에 있는 직원이 책임과 권한을 가지고 자사를 선택한 고객의 결정이 최선이었음을 입증해야 한다고 생각했다. 고객 접점 서비스가 그렇게 중요한 이유는 '곱셈의 법칙'이 적용되기 때문이다. 즉, (   ) 이러한 인식을 바탕으로 한 고객에게 접점 혁신을 통해 연간 800만 달러의 적자를 내던 스칸디나비아 항공은 불과 1년 만에 20억 달러의 매출과 7,100만 달러의 이익을 올리는 회사로 변화했다.

① 특정 고객에게 0점의 평가를 받은 직원은 다른 고객에게도 0점을 받게 된다.

② 고객에게 제공한 서비스가 한 번 0점으로 평가 받게 되면, 다음 서비스에도 의례 0점을 받게 된다.

③ 직원들 중 어느 누구라도 고객에게 서비스 0점이라는 평가를 받게 되는 순간이 오기 마련이다.

④ 고객과 만나게 되는 직원들 중 단 한 명이라도 0점짜리 서비스로 평가 받는다면 전체 서비스는 0점이 되어버린다.

⑤ 한 직원이 고객으로부터 0점으로 평가받았다 할지라도 이후에 100점을 받게 될 수 있다.

04 다음 중 빈칸에 들어갈 내용으로 가장 적절한 것은?

> 힐링(Healing)은 사회적 압박과 스트레스 등으로 손상된 몸과 마음을 치유하는 방법을 포괄적으로 일컫는 말이다. 우리보다 먼저 힐링이 정착된 서구에서는 질병 치유의 대체 요법 또는 영적·심리적 치료 요법 등을 지칭하고 있다. 국내에서도 최근 힐링과 관련된 갖가지 상품이 유행하고 있다. 간단한 인터넷 검색을 통해 수천 가지의 상품을 확인할 수 있을 정도다. 종교적 명상, 자연 요법, 운동 요법 등 다양한 형태의 힐링 상품이 존재한다. 심지어 고가의 힐링 여행이나 힐링 주택 등의 상품들도 나오고 있다. 그러나 (   ) 우선 명상이나 기도 등을 통해 내면에 눈뜨고, 필라테스나 요가를 통해 육체적 건강을 회복하여 자신감을 얻는 것부터 출발할 수 있다.

① 의학적인 검사와 진단을 받는 것이 필요하다.

② 자신을 진정으로 사랑하는 법을 알아야 할 것이다.

③ 힐링이 먼저 정착된 서구의 힐링 상품들을 참고해야 할 것이다.

④ 이러한 상품들의 값이 터무니없이 비싸다고 느껴지지는 않을 것이다.

⑤ 많은 돈을 들이지 않고서도 쉽게 할 수 있는 일부터 찾는 것이 좋을 것이다.

05 다음 중 빈칸에 들어갈 내용으로 가장 적절한 것은?

> 텔레비전 토론 프로그램에 대해 비판적 입장을 견지하는 학자들은 상당수의 프로그램이 다양한 공적 문
> 제에 대해 공개적으로 상호 의사소통을 하기보다는 이해관계에 있는 집단들의 주장을 일방향으로 전달
> 하고 있을 뿐이므로 공론장과는 거리가 멀다고 주장한다. 그들은 텔레비전 토론 프로그램이 사회적 의제
> 에 대한 공중(公衆)의 관심을 오히려 멀어지게 하고, 특정 입장을 홍보하는 이른바 '유사 공론장'으로 변
> 질되고 있다고 비판한다. 그들은 토론 프로그램이 (   )는
> 점을 우려하는 것이다.

① 여론을 왜곡할 수 있다.
② 개인의 권리를 침해할 수 있다.
③ 정보 제공의 기능을 상실할 수 있다.
④ 사회 감시의 기능을 약화시킬 수 있다.
⑤ 사회의 경쟁 구도를 심화시킬 수 있다.

06 다음 중 빈칸에 들어갈 내용으로 가장 적절한 것은?

> 지식착각(Illusion of Knowledge)이란 자신의 지식을 과다하게 신뢰하여 자신이 실제로 알고 있는 것보다
> 더 많이 알고 있다고 생각하는 것을 말한다. 전문가가 지식착각에 쉽게 빠지는 것도 같은 이유이다. 크리
> 스토퍼 차브리스와 대니얼 사이먼스(C. Chabris and Simons)는 익숙하면 지식착각을 유발하여 충분히 알
> 고 있다는 확신을 갖게 된다고 말했다. 즉, 낯선 정보는 이를 이해하고 받아들이기 위해 많은 에너지를 필
> 요로 하지만, 익숙한 정보는 쉽게 받아들이게 되기 때문이다. 익숙함에서 비롯된 단순하고 낙관적인 추측
> 때문에 사람들은 자신이 마치 모든 것을 충분히 이해하고 있다는 확신을 갖게 된다. 이와 같은 확신은 우
> 리의 뇌가 예측 불가능한 일보다 익숙한 것을 더 좋아하고 빨리 받아들이도록 진화된 것과 관련이 있다.
> 하지만 리처드 세일러(R. Thaler)는 지식착각이 잘못된 결과를 가져올 수도 있다고 하였다. (
>   ) 가끔은 우리 속담에서처럼 모르
> 는 게 약이 될 때도 있지 않을까.

① 익숙한 정보를 많이 가지고 있을수록 의사결정이 어려워지고 실패할 가능성이 높아진다는 것
  이다.
② 때로는 존재하지 않는 패턴을 인식하기도 하고 존재하는 패턴을 잘못 인식하기 때문이다.
③ 감각을 통해서 관념을 갖는 감각적 지식은 현재와 과거의 관념이 언제나 틀릴 수 있다는 점에
  서 오류에 노출된다는 것이다.
④ 자신의 지식이나 정보를 지나치게 신뢰함으로써 다른 사람의 의견은 무시하거나 고려조차 하
  지 않게 된다.
⑤ 너무나도 익숙한 정보보다는 익숙하지 않은 정보에 더 흥미를 보이며, 본래의 지식에 혼란이
  가중되는 것이다.

07 다음 중 빈칸에 들어갈 내용으로 가장 적절한 것은?

우리는 꿈속에서 평소에는 억누르고 있던 내면 욕구나 콤플렉스(강박관념)을 민감하게 느끼고 투사를 통해 그것을 외적인 형태로 구체화한다. 예를 들어 전쟁터에서 살아 돌아온 사람이 몇 달 동안 계속해서 죽은 동료들의 꿈을 꾸는 경우, 이는 그의 내면에 잠재해 있는 그러나 깨어 있을 때에는 결코 인정하고 싶지 않은 죄책감을 암시하는 것으로 볼 수 있다. 우리에게 꿈이 중요한 까닭은 이처럼 자신도 깨닫지 못하는 무의식의 세계를 구체적으로 이해할 수 있는 형태로 바꾸어서 보여주기 때문이다. 우리는 꿈을 통해 그 사람의 잠을 방해할 정도의 어떤 일이 진행되고 있다는 것을 알 수 있을 뿐만 아니라, 그 일에 대해서 어떤 식으로 대처해야 하는지 까지도 알게 된다. 그런 일은 깨어있을 때에는 쉽사리 알아내기 힘들다. 이는 따뜻하고 화려한 옷이 상처나 결점을 가려주는 것과 마찬가지로 (   ) 우리는 정신이 옷을 벗기를 기다려 비로소 그 사람의 내면세계로 들어갈 수 있다.

① 잠이 콤플렉스의 심화를 막아주기 때문이다.
② 꿈이 정신의 질병을 예방하고 치료할 수 있기 때문이다.
③ 깨어있는 의식이 내면의 관찰을 방해하기 때문이다.
④ 수면상태의 나르시즘이 스스로를 보호하려고 하기 때문이다.
⑤ 자신을 성장시키기 위해서는 무의식이 필요하기 때문이다.

08 다음 중 빈칸에 들어갈 내용으로 가장 적절한 것은?

> 과학자는 미래를 정확하게 내다볼 수 있는 마법의 구슬을 가지고 있을 것이라는 생각은 과학 자체만큼이나 역사가 오래되었다. 수학자 라플라스(Laplace)는 다음과 같이 말했다. "주어진 순간의 모든 입자들을 상세하게 기술할 수 있는 지적인 존재라면 정확하게 미래에 대한 예측을 할 수 있다. 그에게는 불확실한 것이란 있을 수 없다. 그리하여 미래는 과거와 똑같이 그의 눈앞에 펼쳐진다." 뉴턴이 남긴 많은 미해결 문제를 해결하여 뉴턴역학의 지위를 공고히 하는 데 크게 기여하였던 라플라스는 "뉴턴은 천재이기도 하지만 운도 무척 좋은 사람이다. 우주는 하나뿐이므로."라고 말하여 뉴턴에 대한 부러움과 뉴턴이론에 대한 확신을 표시하였다. 그에게 뉴턴이론은 자연의 비밀을 풀어줄 열쇠였다. 우주의 전 과정을 예측해 줄 열쇠를 손에 쥐고 있으므로, 미래를 예측하기 위해서 그에게 필요한 것은 주어진 순간의 모든 입자들의 위치와 운동량에 대한 완벽한 기술, 즉 초기 조건에 대한 완벽한 정보뿐이었다. 분명히 현대의 천문학자들은 하늘의 운행을 예측할 수 있게 되었다. 일식과 월식, 행성의 움직임, 별과 별자리의 운행 등을 100년 후까지도 예측할 수 있다. 반면, 물리학자들은 다른 쪽 탁구대로 넘어간 탁구공이 어디로 튈지조차 예언하지 못한다.
>
> (   ) 지구의 그림자가 달을 가리는 시간을 천문학자들은 정확하게 예측했지만 로스앤젤레스의 그리피스 공원 천문대에 모여든 수많은 관람객들은 그 장관을 볼 수 없었다. 하필 그 순간 남쪽에서 몰려온 구름이 달을 가렸기 때문이다.

① 과학자들은 구름의 움직임도 정확히 예측하지 못한다.

② 물리학자들이 정확하게 예측을 못하기도 한다는 사실은 최근 벌어진 사건에서 알 수 있다.

③ 탁구공에 비하면 일식은 더욱 예언하기 어렵다.

④ 과학자는 결국 미래를 정확하게 내다볼 수 있는 마법의 구슬을 가지고 있지 않다.

⑤ 따라서 물리학자들은 실제 문제를 이해하고, 데이터를 설명하는 이론을 만들어내기 시작하였다.

09 다음 중 빈칸에 들어갈 내용으로 가장 적절한 것은?

(   ) 따라서 서구의 힘
과 문화, 다른 문명들의 힘과 문화의 관계는 문명 세계에서 가장 포괄적인 특성으로 나타난다. 그러나 시간이 지남에 따라 다른 문명들의 상대적 힘이 증가하면서 서구 문화의 매력은 반감되고 비서구인들은 점점 자신들의 고유문화에 애착과 자신감을 갖게 된다. 그러므로 서구와 비서구의 관계에서 가장 핵심이 되는 문제는 서구 문화의 보편성을 관철하려는 미국을 비롯한 서구의 노력과 그들의 현실적 능력 사이에서 생겨나는 부조화라고 말할 수 있다. 공산주의의 몰락으로 자유 민주주의 이념이 지구적 차원에서 승리를 거두었으므로, 서구의 이념이 보편타당하다는 견해가 확산되면서 부조화는 한층 심화되었다. 서구, 그중에서도 특히 예부터 민주주의의 선교사 역할을 자임해온 미국은 비서구인들이 민주주의, 시장경제, 제한된 정부, 인권, 개인주의, 법치주의 같은 서구의 가치에 동조해야 하며 이러한 가치들을 자신들의 제도에 구현시켜야 한다고 믿는다. 다른 문명들 내부의 소수집단은 이러한 가치를 수용하고 적극적으로 선전하지만 비서구사회의 지배적인 태도는 대체로 회의주의 아니면 격렬한 반발의 양상으로 나타난다. 서구의 보편주의가 비서구에게는 제국주의로 다가온다.

① 서구의 권력은 명시적으로 억압적인 것이 아니라 생산적인 억압이라는 것이 특징이다.

② 그들은 자신들의 이익을 '세계 공동체'의 이익으로 규정함으로써 그러한 이익을 수호하려고 한다.

③ 문명 중 유일하게 서구는 다른 모든 문명에게 대대적인, 때로는 파괴적인 영향력을 미쳤다.

④ '세계 공동체'라는 구호는 미국과 여타 서방 국가들의 이익이 반영된 행동에 범지구적 정당성을 부여하는 완곡한 집합명사가 되었다.

⑤ 서구는 자신의 주도적 위치를 고수하고자 지금도 노력하고 있고 앞으로도 노력을 게을리 하지 않을 것이다.

10 다음 중 빈칸에 들어갈 내용으로 가장 적절한 것은?

> 부정확성이 천천히 증가하는 물리계의 경우, 기술 발전에 따라 정밀하게 변화를 예측하는 데 필요한 시간은 점점 더 줄어들 것이다. 그러나 부정확성이 빠르게 증가하는 물리계의 경우, 예측에 필요한 계산시간은 그다지 크게 단축되지 않을 것이다. 흔히 앞의 유형을 '비 카오스계'라고 부르고 뒤의 유형을 '카오스계'라고 부른다. 카오스계는 예측 가능성이 지극히 제한적이라는 것이 그 특징이다. 지구의 대기 같은 아주 복잡한 물리계는 카오스계의 대표적인 사례이다. 그러나 연결된 한 쌍의 진자처럼 몇 안 되는 변수들만으로 기술할 수 있고 단순한 결정론적 방정식을 따르는 물리계라 하더라도, 초기 조건에 민감하며 아주 복잡한 운동을 보인다는 점은 놀라운 일이다. 카오스 이론은 과학의 한계를 보여주었다고 단언하는 사람들이 적지 않지만, 자연 속에는 비 카오스계가 더 많다. 그리고 (   ) 카오스 이론은 앞으로 연구가 이루어져야 할 드넓은 영역을 열어주었고, 수많은 새로운 연구 대상들을 지시한다.

① 카오스계를 연구하는 과학자들은 자신들이 막다른 골목에 봉착했다고 생각하지 않는다.

② 카오스 현상은 결정론적 법칙을 따르지 않는 물리계가 나비의 날개짓처럼 사소한 요인에 의해 교란되기 때문에 생기는 현상이다.

③ 물리계가 예측 불가능한 이유는 초기 조건의 민감성 때문이지, 물리 현상이 물리학의 인과법칙을 따르지 않기 때문은 아니다.

④ 슈퍼컴퓨터의 성능이 충분히 향상된다면, 과학자들은 날씨 변화를 행성의 위치만큼이나 정확하게 예측할 것이다.

⑤ 혼란스럽고 무질서해 보이는 현상은 자연이 무질서해서 그런 것이 아니고 자연을 분석하는 인간의 능력이 모자라기 때문에 그렇게 보일 뿐이다.

11 다음 중 빈칸에 들어갈 내용으로 가장 적절한 것은?

인간이란 책임감 있는 사람으로 대접 받으면 책임감 있는 사람으로 행동하게 된다. 이 메커니즘은 여러 번의 실험을 통해 입증된 바 있다. 수많은 연구들을 토대로 우리는 인간이란 존재가 다른 사람들의 시각에 영향을 받는다는 사실을 알고 있다. 만약 당신이 누군가에게 신뢰를 입증할 기회를 준다면 그 사람은 이미 정직한 사람이 되어 있거나 혹은 앞으로 정직한 사람이 될 수 있을 것이다. 반대 경우도 마찬가지다. 당신이 다른 사람을 불신할 경우 이 사람은 그에 맞는 행동을 하게 된다. 직원이 성실한 사람임에도 불구하고 어떤 이유 때문에 당신이 그 직원을 불신한다면 이것은 그가 불성실한 행동을 하도록 유도하는 것이나 다름없다. 자신의 신뢰에 부응하려는 욕구에 대한 심리학적 연구에 따르면, 신뢰할만한 사람으로 대접 받는 사람들은 자신들에게 주어진 신뢰에 걸맞은 행동을 하는 경향이 있다. 목적 달성을 위해서는 "신뢰할 수 있게 행동하시오."라는 말 보다는 "당신을 신뢰합니다."라는 말이 더 효과적이다. 물론 여기에도 한계는 있다. 즉 어떤 경우에는 이러한 신뢰가 적절하지 못할 수도 있다. 한마디로 말해 위험 요소가 너무 커져 버릴 수도 있는 것이다. 한 보호감찰관이 사회적으로 커다란 문제를 일으켰던, 상습적으로 약속을 지키지 않는 가석방자에게 "일요일 저녁 9시까지 당신이 돌아올 것이라고 믿습니다."라고 말했다면 이것은 용서 받을 수 없을 만큼 부주의한 행동이다. 왜냐하면
(   )

① 신뢰는 신뢰 받을 행동을 낳고, 불신은 신뢰 받지 못할 행동을 낳는 것이기 때문이다.

② 신뢰란 진심에서 우러나오는 것만을 의미하지, 단순히 믿는다고 말하는 것을 의미하지는 않기 때문이다.

③ 누군가에게 신뢰를 입증할 기회를 준다면 그 사람은 정직한 사람이 될 수 있기 때문이다.

④ 신뢰는 신뢰 받는 사람의 행동으로부터 나오는 결과까지 책임지는 것이기 때문이다.

⑤ 신뢰는 상대방의 의사를 자유롭게 표현할 수 있는 구체적 장치가 있어야 하기 때문이다.

12 다음 중 빈칸에 들어갈 내용으로 가장 적절한 것은?

> 현상의 원인을 찾는 방법들 가운데 최선의 설명을 이용하는 방법이 있다. 우리는 주어진 현상을 일으키는 원인을 찾아 이 원인이 그 현상을 일으켰다고 말함으로써 현상을 설명하곤 한다. 우리는 여러 가지 가능한 설명들 중에서 가장 좋은 설명에 나오는 원인이 현상의 진정한 원인이라고 결론 내릴 수 있다.
>
> 지구에는 조수 현상이 있는데 이 현상의 원인은 무엇일까? 우리는 조수 현상을 일으킬 수 있는 원인들을 일종의 가설로써 설정할 수 있다. 만일 지구의 물과 달 사이에 중력이나 자기력 같은 인력이 작용한다면, 이런 인력은 지구에 조수 현상을 일으키는 원인일 수 있다. 지구와 달 사이에 유동 물질이 있고 그 물질이 지구를 누른다면, 이런 누름은 지구에 조수 현상을 일으키는 원인일 수 있다. 지구가 등속도로 자전하지 않아 지구 전체가 흔들거린다면, 이런 지구의 흔들거림은 지구에 조수 현상을 일으키는 원인일 수 있다.
>
> 우리는 이런 설명들을 견주어 어떤 것이 다른 것보다 낫다는 것을 언제든 주장할 수 있으며, 가장 나은 순서대로 줄을 세워 가장 좋은 설명을 찾을 수 있다. 우리는 조수 현상에 대한 설명들로, 지구의 물과 달 사이의 인력 때문에 조수가 생긴다는 설명, 지구와 달 사이의 물질이 지구를 누르기 때문에 조수가 생긴다는 설명, 지구 전체의 흔들거림 때문에 조수가 생긴다는 설명을 갖고 있다. 이 설명들 가운데 지구 전체의 흔들거림 때문에 조수가 생긴다는 설명보다 지구와 달 사이의 물질이 지구를 누르기 때문에 조수가 생긴다는 설명이 더 낫다. 또한 (   ) 따라서 우리는 조수현상의 원인이 지구의 물과 달 사이에 작용하는 인력이라고 결론 내릴 수 있다.

① 지구 전체의 흔들거림 때문에 조수가 생긴다는 설명보다 지구와 달 사이에 인력 때문에 조수가 생긴다는 설명이 더 낫다.

② 지구의 물과 달 사이에 인력 때문에 조수가 생긴다는 설명보다 지구 전체의 흔들거림 때문에 조수가 생긴다는 설명이 더 낫다.

③ 지구와 달 사이의 물질이 지구를 누르기 때문에 조수가 생긴다는 설명보다 지구 전체의 흔들거림 때문에 조수가 생긴다는 설명이 더 낫다.

④ 지구의 물과 달 사이에 인력 때문에 조수가 생긴다는 설명보다 지구와 달 사이의 물질이 지구를 누르기 때문에 조수가 생긴다는 설명이 더 낫다.

⑤ 지구와 달 사이의 물질이 지구를 누르기 때문에 조수가 생긴다는 설명보다 지구의 물과 달 사이에 인력 때문에 조수가 생긴다는 설명이 더 낫다.

13 다음 중 빈칸 [A]에 들어갈 내용으로 가장 적절한 것은?

헌법 제 19조는 '모든 국민은 양심의 자유를 가진다.'라고 하여 기본권으로써 양심의 자유를 보장하고 있다. 양심의 자유의 헌법적 보장은 다수 가치로써의 법질서와 소수의 양심이 충돌할 경우, 개인의 윤리적 양심을 보호함으로써 인격의 정체성을 지켜 주겠다는 의지의 표명으로 볼 수 있다. 민주 국가의 법질서와 사회 질서는 국가 구성원 다수의 정치적 의사와 도덕적 기준에 따라 형성되기 때문에 여기에서 벗어나려는 소수의 양심에 대한 배려가 요구된다. 이러한 양심의 자유는 인간 내심(內心)의 자유로써 모든 자유의 근원적 성격을 지니는데 여기에서 양심은 일정한 세계관이나 가치관에 기초하여 형성된 선과 악에 관한 진지한 윤리적 결정을 말하며, 개인의 이념 형성과 관계없는 단순한 사유나 의견은 양심에 속한다고 볼 수 없다. 양심은 내면 영역과 외부 영역으로 구분되는데, 이에 따라 양심의 자유는 내면 영역에서의 '양심 형성의 자유'와 외부 영역에서의 '양심 표명의 자유', '양심 실현의 자유'로 구분된다.

먼저 '양심 형성의 자유'란 외부로부터 부당한 간섭이나 강제를 받지 않고 양심을 형성하고 양심상의 결정을 내리는 자유를 말한다. 올바른 양심 형성이 이루어지기 위해서는 양심의 주체가 자율적인 양심 형성을 위협하는 각종 영향력의 행사로부터 벗어나 있어야 한다. 국가가 특정한 양심이나 사상을 집중 홍보함으로써 사실상 이를 강요하거나 양심상 결정에 위해가 되는 상황을 초래하는 것은 양심 형성의 자유에 대한 침해가 된다. 양심상의 결정이 어떠한 종교관이나 세계관 또는 그 외의 가치 체계에 기초하고 있는가와 관계없이 모든 내용의 양심상의 결정은 양심 형성의 자유에 의하여 보장된다. 양심 형성은 내심 영역의 자유로서 지극히 주관적 현상이고 이를 객관적으로 확인하기 어렵기 때문에 양심 형성의 자유에 대한 침해는 실질적 의미가 적다.

'양심 표명의 자유'는 형성된 양심을 방해받지 않고 표명할 수 있는 자유를 말한다. 양심 표명의 자유가 실효성을 지니기 위해서는 자유로운 토론이 보장되어야 하며, 다수의 생각만이 언제나 타당하다는 전제에서 벗어나야 한다. 양심 표명의 자유에는 침묵의 자유도 포함되는데, 이는 형성된 양심을 타의에 의하여 외부에 포명하도록 강제당하지 않을 자유를 말한다.

[A]

양심의 자유를 제한하고자 하는 경우에 이를 조정하는 것은 양심의 자유의 본질에 부합하지 않는다. 양심상의 결정이 조정 과정에서 내용이 왜곡되거나 굴절되는 순간, 이 결정은 더 이상 양심에 근거한다고 볼 수 없기 때문이다. 예를 들어 양심상의 이유로 환경 침해자들의 출판물을 인쇄하기를 거부하는 근로자가 인쇄 업무를 반으로 줄여 준다고 해서 거부 의사를 철회한다면 이는 더 이상 양심상의 결정이라고 볼 수 없게 된다는 것이다. 이처럼 조정이 어렵기 때문에 양심의 자유는 인정되거나 인정되지 않거나 둘 중 하나로 결정된다는 특수성을 지닌다.

① 양심 형성의 자유 침해 사례
② 양심 표명의 자유 침해 사례
③ 양심 실현의 자유에 대한 설명
④ 양심의 특수성에 대한 다른 견해
⑤ 양심 성립의 근거

14 다음 중 빈칸에 들어갈 내용으로 가장 적절한 것은?

어떤 조직이든 자신의 사명을 수행하기 위해서는 사회에 영향을 미치지 않을 수 없으며, 사회 속에 존재한다. 이것은 지역 공동체와 자연적 환경에 대해 영향을 끼친다는 것을 의미한다. 게다가 모든 조직은 사람을 고용하는데, 이는 조직이 사람들에게도 많은 권한을 행사한다는 것을 의미한다. 조직이 사회에 어떤 영향을 미치는 것은 불가피한 일이다. 그렇지 않으면 기업은 재화와 용역을 공급할 수 없고, 학교는 교육을 할 수 없으며, 연구소는 새로운 지식을 개발할 수 없고, 지방 정부는 교통정리 활동을 할 수 없다. 물론 이들 영향 자체가 조직의 목적은 아니다. 이들 영향은 조직이 자신의 목적을 달성하는 과정에서 부수적으로 발생하는 것이다. 그것은 글자 그대로 (   )이다.

만일 조직이 사람에 대한 권한을 행사하지 않고도 목적한 바대로 성과를 달성할 수 있다면, 아마도 우리는 조직이 사람에게 권한을 행사하는 것을 허용하지 않았을 것이다. 사실 모든 경영자는 사람을 고용하지 않고도 조직을 운영할 수 있기를 바랄 것이다. 조직의 경영자에게 있어 사람들이란 성가신 존재이다. 경영자는 사람들을 '통치하는 기구'가 되기를 바라지 않는다. 그것은 직무수행을 방해할 뿐이다. 과거 귀족들의 휘하 사람들은 그들의 '신하'였고, 그들의 권력과 부를 나타냈다. 오늘날 병원·정부기관·기업에서는 사람이란 '피고용인'으로서 '비용'을 뜻하고 있다. 이 점은 병력의 수보다는 화력과 기동성이 중요하게 고려되는 현대의 군대에서도 차츰 현실이 되고 있다.

① 목적

② 영향력

③ 부수적

④ 필요악

⑤ 수단

15 다음은 신문기사를 읽은 후 나눈 대화의 일부이다. 대화의 흐름상 빈칸에 들어갈 말로 가장 적절한 것은?

○○일보

○○일보 제12345호 ㅣ △△△△년 ○○월 ◇◇일   안내전화 : 02 - △△△ - △△△△

'죽은 왕녀를 위한 파반느'라는 곡으로 유명한 프랑스 음악가 모리스 라벨(1875~1937)이 작곡한 '볼레로'가 그의 치매로 인해 탄생한 곡이라고 한다. 이 곡의 특징은 하나의 리듬이 169번이나 반복되면서 2개의 멜로디가 15분 넘게 이어짐에도 불구하고 악기의 음색이 조금씩 바뀜으로써 지루함의 가능성을 배제했다는 점이다. 그런데 이러한 반복적인 리듬이 당시 그가 앓고 있던 진행성 언어장애 타입의 전두측두치매로 인해 나타났을 것이라는 주장이 있다. 즉, 이 병을 앓게 되면 특별한 이유 없이 하던 행동 또는 생각을 계속 반복하는 증세를 보이게 되는데, 모리스 라벨의 '볼레로'에 나타난 반복적 리듬과 멜로디가 그러하다는 것이다.

'볼레로' 외에도 치매로 인해 탄생한 것으로 보이는 작품은 미술계에도 존재한다. 캐나다의 화가 앤 아담스의 그림 '볼레로를 해석하며'가 그것인데, 이 역시 볼레로의 음악처럼 비슷한 도형이 반복되는 형식으로 표현된 작품이다. 앤 아담스는 이 그림을 완성하고 몇 년 뒤 진행성 언어장애 타입의 전두측두치매 진단을 받은 바 있다.

이처럼 치매가 예술로 승화된 예가 있어 사람들의 흥미를 일으키고 있다.

A : 신기하다. 치매가 예술을 탄생시킨 하나의 촉매가 된 거나 다름없네.
B : 그러게. 언어장애를 꼭 불행으로만 단정 지을 수도 없겠어. 안 그래?
C : 내 생각은 달라. (   )
D : 다 그런 건 아니겠지만 그래도 불행에서 싹튼 예술을 우리가 향유할 수 있으니, 불행과 예술은 전혀 뗄 수만은 없는 관계인 것 같기는 해.

---

① 치매가 있지만 저런 예술 작품을 남길 수 있다는 것은 놀랄만한 일이야.
② 전두측두치매가 예술적 재능을 촉발할 수 있다는 사실은 이미 검증된 사실이야.
③ 예술 작품을 남길 당시는 치매가 호전되었다는 주장이 있어.
④ 전두측두치매에 걸린 사람이 모두 저런 재능을 보이는 건 아니야.
⑤ 치매에 걸린 사람들이 좋은 작품을 남기는 경우가 많아.

16 다음 중 어떤 빈칸에도 들어갈 수 <u>없는</u> 단어는?

- 고대 소설을 (　　)해 보면 현대 소설과는 다른 특성을 발견할 수 있다.
- 현미경을 이용하면 육안으로는 (　　)되지 않는 것도 자세히 볼 수 있다.
- 밝은 이성에 의한 깊은 (　　)이 요구된다.
- 담당자들은 아파트 건축 현장을 (　　)하였다.

① 관찰　　　　　　　　　　② 고찰
③ 성찰　　　　　　　　　　④ 불찰
⑤ 시찰

17 다음 중 어떤 빈칸에도 들어갈 수 <u>없는</u> 단어는?

- 그녀는 높은 위치에 있으면서도 (　　)없이 진실하게 사람들을 대해 주었다.
- 박지원의 소설들은 양반들의 (　　)을 풍자한 것이 특징이다.
- 그들은 (　　)에 사로잡혀서 남의 말은 받아들이지 못했다.
- 그는 자기주장을 끝까지 (　　)하며 결코 양보하지 않았다.

① 고집(固執)　　　　　　　② 아집(我執)
③ 위선(僞善)　　　　　　　④ 자만(自慢)
⑤ 허식(虛飾)

18 다음 중 어떤 빈칸에도 들어갈 수 <u>없는</u> 단어는?

- 이 소설에서 비는 불행한 결말을 (　　)한다.
- 부처의 (　　)를 받은 듯 홀연히 시심이 움직였다.
- 전세 계약을 하면서 이사할 날짜를 계약서에 (　　)했다.
- 그는 무대에 올라서 오랫동안 닦은 기량을 (　　)했다.

① 계시　　　　　　　　　　② 암시
③ 명시　　　　　　　　　　④ 과시
⑤ 질시

19 다음 중 어떤 빈칸에도 들어갈 수 <u>없는</u> 단어는?

- 건물이 아직 ( )하다.
- 어떤 선입견도 ( )하지 않았다.
- 전국에 ( )한 전설을 채록하다.
- 문화 시설 대부분이 서울에 ( )하다.

① 개재   ② 산재
③ 건재   ④ 잠재
⑤ 편재

20 다음 중 어떤 빈칸에도 들어갈 수 <u>없는</u> 단어는?

- 중금속이 지하수에 ( )되었다.
- 학생들은 경찰력 ( )에 강력히 반발했다.
- 새로운 이론의 ( )으로 학문이 발전하였다.
- 세 명의 학생들이 본과로 ( )하게 되었다.

① 유입   ② 도입
③ 투입   ④ 편입
⑤ 수입

21 다음 중 어떤 빈칸에도 들어갈 수 <u>없는</u> 단어는?

- 국회부의장이 장내를 ( )시켜 질의는 계속됐다.
- 의관을 ( )하고 자리에 앉았다.
- 부도로 회사가 ( )되었다.
- 노후한 차량의 ( )에 좀 더 손을 써야 한다.

① 정돈(整頓)   ② 정비(整備)
③ 정리(整理)   ④ 정제(整齊)
⑤ 정착(定着)

22 다음 중 어떤 빈칸에도 들어갈 수 <u>없는</u> 단어는?

> • (   )한 나라는 강대국에게 괴로움을 당하기 쉽다.
> • 작은 오해 때문에 오래된 친구와 (   )하게 지낸다.
> • 자료의 (   )으로 연구에 많은 어려움이 있다.
> • (   )한 땅에는 모질고 억센 잡풀밖에 자라지 않았다.

① 약소(弱小)   ② 소원(疏遠)

③ 척박(瘠薄)   ④ 박약(薄弱)

⑤ 빈약(貧弱)

23 다음 중 어떤 빈칸에도 들어갈 수 <u>없는</u> 단어는?

> • 성적이 (   )되다.
> • 골동품들이 국외에 (   )되고 있다.
> • 종량제의 실시로 쓰레기의 (   )이 크게 줄었다.
> • 이 작품은 해외 영화제에 (   )되어 호평을 받은 것이다.

① 지출   ② 출품

③ 반출   ④ 배출

⑤ 산출

24 다음 중 어떤 빈칸에도 들어갈 수 <u>없는</u> 단어는?

> • (   )을 줄이다.
> • 그녀는 키가 작고 마른 (   )이다.
> • 건장한 (   )의 사내들이 앞을 막았다.
> • 우리 회사도 (   ) 개선을 해야 한다.

① 체격   ② 체력

③ 체형   ④ 체중

⑤ 체질

25 다음 중 어떤 빈칸에도 들어갈 수 <u>없는</u> 단어는?

- ( )에 따르면 모두 그가 차기 장관감이라고 한다.
- 남의 ( )에 오르지 않게 조심해야 한다.
- 자, ( )하고 어디 당신의 계획이나 들어 봅시다.
- 사람들은 그의 ( )을 듣고 감명을 받았다.

① 구설 ② 이설
③ 연설 ④ 각설
⑤ 항설

26 다음 중 어떤 빈칸에도 들어갈 수 <u>없는</u> 단어는?

- 우리 형편에 자동차를 산다는 것은 ( )이다.
- 도서 목록은 책을 찾는 데 아주 ( )하다.
- 그는 여가를 ( )하여 텃밭을 일궜다.
- 프로이드의 이론은 많은 분야에서 ( )되고 있다.

① 차용 ② 유용
③ 위용 ④ 과용
⑤ 선용

27 다음 중 빈칸에 들어가기에 적절한 단어는?

아노미는 프랑스의 사회학자 에밀 뒤르켐의 연구에서 유래한 것으로, 사회구성원의 행동을 규제하는 공동의 가치관이나 도덕 기준이 ( )된 혼동상태, 그리고 그로 인해 목적의식이나 이상이 ( )된 사회나 개인에게 나타난 불안정 상태를 말한다.

① 배제 ② 증발
③ 실종 ④ 상실
⑤ 고갈

28 다음 중 빈칸에 들어가기에 적절한 단어는?

> 다문화 정책 중 하나인 '용광로 정책(Melting pot policy)'이란 다양한 인종과 민족을 용광로에 녹여 하나의 새로운 동질 문화를 형성하려는 것이다. 문화적 배경이 서로 다른 다양한 인종과 민족이 용광로를 거쳐서 그 사회의 주류 문화에 (   )되어 거기에서 태어난 사람과 같이 전환되기를 기대하는 것이다.

① 이화(異化)   ② 동화(同化)
③ 도태(淘汰)   ④ 선택(選擇)
⑤ 동질(同質)

29 다음 중 빈칸에 들어가기에 적절한 단어는?

> 소쉬르는 언어가 역사적인 산물이더라도 변화 이전과 변화 이후를 구별해서 보아야 한다고 주장하였다. 언어는 구성 요소의 순간 상태 이외에는 어떤 것에 의해서도 규정될 수 없는 가치 체계이므로, 그 자체로서의 가치 체계와 변화에 따른 가치를 구별하지 않고서는 언어를 정확하게 연구할 수 없다는 것이다. 화자는 하나의 상태 앞에 있을 뿐이며, 화자에게는 시간 속에 위치한 현상의 (   )이 존재하지 않기 때문이다. 그러므로 한 시기의 언어 상태를 기술하기 위해서는 그 상태에 이르기까지의 모든 과정을 무시해야 한다고 하였다.

① 연속성(連續性)   ② 독립성(獨立性)
③ 당위성(當爲性)   ④ 동시성(同時性)
⑤ 동질성(同質性)

30 다음 중 빈칸에 들어가기에 적절한 단어는?

> 문신(文身)은 위치나 형태를 통해 신분의 고하(高下)나 결혼의 유무 등 사회적 신분을 표시하는 기능도 수행하는데 이때 문신하기는 일종의 (   )(이)다. 그러나 문신은 이와 같은 종교적·실용적 기능 외에도 미적 기능이 있다. 옷이 신분을 드러내는 표지이면서 동시에 아름다움의 표현이듯이 문신 역시 문신 사회에서는 아름다움의 표현이었다.

① 주술   ② 문화
③ 예술   ④ 통과의례
⑤ 문화

31 다음 중 빈칸에 들어가기에 적절한 단어는?

어느 때보다 엔지니어들이 많이 존재함에도 불구하고 오늘날 엔지니어들은 이전 시대보다 대중들에게 덜 드러나 있다. 기술적 진보는 당연한 것으로 인정되고, 기술적 실패는 기업의 탓으로 돌려진다. 대중의 시선은 엔지니어들이 아니라 오히려 기업의 대표자나 최고 경영자에게 향한다. 엔지니어들의 이러한 (   )은/는 그들로 하여금 대중에 대한 책임감이나 대중과의 교감을 희미하게 만든다.

① 책임전가   ② 비가시성
③ 행태   ④ 무책임
⑤ 사태

32 다음 중 빈칸에 들어가기에 적절한 단어는?

현대의 과학자들은 미래의 기후를 예측하기 위해 여러 기상 요소들을 조사하고 연구한다. 지상과 해상 그리고 우주에서 지구의 기온 변화를 관측하고 빙하와 지층과 화석을 통해 과거의 기후를 살핀다. 그 결과 과학자들은 기후 변화의 여러 (   )들이 이렇게 변하면 저렇게 변할 것이라는 예측치를 내놓는다.

① 조건   ② 연구
③ 전망   ④ 조사
⑤ 조서

33 다음 중 빈칸에 들어가기에 적절한 단어는?

현대 사회에서 많은 국가들이 정치적으로는 민주주의를, 경제적으로는 시장경제를 지향하고 있다. 이런 상황에서 경제활동의 주된 내용인 자원의 배분과 소득의 분배는 기본적으로 두 가지 형태의 의사 결정에 의해서 이루어진다. 하나는 시장 기구를 통한 시장적 의사 결정이며, 다른 하나는 정치 기구를 통한 정치적 의사 결정이다. 이와 관련하여 많은 사람들이 민주주의와 시장경제를 한 가지인 것처럼 이해하고 있거나 이 둘은 저절로 (   )되는 제도라고 인식하는 경우가 많다. 그러나 이 둘은 의사 결정 과정에서부터 분명한 차이를 보인다.

민주주의 사회에서 정치적 의사 결정은 투표에 의해서 이루어진다. 이 경우 구성원들은 자신의 경제력에 관계없이 똑같은 정도의 결정권을 가지고 참여한다. 즉, 의사 결정 과정에서의 민주적 절차와 형평성을 중시하는 것이다. 그러나 시장적 의사 결정에서는 자신의 경제력에 비례하여 차별적인 결정권을 가지고 참여하며, 철저하게 수요 – 공급의 원칙에 따라 의사 결정이 이루어진다. 경제적인 효율성이 중시되는 것이다.

정치적 의사 결정은 다수결과 강제성을 전제로 하지만 시장적 의사 결정은 완전 합의와 (   )을 근간으로 한다. 투표를 통한 결정이든 선거에 의해 선출된 사람들의 합의에 의한 결정이든 민주주의 제도 하에서 의사 결정은 다수결로 이루어지며, 이 과정에서 반대를 한 소수도 결정이 이루어진 뒤에는 그 결정에 따라야 한다. 그러나 시장적 의사 결정에서는, 시장 기구가 제대로 작동하는 한, 거래를 원하는 사람만이 자발적으로 의사 결정에 참여하며 항상 모든 당사자의 완전 합의에 의해서만 거래가 이루어진다.

① 상극 – 형평성　　　　　　　② 조화 – 경제성

③ 조화 – 자발성　　　　　　　④ 상극 – 자발성

⑤ 조화 – 효율성

34 다음 중 빈칸에 들어가기에 적절한 단어는?

현대의 복지국가는 무제한의 자유방임주의를 버리고, 적극적으로 사회의 경제 질서에 개입함과 동시에 경제적 (   )관계의 대립을 (   )하여 국민의 생존권을 실질적으로 보장하기 위해 노력하였다.

① 이해 – 조정　　　　　　　　② 대립 – 타개

③ 협력 – 조성　　　　　　　　④ 존속 – 극복

⑤ 대립 – 조정

35 다음 중 빈칸에 들어가기에 적절한 단어는?

주화와 신기전은 화약의 힘을 빌려 적진에 날아감으로써 사거리가 길고, 비행 중에 연기를 (　　　) 함으로써 적에게 공포심을 일으키며, 앞부분에 발화통이 달려 있어서 적진에 이르러 폭발한다는 등 많은 장점을 가지고 있었다. 따라서 각 군영에 많은 양이 배치되어 사용되었고, 실제 주요 전투에서도 결정적인 역할을 하여 조선군이 승리하는 데 큰 (　　　)이 되었다.

① 분출 – 원동력　　　　　　② 발사 – 시발점
③ 분해 – 활력　　　　　　　④ 배출 – 가동력
⑤ 배출 – 시발점

36 다음 중 빈칸에 들어가기에 적절한 단어는?

골다공증은 뼈의 구성성분인 칼슘 등을 포함한 무기질이 뼈에서 빠져나가면서 골량이 감소되고 뼈의 (　　　)가 약해짐으로써, 일상생활에서 일어날 수 있는 작은 충격에도 쉽게 (　　　)이/가 발생할 수 있는 상태를 말한다.

① 경도 – 파손　　　　　　　② 밀도 – 손해
③ 구조 – 골절　　　　　　　④ 상태 – 탈골
⑤ 골절 – 손해

37 다음 중 빈칸에 들어가기에 적절한 단어는?

발견은 자연에 있는 것을 찾아내는 것이지만, 발명은 새로운 무언가를 만들어 내는 것이다. 그런데 이 발명은 천재적인 영감이나 과학 지식의 응용보다는 오랜 훈련과 노력을 바탕으로 문제를 인식하고 해결책을 (　　　)하는 과정에서 얻어진다. 기술 공학에서의 (　　　)은/는 이러한 발견과 발명을 포괄하면서 동시에 신기술의 상용화까지 추구하는 개념이다.

① 강구 – 보전　　　　　　　② 실행 – 변혁
③ 물색 – 수구　　　　　　　④ 모색 – 혁신
⑤ 실행 – 혁신

38 다음 중 빈칸에 들어가기에 적절한 단어는?

> 유학자들에게 길은 백성을 통치하는 도구, 즉 왕의 명령을 전달하는 행정통로로 인식되었다. 따라서 동양식 전제왕권 사회에서는 길이 왕권을 상징하는 것이다. 그래서 길가에 지배자의 권위를 상징하는 관방(關防)과 높은 문루를 세워야 했고, 정자목(亭子木)도 심어야 했다. 그러나 도가(道家)들에게 있어 좋은 길이란 물이 높은 곳에서 낮은 곳을 찾아 흐르듯 자연스러운 것이어야 하며, 자연법칙에 (   ) 굴곡이 있는 길이어야 한다.

① 순종하는   ② 화평하는
③ 복종하는   ④ 순응하는
⑤ 신복하는

39 다음 중 빈칸에 들어가기에 적절한 단어는?

> 청국장의 그 퀴퀴한 냄새는 내가 한동안 잊어버리고 있던 뿌리, 나 역시 심성이 (   ) 조선 사람이었다는 것을 비로소 일깨워주는 그런 냄새였다.

① 고루한   ② 고즈넉한
③ 소소한   ④ 질박한
⑤ 고고한

40 다음 빈칸에 들어갈 접속사가 바르게 연결된 것은?

> 식물인간의 경우, 뇌의 기능 가운데 광범위한 부분의 기능은 정지해 있으나 호흡 및 심장박동과 같은 기본적 대사기능을 하는 뇌간은 살아있다. (   ) 식물인간의 경우 의료기술에 의한 생명연장이 얼마든지 가능하다. 또 이러한 식물인간 상태에서는 상당히 오랜 시간이 경과한 후에도 종종 의식이 회복되는 경우가 있다. (   ) 식물인간의 상태는 일상적으로나 의학적으로 사망으로는 간주되지 않는다.

① 따라서 – 따라서   ② 그러나 – 그래서
③ 그러므로 – 그러나   ④ 왜냐하면 – 그래서
⑤ 그러므로 – 따라서

의사표현능력

1 의사소통의 기초

| 정답 및 해설 p.299

01 다음 중 의사소통에 대한 설명으로 가장 적절한 것은?

① 어떤 개인 또는 집단에게 정보만을 전달하고 받아들이는 과정을 의미한다.

② 단순 메시지의 전달 과정으로 의견 차이를 좁히거나 선입견을 줄이는 기능은 없다.

③ 의사를 전달하는 과정은 포함되지만 받아들이는 과정은 포함되지 않는다.

④ 의사소통은 집단의 성과를 결정하는 핵심 기능을 한다.

02 다음 중 의사소통을 저해하는 요인을 가지지 <u>않은</u> 사람은?

① 사원 B에게 업무 내용을 전달했다고 착각한 사원 A

② 상대방이 어떻게 받아들일 것인가에 대한 고려를 하는 대리 C

③ 실수를 종종 했던 동료 D에 대한 선입견을 가진 사원 E

④ 사원들에게 자신의 의견만을 일방적으로 말하는 부장 F

03 다음 중 직장생활에서 의사소통의 기능으로 가장 적절하지 <u>않은</u> 것은?

① 조직과 팀의 효율성과 효과성을 성취할 목적으로 이루어지는 구성원간의 정보와 지식의 전달 과정이다.

② 공통의 목표를 추구해 나가는 집단내의 기본적인 존재 기반이고 성과를 결정하는 핵심 기능의 역할을 한다.

③ 자신의 생각과 느낌을 일방적으로 표현하여, 어떠한 상황에서도 자신의 의견을 상대방에게 주장할 수 있도록 한다.

④ 조직 구성원 간의 정보를 공유하는 역할을 한다.

04 다음 중 의사소통의 저해요인으로 가장 적절하지 <u>않은</u> 것은?

① 표현능력의 부족

② 평가적이며 판단적인 태도

③ 상대방을 배려하는 마음가짐

④ 선입견과 고정관념

05 김 대리는 평소 일을 잘하기로 소문이 났지만, 사람들과 대화를 할 때면 답답하다는 소리를 많이 들었다. 다음 중 김 대리가 원활한 의사소통을 위해 노력해야 할 부분으로 가장 적절하지 않은 것은?

① 상대방의 말을 듣고 충분히 검토한 다음 피드백을 한다.

② 명확하고 전문성이 높은 단어를 사용하여 신뢰감을 준다.

③ 상대방과 대화할 때 다른 행동을 하지 않고 경청한다.

④ 자신의 감정을 드러내지 말고 침착하게 조절한다.

06 팀장 A가 보기에 김 대리는 의사표현이 원활하지 않았다. 다음 중 김 대리에게 원활한 의사소통을 위해 해 줄 수 있는 조언으로 가장 적절하지 <u>않은</u> 것은?

① 의견을 제시할 때는 반론이 나오지 않게 강하게 하는 것이 좋겠어.

② 상대방에게 공감하고, 내가 긍정적으로 보이게 하는 것이 좋겠어.

③ '첫마디' 말을 할 때 준비를 하고 말하고, '뒷말'을 숨기지 않고 말하는 것이 좋겠어.

④ 상대가 여성이면 감성을 조화시켜 말하는 것이 좋겠어.

07 새로 들어온 인턴이 실수를 했다. 상사인 오 대리는 어떻게 질책을 해야 좋을까에 대해 생각하였다. 다음 중 오 대리가 생각한 의사표현 방법으로 가장 적절한 것은?

① 먼저 칭찬을 하자. 그 후에 이 문제에 대해 질책을 하고 할 수 있다고 다시 격려해 줘야겠다.

② 먼저 왜 그랬는지 사정을 들어보자. 그리고 내 부탁을 전하면 쉽게 전달 될 거야.

③ 다른 사람의 예를 들어 충고를 해야겠다.

④ 미안하다고 말한 다음 왜 그런지 설명을 해야겠다.

08 귀하는 화장품회사의 상품기획팀 사원이다. 오늘은 거래처 직원과의 미팅이 있었는데 예상했던 것보다 미팅이 지연되는 바람에 사무실에 조금 늦게 도착하고 말았다. 귀하는 김 팀장에게 찾아가 늦게 된 상황을 설명하려고 한다. 다음의 대화를 보고 김 팀장이 더 나은 대화를 위해 해야 할 훈련으로 가장 적절하지 <u>않은</u> 것은?

> 귀하 : 팀장님, 외근 다녀왔습니다. 늦어서 죄송합니다. 업무가 지연되는 바람에 늦….
>
> 김 팀장 : 왜 이렇게 늦은 거야? 오후 4시에 회의가 있으니까 오후 3시 30분까지는 들어오라고 했잖아.
>   지금 몇 시야? 회의 다 끝나고 오면 어떡해?
>
> 귀하 : 죄송합니다, 팀장님. 거래처 공장에서 일이 갑자기 생겨….
>
> 김 팀장 : 알았으니까 30분 뒤에 외근 업무 내용 보고해.

① 상대방을 바라보고, 상대방의 말을 조용히 듣는다.

② 상대방이 자신의 경험을 얘기하면 이를 인정하고, 그 질문을 통해 정보를 얻는다.

③ 상대방에게 개방적인 질문을 해서 상대방이 의견을 구체적으로 표현할 수 있도록 돕는다.

④ 상대방의 대답에 왜? 라는 질문을 해서 상황을 정확히 파악한다.

09 당신은 상사의 의사소통 방식에 대해 동료와 이야기하고 있다. 다음 중 대화의 빈칸에 들어갈 말로 가장 적절하지 <u>않은</u> 것은?

> A : 우리 A부장님은 의사소통 방식이 무척 개방적인 것 같아요.
>
> B : 그게 무슨 뜻이에요?
>
> A : (   )

① 다른 분들에 비해 한 가지 방식만 고수하지는 않으시죠.

② 소통 방식이나 생각이 열려 있는 분이죠.

③ 여러 의견에 대해 무척 신중한 결정을 하시죠.

④ 반대 의견도 기꺼이 수용하시는 분이죠.

10 의사표현의 종류에서 다음의 내용이 포함된 말하기 방법은?

> 화장품 회사에 다니는 K씨는 이번 달도 목표 실적 이상을 달성했다. 회사의 요청을 받은 K씨는 연단에 서서 자신의 비결을 말하였다.
>
> "먼저 고객이 될 만한 사람을 생각해보세요. 그리고 그 사람들을 짧은 시간에 많이 만날 수 있는 곳을 찾아가는 것이 좋겠지요. 언뜻 상품이 주로 피부와 관련된 아이템인 것 같으니 피부과나 피부관리실, 마사지, 사우나 같은 곳도 생각해 볼 수 있겠네요. 먼저 하고 계신 분들을 보면 어디를 가야 효과적인지 쉽게 아실 수 있을 겁니다."

① 공식적 말하기　　　　　　　　② 의례적 말하기

③ 친교적 말하기　　　　　　　　④ 의무적 말하기

11 당신은 의사소통에 대한 특강을 듣고 있다. 강사는 원활한 의사소통을 위해서는 무엇보다 바르게 경청하는 것이 중요하다고 설명한다. 강의 내용에 따를 때, 다음 대화 중 가장 적절한 대화는?

① A : 1월 5일, 오늘이 내 생일이야.

　B : 그래, 축하한다! 선물은 준비를 못했고, 저녁 시간에 축하주 한잔 살게.

② A : 1월 5일, 오늘이 내 생일이야.

　B : 그래? 오늘은 우리 업무가 밀렸으니, 내일 다시 이야기하자.

③ A : 1월 5일, 오늘이 내 생일이야.

　B : 5일이 생일인 것은 알아. 네가 전에 말했잖아.

④ A : 1월 5일, 오늘이 내 생일이야.

　B : 음, 나는 이달 30일이 생일이야. 나는 매년 생일 챙기는 거 이제 조금 귀찮고 그래.

12 다음 중 원활한 의사표현을 위한 지침으로 가장 적절하지 <u>않은</u> 것은?

① 과감하게 공개하라.　　　　　　② 좋은 청중이 되라.

③ 칭찬을 아껴라.　　　　　　　　④ 겸손은 최고의 미덕이다.

13 다음은 의사소통에 대한 설명이다. (A), (B)에 각각 들어갈 적절한 용어로 가장 적절한 것은?

> 의사소통이란 두 사람 또는 그 이상의 사람들 사이에서 일어나는 (A)과(와) (B)가(이) 이루어진다는 뜻이며, 어떤 개인 또는 집단이 개인 또는 집단에 대해서 정보, 감정, 사상, 의견 등을 전달하고 그것들을 받아들이는 과정이라고 할 수 있다.

	(A)	(B)
①	의사의 전달	상호교류
②	선입견	일방적 메시지 전달
③	상호교류	선입견
④	기계적인 정보의	전달 상호교류

14 다음 중 인상적인 의사소통에 대한 설명으로 가장 적절하지 <u>않은</u> 것은?

① 자신의 의견을 인상적으로 전달하기 위해서는 의견을 꾸미고 장식하는 것이 필요하다.

② 인상적인 의사소통이란 내가 내용을 전달했을 때, 상대방이 감탄하게 만드는 것이다.

③ 인상적인 의사소통을 하기 위해서는 자주 쓰는 표현을 사용하는 것이 좋다.

④ 상대방의 마음을 끌어당길 수 있는 새로운 표현법을 많이 익히는 것이 좋다.

15 다음 중 의사소통의 형태와 종류를 구분해 놓은 것으로 가장 적절하지 <u>않은</u> 것은?

① 언어적 – 대화
② 문서적 – 기획서
③ 비언어적 – 편지
④ 비언어적 – 손짓

16 다음 중 상황과 대상에 따른 의사표현법의 설명으로 가장 적절하지 <u>않은</u> 것은?

① 상대방의 잘못을 지적하는 경우 상대방이 알 수 있도록 확실히 지적한다.

② 상대방의 요구를 거절하는 경우 무조건 안 된다고 딱 부러지게 말하는 것이 좋다.

③ 처음 만나는 사람에게 말을 하는 경우 칭찬으로 시작하는 것이 좋다.

④ 상대방에게 부탁하는 경우 기간, 비용 등을 명확하게 제시하는 것이 좋다.

17 다음 중 의사소통에 대한 설명으로 가장 적절하지 <u>않은</u> 것은?

① 의사소통이란 둘 이상의 사람 간의 의사 전달과 상호교류가 이루어진다는 것을 의미한다.

② 기계적인 무조건적 정보 전달을 의사소통이라 볼 수 없다.

③ 의사소통은 내가 상대방에게 언어나 문서를 통해 메시지를 전달하는 일방적인 과정을 말한다.

④ 의사소통을 위해서는 정보를 상대방이 어떻게 받아들일 것인가에 대한 고려가 바탕이 되어야 한다.

18 다음 중 직장생활에서 필요한 의사소통의 종류를 같은 것끼리 바르게 연결한 것은?

① 경청능력 – 의사표현력

② 문서이해능력 – 경청능력

③ 의사표현력 – 문서작성능력

④ 문서이해능력 – 의사표현력

19 다음 중 바람직한 의사소통을 저해하는 요인으로 볼 수 <u>없는</u> 것은?

① 표현 능력의 부족

② 평가적이고 판단적인 태도

③ 과다한 정보와 메시지의 복잡성

④ 개방적인 의사소통 분위기

20 다음 중 의사소통 개발에 관한 설명으로 가장 적절하지 <u>않은</u> 것은?

① 조직 밖의 사람들에게 전문용어를 사용하는 것은 이해를 촉진시키는 장점을 지닌다.

② 상대방의 이야기를 수동적으로 듣는 것과 경청은 의미상 구분된다.

③ 다른 사람 이야기에 관심을 가지는 것도 의사소통능력을 개발하는 방법이 된다.

④ 의사소통에 앞서 생각을 명확히 하고 평범한 단어를 쓰는 것은 자신의 의견을 말하는 과정상의 장애를 극복하는 전략이 된다.

21 다음 중 인상적인 의사소통능력의 개발에 관한 설명으로 가장 적절하지 <u>않은</u> 것은?

① 인상적인 의사소통이란 같은 이야기라도 그것을 새롭게 부각시켜 인상을 주는 것을 말한다.

② 인상적인 의사소통은 전달하는 내용을 상대방이 '과연'하며 감탄하게 만드는 것이라 할 수 있다.

③ 인상적인 의사소통능력을 개발하기 위해서는 자주 사용하는 표현을 잘 섞어 사용하는 것이 필요하다.

④ 자신의 의견을 인상적으로 전달하기 위해서는 자신의 의견도 장식하는 것이 필요하다.

22 다음 중 의사소통을 하기 위한 기본적인 자세에 해당하는 경청의 방법에 대한 설명으로 적절하지 <u>않은</u> 것은?

① 시선을 맞추며, 말하는 순서를 지킨다.

② 의견이 다른 경우 곧바로 반박하여 이해시킨다.

③ 귀로만 듣지 말고 오감을 통해 경청한다.

④ 혼자서 대화를 독점하지 않는다.

23 다음 중 의사표현에 대한 설명으로 가장 적절하지 <u>않은</u> 것은?

① 의사표현은 의사소통의 중요한 수단으로써, 말하는 이가 듣는 이에게 언어로 표현하는 행위를 말한다.

② 의사표현에는 입말로 표현하는 음성언어와 몸말을 의미하는 신체언어가 있다.

③ 의사표현의 종류는 공식적 말하기, 의례적 말하기, 친교적 말하기로 구분된다.

④ 공식적 말하기는 주례나 회의 등과 같이 정치적 · 문화적 행사 절차에서 말하기를 의미한다.

24 다음 중 성공하는 사람의 이미지를 위한 의사표현에 대한 설명으로 가장 적절하지 <u>않은</u> 것은?

① 부정적인 말을 하기보다는 항상 긍정적으로 말하는 것이 필요하다.

② 항상 '죄송합니다.', '미안합니다.'라는 표현을 입에 붙들고 사는 자세가 필요하다.

③ 상대의 말을 듣고 그에 대해 긍정적으로 대답하여야 한다.

④ 자신의 대화 패턴을 주의 깊게 살펴보고 불필요한 어휘나 거부감을 주는 표현을 쓰지 않도록 한다.

25 다음 중 연단공포증을 없애기 위한 방법을 설명한 것으로 가장 적절하지 <u>않은</u> 것은?

① 연단공포증은 완전히 치유하기 위해서는 무엇보다 완전무결하게 준비하는 것이 필요하다.

② 연설에 할당된 시간보다 더 많은 시간을 준비하여야 한다.

③ 청중의 나이와 사회적 신분에 위축되지 않기 위해 그들을 나와 같은 평범한 인간으로 보는 것이 필요하다.

④ 청중의 눈을 직접 보는 것이 곤란한 상황이라면 청중의 코를 쳐다보는 것이 해결방법이 된다.

26 다음 중 의사표현의 방해요인을 제거하는 방법으로 가장 적절하지 <u>않은</u> 것은?

① 숨을 얕게 들이미시기보다는 깊게 들이마시는 것이 음성을 좋게 한다.

② 팔짱을 끼거나 주머니에 손을 넣지 않도록 주의하며, 시선을 고루 배분한다.

③ 자신의 실패담은 이야기하지 않도록 하며, 서툴러도 항상 유머를 구사한다.

④ 기발한 아이디어를 찾고 습관적인 사고방식은 배제한다.

27 ㉠~㉣을 통해 알 수 있는 의사소통의 특성으로 가장 적절하지 <u>않은</u> 것은?

> 철민 : 영희야, 이것 좀 볼래? (교지를 펼치며) 네가 교지에 썼던 글인데…….
>
> 영희 : ㉠ 아, 지금 네가 가리키고 있는 그 구절 말이구나. 응, 무슨 일이야?
>
> 철민 : 내가 잘 이해가 되지 않아서 말이야. 일단 '디아스포라'가 어디에서 유래한 말이야? 유태인과 관련된 말이었던 것 같은데…….
>
> 영희 : ㉡ 유태인과 관련된 것이 맞아. 요즘은 좀 다르지만.
>
> 철민 : 그렇다면 요즘에는 어떠한 의미로 쓰이는 거야? '코리안 디아스포라'라는 말도 들어본 것 같은데.
>
> 영희 : ㉢ 응, 맞아. 그 말은 전쟁 때문에 한반도를 떠난 한국인들을 뜻하는 말이야. 그러니까 요즘에는 꼭 유태인이 아니더라도 타의에 의해 자신이 속해 있던 공동체를 떠나야 했던 사람들을 의미하는 말로 쓰이고 있지.
>
> 철민 : ㉣ (고개를 끄덕이며) 너를 직접 만나 설명을 들으니 이해가 잘되네. 설명해 줘서 고마워.
>
> 영희 : 고맙긴. 참, 우리 다음 주에 영화 보러 가기로 했지? 그럼 그 날 보자. 그때까지 잘 지내.
>
> 철민 : 그래, 너도.

① ㉠ : 대화 상대방과 시간적, 공간적 상황을 공유하고 있음을 알 수 있다.

② ㉡ : 대화 상대방의 말을 받아 더 상세하게 표현할 수 있다.

③ ㉢ : 대화 상대방과 즉각적으로 상호 작용을 할 수 있다.

④ ㉣ : 비언어적 표현을 활용하여 화자의 의사를 효과적으로 전달할 수 있다.

28 다음 중 원활한 의사표현을 위한 방법에 대한 설명으로 가장 적절하지 <u>않은</u> 것은?

① 올바른 의사표현과 유창한 말솜씨를 갖기 위해 독서를 충분히 한다.

② 상대편의 말에 귀를 기울이고 상대보다 나중에 이야기하는 좋은 청중이 된다.

③ 상대편의 말에 긍정적인 맞장구를 쳐주어 상대방이 편안함과 친근감을 느낄 수 있도록 한다.

④ 축약된 문장을 적절히 사용하여 상대가 보다 편하고 빠르게 이해할 수 있도록 한다.

29 다음 중 내용이 설명하는 설득력 있는 의사표현의 지침으로 가장 적절한 것은?

> 회사에 불만이 가득한 부하 직원이 있다고 하자. 이런 부하 직원을 회사 일에 적극적으로 협조하게 만들려면 그와 공동의 적을 만드는 방법이 있다. "이번에도 실적이 떨어지면 자네와 나는 지방 영업소로 밀려나겠지."라는 식으로 가상의 적을 만들면 불평만 늘어놓던 부하 직원은 상사에게 협력하게 된다. 또한 라이벌 의식을 부추기는 것도 한 가지 방법이 될 수 있다. 이러한 것은 모두 대부분의 다른 사람들과 같은 행동을 하고 싶어 하는 마음을 이용하는 것이다.

① 대비 효과로 분발심을 불러 일으켜라.

② 상대방의 불평이 가져올 결과를 강조하라.

③ 동조 심리를 이용하여 설득하라.

④ 변명의 여지를 만들어 주고 설득하라

30 다음 중 대화에서 드러난 '팀장'의 의사소통 방식으로 가장 적절한 것은?

> A : 우리 팀의 C팀장님을 보면 고장난명(孤掌難鳴)이라는 말이 생각나.
> B : 무슨 말이야?
> A : 업무 진행이나 의사소통 방식이 완전 독불장군 스타일이야.
> B : 구체적으로 어떤데?
> A : 저번에 힘들게 올린 기안서 전부 무시하고 자기 마음대로 일을 진행하셨지

① 중요한 업무는 직관적으로 판단한다.

② 상대의 의견은 무시하고 자기 생각을 강요한다.

③ 권위 있는 사람의 말이나 결정에 의존한다.

④ 다수의 의견을 맹목적으로 따르려 한다.

31 다음 중 토론에 사용된 의사소통 방법으로 가장 적절하지 <u>않은</u> 것은?

> 사회자 : 지금부터 전교 학생회장 선거 시 '결선 투표제 방식을 도입해야 한다.'라는 논제로 토론을 시작
> 하겠습니다. 먼저 찬성 측 주장을 듣고 이어서 반대 측의 주장을 듣겠습니다.
>
> 찬　성 : (단호한 어조로) 저희는 결선 투표제 방식 도입을 찬성합니다. 현재는 단순히 1위 득표를 한 후
> 보가 당선됩니다. (컴퓨터 화면을 보여주며) 최근 3년간 당선자의 실제 지지율은 30%를 넘지
> 못하여 학생회장이 학생들의 전폭적인 신뢰를 받지 못하는 문제가 점점 심각해지고 있습니다.
> 결선 투표제는 이 문제를 해소할 수 있습니다.
>
> 반　대 : 저희는 결선 투표제 방식 도입을 반대합니다. 우선 결선 투표제 방식은 투표자가 두 번 투표하
> 므로 현재의 방식보다 더 많은 시간과 비용이 들어갑니다. 둘째, 당선 가능성이 낮은 후보자가
> 쉽게 출마를 결정할 수 있기 때문에 후보자의 난립을 가져와 오히려 학생회장 선거의 질을 (손
> 을 위에서 아래로 내리며) 떨어뜨릴 수 있습니다.

① 시각매체의 사용　　　　　　　　② 반언어적 표현 사용
③ 비언어적 표현 사용　　　　　　　④ 유행어와 속어의 사용

32 다음 중 글의 말하기 방식으로 가장 적절하지 <u>않은</u> 것은?

> 너희들이 이르기를, '음(音)을 사용하고 글자를 합한 것이 모두 옛 글에 위반된다.' 하였는데, 설총(薛聰)
> 의 이두(吏讀)도 역시 음이 다르지 않느냐. 또 이두를 제작한 본뜻이 백성을 편리하게 하려 함이 아니하
> 겠느냐. 만일 그것이 백성을 편리하게 한 것이라면 어제의 언문은 백성을 편리하게 하려 한 것이다. 너희
> 들이 설총은 옳다 하면서 군상(君上)의 하는 일은 그르다 하는 것은 무엇이냐. 또 네가 운서(韻書)를 아
> 느냐. 사성 칠음(四聲七音)에 자모(字母)가 몇이나 있느냐. 만일 내가 그 운서를 바로잡지 아니하면 누가
> 이를 바로잡을 것이냐. 또 소(疏)에 이르기를, '새롭고 기이한 하나의 기예(技藝)라.' 하였으니, 내 늘그막
> 에 날[日]을 보내기 어려워서 서적으로 벗을 삼을 뿐인데, 어찌 옛 것을 싫어하고 새 것을 좋아하여 하는
> 것이겠느냐. 또는 전렵(田獵)으로 매 사냥을 하는 예도 아닌데 너희들의 말은 너무 지나침이 있다. 그리
> 고 내가 나이 늙어서 국가의 서무(庶務)를 세자에게 오로지 맡겼으니, 비록 세미(細微)한 일 일지라도 참
> 예하여 결정함이 마땅하거든, 하물며 언문이겠느냐. 만약 세자로 하여금 항상 동궁(東宮)에만 있게 한다
> 면 환관(宦官)에게 일을 맡길 것이냐. 너희들이 시종(侍從)하는 신하로서 내 뜻을 밝게 알면서도 이러한
> 말을 하는 것은 옳지 않다.

① 역설의 방법으로 자신의 주장을 강화하고 있다.
② 대조의 방법으로 자신의 주장을 강화하고 있다.
③ 상대방의 의견에 대하여 조목조목 반박하고 있다.
④ 선례와 자신의 학문적 성취를 들어 정당화하고 있다.

[33 – 34] 다음은 토론의 일부이다. 물음에 답하시오

사회자 : 지금부터 'SNS가 인간관계를 더욱 풍요롭게 한다.'라는 논제로 토론을 시작하겠습니다. SNS의 영향력이 정치, 경제, 사회, 문화 등의 모든 분야에 미치는 현 상황에서 SNS가 인간관계를 풍요롭게 한다는 의견과 그렇지 않다는 의견이 대립하고 있습니다. 토론은 입론, 반론, 최종 발언의 순서로 진행됩니다. 먼저 찬성 측 토론자의 입론을 들어보겠습니다.

찬성 측 : SNS는 손쉽게 인맥을 형성하고 강화할 수 있게 해 주는 강력한 소통 수단입니다. 현대인들은 바쁜 일상 속에서 사람을 만나거나 연락하기 힘들고, 다른 국가에서 발생하는 일들까지 신경 쓰며 함께 고민해야 하는 삶을 살고 있습니다.

현대인의 삶 속에서 SNS는 많은 사람과 교류하게 해 주는 중요 매개체입니다. 그뿐만 아니라 장애인이나 대인 기피증이 있는 환자, 소외 계층의 인간에게도 도움을 줄 수 있습니다. SNS 덕에 온라인이라는 제한 속에서도 친구들의 소식을 알 수 있고 안부를 물을 수 있으며, 위로와 지지가 필요한 친구들에게 도움을 줄 수 있습니다. 저 역시 SNS를 활용하지 않았더라면 안부조차 묻기 어려운 사람들의 소식을 접하며 그들과 연락하고 있습니다. 이는 SNS를 통해 인간관계를 풍요롭게 할 수 있음은 물론 바쁜 현대인의 삶 속에서 서로를 챙기고 외로움을 달랠 수 있는 방편으로 SNS가 사용되고 있다는 뜻입니다. 이러한 효용성을 섣불리 무시해서는 안 됩니다.

사회자 : 반대 측 토론자 입론해 주십시오.

반대 측 : 저는 SNS가 인간관계를 형성하는 데에 활용될 수는 있다고 생각하지만 '풍요롭게' 한다는 의견에는 동의할 수 없습니다. SNS에서의 관계란 시·공간의 제약 없이 클릭 또는 터치로 만들어지는 손쉬운 관계이므로 언제든 만들 수도 끊을 수도 있다고 생각합니다. ○○연구소에서 조사한 자료에 따르면 400여 명의 응답자 중 54%가 SNS와 스마트폰의 보급으로 인간관계의 폭은 넓어졌지만 깊이는 얕아졌다고 응답했습니다. 또한 찬성 측에서는 일반적으로 SNS가 현대인의 외로움을 달랠 수 있다고 주장하지만 온라인상에서 전달되는 자신의 감정은 불특정 다수의 시선을 의식해야만 합니다. 그런 환경에서 이루어지는 소통이 얼마나 도움이 되겠습니까? 오히려 감정을 정확히 전달하지 못해 오해를 불러일으킬 수도 있습니다. 우리의 외로움은 위로해 주는 사람이 몇 명이냐에 따라 치유되는 것이 아니라 자신의 처지를 진실로 공감해주는 한 사람의 위로에 더 큰 도움을 받습니다.

33 다음은 윗글의 진술들이다. 이중 '의견'이 아닌 '사실'에 해당하는 것은?

① SNS에서의 관계는 손쉬운 관계이므로 언제든 만들 수도 끊을 수도 있다.

② SNS는 장애인이나 대인 기피증이 있는 환자, 소외계층의 인간에게 도움을 준다.

③ 우리의 외로움은 자신의 처지를 진실로 공감해주는 한 사람의 위로에 큰 도움을 받는다.

④ SNS와 스마트폰의 보급으로 인간관계의 폭은 넓어졌지만 깊이는 얕아졌는지를 조사한 자료가 있다.

34 다음 중 토론 참여자들의 말하기 방식으로 가장 적절하지 <u>않은</u> 것은?

① 사회자는 토론 주제 선정의 동기를 밝히며 전체 진행 순서를 안내하고 있다.

② 찬성 측 토론자는 논제에 대한 자신의 경험을 사례로 들고 있다.

③ 반대 측 토론자는 신뢰도를 높이기 위해 전문 기관의 조사 자료를 활용하고 있다.

④ 반대 측 토론자는 비유적 표현을 사용하여 입장을 표명하고 있다.

35 다음은 라디오 대담의 일부이다. 대담 참여자의 말하기 방식에 대한 설명으로 적절하지 <u>않은</u> 것은?

> 진행자 : 568돌 한글날을 맞이하여, 오늘은 '한글의 세계화'라는 주제로 □□대학교 국문과 김 ○○교수님을 모시고 얘기를 나눠보겠습니다. 안녕하세요?
>
> 김 교수 : 네, 반갑습니다.
>
> 진행자 : 교수님, 이제 한글은 우리 민족만 쓰는 글자는 아니죠?
>
> 김 교수 : 네, 그렇습니다. 현재 한글을 사용하는 인구는 대략 7,900만 명이고, 국제적인 교역과 문화적 교류의 확대로 한글을 사용하는 인구는 급속히 늘어가고 있습니다.
>
> 진행자 : 이런 추세 속에서 '한글의 세계화'라고 하면 문자가 없는 민족에게 한글을 보급하는 것이 먼저 떠오릅니다. 교수님은 이 사업에 문제를 제기하신 것으로 알고 있습니다.
>
> 김 교수 : 네, 잘 알려진 것처럼 ○○족에게 문자를 보급하다가 중단된 사실이 있었습니다. 민족의 특수성을 고려하지 않고 일단 보급부터 하고 보자는 성급한 추진 방식이 문제였죠.
>
> 진행자 : 아, 그랬군요. 그게 문제였군요. 성급한 추진 방식으로 보급이 중단되었다면, 이 문제를 해결할 수 있는 방안에는 어떤 것이 있을까요?
>
> 김 교수 : 문자를 보급할 때에 문자를 사용할 나라의 문화, 정치적 상황, 언중들의 자존심 등을 다각적으로 고려한다면 해결이 가능할 것이라고 봅니다.
>
> 진행자 : 최근 교수님께서는 정책토론회에서 '한글의 세계화' 방안과 관련하여 여러 가지 제안을 하셨습니다. 이 자리에서 하나만 간단히 소개해 주실 수 있을까요?
>
> 김 교수 : 여러 가지 방안이 있겠지만 가장 효과적인 방안 하나를 소개하자면 다양한 소리를 표현할 수 있고, 표기 방법을 쉽게 배울 수 있는 한글을 국제음성기호와 같은 표기 수단으로 활용하는 것입니다.
>
> 진행자 : 좋은 방안이네요. 하지만 현실적으로 많은 사람들이 한글을 국제음성기호처럼 사용하는 것이 과연 가능할까요?
>
> 김 교수 : 물론입니다. 한글은 로마자보다 기억해야 할 글자 수가 적고 낱글자의 모양이 각각의 음가를 설명해 주는 등 국제음성기호처럼 사용하기에 이점이 많습니다. 이런 한글의 이점을 바탕으로 더 많은 연구가 뒷받침된다면 충분히 가능하리라 봅니다.

① 진행자는 김 교수가 제안한 방안이 실현 가능한지 질문을 통해 확인하고 있다.

② 진행자는 문제 상황을 이해한 후 그에 대한 해결책을 김 교수에게 요청하고 있다.

③ 진행자는 원활한 진행을 위해 주제를 안내하며 의사소통의 방향을 제시하고 있다.

④ 김 교수는 진행자의 말에 동의하는 한편 진행자의 말을 일부 수정해 주고 있다.

36 다음 중 ⊙~㉣에 대한 이해로 적절하지 <u>않은</u> 것은?

다은 : 진희야, 잘 지냈니?

진희 : (밝게 웃으며) 전학 가고 나서 처음 만나네. 새 학교는 어때? 좀 적응은 되었니?

다은 : 응, 적응하려고 하는데……. ⊙ (<u>한숨을 쉬며 고개를 떨군다.</u>)

진희 : 왜? 무슨 고민 있어?

다은 : (머뭇거리며) 그냥 좀…….

진희 : 왜? 무슨 일이야? 우리 사이에 얘기 못할 게 뭐가 있어?

다은 : ⓒ <u>그래, 너한테는 말해도 될 것 같다. 너는 믿을 수 있는 친구니까.</u> 그런데 이 학교에서는 아직까
지 친한 친구가 없어서 힘들어. 특히 점심시간 마다 누구랑 밥 먹어야 할지 고민이야.

진희 : ⓒ <u>정말? 어떡하니? 너 정말 마음이 불편하겠구나. 나라도 그런 상황이라면 힘들 거야.</u>

다은 : 그렇게 말해주니 고맙다. 그래서 저번 학교 친구들이 자꾸 생각나. 더 걱정되는 건 내일 학급 자
치 시간에 자기소개를 한다는 거야.

진희 : (미소를 지으며) ㉣ <u>너희 반에서는 그런 것도 하니?</u> 잘 됐네. 너를 알릴 수 있는 좋은 기회가 될
것 같아. 그런데 뭐가 문제야? 준비가 안 된 거야?

다은 : 발표 내용도 준비하고 연습도 몇 번 했는데, 많은 사람들 앞에서 말해야 한다고 생각하니 지금부
터 긴장 돼.

진희 : 그래도 우리들끼리 있을 때는 네가 말을 제일 잘 하잖아.

다은 : 그래 맞아. 그런데 그건 친구들과 있을 때고, 많은 사람들 앞에서는 말을 잘 못하겠어. 내일도 실
수할 것 같아서 잠도 못 잤어.

진희 : 발표 준비는 다 마쳤다고 했으니, 마음만 잘 먹으면 문제없이 할 수 있을 거야.

---

① ⊙ : 비언어적 표현이 대화의 의미를 구성하는 요소가 될 수 있다.

② ⓒ : 대화 참여자에 대한 신뢰가 자아의 노출 정도에 영향을 미칠 수 있다.

③ ⓒ : 대화 참여자의 공감하는 태도가 대화를 계속 이어나가게 하는 계기가 될 수 있다.

④ ㉣ : 문화적 배경의 차이가 대화의 내용을 이해하는 데 이려움을 줄 수 있다.

소연 : 영화 어땠니?

창완 : 주인공이 한복 디자이너로 나왔잖아. 한복을 많이 볼 수 있는 게 정말 좋았어.

소연 : 그래, 정말 멋지던데.

창완 : 또 있어. 이 영화가 가족 관계의 회복을 다루고 있잖아. 그게 참 마음에 와 닿았어.

소연 : 나도 그렇게 느꼈는데, 어떤 장면이 인상적이었어?

창완 : 부자간에 갈등이 깊었지만, 결국엔 서로 이해하고 화해하는 과정이 참 인상적이었어. 근데……. (말을 멈추고 한숨을 쉰다.)

소연 : 괜찮아, 말해봐.

창완 : 실은, 영화를 보면서 아버지랑 내가 자꾸 떠오르더라고.

소연 : 그래? 혹시 너도 아버지랑 갈등이 있었던 거야?

창완 : 사실, 어제 아버지께 옷차림이 불량하다고 엄청 혼났거든. 난 평범하게 입었던 거 같은데……. 평소에는 큰소리를 잘 안 내시는데 어젠 심하게 혼내시더라고. 그래서 말씀이 끝나기도 전에 그냥 방으로 들어가 버렸어. 그래서 오늘까지 기분이 좋지 않아.

소연 : 너 정말 맘이 불편하겠구나. 나라도 그랬을 것 같아.

창완 : 아버지께서 꾸중하신 건 내가 혹시라도 단정하지 못한 사람으로 보일까 봐 걱정하셔서 그러셨을 텐데…….

소연 : 그럼 고민만 하지 말고 아버지께 네 맘을 표현해 봐.

창완 : 난 말재주가 없는데……. 뭐라고 말씀드려야 하지?

37 대화 내용을 통하여 알 수 있는 두 화자의 태도로 가장 적절하지 <u>않은</u> 것은?

① 소연이는 창완이의 고민을 공감하며 들어주고 있다.

② 소연이는 창완이의 고민을 해결해주려 노력하고 있다.

③ 창완이는 영화를 통해 아버지와의 일이 생각나 마음이 불편하다.

④ 창완이는 소연이 덕에 고민을 해결할 방안을 얻게 되어 기분이 나아졌다.

38 대화 내용과 〈보기〉를 참고할 때, 소연이가 해 줄 수 있는 조언으로 가장 적절한 것은?

보기
• 갈등의 원인을 정확히 이야기한다.
• 상대방의 심기를 건드리지 않는다.
• 자신의 잘못을 인정한다.

① "제가 너무 건방지게 행동했죠? 어제는 어쩔 수 없었어요. 저도 사람인 걸요."라고 말씀드려 봐.

② "아버지는 저를 잘 모르시는 것 같아요. 하지만 제가 아버지를 이해해 보도록 노력할게요."라고 말씀드려 봐.

③ "제가 말도 없이 방으로 가서 많이 당황하셨죠? 저를 위해 하신 말씀인데 제가 아버지의 마음을 헤아리지 못해서 죄송해요."라고 말씀드려 봐.

④ "아버지께서 평상시에 자주 소리를 치고 화를 내셔서 아버지 말씀을 받아들이기 힘들었나 봐요. 그래도 제가 아무 말 없이 들어간 건 정말 죄송해요."라고 말씀드려 봐.

② 유의어·반의어

| 정답 및 해설 p.306

01 다음 중 제시된 글의 밑줄 친 부분과 같은 의미로 사용된 것은?

> 불과 며칠 전의 맹추위를 비웃기라도 하는 듯 어느새 봄기운이 곳곳에 <u>흐르고</u> 있었다.

① 영화는 뒤로 갈수록 이야기가 예기치 못한 방향으로 흐르고 있었다.

② 내가 즐겨 찾는 카페에서는 항상 조용한 재즈 음악이 흐른다.

③ 세련은커녕 옷차림에 촌티가 좔좔 흐르던 모습만이 떠올랐다.

④ 이곳에는 고압 전류가 흐르고 있으므로 관계자 외에는 출입을 엄금합니다.

⑤ 그가 지나가자, 시원한 민트 향이 곳곳에 흐르게 되었다.

02 다음 중 문장의 밑줄 친 부분과 의미상 가장 비슷한 것은?

> 학생들은 시험 때문에 <u>오금이 묶여</u> 다른 일은 생각지도 못한다.

① 무슨 일을 하고 싶어 가만히 있지 못하여

② 일에 매여서 꼼짝 못하게 되어

③ 무엇인가를 찾거나 구하려고 무척 바쁘게 돌아다녀서

④ 큰소리치며 장담하였던 말과 반대로 말이나 행동을 할 때에, 그것을 빌미로 몹시 논박을 당할까봐

⑤ 무릎의 구부러지는 오목한 안쪽 부분

03 다음 중 아래의 뜻풀이를 참고하여 예문의 빈칸에 들어갈 가장 알맞은 단어는?

> 뜻풀이 : 경험(經驗)에 의하지 않고 순수(純粹)한 이성(理性)에 의하여 인식(認識)하고 설명하는 것

> 당신 생각은 (   )이야. 이성(理性)에 의한 분별(分別)에만 기초하니까. 경험(經驗)도 필요한 거야.

① 사색적(思索的)　　　　　　　② 사유적(思惟的)
③ 사상적(思想的)　　　　　　　④ 사변적(思辨的)
⑤ 사기적(詐欺的)

[04 - 24] 다음 중 단어의 상관관계를 이해한 뒤 빈칸에 들어갈 알맞은 단어를 고르시오.

04
> 농어 : 껄떼기 = 고등어 : (   )

① 능소니　　　　　　　　　　　② 마래미
③ 고도리　　　　　　　　　　　④ 개호주
⑤ 굼벵이

05
> 호젓하다 : (   ) = 보조개 : 볼우물

① 대꾼하다　　　　　　　　　　② 대살지다
③ 후미지다　　　　　　　　　　④ 담숙하다
⑤ 폭신하다

06
> 땅 : (   ) = 비행기 : 대

① 대지　　　　　　　　　　　　② 필지
③ 요지　　　　　　　　　　　　④ 공터
⑤ 획지

07

지천명 : 50세 = (　　　) : 40세

① 고희　　　　　　　　　　② 이순
③ 방년　　　　　　　　　　④ 불혹
⑤ 지천명

08

맥수지탄(麥秀之嘆) : 풍수지탄(風樹之嘆) = 국가 : (　　　)

① 고향　　　　　　　　　　② 친구
③ 어버이　　　　　　　　　④ 임금
⑤ 자연

09

봄 : 청명 = 가을 : (　　　)

① 곡우　　　　　　　　　　② 소만
③ 망종　　　　　　　　　　④ 우수
⑤ 상강

10

눈 : (　　　) = 카메라 : 렌즈

① 망막　　　　　　　　　　② 홍채
③ 동공　　　　　　　　　　④ 수정체
⑤ 모양체

11

온도계 : 측정 = 전보 : (　　　)

① 전출　　　　　　　　　　② 통지
③ 전기　　　　　　　　　　④ 전선
⑤ 책정

12 스티브잡스 : 애플 = 마크 주커버그 : (   )

① SNS   ② SMS
③ 트위터   ④ 페이스북
⑤ 마이스페이스

13 OPEC : 석유 = IAEA : (   )

① 석탄   ② 환경
③ 철광석   ④ 에너지
⑤ 원자력

14 시계 : 시침 = 단어 : (   )

① 구   ② 절
③ 문장   ④ 형태소
⑤ 띄어쓰기

15 거만 : 겸손 = 거시 : (   )

① 관조   ② 착시
③ 안목   ④ 관망
⑤ 미시

16 삼강 : 군위신강 = 오륜 : (   )

① 입신양명   ② 군신유의
③ 치양지설   ④ 부위부강
⑤ 거경궁리

17

개헌 : 호헌 = 개혁 : (   )

① 개선　　　　　　　　　② 계몽
③ 혁신　　　　　　　　　④ 발전
⑤ 수구

18

앤디 워홀 : (   ) = 백남준 : 비디오아트

① 팝아트　　　　　　　　② 옵아트
③ 그래피티　　　　　　　④ 미니멀리즘
⑤ 키네틱 아트

19

한약 : 제 = 바늘 : (   )

① 쌈　　　　　　　　　　② 쾌
③ 접　　　　　　　　　　④ 타래
⑤ 아름

20

호모 사피엔스 : 지혜 = 호모 루덴스 : (   )

① 불　　　　　　　　　　② 손
③ 유희　　　　　　　　　④ 언어
⑤ 직립

21

브라질 : 헤알 = 러시아 : (   )

① 엔　　　　　　　　　　② 페소
③ 루블　　　　　　　　　④ 위안
⑤ 루피

22

재판관 : 판결 = 배심원 : (　　　)

① 평결　　　　　　　　　　② 기소
③ 구형　　　　　　　　　　④ 변호
⑤ 변론

23

서름서름하다 : (　　　) = 앵돌아지다 : 토라지다

① 알음하다　　　　　　　　② 옴팡지다
③ 헤살하다　　　　　　　　④ 서먹서먹하다
⑤ 애면글면하다

24

우수리 : 잔돈 = 도롱이 : (　　　)

① 등불　　　　　　　　　　② 함정
③ 신발　　　　　　　　　　④ 비옷
⑤ 장작

[25 – 45] 다음 중 ⓐ, ⓑ에 들어갈 단어가 순서대로 바르게 연결된 것을 고르시오.

25

영겁 : 찰나 = (　ⓐ　) : (　ⓑ　)

① 고의, 과실　　　　　　　② 공헌, 기여
③ 짐짓, 일부러　　　　　　④ 효용, 효능
⑤ 틀, 얼개

26

(　ⓐ　) : 도토리 = 송편 : (　ⓑ　)

① 밤, 소　　　　　　　　　② 쌀, 견과류
③ 떡갈나무, 솔잎　　　　　④ 떡, 전병
⑤ 도토리묵, 멥쌀가루

27

| 고구마 : (ⓐ) = (ⓑ) : 줄기 |

① 열매, 더덕
② 뿌리, 토마토
③ 줄기, 당근
④ 뿌리, 감자
⑤ 감자, 당근

28

| 새벽 : (ⓐ) = 저녁 : (ⓑ) |

① 석양, 땅거미
② 갓밝이, 해거름
③ 땅거미, 달구리
④ 해름, 갓밝이
⑤ 해넘이, 땅거미

29

| 경제협력개발기구 : OECD = (ⓐ) : (ⓑ) |

① OPEC, 국제노동기구
② 세계기상기구, WHO
③ 국제원자력기구, IAEA
④ WMO, OPEC
⑤ WMO, 세계무역기구

30

| 지식(知識) : 견식(見識) = (ⓐ) : (ⓑ) |

① 폐업(閉業), 개업(開業)
② 학업(學業), 학생(學生)
③ 창업(創業), 휴업(休業)
④ 전업(專業), 주부(主婦)
⑤ 개업(開業), 창업(創業)

31

| 도로(道路) : 국도(國道) = (ⓐ) : (ⓑ) |

① 스승, 제자
② 우측, 좌측
③ 부모, 자녀
④ 남편, 아내
⑤ 다각형, 사각형

32

(ⓐ) : 올랭피아 = (ⓑ) : 타히티의 여인들

① 마네, 고갱
② 고흐, 르누아르
③ 프랑스, 인상파
④ 회화, 조소
⑤ 해바라기, 게르니카

33

이순신 : (ⓐ) = 권율 : (ⓑ)

① 좌수사, 통신사
② 임진왜란, 병자호란
③ 살수대첩, 귀주대첩
④ 한산대첩, 행주대첩
⑤ 거북선, 난중일기

34

주판 : (ⓐ) = (ⓑ) : 이동

① 수학, 공학
② 바퀴, 자동차
③ 자동차, 자전거
④ 의자, 계산
⑤ 계산, 자전거

35

강유(剛柔) : 흑백(黑白) = (ⓐ) : (ⓑ)

① 사업(事業), 의복(衣服)
② 빈부(貧富), 대소(大小)
③ 송죽(松竹), 부모(父母)
④ 해양(海洋), 고저(高低)
⑤ 청산(靑山), 백운(白雲)

36

봉래산 : (ⓐ) = (ⓑ) : 가을

① 풍악산, 봄
② 백두산, 겨울
③ 여름, 풍악산
④ 가을, 개골산
⑤ 금강산, 계절

37

$$(\text{ⓐ}) : 고수온 = (\text{ⓑ}) : 저수온$$

① 엘니뇨, 라니냐
② 라니냐, 엘니뇨
③ 윌리윌리, 엘니뇨
④ 기후, 윌리윌리
⑤ 윌리윌리, 저기압

38

$$모도리 : (\text{ⓐ}) = (\text{ⓑ}) : 허약한 사람$$

① 인색한 사람, 따라지
② 따라지, 엉뚱한 사람
③ 여무진 사람, 골비단지
④ 골비단지, 미련한 사람
⑤ 안다니, 인색한 사람

39

$$가오리 : 간자미 = (\text{ⓐ}) : (\text{ⓑ})$$

① 어류, 조류
② 곰, 능소니
③ 민물고기, 바닷물고기
④ 고도리, 꺼병이
⑤ 능소니, 고도리

40

$$(\text{ⓐ}) : (\text{ⓑ}) = 횡단 : 종단$$

① 우연, 필연
② 필연, 확연
③ 무단, 대륙
④ 시작, 시초
⑤ 단면, 단면적

41

$$병인양요 : (\text{ⓐ}) = 운요호 사건 : (\text{ⓑ})$$

① 프랑스, 일본
② 미국, 프랑스
③ 천주교, 기독교
④ 강화도, 주문진
⑤ 흥선대원군, 명성황후

42

행성 : (ⓐ) = (ⓑ) : 붙박이별

① 우주, 천체
② 항성, 꼬리별
③ 떠돌이별, 항성
④ 금성, 목성
⑤ 혜성, 떠돌이별

43

종종히 : (ⓐ) = (ⓑ) : 가장자리

① 가끔, 가녘
② 총총히, 가닥
③ 자주, 진작
④ 갓길, 총총히
⑤ 진작, 갓길

44

상고대 : (ⓐ) = 먼지잼 : (ⓑ)

① 눈, 안개
② 서리, 비
③ 는개, 벽력
④ 벽력, 서리
⑤ 눈, 비

45

오상고절 : (ⓐ) = (ⓑ) : 대나무

① 오월동주, 소나무
② 충신, 간신
③ 매화, 세한고절
④ 국화, 세한고절
⑤ 겨울, 여름

01 다음 중 밑줄 친 ⑤~⑩을 올바르게 수정한 것은?

> 고등학교 졸업 후 10년 만에 선생님께 연락드린 후 댁으로 찾아갔다. 선생님 댁으로 가는 언덕길이 ⑤가
> 팔라서 힘들었지만 오랜만에 선생님을 뵙는다는 생각으로 마음만은 가벼웠다. 마중을 나와 기다리시던
> 선생님께서는 ⓒ무척 반가워하시며 내 손을 잡아 주셨다. 앞뜰의 ⓒ꽃에 물을 주시던 사모님께서도 반겨
> 주셨다. 사모님께서는 ②살찐 생선으로 끓인 먹음직한 ⑩찌계로 저녁상을 차려 주셨다.

① ⑤ : 기본형이 '가파르다'이므로 '가파라서'로 쓰는 것이 맞다.

② ⓒ : '무척'은 부정적인 어휘와 호응하는 단어이므로 '너무'로 수정하는 것이 좋다.

③ ⓒ : 무정 명사는 부사격 조사 '에게'와 결합하므로 '꽃에게'로 수정해야 한다.

④ ② : '살이 많고 튼실한 생선'이라는 의미이므로 '살진 생선'으로 고쳐야 한다.

⑤ ⑩ : '찌계'의 올바른 표현인 '찌개'로 수정한다.

02 다음 중 밑줄 친 ⑤~⑩을 올바르게 수정한 것은?

> 신문이 진실을 보도해야 한다는 것은 ⑤새삼스러운 설명이 필요 없는 당연한 이야기이다. 정확한 보도
> 를 하기 위해서는 문제를 전체적으로 보아야 하고, 무엇이 근거이고, 무엇이 조건인가를 명확히 해야 한
> 다. 이러한 준칙을 강조하는 것은 기자들의 기사 작성 기술이 ⓒ미숙하기 때문이 아니라, 이해관계에 따
> 라 특정 보도의 내용이 ⓒ달라진다. 자신들에게 유리하도록 기사가 보도되게 하려는 외부 세력이 ②있으
> 므로 진실 보도는 일반적으로 수난의 길을 걷게 마련이다. 신문은 스스로 자신들의 임무가 '사실 보도'라
> 고 말한다. 그 임무를 다하기 위해 신문은 자신들의 이해관계에 따라 진실을 ⑩왜곡하려는 권력과 이익
> 집단, 그 구속과 억압의 논리로부터 자유로워야 한다.

① ⑤ : 새삼스러운 → 세삼스러운

② ⓒ : 미숙하기 → 성숙하기

③ ⓒ : 달라진다 → 달라지기 때문이다.

④ ② : 있으므로 → 있지만

⑤ ⑩ : 왜곡 → 외곡

03 다음 중 밑줄 친 ㉠~㉤을 수정한 내용이 올바르지 <u>않은</u> 것은?

> 한 백화점 유통산업연구소는 "백화점 판매에서 가장 큰 성장세를 보인 부문은 ㉠걷잡아 매출 신장률 21.1%를 기록한 명품이었다."라고 밝혔다. 유통업계에서는 명품 소비를 경기 회복의 ㉡기미로 본다. 이 품목들은 현금 ㉢결재 비율도 비교적 높다. 물론 연구소는 이런 상태가 언제까지 ㉣이어질런지는 예측하기 어렵다고 지적한다. 이에 대해 한 경제 전문가는, 이러한 수치가 소비성향의 양극화가 심화된다는 사실을 ㉤가르친다고 진단했다.

① ㉠ : 걷잡아 → 겉잡아

② ㉡ : 기미 → 지표

③ ㉢ : 결재 → 결제

④ ㉣ : 이어질런지 → 이어질른지

⑤ ㉤ : 가르친다고 → 가리킨다고

04 다음 중 밑줄 친 ㉠~㉤을 올바르게 수정한 것은?

> 나무는 말이 없는 친구와 같다. 나무는 식물이라는 경계선을 ㉠넘어서 나에게 친근한 대상이다. 수목은 유기체다. 우리가 자연이라고 할 때 맨 먼저 ㉡수목은 머릿속에 그리게 되는 것도 이 때문이다. 오래된 나무는 구멍이 뚫리고, 다람쥐가 드나들어도 속임수 하나 없이 서늘한 그늘을 ㉢드리운다. ㉣나뭇잎이 우거진 숲에 있으면 거룩한 전당에 들어선 때와 같이 엄숙하고 경건한 마음이 들어 절로 옷깃을 ㉤여민다.

① ㉠ : 넘어서 → 너머서

② ㉡ : 수목은 → 수목이

③ ㉢ : 드리운다. → 들이운다.

④ ㉣ : 나뭇잎 → 나무잎

⑤ ㉤ : 여민다. → 여미게 된다.

05 다음 중 밑줄 친 ㉠~㉤을 수정한 내용이 올바르지 <u>않은</u> 것은?

> 실업과 고용의 질이 심각한 사회 문제로 대두하고 있다. 이러한 현상은 우선 ㉠실업룔의 상승에서 단적
> 으로 ㉡들어난다. 2017년 말 실업률은 3.1%에 ㉢이르었다. ㉣더부러 일자리를 가진 이들도 고용의 질이
> 나빠지는 현실에 불안을 느끼고 있다. 그 대표적인 예가 비정규직 노동자의 ㉤폭팔적 증가이다.

① ㉠ : 실업룔 → 실업율

② ㉡ : 들어난다. → 드러난다.

③ ㉢ : 이르었다. → 이르렀다.

④ ㉣ : 더부러 → 더불어

⑤ ㉤ : 폭팔적 → 폭발적

06 다음 중 밑줄 친 ㉠~㉤을 수정한 내용이 올바르지 <u>않은</u> 것은?

> 전문가 태스크포스의 구성과 홍보팀의 협력 두 가지가 모두 ㉠뒷바침된다면 새 인력관리 체계의 성공은
> 확실히 보장된다. 새 인력관리 체계는 집단 전체에 신선한 의욕을 ㉡불러넣을 뿐만 아니라 새로운 활동
> 역량을 가져다줄 것이다. ㉢반면 이 체계가 성공한다면 시스템 내의 세부영역 간 의사소통도 눈에 ㉣띄
> 게 활성화될 것이다. 세부 전문 영역 간 활발한 의사소통이 이루어지지 않는다면 시스템 전체 규모의 성
> 장도 ㉤이루어지지 않다.

① ㉠ : '뒤에서 지지하고 도와주는 일'이란 뜻인 '뒷받침'으로 수정한다.

② ㉡ : '어떤 생각이나 느낌을 가질 수 있도록 영향이나 자극을 주다'라는 의미이므로 '불어넣을'
로 수정한다.

③ ㉢ : 새 인력관리 체계의 장점에 대해 추가하여 나열하고 있으므로 '또한', '뿐만 아니라'로 수
정해야 한다.

④ ㉣ : '눈에 보이게, 두드러지게'의 의미이므로 '띠게'로 수정해야 한다.

⑤ ㉤ : 앞 구절과 호응하기 위해서는 '이루어질 수 없다.'로 수정하는 것이 좋다.

07 다음 중 밑줄 친 ⑦~⑩을 수정한 내용이 올바르지 <u>않은</u> 것은?

> 1989년 프랑스 파리 근교의 한 공립 중학교에서 전통적인 이슬람의 여성 복장 중 하나인 히잡을 수업 시간에도 벗지 않으려고 했던 여중생 세 명이 학교로부터 ⑦ 퇴학했다. 이 사건은 20세기 초부터 프랑스에서 확고하게 ⑥ 정착되어져 온 '교회와 국가의 분리' 원칙을 도마 위에 올려놓았다. 무슬림 여중생들은 가장 무거운 징계인 퇴학을 ⑥ 감안하면서까지 왜 히잡 ⑧ 사용을 고집했을까? 히잡은 이슬람 교리에 근거한 무슬림 여성들의 전통 의상으로 이슬람 경전인 꾸란에 따르면 남녀 모두 머리카락을 천으로 덮어야 한다. 특히 여성은 가족 이외의 사람들 앞에서 자신의 몸에 걸친 ⑩ 일체의 장신구도 보여줘서는 안 된다.

① ⑦ : 학교가 학생을 퇴학 처리한 것이므로 학생이 '퇴학당했다'라는 표현이 더 적절하다.

② ⑥ : '- 되어지다'는 이중 피동 표현이므로 '정착되어'라고 수정해야 한다.

③ ⑥ : '책망이나 괴로움 따위를 달갑게 받아들이다'라는 의미로 '감수하면서'를 사용하는 것이 더 낫다.

④ ⑧ : '외복, 모자, 신발 등을 입거나 씀'이란 뜻의 '착용'으로 수정하는 것이 적절하다.

⑤ ⑩ : 문맥 상 '절대로, 전혀'의 뜻을 지닌 부사 '일절'로 고쳐야 한다.

08 다음 중 밑줄 친 ⑦~⑩을 올바르게 수정한 것을 고르면?

> 누구나 불가피하게 위험에 ⑦ 빠졌던 가능성을 가지고 살아간다. 그래서 개인들은 스스로 위험에 대비하려고 하며, 시장은 이를 ⑥ 포섭하여 개인들에게 알맞은 상품을 만들어낸다. 생명보험, 암보험 등의 각종 보험이 바로 대표적 사례이다. ⑥ 그리고 개인들의 자발적 선택에 의해 ⑧ 가입하는 민간 보험 상품만으로는 개인들이 위험의 가능성에 대해 ⑩ 도무지 대비했다고 할 수는 없다.

① ⑦ : 수식하는 단어인 '가능성'은 과거 시제와 관련이 없으므로 '빠진'으로 수정해야 한다.

② ⑥ : '어떤 어떤 기회나 정세를 알아차려'라는 의미의 '포착하여'라고 수정하는 것이 적절하다.

③ ⑥ : 앞의 내용을 바탕으로 결과를 서술하는 문장을 잇기 위해서는 '그래서'로 수정해야 한다.

④ ⑧ : 자발적 선택은 능동적 행동에 해당하므로 '가입되는'으로 고쳐야 한다.

⑤ ⑩ : 민간 보험이 위험 가능성을 모두 막아줄 수 없다는 문맥적 흐름에 맞게 '당연히'로 수정해야 한다.

09 다음 중 밑줄 친 ㉠~㉤을 수정한 내용으로 올바르지 <u>않은</u> 것은?

극의 진행과 등장인물의 대사 및 감정 등을 관객에게 설명했던 변사가 등장한 것은 1900년대이다. 미국이나 유럽에서도 변사가 있었지만 그 역할은 ㉠ <u>미미했을 뿐더러</u> 그마저도 자막과 반주 음악이 등장하면서 점차 ㉡ <u>삭제하였다.</u> 하지만 주로 동양권, 특히 한국과 일본에서는 변사의 존재가 두드러졌다. 한국에서 변사가 본격적으로 등장한 것은 극장가가 형성된 1910년부터인데, 한국 최초의 변사는 우정식으로, 단성사를 운영하던 박승필이 내세운 인물이었다. 변사는 당시 영화 흥행의 ㉢ <u>성패를</u> 좌우할 정도로 그 비중이 컸다. 단성사, 우미관, 조선 극장 등의 극장은 대개 5명 정도의 변사를 전속으로 두었으며 ㉣ <u>2명 및 3명이</u> 교대로 무대에 올라 한 영화를 담당하였다. 4~8명의 변사가 한 무대에 등장하여 영화의 대사를 교환하는 ㉤ <u>일본과 같이,</u> 한국에서는 한 명의 변사가 영화를 설명하는 방식을 취하였으며, 영화가 점점 장편화되면서부터는 2~4명이 번갈아 무대에 등장하는 방식으로 바뀌었다.

① ㉠ : 어떤 일만으로 그치지 않고 나아가 다른 일이 더 있음을 나타내는 연결 어미는 '-ㄹ뿐더러'이므로 '미미했을뿐더러'로 붙여 쓴다.

② ㉡ : 문맥상 '사라져 없어지다'라는 의미의 '소멸하였다'가 더 자연스럽다.

③ ㉢ : '승리와 패배'라는 의미의 '승패'를 쓰는 것이 적절하다.

④ ㉣ : '2명에서 3명'이라는 의미이므로 '및'을 '내지'로 수정한다.

⑤ ㉤ : 변사가 영화를 설명하는 방식이 우리나라와 일본 간에 차이가 있으므로 '일본과 달리'라고 수정한다.

10 다음 밑줄 친 ㉠~㉤을 수정한 내용이 올바르지 <u>않은</u> 것은?

이 공연이 다른 공연과 비교해 가장 눈에 ㉠ <u>띄었던</u> 것은 음향기기를 전혀 사용하지 ㉡ <u>않았다.</u> ㉢ <u>그러나</u> ㉣ <u>다른 공연과 같은 음향을 표현하고자</u> 다른 공연에 비해 많은 수의 연주자들이 무대에 올랐고 무대에는 여러 종류의 항아리들이 미적 구도를 이루며 ㉤ <u>놓여져 있었다.</u>

① ㉠ : '띄다'는 '성격을 지니다'라는 의미이므로 '띠었던'이라고 고친다.

② ㉡ : 주어가 '~것은'이므로 이에 호응할 수 있도록 서술어를 '않았다는 점이다'로 고친다.

③ ㉢ : 앞에 서술한 내용과 자연스럽게 이어지기 위해서는 '그래서'로 고쳐야 한다.

④ ㉣ : 같은 말이 반복되고 있으므로 '효과적인 음향 표현을 위해 상대적으로'로 수정하는 것이 좋다.

⑤ ㉤ : '놓이다'만으로 피동의 의미를 실현할 수 있으므로 '놓여'로 고친다.

11 다음 밑줄 친 ⑦~⑩ 중 어법상 적절하지 않은 것은?

> 문학 작품은 ⑦ 흡사 피라미드와 같다. 선행 작품을 ⑥ 딛고 후대 작품이 올라서는 것이다. 선행 작품의 기초를 이루고 있는 것이 ⑥ 이른바 고전 작품이라고 말할 수 있다. 고전은 대체로 인간 정신의 가능성을 극한에서 보여주는 노력과 ⑧ 심사숙고와 정성의 소산이다. 따라서 고전 작품을 읽기 위해서는 그에 ⑩ 들어맞는 정성이 따르기 마련이다.

① ⑦   ② ⑥
③ ⑥   ④ ⑧
⑤ ⑩

12 다음 밑줄 친 ⑦~⑩ 중 문맥상 적절하지 않은 것은?

> 주체와 객체를 ⑦ 가리는 기본적인 이분법의 사고방식, 객관적으로 존재하는 것의 정확한 표상으로서의 인식에 대한 개념, 우선 인식의 ⑥ 확고한 토대를 확보하고 그 위에 보편과학의 건물을 세울 수 있는 보편적인 방법의 이상, 자기반성의 힘에 의해 역사적 문맥과 지평을 ⑥ 초월할 수 있고 있는 그대로의 사물 자체를 ⑧ 인식할 수 있다는 믿음 등이 데카르트에 대해 지속적으로 ⑩ 제기되고 있는 비판의 개념들이다.

① ⑦   ② ⑥
③ ⑥   ④ ⑧
⑤ ⑩

13 다음 밑줄 친 ⑦~⑩ 중 어법에 맞는 것은?

> ⑦ 우리나라는 전통적으로 농경을 지어 왔다. 그래서 소는 경작을 위한 중요한 필수품이지 식용 동물로 생각할 수가 없었다. 이러한 이유로 동네에 돌아다니는 개가 육질 섭취수단으로 선택된 것이다. ⑥ 프랑스 등 유럽에서는 우리나라와 달리 농경 생활을 했었음에 틀림없지만 그것보다는 그들이 정착하기 전에는 오랜 기간 수렵을 했기 때문에 개가 우리의 소처럼 중요한 수단이 되었고, 당연히 수렵한 결과인 소 등의 동물로 육질을 섭취했던 것이다. ⑥ 일반적으로 서유럽의 사람들은 개고기를 먹는 문화에 대해 혐오감을 나타낸다. 그들은 쇠고기와 돼지고기를 즐겨먹는다. 그러나 인도의 힌두교도들이 보면, ⑧ 힌두교도들 역시 쇠고기를 먹는 서유럽 사람들을 혐오감을 느낄 것이다. ⑩ 이슬람, 유대교도들 또한 돼지고기를 먹는 서유럽의 식생활에 거부감이 느낄 것이다.

① ⑦   ② ⑥
③ ⑥   ④ ⑧
⑤ ⑩

14 다음 밑줄 친 ㉠~㉤ 중 문맥상 적절하지 않은 것을 고르면?

조선시대 실학파들은, 초가지붕은 불이 날 염려가 클 뿐만 아니라 썩기 쉬워서 매년 갈아 씌워야 하는 불편함이 있기 때문에 ㉠ 마땅히 기와로 지붕을 덮어야 한다고 주장했다. ㉡ 그렇기에 초가는 20세기 중반 이후까지 서민들의 변함없는 주거 공간이었다. 그렇게 된 데에는 ㉢ 물론 경제적으로 여유가 없었던 서민들에게 짚이 쉽게 구할 수 있는 재료였다는 사실이 크게 작용했다. ㉣ 하지만 무엇보다 중요한 사실은 짚의 재질이 우수했기 때문에 ㉤ 오랫동안 초가지붕이 사랑을 받았다는 것이다.

① ㉠

② ㉡

③ ㉢

④ ㉣

⑤ ㉤

15 다음은 전세보증금반환보증의 약관 중 일부 규정이다. 약관의 내용 중 틀린 글자는 모두 몇 개인가?

제4조(보증조건의 변경)

① 주 채무자 및 보증채권자는 보증회사로부터 서면에 의한 동위를 받지 아니하고는 보증조건을 변경할 수 없습니다.

② 보증조건의 변화는 보증회사가 변경사항을 주 채무자 및 보증채권자에게 서면으로 알리거나 보증서의 보증조건을 정정하여 재교부한 경우에만 성립합니다.

제5조(통지의무)

① 주 채무자 또는 보증채권자는 다음 각 호의 어느 하나에 해당하는 사유가 발생한 경우에는 1월 이내에 서면으로 그 내용을 보증회사에 통달하여야 합니다.

  1. 주 채무자 또는 보증채권자가 변경되었을 때

  2. 주 채무자, 보증채권자, 연대보증인의 주소가 변경되었을 때

  3. 경·공매의 개시 결정을 통보받았을 때

  4. 보증사고가 발생하였을 때

  5. 보증사고 사유가 훼소되었을 때

  6. 전세계약이 종료되었을 때

  7. 기타 보증회사의 보증채무에 영향을 미치는 사항이 발생하였을 때

② 보증회사는 주 채무자 또는 보증채권자가 정당한 사유 없이 제1항의 통지를 지연하거나 하지 않음으로써 증가된 채무는 부덤하지 아니합니다.

① 3개

② 4개

③ 5개

④ 6개

⑤ 7개

16 다음 중 서식에서 **틀린 글자 수**는 모두 몇 개인가?

전 세 계 약 서

☐ 임대인용
☐ 임차인용
☐ 사무소 보관용

No.

부동산의 표식	소재지				
	구조		용도		면적
전세보증금	금		원정 ₩ _____		

제1조 위 부동산의 임대인과 임차인 합의하에 아래와 같이 계약함.
제2조 위 부동산의 임대차에 있어 임차인은 전세보증금을 아래와 같이 지불하기로 함.

계약금	원정은 계약 시에 지불하고
중도금	원정은 년 월 일에 지불하며
잔 금	원정은 년 월 일에 중개업자의 입회하에 지불함.

제3조 위 부동산 명도는   년   월   일로 함.
제4조 임대차 기간은   년   월   일로부터 (   )개월로 함.
제5조 임차인은 임대인의 승인 하에 개축 또는 변조할 수 있으나 계약 대상물을 명도 시에는 임차인이 일절 비용을 부담하여 원상복구 하여야 함.
제6조 임대인과 중개업자는 별첨 중개물건 확인 설명서를 작성하여 서명 날인하고 임차인은 이를 확인 제공함. 다만 임대인은 중개물건 확인 설명에 필요한 자료를 중개업자에게 제공하거나 자료수집에 따른 법령에 규정한 설비를 지급하고 대행케 하여야 함.
제7조 본 계약을 임대인이 위약 시는 계약금의 배액을 변상하며 임차인이 위약 시는 계약금을 무효로 하고 반환을 청구할 수 없음.
제8조 부동산 중개업법 제20조 규정에 의하여 중개료는 계약당시 쌍방에서 법정수수료를 중개인에게 수령하여야 함.
위 계약조건을 확실히 하고 훗일에 증하기 위하여 본 계약서를 작성하고 각 1통씩 보관한다.

년   월   일

임대인	주소				
	주민등록번호		전화번호		성명
임차인	주소				
	주민등록번호		전화번호		성명
중개업자	주소			허가번호	
	상호		전화번호		성명

① 5개
② 6개
③ 7개
④ 8개
⑤ 9개

17 다음 중 밑줄 친 단어를 어법에 맞게 사용한 것은?

① 아버지는 추위를 <u>무릎쓰고</u> 밖에 나가셨다.
② 외출하기 전에 어머니께서 내 방에 잠깐 <u>들르셨다.</u>
③ 그가 미소를 <u>띤</u> 얼굴로 서 있는 모습이 보였다.
④ 내 능력 이상으로 크게 사업을 <u>벌렸다가</u> 실패하고 말았다.
⑤ 발바닥에 떨어진 머리카락이 누나의 눈에 <u>띠었다.</u>

18 다음 중 밑줄 친 어휘의 뜻풀이로 올바르지 <u>않은</u> 것은?

① 전임자가 업무를 잘 <u>갈무리</u>해 두어 일이 수월하다. → 물건 따위를 잘 정리하거나 간수함 또는 일을 처리하여 마무리함을 뜻함.
② 할머니가 아끼던 도자기를 깨고 <u>지청구</u>를 들어야 했다. → '꾸지람'을 뜻함.
③ 부모에게 알천이란 결국 자식들 아니겠는가. → 늘 보살펴야 하는 것을 의미함.
④ 산 위에서 보니 계곡이 마치 <u>깁</u>을 펼쳐 놓은 듯하다. → '명주실로 조금 거칠게 짠 비단'을 말함.
⑤ 이 말이 <u>가납사니</u> 같은 사람들 귀에 들어가면 낭패다. → 쓸데없는 말을 지껄이기를 좋아하는 수다스러운 사람이나 말다툼을 잘하는 사람을 일컫는 말.

19 다음 중 밑줄 친 어휘의 뜻풀이가 올바르지 <u>않은</u> 것은?

① 그 일은 별로 남는 것도 없어서 <u>계륵(鷄肋)</u>이나 마찬가지다. → '닭의 갈비'라는 뜻이다.
② 이번 일을 <u>도외시(度外視)</u>해서는 안 될 것이다. → '일정한 범위 밖에 두다.'라는 뜻이다.
③ 그녀의 노래는 <u>불후(不朽)</u>의 명곡이 되었다. → '썩지 아니함'이라는 뜻이다.
④ 높은 지위에 오를수록 <u>인항(委巷)</u>의 일도 두루 살펴야 한다. → '좁고 지저분한 서리'라는 뜻이다.
⑤ 그 일에 대한 <u>포폄(褒貶)</u>은 잠시 미루어 두기로 하였다. → 옳고 그름이나 선하고 악함을 판단하여 결정함을 뜻하는 말.

20 다음 중 밑줄 친 어휘의 쓰임이 올바르지 <u>않은</u> 것은?

① 곰실곰실 : 죽은 줄 알았던 벌레가 <u>곰실곰실</u> 움직이고 있었다.
② 남실남실 : 잔에 부은 술이 <u>남실남실</u> 넘쳤다.
③ 씨엉씨엉 : 첫 출근하는 날 그는 <u>씨엉씨엉</u> 집을 나섰다.
④ 송골송골 : 매운 음식을 먹었더니 코에 땀이 <u>송골송골</u> 돋는다.
⑤ 허청허청 : 그는 합격했다는 기쁨에 <u>허청허청</u> 집으로 향했다.

21 다음 중 밑줄 친 한자어의 쓰임이 올바르지 <u>않은</u> 것은?

① 우리는 점심값을 <u>갹출(醵出)</u>하였다.

② 구청에서는 새로운 주소명을 <u>공포(公布)</u>하였다.

③ 그는 멍하니 하늘만 <u>주시(注視)</u>하고 있었다.

④ 그는 꿈과 현실 사이에서 <u>혼동(混同)</u>을 일으켰다.

⑤ 적들은 내분으로 스스로 <u>궤멸(潰滅)</u>하였다.

22 다음 중 ㉠~㉢에 들어갈 한자가 바르게 묶인 것은?

> • 그녀는 섬세하여 종종 감상(㉠)에 빠지곤 하였다.
> • 그가 예술품을 감상(㉡)하는 동안 우리는 주변을 둘러보았다.
> • 일기에 하루의 감상(㉢)을 적는 시간은 하루를 되돌아보는 시간이기도 하다.

          ㉠   ㉡   ㉢

① 감상(感傷) – 감상(感想) – 감상(鑑賞)

② 감상(鑑□) – 감상(鑑賞) – 감상(感傷)

③ 감상(鑑賞) – 감상(感想) – 감상(感傷)

④ 감상(感想) – 감상(感傷) – 감상(鑑賞)

⑤ 감상(感傷) – 감상(鑑賞) – 감상(感想)

23 다음 중 밑줄 친 어휘의 뜻풀이가 올바르지 <u>않은</u> 것은?

① 그는 대중 앞에서 <u>악어의 눈물</u>을 흘렸다. → 악어가 먹잇감을 먹기 전에 눈에서 소화액을 분비하는 것이 눈물과 같음에서 유래하여 거짓으로 눈물을 흘리는 것을 비유하여 이르는 말이다.

② 그녀는 <u>대한(大旱)의 운예(雲霓)</u>와 같이 합격 소식을 기다렸다. → '대한(大旱)'은 큰 가뭄을, '운예(雲霓)'는 구름과 무지개를 뜻하는 말로 '대한의 운예'는 가능성이 없는 일을 막연하게 기다리는 어리석음을 비유하여 이르는 말이다.

③ 그의 정곡을 찌르는 질타에 갑자기 <u>모골(毛骨)</u>이 <u>송연(悚然)</u>해졌다. →'모골(毛骨)'은 털과 뼈를, '송연(悚然)하다'는 '두려워 몸을 옹송그릴 정도로 오싹 소름이 끼치는 듯함'을 뜻하는 말로 '모골이 송연하다'는 끔찍스러워 몸이 으쓱하고 털끝이 주뼛해짐을 이르는 말이다.

④ 사정기관의 <u>서슬</u>이 시퍼렇게 살아있어 공직자들은 숨을 죽여야 했다. →'서슬'은 쇠붙이로 만든 연장이나 유리 조각 따위의 날카로운 부분을 가리키는 말로 '서슬이 시퍼렇다'는 권세나 기세 따위가 아주 대단함을 비유하여 이르는 말이다.

⑤ 그의 제안에 그녀는 은근히 <u>회가 동하고</u> 있었다. → '회'는 '회충'을 뜻하는 말로 '회가 동하다'는 '구미가 당기거나 무엇을 하고 싶은 마음이 생김'을 이르는 말이다.

24 다음 중 '갈고리 맞은 고기'와 의미가 통하지 <u>않는</u> 것은?

① 풍전등화(風前燈火)　　　　　　② 부중생어(釜中生魚)

③ 초미지급(焦眉之急)　　　　　　④ 간두지세(竿頭之勢)

⑤ 여리박빙(如履薄氷)

25 다음 중 밑줄 친 말에 해당하는 순화어로 적절하지 <u>않은</u> 것은?

① 어머니가 새로 산 <u>곤색</u> 치마에 얼룩이 묻었다. → 감색

② 국에 <u>다대기</u>를 좀 더 넣어야 맛이 날 것 같다. → 다진 양념

③ 우리는 새로운 <u>거래선</u>을 찾기 위해 최선을 다했다. → 거래처

④ 아침에 일어나면 <u>세면</u>부터 하는 것이 순서이다. → 세수

⑤ 각각의 보고서에 <u>견출지</u>를 붙여 구분해 두어야 합니다. → 묶음표

26 다음 중 밑줄 친 어휘의 뜻풀이가 올바르지 <u>않은</u> 것은?

① 손님 모셔다 드리고 <u>선걸음</u>으로 돌아오너라. → '조심하여 걷는 모양'을 의미함.

② 그 남자와 그 여자는 <u>가시버시</u>였다. → '가시'는 '아내' 또는 '아내의 친정'이라는 뜻을 더하는
접두사로 '가시버시'는 '부부'를 낮잡아 이르는 말이다.

③ 덫은 <u>노루목</u>에 놓아야 제 몫을 한다. → '노루가 자주 다니는 길목'이라는 뜻으로 '넓은 들에서
다른 곳으로 이어지는 좁은 지역'을 의미한다.

④ 말뚝으로 <u>살피</u>를 대신 놓았다. → '땅과 땅의 경계선을 간단히 나타낸 표'를 의미한다.

⑤ <u>보람줄</u>을 보니 책은 얼마 읽지도 않았구나. → '보람'은 다른 물건과 구별하거나 잊지 않기 위
하어 표를 해 두는 것으로 '보람줄'은 책 사이에 표시를 하도록 박아 넣은 줄을 의미한다.

27 다음 중 밑줄 친 어휘의 쓰임이 올바르지 <u>않은</u> 것은?

① 그는 <u>헌칠한</u> 키에 잘생긴 미남이었다.

② 그녀는 우리 앞에서 <u>물색없는</u> 소리를 하여 눈총을 받았다.

③ 그는 은근히 화가 났는지 나에게 <u>걱실걱실히</u> 덤벼들었다.

④ 그것들은 그녀가 <u>애면글면</u> 모아 온 것들이었다.

⑤ 그는 <u>어험스럽게</u> 아이들을 타일렀다.

28 다음 중 밑줄 친 어휘의 뜻풀이가 올바르지 <u>않은</u> 것은?

① 고향에 돌아왔으나 사람들이 <u>백안시(白眼視)</u>하지 않아 좋았다. → 《진서(晉書)》에 나온 말로, 죽림칠현의 한 사람인 완적(阮籍)이 반갑지 않은 손님은 백안(白眼)으로 대하였다는 데서 유래하여 남을 업신여기거나 무시하는 태도로 흘겨봄을 의미함.

② 그 정도 일은 그에게 <u>여반장(如反掌)</u>이다. → '손바닥을 뒤집는 것 같다.'라는 뜻으로, 일이 매우 쉬움을 이르는 말.

③ 새로운 시대의 <u>맹아(萌芽)</u>가 싹트고 있었다. → '아주 힘찬 기세로 솟아나는 싹'이라는 뜻으로 어떤 일의 핵심적인 동력이나 추진력이 되는 대상을 이르는 말.

④ 부모님의 <u>학발(鶴髮)</u>을 보니 눈물이 절로 났다. → '두루미의 깃털처럼 희다.'라는 뜻으로, 하얗게 센머리 또는 그런 사람을 이르는 말.

⑤ 두 나라 간의 <u>알력(軋轢)</u>으로 세계정세가 위태로워졌다. → '수레바퀴가 삐걱거린다.'라는 뜻으로, 서로 의견이 맞지 아니하여 사이가 안 좋거나 충돌하는 것을 이르는 말.

29 다음 중 밑줄 친 어휘의 쓰임이 올바르지 <u>않은</u> 것은?

① 사장님은 김부장을 한참 <u>닦아세우고</u> 계셨다.

② 그는 이번 기회에 <u>옹골지게</u> 돈을 벌어볼 요량이었다.

③ 그는 계약서도 없이 물건을 넘겨 줄 만큼 <u>미욱스러운</u> 사람이다.

④ 그는 매사에 <u>의뭉하여</u> 언제나 일처리가 완벽했다.

⑤ 가파른 언덕을 오르려니 입을 벌리기도 <u>대근하였다.</u>

30 다음 중 한자의 쓰임이 올바르지 <u>않은</u> 것은?

① 그는 자신의 신념을 지키기 위해 <u>형극(荊棘)</u>의 길을 택했다.

② 선배가 범한 과오의 <u>전철(前轍)</u>을 다시 밟지는 말아야 한다.

③ 이번 축제는 예산 부족으로 <u>무산(霧散)</u>되었다.

④ 그녀는 위기의 순간에 놀라운 <u>기지(既知)</u>를 발휘하였다.

⑤ 그녀의 <u>뇌쇄(惱殺)</u>적인 눈빛에 모두 넋을 잃었다.

31 다음 중 한자의 쓰임이 올바르지 <u>않은</u> 것은?

① 그 책은 역사에 대한 뛰어난 <u>통찰(洞察)</u>을 보여준다.

② 그는 자신의 권리를 <u>행사(行事)</u>하였다.

③ 그 식물에 대한 정보를 <u>사전(事典)</u>에서 찾아보았다.

④ 그는 우리를 <u>무고(誣告)</u>한 죄로 벌금을 냈다.

⑤ 이 운동시설은 <u>공용(公用)</u> 물품이므로 함부로 훼손해서는 안 됩니다.

32 다음 중 ㉠~㉣에 들어갈 한자가 바르게 묶인 것은?

> • 요즘 옷들은 남녀의 (㉠)이 없는 경우가 많다.
> • 서정시와 서사시의 (㉡)은 극히 상대적일 뿐이다.
> • 짙은 안개로 다가오는 물체를 (㉢)하기 어려웠다.
> • 그의 진심이 무엇인가 (㉣)하기 어려웠다.

    ㉠   ㉡   ㉢   ㉣

① 區分 – 判別 – 區別 – 識別

② 區別 – 識別 – 區分 – 判別

③ 區別 – 區分 – 識別 – 判別

④ 判別 – 區別 – 區分 – 識別

⑤ 區分 – 識別 – 區別 – 判別

33 다음 중 밑줄 친 말을 순화한 것으로 올바르지 <u>않은</u> 것은?

① 정부는 기업들의 <u>담합</u>을 철저히 조사하였다. → 짬짜미

② 1,000미터 <u>계주</u>에서 우리 팀이 우승을 하였다. → 이어달리기

③ 철수는 선생님께 <u>백묵</u>을 가져다 드렸다. → 분필

④ 이번 물품 구입의 <u>명세</u>를 제출해 주셔야 합니다. → 영수증

⑤ 이제는 <u>대하</u>를 먹기에 좋은 계절이 되었다. → 큰새우

34 다음 중 귀화어로만 묶인 것이 <u>아닌</u> 것은?

① 김치, 열반, 빵   ② 부처, 탑, 두만강

③ 빵, 남포, 송골매   ④ 붓, 호미, 도투락

⑤ 고무, 수라, 고구마

35 다음 중 한자어가 <u>아닌</u> 것은?

① 내가 여기에 온 것은 <u>부득이</u>한 사정 때문이다.

② <u>물론</u> 네가 그곳에 가기는 힘들 것이다.

③ 모든 사람이 그를 말렸고 <u>심지어</u> 어린 아들까지도 울며 매달렸다.

④ 우리가 <u>도대체</u> 왜 여기에 있어야 하는지 모르겠다.

⑤ 너도 <u>오죽</u> 했으면 그렇게 했겠느냐.

36 다음 글의 내용과 관련된 속담으로 가장 적절한 것은?

> 우리 토박이말이 있는데도 그것을 쓰지 않고 외국에서 들여온 말을 쓰는 버릇이 생겼다. '가람'이 옛날부터 있는데도 중국에서 '강(江)'이 들어오더니 '가람'을 물리쳤고 '뫼'가 있는데도 굳이 '산(山)'이 그 자리에 올라앉고 말았다. (중략)
> 원래 '외래어'란, 우리말로는 적당하게 표현할 말이 없을 때에 마지못해 외국말에서 빌려다 쓰다가 보니 이제 완전히 우리말과 똑같이 되어 버린 것을 말한다. '학교, 선생, 비행기, 가족계획' 등등의 무수한 한자어가 그것이며, '버스, 빌딩, 커피, 뉴스' 등등 서양에서 들여온 외국어가 그것이다.

① 굴러 온 돌이 박힌 돌 뺀다.
② 발 없는 말이 천 리 간다.
③ 낮말은 새가 듣고 밤말은 쥐가 듣는다.
④ 말은 해야 맛이고 고기는 씹어야 맛이다.
⑤ 홍시 먹다가 이 빠진다.

37 다음 중 빈칸에 들어갈 알맞은 속담 또는 사자성어는?

> 대중문화, 좁게 말해서 대중음악에 대한 편견은 아카데미즘이 지배하고 있는 대학이나 학문 세계에서 쉽게 찾아볼 수 있다. 그래서 대중음악에 대한 연구는 음악학자나 사회학자 모두에게 있어서 서로 미루는 실정이 되고 말았다. 음악학자는 대중음악에 대해서 음악적으로 분석할 가치가 없으며, 나머지 사회적 측면은 사회학자가 다루어야 한다고 미룬다. 반대로 사회학자는 음악적 측면을 배제한 채 가사를 분석하여 그 사회적 의미를 발견하거나 설문 조사 방법을 통하여 대중음악에 있어서의 취향의 분포를 통계적으로 조사해내는 데에 그치는 경우가 많다. 음악학과 사회학의 비협력 관계는 결국 대중음악의 본질에 대한 포괄적인 시각을 놓치게 하여 (   ) 식의 우를 범하게 만들었다.

① 초상난 데 춤추기   ② 호박에 말뚝 박기
③ 나루 건너 배 타기   ④ 장님 코끼리 만지기
⑤ 다 된 죽에 코 풀기

38 다음의 밑줄 친 한자성어와 바꿔 쓸 수 없는 것은?

> 상황이 급하다 보니 <u>동족방뇨(凍足放尿)</u>식으로 일을 처리할 수밖에 없었다.

① 고식지계(姑息之計)   ② 하석상대(下石上臺)
③ 임시방편(臨時方便)   ④ 미봉책(彌縫策)
⑤ 초미지급(焦眉之急)

39 다음의 밑줄 친 부분과 바꿔 쓸 수 없는 한자성어는?

> 그 사람은 배움이 짧아 <u>낫 놓고 기억자도 모르는</u> 사람이다.

① 어로불변(漁魯不辨)　　　　② 일문불통(一文不通)
③ 진언부지(眞言不知)　　　　④ 목불식정(目不識丁)
⑤ 방약무인(傍若無人)

40 다음의 속담을 활용하기에 가장 적절한 상황은?

> 당장 먹기에는 곶감이 달다.

① 앞으로 어떻게 될 지는 생각지 않고 당장 입맛에 맞는 일만 하는 경우
② 타인의 충고를 무시하고 자기 멋대로 일을 고집하는 경우
③ 일의 전후를 생각하지 않고 뒤죽박죽 뒤섞어 어렵게 된 경우
④ 쉬운 일부터 차근차근 계획을 잡아 실행해 나가는 경우
⑤ 다양한 경험을 하지 않고 일에 착수하여 낭패를 본 경우

41 다음의 속담을 사용하기에 적절한 상황은?

> 마른 나무를 태우면 생나무도 탄다.

① 아무 뜻 없이 한 일인데 큰 성과를 거둘 때
② 막막하던 일이 대세를 타고 순조롭게 진행될 때
③ 좋은 일과 나쁜 일이 구별 없이 진행될 때
④ 생각지도 못했던 결과가 발생하여 당혹스러울 때
⑤ 좋지 않은 일이 거듭하여 계속 발생할 때

42 다음의 속담과 의미가 통하지 <u>않는</u> 것은?

> 언 발에 오줌 누기

① 비육지탄(髀肉之嘆)　　　　② 동족방뇨(凍足放尿)
③ 임기응변(臨機應變)　　　　④ 미봉책(彌縫策)
⑤ 고식지계(姑息之計)

43 다음의 속담과 뜻이 통하는 한자성어는?

구운 게도 다리를 떼고 먹는다

① 호사다마(好事多魔)　　　　② 임갈굴정(臨渴掘井)
③ 교토삼굴(狡兎三窟)　　　　④ 수구초심(首丘初心)
⑤ 만사휴의(萬事休矣)

44 다음의 속담과 뜻이 통하지 <u>않는</u> 것은?

곤달걀 지고 성 밑으로 못 간다.

① 고성낙일(孤城落日)　　　　② 기우(杞憂)
③ 배중사영(杯中蛇影)　　　　④ 의심암귀(疑心暗鬼)
⑤ 기인우천(杞人憂天)

45 다음 중 밑줄 친 단어가 표준어가 <u>아닌</u> 것은?

① 그렇게 <u>줄창</u> 앉아만 있는다고 떠난 사람이 돌아오겠니?
② 그런 허황된 말은 <u>작작</u> 좀 해라.
③ 그는 이번에 아버지께 <u>된통</u> 혼이 났다.
④ 아이가 <u>하도</u> 졸라서 어쩔 수 없었다.
⑤ 만나보지도 않고 <u>지레</u> 겁만 먹으면 어떻게 해.

46 다음 중 밑줄 친 부분이 표준어가 <u>아닌</u> 것은?

① 그들은 깊은 산 속에 <u>초가삼간</u>을 짓고 살았다.
② 그들은 바짝 약이 올랐던지 나를 <u>울력성당</u>으로 몰아붙였다.
③ 그는 겉으로 드러내지는 않았지만 <u>저으기</u> 동생이 걱정되는 모양이었다.
④ 어린 아들은 벽에 <u>개발새발</u> 낙서를 해 놓았다.
⑤ 그가 키우는 것은 <u>수소</u>라서 새끼를 기대하기는 어렵다.

47 다음 중 밑줄 친 부분이 표준어가 <u>아닌</u> 것은?

① <u>앗어라</u>, 그러다가 다치면 어쩌려고 그러니?

② 오랜만에 가족들이 모여 <u>오손도손</u> 이야기를 나누고 있었다.

③ 그는 다 읽은 편지를 바닥에 <u>동댕이쳤다.</u>

④ 그의 성격이 <u>괴팍하다</u>는 것은 다 아는 사실이었다.

⑤ 아버지께서는 오늘도 <u>케케묵은</u> 이야기를 다시 꺼내셨다.

48 다음 중 복수 표준어에 해당하지 <u>않는</u> 것은?

① (볕을) 쬐다/쪼이다

② (나사를) 죄다/조이다

③ (벌레가) 꼬다/꼬이다

④ (물이) 괴다/고이다

⑤ 쇠고기/소고기

49 다음 중 밑줄 친 부분이 표준어가 아닌 것은?

① 그는 감자를 받아 <u>망태기</u> 한쪽에 넣고 길을 나섰다.

② 거실의 낡고 큰 의자를 없애니 <u>거치적거리는</u> 것이 없어서 좋았다.

③ 동생이 살며시 다가와 내 옆구리를 <u>간질이기</u> 시작했다.

④ 아내는 패물함에서 <u>석 돈</u>짜리 금반지를 꺼내어 놓았다.

⑤ 음식을 먹을 때는 <u>찌끼</u>가 생기지 않도록 다 먹어야 한다.

50 다음 중 밑줄 친 부분이 표준어가 <u>아닌</u> 것은?

① 여름이면 처녀애들은 손톱에 <u>봉숭화</u> 물을 들이기에 바빴다.

② 그는 당황했는지 눈만 <u>씀벅씀벅</u>하며 나를 쳐다보았다.

③ 그는 한눈에 보기에도 <u>옹골차서</u> 섣불리 덤비기는 어려운 상대였다.

④ 물가가 <u>천정부지</u>로 치솟는 바람에 서민들의 삶이 어려워졌다.

⑤ 동생은 연신 <u>이기죽거리면서</u> 내 약을 올리고 있었다.

51 다음 중 밑줄 친 부분이 표준어인 것은?

① 그는 시골나기라 농사에 대한 관심이 많다.

② 그는 미쟁이 신분이지만 언제나 당당하다.

③ 그는 우리 마을의 멋장이로 통한다.

④ 저 집 담벽은 온통 담쟁이 넝쿨로 뒤덮였다.

⑤ 경제가 어렵지만 자선남비로 모금한 성금은 작년보다 많았다.

52 다음 중 밑줄 친 부분이 표준어가 <u>아닌</u> 것은?

① 어머니께서는 생인손으로 무척 고생하고 계셨다.

② 우리 마을에서는 멍게를 우렁쉥이라고 불렀다.

③ 길가에 담배꽁초를 함부로 버리면 벌금을 내야 한다.

④ 그녀는 약간 화가 난 기색으로 새치름하게 앉아 있었다.

⑤ 남편은 식사 후 설겆이를 하면서 아내를 도왔다.

53 다음 중 밑줄 친 부분이 표준어가 <u>아닌</u> 것은?

① 나는 사고로 자식을 잃은 그녀가 가엽게 느껴졌다.

② 그의 이야기를 듣다보니 펀뜻 삼 년 전의 사건이 떠올랐다.

③ 그의 마술은 어린 우리의 눈에는 신기롭게 보였다.

④ 앞일은 아무도 모르는 것이니 입찬말만 늘어놓는 것은 좋지 않다.

⑤ 자식들이 돈을 흥청망청 써대니 재산도 어느새 꽤나 축나게 되었다.

54 다음 중 밑줄 친 부분이 표준어가 <u>아닌</u> 것은?

① 집에 돌아온 뒤로 아내는 연신 눈물만 흘리고 있었다.

② 그는 말이 되우 빨라 좀처럼 알아듣기 어렵다.

③ 그는 칠칠맞지 못한 행동 때문에 늘 꾸중을 들어야 했다.

④ 그들은 처음 만나 서먹했던지 맹숭맹숭 쳐다보고만 있었다.

⑤ 말하는 폼을 보니 그녀도 여간나기는 아닌 것 같다.

55 다음은 어느 학생의 일기이다. 맞춤법이 바른 것은?

> 오늘 중간고사가 끝났다. 늦깎이 대학생인 나로서는 시험이 부담스럽기만 하다. ㉠ 오랫만에 민속공연을 보러갔다. 무료로 표를 구했기 때문에 ㉡ 째째하다는 생각도 있었지만 보고 싶었던 공연이기 때문에 공연장에 들어섰다. 그런데 공연장은 ㉢ 후텁지근한 것이 ㉣ 눈쌀을 찌푸리게 했다. 게다가 좁은 좌석이 나를 옴짝달싹하지 못하도록 해서 ㉤ 웬지 기분이 상했다. 그러나 공연은 성공적이었고, 나는 만족했다.

① 오랫만에
② 째째하다
③ 후텁지근한
④ 눈쌀
⑤ 웬지

56 다음 중 밑줄 친 부분의 쓰임이 올바른 문장은?

① 나는 석탑 서점을 <u>들려</u> 오후 세 시에 바닷가로 나왔었다.
② <u>두 살박이</u> 딸이 재롱을 떨었다.
③ 그는 <u>늦둥이</u>라 부모의 사랑을 독차지하면서 자랐다.
④ 아직도 불길 좋게 타고 있는 모닥불 위에 눈을 한 <u>웅큼</u>씩 덮었다.
⑤ 장을 <u>담을</u> 준비가 되었니?

57 다음 중 복수 표준어가 <u>아닌</u> 것은?

① 가뭄 – 가물
② 고깃간 – 푸줏간
③ 댓돌 – 툇돌
④ 살고기 – 살코기
⑤ 벌레 – 버러지

58 다음 중 밑줄 친 부분이 표준어가 <u>아닌</u> 것은?

① 짙은 어둠 속에 차가운 바람이 부니 한층 <u>을씨년스러웠다.</u>
② 그 두 사람의 목재 다루는 실력은 <u>어금지금했다.</u>
③ 음악회에 모인 사람들이 <u>어림잡아도</u> 백 명은 되어 보인다.
④ 급해서 이것저것 <u>짜깁기</u>해 만들다보니 생각보다 오류가 많았다.
⑤ 내일은 장에 가서 <u>총각미역</u>을 좀 사기로 했다.

59 다음 중 밑줄 친 부분이 표준어가 아닌 것은?

① 그녀는 삼 년 동안 집안의 온갖 <u>허드랫일</u>을 도맡아 해왔다.

② 그녀는 개를 무서워해서 <u>멀찌가니</u> 떨어져 걸어왔다.

③ 봄에는 산에 들에 <u>아지랑이</u>가 피어올랐다.

④ 지주는 소작농들의 간곡한 부탁을 <u>야멸차게</u> 거절하였다.

⑤ 그는 거듭된 실패에도 <u>오뚝이</u>처럼 다시 일어섰다.

60 다음 중 표준어가 아닌 것으로만 짝지어진 것은?

① 돌잔치, 덧니, 툇마루

② 강남콩, 사흘날, 꺾꽂이

③ 사글세, 숟가락, 셋방

④ 끄나풀, 여닫이, 아무튼

⑤ 털어먹다, 홑몸, 햇볕

61 다음 중 밑줄 친 부분이 표준어가 아닌 것은?

① 그 대학은 담쟁이 <u>덩쿨</u>이 건물의 벽을 뒤덮어 아름다웠다.

② 어느새 돈 냄새를 맡은 <u>장사치</u>들이 쇠파리처럼 달려들었다.

③ 그 일은 <u>남우세스러워서</u> 말하기가 어렵다.

④ 그녀는 이번에도 그의 <u>거짓부리</u>에 골탕을 먹었다.

⑤ 그가 <u>설령</u> 그 일을 안다고 해도 우리에게 어쩌지는 못할 것이다.

62 다음 중 표준어에 대한 설명으로 가장 옳은 것은?

① 표준어는 서울의 중류사회에서 쓰는 말이다.

② 표준어는 방언에 비해 수준이 높은 말이다.

③ 표준어는 공용어의 자격을 부여받은 말이다.

④ 표준어는 국가가 정한 말이므로 어떤 자리에서든 꼭 사용해야 한다.

⑤ '미장이'는 표준어가 아니고 '미쟁이'가 표준어이다.

63 다음 중 밑줄 친 말이 표준어가 <u>아닌</u> 것은?

① 그는 <u>여직</u> 무얼 하고 안 오는 것일까?

② 그의 제안을 들은 뒤 그녀는 <u>곰곰</u> 생각에 잠겼다.

③ 그물이 너무 <u>성글어</u> 작은 물고기들을 잡을 수 없다.

④ 그는 그런 <u>허섭스레기</u> 같은 것들은 내다버려야 한다고 했다.

⑤ 뾰족한 <u>멧부리</u>들이 하늘을 찌를 듯이 솟아 있었다.

64 다음 중 밑줄 친 말이 표준어가 <u>아닌</u> 것은?

① 그녀는 십 원이라도 물건 값을 깎아야 성에 차는 <u>깍정이</u>다.

② 불도저가 휩쓸고 간 앞산은 어느새 <u>민둥산</u>이 되었다.

③ 세상에 상처를 입은 그가 터를 잡은 곳은 <u>외지고</u> 쓸쓸한 곳이었다.

④ 그는 <u>노상</u> 웃고 다니지만 속은 달랐다.

⑤ 아이들은 <u>짜장면</u>을 허겁지겁 먹고 있었다.

65 다음 중 밑줄 친 부분이 표준어가 <u>아닌</u> 것은?

① 가을에는 <u>부지깽이</u>도 덤빈다고 할 만큼 일손이 모자랐다.

② 자식들이 설을 <u>쇠기</u> 위해 모두 내려왔다.

③ 그의 분노는 <u>좀체로</u> 가시지 않았다.

④ 아낙네들의 <u>광주리</u>에는 고추가 담겨 있었다.

⑤ 그는 늘 말을 <u>두루뭉술</u>하여 의미를 정확히 알 수 없다.

PART 02 문제편 I 257

경청 · 기초외국어능력

① 경청능력 | 정답 및 해설 p.321

01 다음 중 효과적인 경청방법으로 적절하지 <u>않은</u> 것은?

① 주의를 집중한다.
② 나와 관련지어 생각해 본다.
③ 상대방의 대화에 적절히 반응한다.
④ 상대방의 말을 적당히 걸러내며 듣는다.

02 다음 상황에서 찾을 수 있는 경청의 방해요인은?

> 나는 친구에게 현재 일에 대한 힘든 점을 말하자 "너는 성격에 문제가 있다. 스스로 발전하기 위한 노력을 해라. 그에 관한 자격증 공부를 시작해봐"라는 말을 들었다. 나는 공감을 통해 잠깐이나마 위로를 받고 싶었지만 이런 친구의 반응이 반복되자 나를 이해하지 못한다는 생각이 들어 그 친구에게 더는 말을 걸지 않았다.

① 슬쩍 넘어가기　　　　　　② 판단하기
③ 다른 생각하기　　　　　　④ 조언하기

03 다음 중 경청의 올바른 방법으로 적절하지 <u>않은</u> 것은?

① 의견이 다르더라도 일단 수용한다.
② 논쟁 할 때는 먼저 주장을 하고 상대방의 주장을 듣는다.
③ 오감을 이용하여 적극적으로 경청한다.
④ 시선을 맞춘다.

04 다음 중 경청에 대한 설명으로 적절하지 <u>않은</u> 것은?

① 경청은 대화과정에서 신뢰를 쌓을 수 있는 최고의 방법에 해당한다.

② 경청을 통해 상대방은 안도감을 느끼고 무의식적인 믿음을 갖게 된다.

③ 상대의 말을 경청하는 태도를 유지하는 경우, 경청하는 사람의 말과 감정 등이 더욱 효과적으로 상대에게 전달될 수 있다.

④ 자기의 경청과 상대의 경청은 직접 관련이 없으므로, 자기 말을 경청해주는 태도를 싫어하는 사람도 있다는 것을 인정하는 것이 필요하다.

05 다음 중 경청할 때의 자세로 적절한 것은?

① 상대를 정면으로 마주하는 것은 예의에 맞지 않는다.

② 상대방을 향하여 상체를 기울여 다가앉는 것은 열심히 듣고 있는 모습이다.

③ 손이나 다리를 꼬며 개방적인 자세를 취하는 것은 상대에게 마음을 열어 놓은 모습이다.

④ 우호적인 눈의 접촉은 자신이 지루하다는 사실을 알리는 모습이다.

06 다음 중 적극적 경청의 태도로 적절하지 <u>않은</u> 것은?

① 대화 시 흥분하지 않는다.

② 단어 이외의 표현에도 신경을 쓴다.

③ 충고적인 태도를 취한다.

④ 상대가 말하는 동안 경청하고 있다는 것을 표현한다.

07 다음 중 (A)와 (B)에서 각각 설명하는 경청의 방해요인을 모두 맞게 짝지은 것은?

> (A) 상대방의 말을 듣고 수용하기보다 자신의 생각에 맞는 단서를 찾아 자신의 생각을 확인하는 것을 말한다.
> (B) 대화가 너무 사적이거나 위협적인 경우 주제를 바꾸거나 유머를 통해 넘어가려 한다.

	(A)	(B)
①	조언하기	걸러내기
②	짐작하기	슬쩍 넘어가기
③	언쟁하기	걸러내기
④	비위 맞추기	슬쩍 넘어가기

08 다음 중 경청의 올바른 자세로 적절하지 <u>않는</u> 것은?

① 우호적인 태도를 취하되, 직접 눈이 마주치지 않도록 주의한다.

② 개방적인 자세를 취하며, 손이나 다리를 꼬지 않도록 주의한다.

③ 경청의 자세를 보이기 위해 상대방을 향해 상체를 기울이는 자세를 취한다.

④ 편안한 자세를 취해 전문가다운 자신만만함과 편안함을 보인다.

09 다음 중 적극적 경청의 태도로 적절하지 <u>않은</u> 것은?

① 대화 시 흥분하지 않는다.

② 단어 이외의 표현에도 신경을 쓴다.

③ 충고적인 태도를 취한다.

④ 상대가 말하는 동안 경청하고 있다는 것을 표현한다.

10 다음 중 경청에 대한 설명 중 적절하지 <u>않은</u> 것은?

① 경청능력은 연습하여 개발할 수 있다.

② 대화법을 통한 경청훈련은 모든 인간관계에서 적용할 수 있다.

③ 적절한 맞장구는 대화하는데 필수적이다.

④ 동의 또는 재촉하는 맞장구는 대화법을 통한 경청훈련에 해당한다.

11 다음 중 빈칸에 들어갈 가장 적절한 말은?

> 경청이란 상대방이 보내는 메시지 내용에 주의를 기울이고 이해를 위해 노력하는 행동을 의미한다. 경청을 통해 상대방은 우리가 그들에게 얼마나 집중하고 있는지 알 수 있다. 따라서 경청은 대화의 과정에서 (   )를 쌓을 수 있는 최고의 방법 중 하나이다. 우리가 먼저 경청하면 상대는 (   )를(을) 느끼고, 듣는 이에게 무의식적으로 (   )을(를) 갖게 되며, 더 집중하게 된다. 따라서 우리의 말과 메시지, 감정은 더욱 효과적으로 상대에게 전달된다.

① 신뢰 – 안도감 – 믿음

② 공감 – 신뢰 – 안도감

③ 기쁨 – 믿음 – 공감

④ 사랑 – 신뢰 – 희망

12 다음 중 경청에 대한 설명으로 적절하지 <u>않은</u> 것은?

① 경청을 하면 상대방을 한 개인으로 존중하게 된다.
② 경청을 하면 상대방을 성실한 마음으로 대하게 된다.
③ 경청을 하면 상대방의 입장에 공감하며 이해하게 된다.
④ 경청을 하면 상대방을 비판적으로 대하게 된다.

13 다음 중 올바른 경청의 방해요인으로 적절하지 <u>않은</u> 것은?

① 짐작하기
② 대답할 말 준비하기
③ 조언하지 않기
④ 자존심 세우기

14 다음 중 경청을 할 때 지양해야 할 태도로 적절하지 <u>않은</u> 것은?

① 상대방이 말하는 의미를 이해하지 않아도 우선 공감한다.
② 단어 이외의 표현에도 신경을 쓴다.
③ 상대방이 말하는 동안 경청하고 있다는 것을 표현한다.
④ 대화 시 흥분하지 않는다.

15 다음 중 공감반응을 위한 노력으로 적절하지 <u>않은</u> 것은?

① 상대방의 이야기를 자신의 관점이 아닌 그의 관점에서 이해하려는 태도를 가져야 한다.
② 상대방의 말 속에 담겨있는 감정과 생각에 주의 깊게 반응해야 한다.
③ 상대방의 이야기를 들으며 대답할 말을 준비해야 한다.
④ 대화를 통해 자신이 느낀 상대방의 감정을 전달해 주어야 한다.

01 다음 중 기초외국어능력에 대한 설명으로 적절하지 **않은** 것은?

① 외국어로 된 간단한 자료를 이해하거나, 외국인과의 전화응대와 간단한 대화 등 외국인의 의사표현을 이해하고, 자신의 의사를 외국어로 표현하는 능력이다.

② 외국인과의 의사소통이 어려울 것이라는 선입견을 갖지 말고, 사용하는 언어가 다르다고 생각한다면 외국어로 의사소통을 하는 것이 어렵지 않게 느껴진다.

③ 기초외국어능력을 키우는 것은 그들의 바디랭귀지를 포함한 문화를 이해하려는 노력보다 더욱 중요하다.

④ 직업 활동에서 요구되는 기초외국어능력은 전문가와 같은 실력을 요구하는 것이 아니다.

02 베트남으로 발령 난 이 부장은 현지에 적응하기 위해 기초외국어 능력 향상을 위한 공부를 시작하였다. 다음 중 이 부장이 선택한 공부 방법 중 적절하지 **않은** 것은?

① 외국어 잡지를 사서 그림을 보았다.

② 출퇴근 때 외국 드라마를 보았다.

③ 매일 30분간 외국어 그림카드를 보았다.

④ 실수를 대비해서 외국어로 말하는 것은 신중히 하였다.

03 다음 중 기초외국어능력에 대한 설명으로 적절하지 **않은** 것은?

① 기초외국어능력은 간단한 외국어 자료를 이해하거나 외국인의 의사표현을 이해하고, 자신의 의사를 기초외국어로서 표현할 수 있는 능력을 말한다.

② 누구에게나 유창한 외국어능력이 필요한 것은 아니며, 외국인과 업무제휴가 잦은 특정 직업인에게만 필요한 능력이다.

③ 의사소통에서 무엇보다 중요한 것은 자신이 왜 의사소통을 하려고 하는지 상대방과 목적을 공유하는 것이다.

④ 외국어를 잘 못한다는 지나친 의식과 불명확한 의사표현, 표현력의 저하 등을 극복하고, 자신만의 기초외국어 소통방법을 만들어나가는 것은 기초외국어능력을 높이는 좋은 방법이 된다.

04 다음 중 기초외국어능력이 필요한 상황과 관련된 설명으로 적절하지 <u>않은</u> 것은?

① 직업인이 외국인을 설득하거나 이해시켜야 할 과정은 모든 업무에서 동일하게 이루어지지는 않는다.

② 기초외국어능력에서의 외국어는 세계 공용어인 영어를 의미한다.

③ 자신에게 기초외국어능력이 언제 필요한지 잘 숙지하고 필요한 외국어를 구사하는 것이 무엇보다 중요하다.

④ 기초외국어로 의사소통을 하기 위해서는 사고력과 표현력이 필수적이다.

05 다음 중 외국인과의 의사소통 중 비언어적인 의사소통에 대한 설명으로 적절하지 <u>않은</u> 것은?

① 눈을 쳐다보는 것은 관심을 나타내며, 눈을 피하는 것은 무관심을 나타낸다.

② 어조가 낮은 경우 만족이나 안심을 나타낸다.

③ 말의 속도가 빠른 경우 긴장이나 저항을, 느린 경우 공포나 노여움을 나타낸다.

④ 큰 목소리는 내용을 강조하거나 흥분하였다는 것을 나타낸다.

06 다음 중 기초외국어능력 향상을 위한 공부 방법을 설명한 것으로 적절하지 <u>않은</u> 것은?

① 외국어 공부를 해야 하는 목적부터 정한다.

② 매일 30분씩 반복하여 공부하여야 한다.

③ 단어 암기 시 그림카드를 사용한다.

④ 혼자 공부하여 집중력을 높인다.

07 다음 중 외국인과의 의사소통에서 피해야 할 행동으로 적절하지 <u>않은</u> 것은?

① 상대방을 볼 때 흘겨보거나, 아예 보지 않는 행동

② 표정 없이 말하는 것

③ 자료만 보는 행동

④ 상대방에 대한 호칭을 어떻게 해야 할지 먼저 물어보는 것

Part **03**

정답 및 해설

01 내용일치

01 ③	02 ④	03 ④	04 ③	05 ②	06 ①	07 ③	08 ⑤	09 ⑤	10 ③
11 ②	12 ⑤	13 ③	14 ④	15 ④	16 ②	17 ①	18 ③	19 ③	20 ④
21 ⑤	22 ③	23 ③	24 ③	25 ⑤	26 ②	27 ②	28 ①	29 ①	30 ④
31 ③	32 ②	33 ③	34 ④	35 ②	36 ①	37 ④	38 ②	39 ③	40 ⑤
41 ③	42 ④	43 ④	44 ⑤	45 ②	46 ④	47 ③	48 ①	49 ③	50 ④
51 ③	52 ③	53 ①	54 ②	55 ①	56 ③	57 ③	58 ①	59 ④	60 ②
61 ①	62 ④	63 ①	64 ③	65 ①	66 ③	67 ①	68 ④	69 ①	70 ④
71 ②	72 ③	73 ③	74 ⑤	75 ②	76 ②	77 ②	78 ④	79 ③	80 ①

01 정답 ③

지문의 제34조에서 임직원은 사내의 정보통신 시스템을 이용하여 음란 사이트 접속·불건전한 채팅·도박·게임 등을 하여서는 아니 된다고는 하였으나, 이에 대한 처벌에 관한 내용은 없다.

법조문, 규정, 행동강령 등의 이해

법조문 등에 명시된 내용을 임의로 의역하지 않도록 주의해야 한다. 또한, '할 수 있다'는 것과 '하여야 한다'는 내용은 엄연히 다른 내용이다. '할 수 있다'는 것은 반드시 하지는 않아도 되지만, '하여야 한다'는 필수적으로 하여야만 한다는 뜻이다.

02 정답 ④

문서의 성립 및 효력발생 제3항을 보면 효력발생 시기가 구체적으로 명시되지 않은 경우, 공고일로부터 5일이 경과한 때에 효력이 발생한다 하였으므로 2025년 12월 13일부터 효력이 발생한다.

03 정답 ④

무기징역에 아직 7년을 채우지 못 하였더라도 2항 2호에 의해 직계비속(아들)의 혼례가 있는 경우에는 귀휴를 허가할 수 있다.

04 정답 ③

1항의 2조를 보면 어린이는 만 6세 이상 만 13세 미만의 사람 및 만 13세의 초등학생을 말한다. 만 4세 이상 만 13세 미만의 사람을 어린이로 보는 것은 ITX의 경우이다.

05 정답 ②

두 번째 단락에서 '그것은 단순히 '아름답다'는 외적 실체 그 자체를 지시하는 것이 아니라 꽃을 통해 우리가 '아름답다'고 느끼고 있는 느낌이나 쾌감을 지시하고 있다고 생각한다.'고 하였으므로 대상의 외견으로부터 느낌이나 쾌감이 전달된다는 말은 적절하지 않다.

내용일치

단순히 내용을 파악하는 문제보다는 유추·추론 과정을 거쳐야 하는 문제가 출제된다. 핵심어를 찾아 각 문단의 중심 문장을 파악한 뒤 주제문을 찾고, 제시문을 빠르게 이해해야 한다.

06 정답 ①

두 기둥 사이에 보를 연결하는 골조 구조는 수직 하중에는 강하지만 수평 하중에는 약하며, 이를 보완하기 위해 가새가 사용된다. 즉, 가새는 수평 하중에 약한 구조를 보완한다.

07 정답 ③

주부가 집에서 하는 가사노동은 시장 가격이 형성되지 않으므로 국내 총생산에 포함되지 않지만, 가사노동이 사회화된 형태인 세탁소, 외식, 놀이방 등은 시장 가격이 형성되어 시장 가치를 매길 수 있으므로 국내 총생산에 포함된다.

08 정답 ⑤

글에서 양극화 해소에 대해 상류층에 대해 말한 내용은 없으며 중산층이 상류층이 만들어낸 부가 가치를 활용해야 한다는 논거도 나와 있지 않다.

09 정답 ⑤

프로테스탄트는 정치적 위상과 무관하게 자본주의적 영리 활동에 적극적으로 참여하였으며, 가톨릭은 어떤 사회적 조건에 처해 있든 이러한 경향을 나타내지 않았으므로 종교 집단에 따라 경제적 태도에 차이가 나타나는 원인은 특정 종교 집단이 처한 정치적 또는 사회적 상황과는 무관하다는 내용을 추론할 수 있다.

10 정답 ③

지방마다 의사를 두지는 못했으므로 그런 지방에서는 약점사가 의사의 모든 업무를 담당한다고 하였다. 의사 역시 의학 교육의 일부를 담당했으므로 약점사가 의학 교육을 담당할 수도 있었다.

11 정답 ②

경기 침체를 예고하면 사람들은 그에 따라 행동하기 때문에 경기 예측 그 자체가 경기에 영향을 미친다.

① 내일의 일기를 오늘 예보하더라도 일기가 예보의 영향으로 바뀌는 것은 아니다.
③ 경기 예측이 사람들의 행동에 영향을 미치므로 경기 변동에도 영향을 미친다. 따라서 아무런 상관이 없는 것은 아니다.
④ 경기 예측에 따라 사람들의 행동이 변화하는 것이며, 이러한 사람들의 행동이 경기에 영향을 미치므로, 예측이 빗나갈 수도 있다
⑤ 경제 사회가 불안할수록 동물 근성(감정적 측면)이 잘 발동된다고 하였다.

12 정답 ⑤

프랙탈 구조에 대한 이해를 바탕으로 결정론적 혼돈을 알아냄으로써, 전통적인 방법으로 파악되지 않아서 혼돈으로 치부되던 많은 현상들을 새로운 방법으로 분석할 수 있게 되었다.

사실적 독해

사실적 독해는 글에 드러난 정보를 확인하는 읽기이다. 즉, 글에 나타난 정보를 확인하고, 그들 사이의 의미 관계와 중심 내용을 파악하는 것이다.

13 정답 ③

우리 민족이 선천적으로 당파적 민족성을 가지고 있어 독립을 유지할 수 없다는 말에 대한 반론을 펼치며, 그 예로 붕당의 발생은 타고난 성품에 의한 것이 아니라 역사적 산물(후천적인 영향, 환경)에 의한 것이라고 말하고 있다. 따라서 이에 대한 논거로 민족성이란 타고나는 것이 아닌 후천적인 영향에 의한 것이라는 내용이 적당하다.

14 정답 ④

제시문의 결론에 '그러나 이들은 다른 과(科)에 속한다.'와 전개에 '그린버겐스탁은 발음이 주는 인상 때문에 버켄스탁의 일종이라는 느낌을 주지만 그린버겐의 사촌쯤에 해당하는 것'을 통해 서로 다른 종이라는 것을 확인할 수 있다.

15 정답 ④

삼각형 모양의 입자들이 결합하여 얼음이 생성된다는 내용은 있으나, 삼각형 모양의 입자들이 어떻게 생성되는지에 대해서는 언급되어 있지 않다. 얼음의 생성을 추운 날씨와 연관시킨다 해도, 물 안에 있던 둥근 모양의 입자는 밀려나가게 되므로 둥근 모양의 입자가 삼각형 모양의 입자로 변화한다는 내용을 추론할 수는 없다.

16 정답 ②

제시문의 세 번째 단락에서 '사암(砂巖)이나 횟돌 같은 부실한 재료로도 만족하지 않으면 안 되었다.'를 제시하고 있다. 따라서 좋은 연장을 만들 수 있는 것과 거리가 멀다.

17 정답 ①

제시문은 신분·관직 등에 따라 개인이 소유할 수 있는 노비 수에 대한 내용으로, 1인당 노비 소유 상한선을 초과하여 소유할 수 없게 된 노비가 어떻게 되는지 제시되지 않았으므로 노비 신분에서 해방되는 노비가 있는지, 또 그로 인한 파급 효과가 어떠한지 알 수 없다.

② 1인당 노비 소유 상한선을 보면, 양반은 최하 80명. 백성은 10명. 천인은 5명이므로 백성과 천인의 격차보다는 양반과 백성 사이의 격차가 훨씬 크다.
③ 품계에 따라 1인당 노비 소유 상한선이 다르므로 차등이 발생할 것이다.
④ 공·사 천인은 각각 5명까지의 노비를 소유할 수 있다.
⑤ 제시문에서는 품계에 따른 1인당 노비 소유 상한선을 언급하고 있다. 즉, 노비 제도에 대한 긍정적인 입장을 배경으로 한다.

18 정답 ③

시민 단체는 마른 여자 모델을 반대하고 있지만, 마른 남자 모델을 반대하고 있는지는 제시문 만으로 알 수 없다.

19 정답 ③

궁궐 남쪽에서 북쪽에 걸쳐 외전, 내전, 후원의 순서로 구성되므로, 궁궐 남쪽에서 공간적으로 가장 멀리 위치한 곳은 후원이다.

② 내전은 왕과 왕비의 공식 활동과 일상생활이 이루어지는 공간인데, 왕은 내전의 연거지소에서 주요 인물들을 만나 정치 현안에 대한 의견을 나누었다.

④ 왕이 의례, 외교, 연회 등 정치 행사를 공식적으로 치르던 공간은 외전이다.

20 정답 ④

감각을 지시하는 용어가 바르게 사용되었는지에 대한 판단이 필요한 이유는 첫 번째 감각을 잘못 기억했을 수 있기 때문이며, 또는 밀접한 유사성이 있는지 아닌지 알기 위해서이다. 그러므로 감각을 지시하는 용어의 의미는 그 지시 대상과 밀접하게 관계된다.

①, ⑤ 바른 적용에 관해 결정을 내릴 수 없는 용어는 아무런 의미도 갖지 않는다. 그런데 자신만이 느끼는 감각에만 해당되는 용어의 경우 바르게 사용되었는지 구분할 방법이 없으므로, 아무런 의미를 갖지 못한다. 마찬가지로 용어의 적용이 옳은지 그른지 판단할 수 있다면 그것은 용어로써 의미를 가진다고 말할 수 있다.

21 정답 ⑤

제시문에서 언급한 한글 자음(닿소리)의 제자 원리와 체계에 대한 내용 중 나타낼 수 있는 소리의 종류가 다양하다는 내용은 제시되어 있지 않다.

22 정답 ③

제시문에 따르면 성격적 탁월성의 기원 · 원인은 행동이다. 즉, 정의롭고 온화하며 절제 있는 사람이 되기 위해서는 그러한 본성을 갖는 것이 아니라 그러한 행동을 취해야 한다.

④ 건축가를 예로 들면서, 탁월성을 파괴하는 기원 · 원인을 탁월성이 생기는 기원 · 원인과 같은 방식으로 말할 수 있다고 하였다.

23 정답 ③

중국의 제조업이 부상하면서 우리나라는 필연적으로 노동집약형 · 저기술 제조업의 생산성이 떨어졌고, 대신 고부가가치 · 고기술 산업으로 재편성되었으므로 중국의 노동집약형 제조업의 추월을 막았다는 말은 적절하지 않다.

24 정답 ③

리콜을 하기 위해서는 리콜하려는 장난감이 해당 대상인지를 확인한 후 회사에 주소를 알려주면 된다. 그러나 별도로 홈페이지 모델 번호를 입력할 필요는 없다.

리콜(recall)제

어떤 상품에 결함이 있을 때 생산 기업에서 그 상품을 회수하여 점검 · 교환 · 수리하여 주는 제도이다.

25 정답 ⑤

지문에서는 관리자가 직원에게 충고를 할 때, 당사자가 난감해하거나 반발이 생길 수 있으므로 성격을 개입시키는 것은 옳지 않은 방법이라고 말하고 있다.

26 정답 ③

지문은 '집합'과 '모임'의 차이를 설명하고 있다.

전체로서 어떤 사물의 모임 X에 대해서 X의 부분의 부분은 언제나 X 자신의 부분이라는 원리가 성립하므로 대학교의 부분인 학과의 부분이 되는 학생 역시 대학교의 부분에 해당한다.

27 정답 ②

'그는 변덕스러운 자연의 외형이 아니라 자연의 본질, 핵심을 구조적으로 질서 있게 파악하여 자연이 내포하고 있는 진실을 드러내고자 하였다.'라는 마지막 문장을 고려할 때 잘못된 내용임을 알 수 있다.

28 정답 ①

자동차가 발명되어 연료 소비가 늘어나 에너지 고갈 위기가 다가왔다는 내용은 일치하지만 대체에너지 개발을 촉진하였다는 내용은 제시되지 않았다.

29 정답 ①

이야기식 서술은 경과 과정이 의미를 지닐 수 있도록 서술하는 양식으로 결과를 가장 중요시하지 않는다.

30 정답 ④

마지막 단락의 '조선 전기에는 원 이외에 여행자를 위한 휴게 시설이 따로 없었으므로 원을 이용하지 못하는 민간인 여행자들은 여염집 대문 앞에서 "지나가는 나그네인데, 하룻밤 묵어 갈 수 있겠습니까"라고 물어 숙식을 해결할 수밖에 없었다.'라는 내용을 통해, 민간인 여행자들이 자유롭게 원(院)에서 숙식을 해결하지는 못했다는 것을 알 수 있다. 따라서 ④는 적절하지 않은 내용이다.

31 정답 ③

인종차별주의는 사람을 인종에 따라 구분하고 이에 근거하여 한 인종 집단의 이익이 다른 인종 집단의 이익보다 더 중요하다고 보는 것을 말한다. 그러나 특정 집단 구성원들이 이 이익과 관련하여 보여야 할 태도에 대해서는 언급되어 있지 않다.

32 정답 ②

'소비자들은 구매를 결정하기 전에 대안적인 상품들을 놓고 저울질한다.'는 말을 통해 '소비자들은 대안재보다 대체재를 선호하는 경향이 있다.'는 말은 옳지 않음을 알 수 있다.

33 정답 ③

수혜국의 집단주의적 경향은 언급되었으나, 공여국의 개발 원조 계획 참여가 저조한 것과의 연관성은 언급되지 않았다.

34 정답 ④

명학소민은 일반 군현민은 물론 다른 철소민과 비교했을 때에도 훨씬 무거운 부담을 지고 있었다.

35 성납 ②

삼성신화에서 여성은 배를 타고 들어와 농경문화를 전래한 존재로 그려지고 있다. 이는 부계 혈통의 토착 부족에 새로운 부족이 결합하고, 토착 부족의 수렵 문화에 새로운 부족이 농경문화를 전파한 것으로 해석할 수 있다.

36 정답 ①

EU에서는 최근 철강 제품 수입이 크게 늘어나면서 수천 명의 근로자들이 일자리를 잃을 위기에 빠져있다고 분석했다.

② 최근 철강 제품 수입이 크게 늘어나면서 철강제품 가격이 25%까지 떨어졌다.

③ EU 회원국의 철강 제품 주 수입국은 중국ㆍ대만ㆍ한국 등의 아시아 국가이다.

④ EU 철강 협회는 중국에서 수입되는 철강 제품 중에 냉각 압연 철강재와 용융 도금된 철강재를 문제 삼았다.

⑤ EU 회원국은 작년에 100만 톤에 이르는 철강 제품을 중국에서 수입하였다.

37 정답 ④

㉠은 요리사가 재료를 절제하여 사용하지 않음으로써 맛을 제대로 살리지 못하는 경우이다. 이러한 요리사의 모습과 유사한 사례는 영상 편집 시 CG와 편집기술을 필요 이상으로 적용하여 절제미를 살리지 못한 ④이다.

38 정답 ②

밑줄 친 ㉠은 친족 관계를 중시하는 우리의 문화적 요소가 우리말에 반영되어 친족 관계에 대한 표현이 영어보다 섬세하게 분화되어 있다는 점을 보여주고 있다. 이는 쌀을 주식으로 했던 우리의 문화가 타 문화권에 비하여 쌀과 관련된 표현을 다양하게 만들었다는 사례와 가장 유사하다.

39 정답 ③

A가 대리모의 금전적 거래의 대가를 '아이'라고 이해하고 있는 반면 B는 금전적 거래의 대가를 '임신출산 서비스'라고 이해하고 있다.

① B는 A가 제시한 대리모의 금전적 거래에 대해서 부정하고 있지 않다.

② B는 A의 전제 중 핵심어인 '금전적 거래의 대가'에 대한 이해를 달리하고 이를 공략하고 있으므로 옳지 않다.

④ B의 논증 중 A가 논증하고자 하는 결론이 윤리원칙에 어긋난다는 내용은 없다.

⑤ A는 부당한 권위에 호소하고 있지 않다.

40 정답 ⑤

B의 논지에 따르면, 동물은 고통을 느낄 수 있는 능력이 있으므로 동물을 죽이는 것은 누가 되었든 간에 잘못된 것이다.

41 정답 ③

운동량이 적은 중년 남녀를 대상으로 한 실험이므로 이들 중 ③에 의해 콜레스테롤 수치가 올라갔을 가능성이 있으므로 꼭 커피의 다량 섭취가 심장병에 걸릴 위험이 높다고는 할 수 없다.

42 정답 ③

공화제하에서도 국익이나 애국주의를 내세운 선동에 의해 국민들이 전쟁에 동의하게 되는 경우가 적지 않다는 것은 공화제하에서 전쟁이 잘 일어나지 않는다는 주장에 대한 반론에 해당한다.

① 제시문에서 공화제는 영원한 평화에 대한 바람직한 전망을 제시하며 전쟁 시 국민의 동의가 필요하다고 하였다. 따라서 전쟁을 방지하기 위해 공화제뿐만 아니라 국가 간의 협력이 필요하다는 내용은 공화제에 대한 반론과 관련이 없다.
② 장기적인 평화는 국민들을 경제 활동에만 몰두하게 하여, 결국에는 타락시킬 것이라는 주장 역시 제시문의 내용과는 관련이 없다.
④ 공화정 체제하에서 국민들은 전쟁을 하게 될 경우에 자신들이 부담해야 할 것들에 대해 먼저 생각하게 되므로 훨씬 신중하다고 말하고 있다. 따라서 제시문의 반론으로 적절하지 않다.
⑤ 제시문에 나와 있는 내용으로, 반박이 될 수 없다.

43 정답 ④

제시문에서 윤리학은 규범에 관한 진술을 다루는 학문이지만, 가치판단의 진술 역시 희망을 표현하며 참이나 거짓을 따질 수 없고 사람들의 행위에 영향을 미칠 수 있다는 점에서 규범과 비슷하다는 내용을 담고 있다. 규범과 가치판단의 이러한 성격은 '사실적 진술'과 뚜렷이 구별된다. 즉, 사실적 진술은 이들과 달리 희망이 아니라 사실을 표현하며 따라서 참이나 거짓을 따질 수 있기 때문에 윤리학의 대상이 되기 어렵다.

44 정답 ⑤

첫째 단락에서 우리 대학교육이 취업 환경의 급속한 변화를 따라가지 못하고 있다는 것을 지적하고 있으나, 그 대안으로 중고등학교 때부터 직업을 고려한 맞춤 교육은 두 가지 측면에서 어리석은 방안이라 하였다. 따라서 ⑤은 글의 내용과 부합하지 않는다.

45 정답 ②

둘째 단락에서 '펜지어스와 윌슨은 은하수로부터 오는 고유한 전파를 측정하려 했기 때문에, 장치 내부에서 생길 수 있는 일체의 잡음을 확인하는 것이 중요했다. 그들은 이 문제를 해결하기 위해 '냉부하 장치'라는 것을 사용했다. … 이를 통해 증폭회로에서 불가피하게 생긴 잡음을 쉽게 찾아낼 수 있다.'라고 하였는데, 여기서 '냉부하 장치'가 잡음을 없애는 장치가 아니라 발생한 잡음을 찾아내기 위한 장치라는 것을 알 수 있다. 따라서 ②의 내용은 글의 내용과 부합하지 않는다.

46 정답 ④

경제 위기 극복을 위해 단일 경제체제를 공동 개발하는 방안을 논의한다는 내용은 글에서 언급된 내용이 아니다. 경제 위기 극복을 위한 방안과 관련하여, 둘째, 셋째 단락에서는 새로운 국제 경제 질서에 대한 논의가 진행될 것이지만 각국 내부의 경제 시스템의 전환 및 위기 탈출과 관련하여 모든 문제를 해결하는 보편적 해법은 없다고 하였다. 그리고 여러 사조나 이념, 경제 모델 등 폭넓은 선택지를 두고 실험이 계속될 것이라 전망하고 있다. 따라서 ④는 글의 내용과 부합된다고 볼 수 없다.

47 정답 ③

둘째 단락에서 '하나의 멀티미디어의 객체를 텔레비전용, 영화용, 모바일 기기용 등 표준적인 화면 표시 장치에 맞추어 각기 독립적인 이미지 소스로 따로 제공하는 것이 아니라, 하나의 이미지 소스를 다양한 화면 표시 장치에 맞도록 적절히 변환하는 기술을 요구하고 있다.'라고 하였는데, 이를 통해 다양한 스마트 기기에 대응하기 위해서는 동일한 이미지를 다양한 화면 표시 장치라는 환경에 맞추어 적절히 변환하는 것이 필요하다는 것을 알 수 있다. 따라서 ③은 글의 내용과 일치하지 않는다.

48 정답 ①

㉠의 '다양한 접근'은 원래 이미지의 중요한 부분을 그대로 유지하면서 동시에 왜곡을 최소화하는 형태로 주어진 화면에 맞게 이미지를 변형하는 다양한 접근법을 말한다. 그런데 ①의 경우 화면 전반에 흩어져 있는 콘텐츠를 무작위로 추출하여 화면을 재구성하는 방법이므로, 원래 이미지의 중요한 부분이 그대로 유지되지 않는다. 따라서 ㉠의 조건에 부합하는 사례로 볼 수 없다.

49 정답 ③

첫째 단락의 마지막 문장에서 '당시까지는 학습이란 뇌와 같은 중추신경계에서만 일어날 수 있을 뿐 면역계에서는 일어날 수 없다고 생각했다.'라고 하였으므로, 애더의 실험 이전에는 중추신경계에서만 학습이 가능하다는 것이 알려져 있었음을 알 수 있다. 따라서 ③은 이 글을 통해 알 수 있는 내용으로 적절하지 않다.

50 정답 ④

동양의 건축이 인공 조형물에 대해 폐쇄적이라는 설명은 제시되지 않았다. 첫째 단락 후반부에서 '서양의 건축이 내적 구성, 폐쇄적 조직을 강조한 객체의 형태를 추구했다면, 동양의 건축은 그보다 객체의 형태와 그것이 놓이는 상황 및 자연 환경과의 어울림을 통해 미를 추구하였던 것이다.'라 하였고, 둘째 단락에서 '환경에 개방적이고 우기에 환기를 좋게 할 뿐 아니라, 내 · 외부 공간의 차단을 거부하고 자연과의 대화를 늘 강조한다.'라고 하여 동양 건축 양식의 장점을 설명하고 있는데, 이를 종합해보면 동양의 건축은 자연환경과 인공 조형물 모두에 대해서 개방적인 특성을 지닌다고 판단할 수 있다. 따라서 ④는 옳지 않은 설명이다.

51 정답 ③

둘째 단락 후반부에서 '알파벳을 구성하는 기호들은 개별적으로는 아무런 의미도 가지지 않으며 어떠한 이미지도 나타내지 않는다.'라고 했는데, ③은 이에 배치되는 내용이다.

① 둘째 단락의 마지막 문장인 '표음문자의 경우 대부분 언어는 개별 구성 요소들이 하나의 전체로 결합되는 과정을 통해 이해된다.'와 부합하는 내용이다.
② 첫째 단락의 '우리의 뇌는 시각적 신호를 받아들일 때 시야에 들어온 세계를 한꺼번에 하나의 전체로 받아들이게 된다. 즉 대다수의 이미지는 한꺼번에 지각된다.'라는 부분을 통해 파악할 수 있는 내용이다. 즉, 원앙이라는 새의 전체 모습을 시각을 통해 한꺼번에 지각하게 된다는 것이다.
④ 셋째 단락의 '남성적인 사고는, 사고 대상 전체를 구성요소 부분으로 분해한 후 그들 각각을 개별화시키고 이를 다시 재조합하는 과정으로 진행된다. 그에 비해 여성적인 사고는, 분해되지 않은 전체 이미지를 통해서 의미를 이해하는 특징을 지닌다.'라는 내용과 부합하는 내용이다.
⑤ 셋째 단락의 '그림문자로 구성된 글의 이해는 여성적인 사고 과정을, 표음문자로 구성된 글의 이해는 남성적인 사고 과정을 거친다. 여성은 대체로 여성적 사고를, 남성은 대체로 남성적 사고를 한다.'라는 내용에 부합한다.

52 정답 ③

인류의 '미숙아' 출산 전략과 일부일처제 정착으로 인해 뇌 용적이 증가된 것이 아니라, 오히려 뇌 용적 증가가 인류의 '미숙아' 출산 전략과 일부일처제 정착에 영향을 미쳤으므로, ③은 글의 내용과 부합하지 않는다. 제시된 글의 첫째 단락에서 '커진 두뇌', '좁아진 골반'이라는 딜레마를 우리 조상은 '미숙아 출산 전략'으로 풀었다.'라는 내용에서 이를 파악할 수 있다.

53 정답 ①

둘째 단락에서 'A는 거대 기업에 대항하기 위해 … 경제 권력을 분산시키는 것을 대안으로 내세웠다. 그는 산업 민주주의를 옹호했는데 그 까닭은 그것이 노동자들의 소득을 증진시키기 때문이 아니라 자치에 적합한 시민의 역량을 증진시키기 때문이었다.'라고 하였으므로, A가 경제 권력을 분산시키는 방식을 택한 것은 시

민의 소득 증진을 위해서가 아니라 시민의 역량을 증진시키기 위해서라는 것을 알 수 있다. 따라서 ①은 글의 내용과 부합하지 않는다.

54 정답 ②

둘째 단락에서 '지방자치단체와 시민단체, 기업 등을 중심으로 감정노동자 보호를 위한 대안들이 나오고 있다'고 하였다는 점에서, 지방자치단체나 기업이 감정노동자 관련 법령이 개정되지 않는 것은 아니다. 마지막 단락에서 제시한 바와 같이 재계와 산재보험료 인상을 우려한 기업들이 법령의 개정에 반대하고 있다.

55 정답 ①

제시문의 마지막 문장에서 책 읽기에는 상당량의 정신 에너지와 훈련이 요구된다고 하였으므로 별다른 훈련이나 노력 없이 책 읽기가 가능하다는 것은 이 글의 내용과 부합하지 않는다.

② 첫 번째 문단에서 인간의 뇌는 애초부터 책을 읽으라고 설계된 것이 아니라고 하면서 책을 쓰고 읽는 것은 덤으로 얻어진 기능이라고 하였다.
③ 두 번째 문단에서 책이 없이도 인간은 기억하고 생각하고 상상하고 표현할 수 있다고 하였다.
④ 두 번째 문단에서 책과 책읽기는 인간이 이 능력을 키우고 발전시키는 데 중대한 차이를 낳는다고 하였다.
⑤ 두 번째 문단에서 책을 읽는 문화와 책을 읽지 않는 문화는 기억, 사유, 상상, 표현의 층위에서 상당한 질적 차이를 가진 사회적 주체들을 생산한다고 하였다.

56 정답 ④

언론 자유에 대한 절대주의 시각이란 언론 자유를 절대적으로 중요한 것으로 여겨 그 제한을 전혀 인정하지 않거나 극히 제한된 경우에만 인정하는 입장이다. 하지만 제시문은 우리나라 헌법이 다른 기본권 보장과 비교형량해서 언론 자유가 제한될 수 있음을 분명히 하고 있다.

① 글의 앞부분에서 '언론의 자유는 현대 민주주의의 이념적 기초이며 헌법에 보장된 국민의 기본권이다. 언론 자유는 민주주의에 필수불가결한 요소…'라는 내용에서 옳은 내용임을 알 수 있다.
② 언론 자유 제한 원칙 첫째에서 추론되는 내용이다. 사전억제를 최후의 가능성으로 두는 것은 사전억제를 할 때 그만큼 언론 자유가 제한되는 정도가 크기 때문이다.

③ 언론 자유 제한에 대한 두 번째 원칙에서 추론되는 내용이다.

⑤ 글의 뒷부분에서 '공적 인물보다 사적 개인들에 대한 기본적 인격권 보호가 더 강조된다.'고 했는데 인격권보호가 강조되면 그만큼 자유롭게 보도할 언론의 자유는 줄어든다. 그러므로 사적 개인보다는 공적 인물에 대해 언론의 자유가 더 인정된다고 볼 수 있다.

57 정답 ③

제시된 글의 논지는 스마트폰을 사용하여 인지 능력이 보강된 사람의 경우 보강된 인지 능력을 그 자신의 것으로 볼 수 있다는 것이다. 그런데 미리 적어 놓은 메모를 참조해 기억력 시험 문제에 답하는 경우 그 누구도 그것을 인정하지 않는다는 것은 위의 논지를 반박하는 진술이 될 수 있다. 따라서 ③은 글에 대한 적절한 반박이 된다.

① 종이와 연필이라는 도구의 도움을 받은 연산 능력을 자신의 인지 능력으로 인정하는 것은, 스마트폰의 도움으로 인지 능력이 보강된 것을 자신의 인지 능력으로 인정하는 위의 글의 내용과 부합된다. 따라서 ①은 적절한 반박이 될 수 없다.

② 스마트폰을 원격으로 접속하여 정보를 알아낼 수 있는 것은 곧 그 스마트폰을 손에 가지고 있는 것과 같다는 내용은 위의 글을 반박하는 내용으로 볼 수 없다. 이는 다른 기기를 통한 스마트폰에 대한 접근성과 관련된 내용으로, 오히려 위의 논지를 뒷받침하기 위한 설명이 될 수 있다.

④ 제시된 글의 논지는 스마트폰을 잘 활용하는 사람의 능력을 그 사람 자체의 능력으로 볼 수 있다는 것이며, 이를 뒷받침하기 위한 기준으로 스마트폰의 메커니즘이 K의 두뇌 속에서 작동하고 있다는 가정을 하고 있다. 따라서 ④와 같이 스마트폰의 기능을 두뇌 속에서 작동하게 하는 것이 두뇌 밖에서 작동하게 하는 경우보다 기억력과 인지 능력을 향상시키지 않는다는 내용은 글의 논지를 반박하는 진술로 보기 어렵다. 결국 스마트폰을 잘 활용하는 것을 그의 능력으로 인정하는 사실 자체를 부정하는 내용이 아니기 때문이다.

⑤ 글의 논지를 강화하는 예라 할 수 있다.

58 정답 ①

둘째 단락에서 '핵력의 강도가 겨우 0.5% 다르거나 전기력의 강도가 4% 다를 경우에도 탄소나 산소는 우주에서 합성되지 않는다. 따라서 생명 탄생의 가능성도 사라진다.'라고 하였는데, 이를 통해 탄소의 존재가 생명 탄생에 영향을 미친다는 것을 알 수 있다. 그러므로 ①은 글의 내용에 부합하지 않는다.

② 글의 첫 문장에서 지구와 태양 사이의 거리도 인간의 생존에 영향을 미친다고 하였다. 중력의 특성상 지구가 태양에 지나치게 가까이 있거나 중력법칙이 현재와 달라지는 경우 지구가 태양의 중력에 의해 태양으로 빨려 들어갈 수 있을 것이다.

③, ⑤ 둘째 단락의 내용을 통해 추론할 수 있는 내용이다.

④ 첫째 단락의 내용을 통해 '골디락스 영역'은 행성에 생명이 존재할 수 있도록 별과 적당한 거리에 떨어져 있는 영역을 의미한다는 것을 알 수 있다. 이 영역 안에 있을 때 행성이 너무 뜨겁거나 차갑지 않아 행성에 생명이 생존할 수 있다. 태양계 내부만 보더라도 행성이 골디락스 영역에 위치할 확률은 낮으며, 현재 지구는 이 영역에 위치해 생명이 존재하고 있다. 따라서 ④는 글의 내용과 부합한다.

59 정답 ④

첫째 단락의 후반부에서 '복지체계란 하나의 탈 상품화 체계이며, 비자발적으로 시장에서 밀려난 자들이 자신의 노동력을 상품화하지 않고도 최소 생활을 영위할 수 있게 하는 사회적 장치'라 하였고, 둘째 단락에서 민간 보험 상품은 저변 계급 혹은 만성적 복지 의존 계층에게 현재적 소비자원을 희생해야만 구입이 가능한 사치품일 뿐이며, 글에서 다루는 복지국가란 '국가'의 복지와 관련된 개념이라 하였다. 따라서 민간 보험 상품에 대한 지나친 규제는 합리적인 완화가 필요한 부분이긴 하지만, 복지체계를 강화하기 위해 민간 보험 상품에 대한 규제를 완화해야 한다는 것은 글을 통해 추론할 수 있는 방향과는 거리가 멀다.

60 정답 ②

첫째 문단에 정전제가 무너진 이후 만사가 어지럽게 되었다는 내용이 나와 있지만 그 원인은 제시되어 있지 않다. '토지 사유의 제한이 없게 되었다.'는 내용이 나오지만 이것은 정전법의 결과 중 하나로 제시되어 있다. 따라서 ②은 이것을 원인으로 보고 있기 때문에 잘못된 추론이다.

① 둘째 문단에 언급되어 있는 내용이다.

③ 셋째 문단에서 우리나라의 경우 산과 계곡이 많아 정전제를 그대로 시행하기에는 난점이 있다고 했다. 이를 통해 우리나라에 적절한 토지 제도는 우리나라 지형의 특수성을 고려한 것이어야 한다.

④ 첫째 문단에 따르면 훌륭한 토지 제도는 국운과 문화 발전의 기반이다. 그런데 셋째 문단에서 우리나라에 훌륭한 토지 제도가 정착되지 못했음을 알 수 있다. 따라서 비록 정전제는 아니라도 그처럼 훌륭한 토지 제도를 마련할 필요가 있음을 추론

할 수 있다.
⑤ 첫째 문단에 언급되어 있는 내용이다.

61 정답 ①
제시문은 세계화의 양면적인 모습을 진단하고 있기 때문에 국가 의미의 강화와는 거리가 멀다.

② 제시문은 세계화가 긍정의 방향 또는 부정의 방향으로도 귀착될 수도 있다는 점을 전제로 하여 현재 진행되고 있는 세계화의 양면적인 모습을 여러 측면에서 진단하고 있다. 따라서 세계화의 가능성을 밝히고 있는 다섯째 문단과 사상과 문화적 측면에서의 세계화의 양면성을 논하고 있는 넷째 문단을 통해 확인할 수 있다.
③ 셋째 문단의 요지에 해당한다.
④ 정치적인 측면에서 세계화의 양면성을 논하고 있는 둘째 문단의 요지에 해당한다.
⑤ 경제적인 측면에서 세계화의 양면성을 진단하고 있는 첫째 문단의 요지에 해당한다.

62 정답 ④
둘째 단락 전반부의 '호모 사피엔스'는 아주 박식해졌지만, 그래도 여전히 원숭이고, 숭고한 본능을 새로 얻었지만 옛날부터 갖고 있던 세속적 본능도 여전히 간직하고 있다. 이러한 오래된 충동은 수백만 년 동안 그와 함께해 왔고, 새로운 충동은 기껏해야 수천 년 전에 획득했을 뿐이다'라는 부분을 통해, ④는 적절하지 않은 내용임을 알 수 있다. 즉, 인간의 박식함과 새로운 숭고한 본능은 기껏해야 수천 년 전에 획득한 것이라 하였다.

63 정답 ①
다른 조건이 같을 때, 저주파의 경우 두 귀에 도달하는 소리의 크기 차이를 통해 음원의 위치를 판단하는 방법을 사용할 수 없으므로 고주파로만 구성된 소리보다 음원의 위치를 파악하기 어렵다.

64 정답 ③
제시문에 따르면 의궤로 남긴 통과의례는 책봉례와 가례(혼례)이다. 입학례와 관례의 경우 의궤로 남겼는지에 대해서는 언급하지 않았다.

① 조선 시대를 통틀어 적장자로서 왕위에 오른 왕은 문종, 단종, 연산군, 인종, 현종, 숙종, 순종의 일곱 명뿐이다.
② 입학례와 관례의 경우 사대부 자제와 비교하였으며, 가례는 관

례를 치르는 시기와 함께 언급하였으므로 사대부 자제 역시 세 통과의례를 거쳤음을 알 수 있다.
④, ⑤ 세자의 대표적인 통과의례는 책봉례, 입학례, 관례, 가례 순으로 치렀으며, 성인이 된 후 치른 의례는 가례이다.

65 정답 ①
제시문에 따르면 영국 왕실 의례는 전후 경제적 · 정치적 혼란을 수습하는 등의 순기능으로 작용하였으나, 그 영향이 영국의 지역 간 통합에 미쳤는지의 여부는 알 수 없다.

66 정답 ③
흡연이 암을 일으킨다는 사실을 받아들이는 것만으로는 암에 대한 공포를 벗어나 적절한 균형의 상태를 회복하는 데 도움이 되지 않으므로 적절한 예에 해당하지 않는다.

①, ② 담배를 끊거나 줄이기 위해 취미생활을 갖는 것은 암에 걸릴지 모른다는 위험을 차단시키는 것으로 인지 부조화 이론의 전략의 예에 해당한다.
④ 흡연과 암이 무관함을 주장하는 보고서를 찾아 읽는 것은 암에 걸릴지도 모르는 불안을 떨치기 위해 취하는 행동이라고 할 수 있으므로 인지 부조화 이론의 전략의 예에 해당한다.
⑤ '죽음은 어차피 고통스럽고 불가피한 것이니, 암인들 무슨 관계가 있겠는가?'라고 생각하는 것은 죽음에 대한 공포감 자체를 감소시킴으로써 흡연으로 인한 사망 역시 괜찮다고 생각하게 하여 적절한 균형의 상태를 유지하도록 해주는 것으로 인지 부조화 이론의 전략의 예에 해당한다.

67 정답 ①
뉴스에서는 알츠하이머병이 효소 Y의 활동과 관계가 있다고 설명하였다. 통상적으로 술이 약한 사람들은 효소 Y의 활동이 약하지만 술을 전혀 마시지 않는다고 해서 효소 Y의 활동이 꼭 약할 것이라고 단정 할 수는 없으므로 선호의 반응은 논리적이라고 할 수 없다.

68 정답 ④
둘째 문단에서 음주운전에 대한 단속강화의 경우 그것이 '지속적으로 이루어진다면' 음주운전의 억제 효과가 있다고 보았고, 셋째 문단에서도 음주운전에 대한 '일상적인 단속'이 필요하다고 하였다. 따라서 연 2회 '음주운전집중단속주간'을 선정하여 음주운전을 단속하는 것과 같은 일시적 · 집중적 · 단발적 단속은 제시문의 연구결과에서 도출될 수 있는 예방대책과는 차이가 있다.

69　정답 ①

일자리 안정자금 지원 사업은 사업주의 인건비 부담을 경감시키고 노동자의 최저임금을 보장하기 위하여 정부가 약 3조원의 예산을 편성하여 사업주에게 인건비를 지원해주는 사업이다.

70　정답 ④

나비류 연구가들은 애벌레와 나비의 명백한 차이들을 무시하고 이들을 같은 종류로 봄으로써 관련 학문의 진보를 가져왔다. 이는 기존의 선을 지우는 것이며 다른 종이라 여겨 왔던 것들을 같은 종류로 본 예에 속한다. 따라서 정답은 ④이다.

① 윗글은 '재편성'의 예를 세 가지로 나누고 각각의 사례를 들어 설명하고 있다.
② 인간은 보통의 경우에 어떤 것을 주목하고 어떤 것은 무시하는지를 의식하지 않으며, 우리에게 익숙한 기준과 범주를 자연스럽게 적용한다.
③ 동일한 것이라 여겼던 권태와 단조로움 사이에 선을 그어 이들 사이의 미묘한 차이를 알게 되는 것은 새로이 경계선을 긋는 것이다.
⑤ 새로운 방법을 통해 오래된 자료들로부터 새로운 것을 보는 경우에서, 데이터 분석을 통해 의미 있는 것들을 새롭게 배우고 익힘으로써 학문은 발전한다.

71　정답 ②

대중교통 · 자가용 · 도보 · 자전거 등 다양한 교통수단을 이용하여 누구나 이용할 수 있다고 인정되는 통상적인 경로로 출퇴근을 하는 중 발생하는 사고는 출퇴근 재해로 인정된다.

① 신입사원 교육을 들으러 가는 것은 '일상생활에 필요한 행위'에 해당되므로 사고가 발생하면 이는 출퇴근 재해로 볼 수 있다.
③. ⑤ 개인택시기사와 퀵서비스기사는 주거지 출발부터 업무가 개시되는 경우 사실상 출퇴근 재해의 혜택은 받기 어렵고 보험료만 부담할 우려가 있으므로 출퇴근 재해에 한해 적용 제외하여 일반 산재보험료만 부담하고 출퇴근 재해 보험료는 부담하지 않도록 한다.
④ 출근길에 집회로 인해 우회하는 것은 '통상적인 경로와 방법'에 해당하므로 사고가 발생하면 이는 출퇴근 재해로 볼 수 있다.

72　정답 ③

제시된 글은 소장이 감독조를 통해 인부를 통솔하도록 하고, 쟁의에 참가한 인부들을 점차 해고해 나감으로써 파업상황을 원상 복구하려는 의도를 서술한 것이다. 따라서 감독조를 해체하여 상황을 원상 복구하려는 계획이라는 내용은 적절하지 않다. 이는 제시문의 전반부의 '감독조를 짐짓 3공사장으로 보내길 잘했다고 그는 생각했다. 사실은 그들이 없으면 인부들을 통솔하기가 매우 어려운 실정이었다.'라는 내용과, 후반부의 '따라서 인상되었던 노임을 차츰 낮추며 도급을 계속시키면서 인부들이 모르는 사이에 전과 같이 나가면 어항에 물 갈아 넣는 것처럼 인부들은 모두 새 사람으로 바뀔 것이었다.'라는 내용을 통해 확인할 수 있다.

73　정답 ③

제시된 기사의 둘째 단락에서 '연탄 · 석유보다 열효율이 높고 배관으로 공급돼 수송 수단, 저장 공간도 필요 없다.'라고 하였으므로, 천연가스는 석유보다 열효율이 높고 배관으로 공급되는 에너지이므로, 따로 저장 공간이 필요 없다는 것을 알 수 있다. 따라서 ③과 같이 열효율이 낮고 배관설비가 필요하지 않다는 것은 올바른 설명이 아니다.

① 첫째 단락에서 '지구온난화를 막고 미세먼지를 감축하기 위해 천연가스 확대 노력에 나섰다.'고 하였고, 둘째 단락의 첫 번째 문장에서 '천연가스는 액화과정에서 분진 · 황 · 질소 등이 제거돼 공해물질이 거의 발생하지 않는 친환경 에너지다.'라고 하였다. 따라서 천연가스는 미세먼지 감축에 기여하고 액화과정에서 공해물질을 거의 발생시키지 않는 친환경 에너지라는 것을 알 수 있다.
② 둘째 단락에서 '발화온도가 높아 폭발 위험이 적은데다'라는 내용에서 알 수 있는 내용이다.
④ 셋째 단락의 '가스공사도 LNG발전 비중을 올해 1652만t에서 2031년 1709만t으로 확대하겠다는 정부 정책에 맞춰 산업용 천연가스 요금을 종전대비 10.2% 인하하기로 했다.'에서 알 수 있는 내용이다.
⑤ 기사의 마지막 문장 '선박용 LNG연료를 공급하는 LNG벙커링 등 신사업 기반도 구축할 예정이다.'에서 알 수 있다. 일반적으로 LNG벙커링은 액화천연가스(LNG)를 선박용 연료로 주입하는 것을 의미한다.

74　정답 ⑤

둘째 단락에서 '참주정은 군주정의 타락한 형태이다. 양자 모두 일인 통치 체제이긴 하지만 그 차이는 엄청나다.'라고 하였고, 넷째 단락에서 '민주정은 다수가 통치하는 체제이다. 민주정은 금권정으로부터 나온다. 금권정 역시 다수가 통치하는 체제인데,'라고 하였다. 따라서 군주정과 참주정은 일인 통치 체제이고, 제헌정(금권정)과 민주정은 다수의 통치체제라 할 수 있다.

① 글의 첫 번째 문장인 '아리스토텔레스는 정치체제를 세 가지로 구분하는데, 군주정, 귀족정, 제헌정(금권정)이 그것이다'에서 정치체제가 크게 세 가지로 구분한다는 것을 알 수 있다. 또한 이 세 가지 정치체제의 타락한 형태까지를 포함하더라도 정치 형태는 여섯 가지가 되므로, ①은 옳지 않다.

② 첫째 단락의 '이것들 가운데 최선은 군주정이며 최악은 금권정 이다'의 내용과 배치되는 내용이다. 즉, 민주정은 금권정에서 나온 형태이므로, 민주정이 군주정보다 나쁜 정치체제라 할 수 있다.

③ 둘째 단락의 마지막 문장인 '참주정은 최악의 정치체제이다'라 는 내용과 차이가 있다. 즉, 아리스토텔레스가 제시한 군주정, 귀족정, 제헌정의 세 정치체제 중 최악의 정치체제는 제헌정이 나, 세 정치체제의 타락한 형태로 각각 참주정, 과두정, 민주정 을 제시하였고, 이 중 참주정이 최악의 정치체제라 하였다.

④ 금권정에서 타락한 형태는 민주정이고 귀족정에서 타락한 형 태가 과두정인데, 넷째 단락에서 '타락한 정치체제 중에서는 민주정이 가장 덜 나쁜 것이다.'라고 하였다. 따라서 ④도 옳지 않다.

75　정답 ②

둘째 단락에서 원형 감옥에 대해 '감시하는 사람들을 죄수는 볼 수가 없다', '즉 감시하는지 안 하는지 모르기 때문에 항상 감시당 하고 있다고 생각해야 하는 것이다. 따라서 모든 규칙을 스스로 지키지 않을 수 없는 것이다.'라고 하였다. 따라서 이러한 원형 감 옥은 결국 감시자(타자)와 죄수(자신)가 스스로 통제하는 이중 감 시 장치라 볼 수 있다. 따라서 ②는 추론할 수 있는 내용으로 적절 하다.

① 원형 감옥은 감시자는 죄수를 관찰할 수 있지만 죄수는 감시자 를 볼 수 없는 장치일 뿐이다. 따라서 서로의 시선을 차단하는 장치로 볼 수는 없다.

③ 첫째 단락에서 원형 감옥은 받아들여지지 않았다고 했으므로, 이후 이것이 다른 사회 부분에 적용되었다고 보기는 어렵다.

④ 원형 감옥은 관찰자를 전지전능한 신의 위치로 격상시키는 장 치가 아니다. 첫째 단락에서 벤담은 '원형 감옥이 사회 개혁을 가능케 해주는 가장 효율적인 수단이 될 수 있다.'라고 생각했 다고 하였다.

⑤ 원형 감옥은 피 관찰자인 죄수들이 감시받는지 여부를 알 수 없어 언제나 감시받고 있다는 느낌을 가지게 함으로써 죄수 스스로를 감시하는 효과까지 얻는 장치이다. 따라서 관찰자가 느끼는 불확실성을 수단으로 활용해 피 관찰자를 복종하도록 하는 장치는 아니다.

76　정답 ②

첫째 단락의 첫 문장에서 고리 4호기는 4월 14일 오전 9시에 발 전을 재개했다고 하였는데, 둘째 단락의 첫 문장에서 16일 오전 9 시께 100% 출력에 도달할 예정이라고 하였다. 따라서 재개 당일 100% 출력에 도달한다는 설명은 옳지 않다.

① 첫째 단락의 두 번째 문장인 '이번 재개는 지난 12일 원자력안 전 위원회가 고리 4호기의 냉각재 누설 사건을 조사하면서 … 등을 점검한 후 재가동 승인을 내린데 따른 것이다.'에서 알 수 있는 내용이다.

③ 마지막 문장인 '고리 4호기가 수동 정지된 것은 작년 3월 28일 냉각재가 과다하게 누설되는 일이 발생한 것이 원인이 됐다'에 서 냉각제의 과다 누설이 정지의 원인임을 알 수 있다.

④ 셋째 단락의 첫 문장에서 고리 4호기의 경우 원자력안전법과 전기사업법에 따른 검사 및 주요 기기와 설비에 대한 점검 · 정비를 마쳤다고 했다.

⑤ 첫 문장에서 고리 4호기는 4월 14일 오전 9시에 발전을 재개 했다고 하였고, 마지막 문장에서 작년 3월 28일 수동 정지되었 다고 했으므로, 대략 1년 만에 발전을 재개한 것이 된다.

77　정답 ②

②는 넷째 단락 후반부의 '확신인간에게 분노와 같은 격렬한 감정 의 폭발은 그의 이러한 '당연하다'는 생각을 강화한다. 당연하다는 생각은 감정폭발에 대한 자기 통제력을 약화시켜 감정폭발을 더 욱 강화한다. 이러한 경향이 폭력심리의 기본이며 범죄의 기본이 다.'에서 추론할 수 있는 내용이다. 즉, '확신인간'에게 나타나는 감 정의 폭발은 그에 대한 자기 통제력을 약화시키게 되고, 이는 결 국 폭력적 행동을 더욱 강화할 수 있다는 것이다.

78　정답 ④

'결과에 차이를 주는 것은 신호를 보내는 사람과 개가 얼마나 친 밀한가였다.'를 통해 알 수 있는 내용이다.

① 지문을 통해 훈련 여부는 개의 반응에 차이를 주지 않음을 알 수 있다.

②, ③, ⑤ 지문에 제시된 정보만으로는 일치하는지 알 수 없는 내 용이다.

79　정답 ③

지문에 따르면 공화주의에서 자유는 함께 하는 자치에 달려 있으 며, 자치를 공유하는 것은 정치공동체의 운명을 모색하는 데 기여 한다고 본다. 자치를 공유하는 것 즉, 공동선에 대해 토론을 잘하

PART
03

기 위해서는 시민들이 어떤 특정한 성품 혹은 시민적인 덕을 이미 갖고 있거나 습득해야 한다고 보고 있으므로 ③이 제시된 글의 주장과 일치한다.

80   정답 ①

제시문의 정책은 왕(국가)이 가난하고 곤궁한 사람에게 무상으로 옷과 음식을 나누어 주어 구휼하는 것을 말한다. 이는 오늘날의 사회 보장 정책 중 생활 능력이 없는 사람에게 최저한도의 생활수준을 보장하기 위해 실시하는 공공부조 정책과 성격이 유사하다고 할 수 있다. 이러한 공공부조 성격의 복지정책은 당장의 생계가 곤란한 사람을 대상으로 무상으로 지원되는 것이므로, 보험료를 납부한 자의 보험 기여분과는 관련이 없다. 따라서 ①은 예상하기 어려운 현상에 해당한다.

02 주제 · 제목 찾기

01 ⑤	02 ④	03 ②	04 ④	05 ④	06 ④	07 ②	08 ⑤	09 ⑤	10 ④
11 ②	12 ①	13 ④	14 ②	15 ⑤	16 ③	17 ①	18 ②	19 ④	20 ③
21 ③	22 ⑤	23 ⑤	24 ①	25 ⑤	26 ②	27 ③	28 ①	29 ④	30 ②
31 ③	32 ②	33 ①	34 ④	35 ③	36 ④	37 ②	38 ④	39 ①	40 ②

01 정답 ⑤

제시문에 따르면 정부는 기업 결합의 취지와 순기능을 보호하려 하지만, 시장과 소비자에게 끼칠 폐해를 가려내어 이를 차단하기 위한 법적 조치들을 강구한다. 특히 기업 결합의 위법성을 섣불리 판단해서는 안 되므로 여러 단계의 심사 과정을 거치도록 한다. 이러한 내용을 감안할 때 이 글의 취지는 기업 결합의 순기능을 살리되, 그에 따른 부정적 측면을 신중히 가려내야 한다는 측면으로 이해하는 것이 가장 적절하다.

주제 및 제목 찾기 유형의 풀이방법

- 핵심어 찾기 : 핵심어는 지문에 반복적으로 제시되며, 같은 뜻의 다른 단어로 제시되는 경우도 많다. 즉, 핵심어가 중심이 되어 주제 문장이 되고 주제 문장이 모여서 글의 주된 내용이 된다.
- 단락의 앞뒤 확인하기 : 주제 및 제목 찾기 유형의 경우 단락의 앞과 뒤만 읽고 주제를 찾는 것도 한 방법이다. 여러 단락이 나오는 지문은 첫 단락과 마지막 단락을 먼저 읽는 연습을 하자. 처음 단락에는 전체 글이 어떻게 전개될지에 대한 정보가 있고, 마지막 단락은 결론이 되는 경우가 많다.
- 전체 내용을 아우를 수 있는 제목 찾기 : 주제를 단순히 나열하거나 너무 함축적인 것은 좋은 제목이 아니다. 글의 전체 내용을 아우를 수 있는 표현을 고르는 것이 좋다.

02 정답 ④

좋은 인과적 설명은 사건을 발생시키는 데 결정적으로 기여한 조건을 원인으로 제시하는 것인데, 과연 어떤 목록이 적절한 설명을 주는가 하는 것은 경험적인 질문이며, 물음이 제기된 분야와 우리의 관심사에 따라서 달라진다.

03 정답 ②

필자는 갠스의 주장을 예로 들어 대중예술이 고급예술을 선택할 여건이 되지 않는 사람들에게 유효한 것이라는 사회적 변호는 대중예술에 대한 진정한 옹호를 침해하므로 대중예술에 대한 옹호는 미적인 변호를 필요로 한다고 주장하고 있다.

04 정답 ④

제시문에서는 '생체모방'에 대해 정의하고, 놀라운 생명체의 능력과 그 비밀을 연구하여 인간 생활에 적용하여 인간을 이롭게 하고자 하는 생체모방 공학의 목적을 밝히고 있다. 또 이러한 목적을 달성하기 위해 '자연으로 돌아가 자연을 배우고자 한다.'라는 생체모방 공학의 방향을 제시하고 있다.

05 정답 ④

제시문에서 필자는 성별에 따른 차이가 유전적으로 존재한다는 과학적인 근거가 입증된다고 해도 그것이 남녀 간의 차별을 옹호하고 평등의 원칙을 거부하는 근거라고 단정할 수는 없으며, 사람 각각을 하나의 개별체로 보고 접근해야 한다고 주장하고 있다.

06 정답 ④

1문단에서 도덕적 선택의 순간에 직면했을 때 상대방에게 개인적 선호를 드러내는 행동이 과연 도덕적으로 정당할지 의문을 제기하며 화제를 제시하고 있다. 이어 사례를 통해 도덕적 정당성에 대한 공평주의자들의 견해에 대해 다루고 있으므로 개인적 선호와 도덕적 정당성을 중심 화제로 삼고 있다고 볼 수 있다.

① 7문단에서 강경한 공평주의와 온건한 공평주의의 적용 방식이 언급되긴 하지만 글의 제목은 아니다.
② 이 글은 도덕적 정당성의 의미를 다루는 것이 아니라 도덕적 선택의 순간에 대한 개인적 선호의 정당성을 다루고 있다.
③ 공평주의의 개념과 의의는 언급하지 않았다.
⑤ 공평주의의 필요성은 언급하지 않았다.

07 정답 ②

제시된 글은 외부성으로 인해 발생하는 비효율성 문제를 예를 들어 설명하였고, 이에 대한 해결책으로 전통적인 경제학에서 제시한 보조금 또는 벌금과 같은 정부의 개입을 제시하였다. 따라서 글의 주제로 가장 알맞은 것은 ②이다.

08 정답 ⑤

제시문의 첫째 단락의 '교수의 말 한 마디 한 마디에 주의를 집중하면서 열심히 들을 것. 둘째, 얼굴에는 약간 미소를 띠면서 눈을 반짝이며 고개를 끄덕이기도 하고 간혹 질문도 하면서 강의가 매우 재미있다는 반응을 겉으로 나타내며 들을 것' 등이 의미하는 것은 학생들이 교수의 강의에 공감하고 적절히 반응하며 참여하는 것으로 볼 수 있다. 그리고 둘째 단락에서, 이러한 긍정적인 자세가 결국 수업의 재미를 높이고 교수와 학생에 긍정적으로 작용하게 되었다고 하였다. 따라서 제목으로 가장 적절한 것은 ⑤이다.

①, ② 제시문의 실험 내용은 학생들 간 또는 교수들 간의 의사소통에 대한 것이 아니라, 교수와 학생 사이에서의 듣기의 태도와 그에 따른 변화에 대한 것이다.

③ 제시문은 언어적 메시지가 아니라 "집중하며 듣기" 또는 "긍정적인 반응하며 듣기" 등 비언어적 메시지의 중요성에 대해 이야기하고 있다. 따라서 ③도 글의 제목으로 적절하지 않다.

④ 제시문의 실험은 공감하며 듣는 태도를 통해 발생하는 긍정적인 변화를 보여주는 것이다. 강의 방식의 변화는 이러한 긍정적인 변화의 하나로 볼 수 있으나, 그 자체가 글의 내용을 포괄하는 핵심 내용이라 볼 수는 없으므로 제목으로는 적절하지 않다.

09 정답 ⑤

상업성에 치중한다는 이미지를 극복하기 위해 '노 브랜드 콜라보레이션'이 도입되었음을 밝히고 있다.

콜라보레이션(Collaboration)

'모두 일하는' 혹은 '협력하는 것'을 의미하며, 공동 출연, 경연, 합작, 공동 작업을 뜻한다. 르네상스 시기의 이탈리아 피렌체의 메디치 가(家)와 밀라노의 스포르차 가(家) 등 당대 명문가들이 라파엘로, 레오나르도 다빈치, 미켈란젤로와 같은 예술가들을 후원함으로써 그들의 재능을 꽃피우게 한 데서 유래되었다.

10 정답 ④

제시된 글은 인도에서 일어나고 있는 포도주 붐(Boom)에 대해 구체적인 자료를 바탕으로 서술하고 있다. 따라서 글의 주제로 적절한 것은 '인도의 포도주 붐'이다.

11 정답 ②

인간의 몸은 정신에 종속된 하위 존재로 홀대를 받았지만 몸에 대한 새로운 자각과 더불어 춤도 예술의 중심 장르로 격상되었다고

했으므로 주제는 '몸과 춤을 주체적인 것으로 바라보려는 시각의 부상'이 적절하다.

12 정답 ①

제시된 글은 첫 번째 단락에서는 아리스토텔레스의 주장을 예로 들어 '비극의 효용'에 대해서 말하고 있으며 두 번째 단락에서는 니체의 견해를 예로 들어 '비극의 기능'에 대해서 말하고 있다. 두 단락의 내용을 종합했을 때, 이 글의 주제로 가장 적합한 것은 '비극을 즐기는 이유'이다.

13 정답 ④

지문을 통해서 두레는 노동의 피로를 푸는 화합과 놀이의 장이 되었으며, 이 과정에서 벌이는 놀이판이 풍물 전승과 관련 깊음을 알 수 있다.

14 정답 ②

제시문은 국가 간 상호 작용 과정에서 서로 공유하는 이익이 증가하면 각 국가의 이익이 함께 증가할 것인가에 관한 문제 제기와 그에 따른 필자의 주장을 제시한 글이다. 제시문에서는 '중복되는 국가 이익의 영역이 계속 증가하더라도 고도로 상호 작용하는 세계에서 이익 갈등은 사라지는 것이 아니라 단지 수정되고 변형될 뿐이다.'라고 언급하고 있다. 따라서 글의 주제문으로 적절한 것은 ②이다.

15 정답 ⑤

제시문은 말을 통해서만 드러나고 파악될 수 있는 현실, 틀 안에 머무르지 않는 현실에 관심을 가지고 말을 다루어야 말이 통속적으로 굳어버리거나, 의미가 변질·상실되는 것을 막을 수 있다고 주장하고 있다. 즉, 말이 생동감과 깊이를 잃지 않는 방안에 대해 언급하고 있음을 알 수 있다.

16 정답 ③

제시문은 불평등이 경제적 측면에서만 존재하는 것이 아니라 문화적인 면에서도 존재하며, 특히 문화적인 측면에서의 불평등은 쉽게 해결될 수 없다는 점에서 참된 사회적 평등을 이루기 위해서는 문화를 저변에 확대하는 교육이 필요하다고 주장한다. 필자의 궁극적인 주장은 마지막 문장에 잘 드러나 있다.

17 정답 ①

첫 번째 문단에는 '신문이 진실을 보도해야 한다는 것은~무엇이 조건인가를 명확히 해야 한다.'로 '신문의 진실 보도'가 핵심이다. 두 번째 문단에는 '그런데~수난의 길을 걷기 마련이다.'로 '신문

의 진실 보도의 어려움'이 핵심이다. 마지막 문단에는 '신문은 스스로 자신들의~자유로워야 한다.'로 '신문은 임무를 다하기 위해 구속과 억압의 논리로부터 자유로워야 한다.'는 글 전체의 주제가 드러나 있다.

18 정답 ②

마지막 문장인 '합리적으로 처리해야 할 일을 힘이나 감정으로 해결하려는 것은 원칙의 잘못된 적용이기도 하지만 그보다는 인간성을 비하하는 결과를 초래한다는 점에서 더욱 멀리해야 할 일이다.'를 통해서 주제를 파악할 수 있다.

19 정답 ④

구체적인 사례를 제시해 놓고 이를 추론하여 주제를 찾는 유형으로 주어진 자료들이 공통적으로 말하고자 하는 바를 찾으면 된다. 첫 번째 문장은 '경로석에 앉지 않기로 한 사회적 규약 준수', 두 번째 문장은 '교통신호 준수', 세 번째 문장은 '정당한 수단의 재화 획득'을 말하고 있다. 이 세 문장이 공통적으로 말하고 있는 것은 '사회적 규약은 지켜야 하며, 수단과 과정이 모두 정당해야 한다.'라는 것이다. 따라서 이를 모두 포함할 수 있는 주제로 '개인의 이익이 배치된다 할지라도 사회 구성원이 합의한 규약은 지켜야 한다.'가 적절하다.

①, ②, ③, ⑤는 세 문장이 말하고자 하는 바를 포괄하지 못하고 있다.

20 정답 ③

제시문은 한국의 '소주'가 진정한 증류주인지 의문을 제기하면서 그 제조과정과 특징을 통해'소주의 정체'를 밝히고 있다.
- 첫 번째 단락 : '증류주'를 정의하고, 그 종류를 설명하고 있다.
- 두 번째 단락 : '희석식 소주'의 제조 과정과 그 특성을 설명하고 있다.

①, ②, ④, ⑤는 제시문의 내용을 포괄하는 제목으로 부적절하다.

21 정답 ③

첫 번째와 두 번째 단락에서는 우리 사회에서 높은 대학 진학률이 지속되고 있는 이유를 설명하고 있다. 그리고 세 번째 단락은 이것이 한쪽 측면에서 단순하게 고려할 문제가 아니며, 그것은 경제적 요인과 사회적 요인을 비롯한 여러 요인이 함께 고찰되어야 한다고 하였다. 따라서 글의 주제로 가장 알맞은 것은 ③이다.

22 정답 ⑤

제시문은 말을 통해서만 드러나고 파악될 수 있는 현실, 틀 안에 머무르지 않는 현실에 관심을 가지고 말을 다루어야 말이 통속적으로 굳어버리거나, 의미가 변질·상실되는 것을 막을 수 있다고 주장하고 있다. 즉, 말이 생동감과 깊이를 잃지 않는 방안에 대해 언급하고 있음을 알 수 있다.

23 정답 ⑤

이 글은 '반사회적 사회성'이라는 인간 본성의 개념을 설명하고 있다.

①, ② 이 글을 보고 반사회적 사회성의 역할, 필요성을 찾을 수 없다.
④ 반사회적 사회성으로 인한 문명의 발견은 언급되지 않았다.

24 정답 ①

이 글은 촉매 설계 방법을 순서대로 전개하였으며, 촉매 설계 방법을 알려주고 있다. 따라서 이 글의 주제로 가장 타당한 것은 촉매 설계 방법의 과정이다.

25 정답 ⑤

이 글에서는 분청사기는 전통 도자 양식 중 하나로서 점토[청자토]로 만든 형상 위에 화장토[백토]를 칠한 전후에 바탕을 장식하고 유약을 발라 구워 낸 그릇이라고 분청사기의 정의와 특징을 말하고 있다. 따라서 가장 적합한 주제는 분청사기의 정의와 특징이다.

26 정답 ②

이 글은 과학이 진실이나 정확성이 아닌 호소력과 권위에 의해 좌지우지되는 그늘을 가지고 있음을, 화성의 운하를 둘러싼 일화를 통해 보여주고 있는 글이다. 따라서 이 글의 제목으로는 '과학사의 그늘 : 화성과 운하'가 적절하다.

27 정답 ③

3문단에서 수학이 자연에 대한 관찰과 실생활의 경험을 통해 얻은 실용적인 사실들의 수집에서 출발했다는 진술을 찾을 수 있다. 이렇듯 자연 세계에서 탄생하고 그 속에서 성장하여 온 수학이 형식적이고 추상적인 상태에 오래 머무르면 그 힘이 약화될 것이라고 하였다. 따라서 이 글의 논지와 가장 가까운 것은 '자연에 대한 깊이 있는 연구는 수학적 발견을 위한 풍성한 공급원이다.'이다.

28 정답 ①

이 글에서는 방언의 두 가지 종류 '지역 방언'과 '사회 방언'에 대하여 각각의 원인과 예시를 들며 설명하고 있다.

29 정답 ④

이 글은 컴퓨터에서 스택 알고리즘을 활용해 중위 표기식을 후위 표기식으로 변환하는 방법에 대해 설명하고 있다.

30 정답 ②

이 글은 기존 공연 예술에서 무대 장치의 소품이었던 오브제가 현대 공연 예술에서는 전혀 다른 상징적 의미를 갖게 되며, 중요한 역할을 담당했던 인물들은 소품과 같은 오브제로 변형되어 존재한다고 설명한다. 따라서 '현대 공연 예술 연출의 변화'가 적절하다.

31 정답 ③

보기는 학생의 입장에서 다룰 수 있는 주제와 교사의 입장에서 다룰 수 있는 주제로 나누어져 있다. 고등학생들이 참여할 만한 토의 주제로 가장 적절한 것은 교실에서 학업 분위기를 유지하기 위한 방안에 대한 것이므로 정답은 ③이다.

32 정답 ②

이 글은 전기 저항의 개념과 이와 관련된 두 가지 법칙을 소개하고 있다.

① 이 글은 줄의 법칙과 줄열보다는 옴의 법칙과 줄의 법칙에 대해 서술하고 있다.
③, ④, ⑤ 전류가 흐를 때 열이 발생하는 이유는 1문단에서만 주로 소개되고 있으므로 글 전체를 아우르는 표제로 적절하지 않다.

33 정답 ①

'전류의 흐름을 방해하는 물질의 성질'이 (가)의 중심 내용으로 적절하다.

34 정답 ④

이 글은 군집 로봇의 군집 알고리즘 중 선도 추종 제어 기법을 설명하고 있다.

35 정답 ③

(다)는 초전 소자의 구조에 대해 설명하고 있다.

36 정답 ④

(가)에서는 광섬유가 개발되기까지의 과정에 대해 설명하고 있고, (나)와 (다)에서는 광섬유의 내부 구조 및 빛을 전달하는 원리에 대해, (라)에서는 광섬유의 다양한 이용 분야에 대해 설명하고 있다. 광섬유 시대를 살아가는 현대인의 자세에 대해서는 언급하지 않았다.

37 정답 ②

이 글은 '시장집중률은 시장 내 일정 수의 상위 기업들이 차지하는 비중을 나타내 주는 수치, 즉 일정 수의 상위 기업의 시장점유율 합한 값이다.'라는 개념을 제시하고 있다. 그리고 이를 통해 시장 구조를 구분하고, 시장 내의 공급이 기업에 집중되는 양상을 파악할 수 있다는 의의를 밝히고 있다.

38 정답 ④

글에서는 줄곧 우주의 나이 문제를 언급하고 있으며, 허블로부터 시작된 우주의 나이 측정 문제와 모순의 해결과정을 제시하고 있다.

39 정답 ①

이 글의 1문단은 해저를 이루고 있는 대륙 주변부와 대양저의 해저지형에 대한 간략한 소개, 2문단은 대양저 산맥을 이루는 현무암과 대양저 산맥의 외관 묘사, 3문단은 열수공이라 불리는 대양저 지형의 특성, 4문단은 대양저에 돌출해 있는 수천 개의 화산인 해산에 대한 설명, 5문단은 대양저에서 가장 깊은 곳인 해구에 대한 설명으로 구성되어 있다. 따라서 '대양저와 해저 지형'이 적절하다.

40 정답 ②

1문단에서는 기억정보가 뇌에 저장되는 방법, 2~4문단에서는 기억 정보가 뇌에 저장되는 장소에 대해 설명하고 있다.

01 문서작성의 기초

01 ④	02 ③	03 ②	04 ③	05 ②	06 ④	07 ①	08 ②	09 ②	10 ④
11 ①	12 ③	13 ①	14 ②	15 ③	16 ③	17 ①	18 ③	19 ①	20 ④
21 ③	22 ②	23 ④	24 ④	25 ④	26 ④	27 ③	28 ③	29 ②	30 ③
31 ①	32 ②	33 ②	34 ④	35 ④	36 ④	37 ①	38 ④	39 ④	40 ④

01 정답 ④

인용한 자료의 출처는 반드시 밝혀야 할 뿐 아니라, 그 출처가 정확한지 확인해야한다.

02 정답 ③

기획서는 적극적으로 기획하여 하나의 프로젝트를 문서형태로 만들고, 상대방에게 전달하여 프로젝트를 시행하기 위한 문서이다.

03 정답 ②

연도와 월일은 함께 기입하고 문서 마지막에 '끝'을 넣는 것은 공문서 작성방법이다.

04 정답 ③

문장은 짧고 간결하게 작성해야 보는 사람이 이해하기 쉽다.

05 정답 ②

정보제공을 위한 경우, 설명서나 안내서 등 제품이나 서비스에 대한 설명이 제공되는 문서가 필요하다.

상황에 따른 문서 작성법
- 요청이나 확인을 부탁하는 경우 : 공문서 등
- 정보제공을 위한 경우 : 홍보물, 보도자료, 설명서, 안내서 등
- 명령이나 지시가 필요한 경우 : 업무지시서 등
- 제안이나 기획을 할 경우 : 기획서, 제안서 등
- 약속이나 추천을 할 경우 : 추천서 등

06 정답 ④

결재권자가 휴가나 출장 등으로 상당 기간 부재중일 때나 긴급한 문서를 결재권자의 사정에 의해 받을 수 없는 경우에는 '대결'이 이루어진다. 따라서 ④의 경우 A팀장은 대결 서명을 해야 한다. 한편, 전결은 조직 내에서 기관장이 그 권한에 해당하는 사무의 일

부를 일정한 자에게 위임하고, 그 위임을 받은 자가 위임 사항에 관하여 기관장을 대신해 결재하는 제도를 말한다.

① 결문에서 '도로명 주소'를 쓴다고 하였으므로, 기존 지번 주소 방식이 아닌 도로명 주소를 써야 한다.
② 결문에 '공개구분(완전공개, 부분공개, 비공개)로 구성'한다고 하였으므로, 공개구분을 선택해 표시해야 한다.
③ 결재 시에는 '전결' 표시를 해야 하므로, '[과장] 전결 D'로 하는 것이 맞다.

07 정답 ①

공문서는 행정기관에서 대내적 또는 대외적인 공무를 집행하고자 할 때 작성하는 문서이다.

08 정답 ②

설명서는 명령문보다 평서형으로 작성하며, 정확한 내용 전달을 위해 간결하게 작성한다.

09 정답 ②

보고서 제출 시 참고자료는 정확하게 제시해야 한다.

10 정답 ④

문서작성능력이란 직장생활에서 요구되는 업무의 목적과 상황에 적합한 아이디어나 정보를 전달할 수 있도록 문서로 작성할 수 있는 능력을 의미한다.

① 자신의 의사를 목적과 상황에 맞게 설득력을 가지고 표현하는 능력은 의사표현력이다.
② 원활한 의사소통의 방법으로 상대방의 이야기를 듣는 능력은 경청능력이다.

③ 업무와 관련된 문서를 통해 구체적인 정보를 획득·수집·종합하는 능력 문서이해능력이다.

11   정답 ①

문서는 객관적이고 논리적이며 체계적인 내용이 좋다.

문서작성의 구성요소

- 품위 있고 짜임새 있는 골격
- 객관적이고 논리적이며 체계적인 내용
- 이해하기 쉬운 구조
- 명료하고 설득력 있는 구체적인 문장
- 세련되고 인상적이며 효과적인 배치

12   정답 ③

고객의 만족도는 문서작성 시 고려사항에 해당하지 않는다. 문서작성 시에 고려해야 할 사항으로는 대상과 목적, 시기가 포함되며, 기획서나 제안서 등 경우에 따라 기대효과 등이 포함되어야 한다.

13   정답 ①

공문서는 누가, 언제, 어디서, 무엇을, 어떻게(왜)의 육하원칙이 정확히 드러나도록 작성해야 한다.

문서 작성법

- 공문서
  - 누가, 언제, 어디서, 무엇을, 어떻게(왜)가 정확히 드러나도록 작성한다.
  - 연도, 월, 일을 반드시 함께 기입하며 날짜 다음에 괄호를 사용할 경우에는 마침표를 찍지 않는다.
  - 한 장에 담는 것을 원칙으로 하며, 마지막에는 '끝'으로 마무리한다.
  - 대외문서, 장기간 보관되는 문서 등의 성격에 따라 정확하게 기술한다.
- 설명서
  - 명령문보다 평서형으로 작성하며, 정확한 내용전달을 위해 간결하게 작성한다.
  - 상품과 제품에 대해 설명하는 성격에 맞추어 정확하게 기술한다.
  - 전문용어는 소비자의 이해를 위해 가급적 사용을 삼가도록 한다.
- 기획서
  - 상대가 채택할 수 있도록 설득력을 갖추어 어필해야 하므로, 상대가 요구하는 점을 고려하여 작성한다.

- 내용의 효과적인 전달을 위해 도표, 그래프 등으로 시각화 한다.
- 핵심을 정확히 기입하고 한눈에 파악되도록 체계적인 목차를 구성한다.
- 보고서
  - 업무 진행과정에 대한 핵심내용을 구체적으로 제시하되, 내용의 중복을 피하여 간결하게 작성하도록 한다.
  - 보고서는 개인의 능력을 평가하는 요인이므로 제출 전 반드시 최종점검을 한다.
  - 내용에 대한 예상 질문을 사전에 추출하고, 그에 따른 답을 준비해본다.

14   정답 ②

고객의 요구는 문서작성 시 고려사항에 해당하지 않는다. 문서작성 시에 고려해야 할 사항으로는 대상과 목적, 시기가 포함되며, 기획서나 제안서 등 경우에 따라 기대효과 등이 포함되어야 한다.

문서작성

- 문서의 의미 : 문서란 제안서·보고서·기획서·편지·메모·공지사항 등이 문자로 구성된 것을 말한다.
- 직장생활에서의 문서작성 : 직장생활에서의 문서작성은 업무와 관련된 일로 조직의 비전을 실현시키는 것으로, 개인의 의사소통을 위한 과정일 뿐만 아니라 이를 넘어 조직의 사활이 걸린 중요한 업무이기도 하다는 점에서 중요성이 부각되고 있다.
- 문서작성 시 고려사항 : 대상과 목적, 시기, 기대효과 등

15   정답 ③

보고서는 내용의 중복을 피하고 핵심사항만을 산뜻하고 간결하게 작성하여야 한다.

16   정답 ③

문서작성의 핵심은 결론과 같은 주요한 내용을 먼저 쓰는 것이다. 따라서 ③은 문서작성 원칙으로 옳지 않다.

문서작성의 원칙

- 문장은 짧고, 간결하게 작성한다. : 의미 전달에 문제가 없는 한 가능한 문장을 짧게 쓰며, 지나친 기교를 피하여 실질적인 내용을 담을 수 있도록 구성함
- 상대방이 이해하기 쉽게 쓴다. : 우회적인 표현이나 현혹적인 문구는 되도록 쓰지 않도록 한다.
- 간결체로 작성한다. : 문장을 표현 시 가능한 간결체를 사용하여 의미전달이 효과적이 되도록 하며, 행과 단락을 내용에 따라 적절하게 배분하여 체계적으로 구성되도록 한다.

- 간단한 표제를 붙인다. : 문서의 내용을 일목요연하게 파악할 수 있는 간단한 표제를 붙여 내용을 쉽게 이해할 수 있도록 구성한다.
- 긍정문으로 작성한다. : 부정문이나 의문문의 형식은 되도록 피한다.
- 문서의 주요한 내용을 먼저 쓴다. : 결론 등 주요 내용을 먼저 쓰는 것이 문서작성의 핵심이다.
- 한자의 사용을 자제한다. : 의미전달에 중요하지 않은 한자사용을 자제하도록 한다(문서이해를 위해 상용한자의 범위 내에서 한자를 사용한다).

17 정답 ①

문서가 작성되는 시기는 문서가 담고 있어야 하는 내용에 상당한 영향을 미치므로, 그 작성 시기 또한 중요하다고 할 수 있다.

문서작성 시 주의사항
- 문서는 육하원칙에 의해서 써야 한다.
- 문서는 그 작성 시기가 중요하다.
- 문서는 한 사안을 한 장의 용지에 작성해야 한다.
- 문서작성 후 반드시 다시 한 번 내용을 검토해야 한다.
- 문서의 첨부자료는 반드시 필요한 자료 외에는 첨부하지 않도록 한다.
- 문서내용 중 금액, 수량, 일자 등의 기재에 정확성을 기하여야 한다.
- 문장표현은 작성자의 성의가 담기도록 경어나 단어사용에 신경을 써야 한다.

18 정답 ③

내용이 다채롭게 표현되어야 한다. 나머지는 모두 문서를 시각화하는 포인트에 해당한다. 문서의 내용을 시각화하기 위해서는 전하고자 하는 내용의 개념이 명확해야 하고, 수치 등의 정보는 그래프 등을 사용하여 시각화하며, 특히 강조하여 표현하고 싶은 내용은 조형을 이용하여 표현의 강약을 조정할 수 있어야 한다.

19 정답 ①

문서작성 시 고려해야할 사항으로는 대상과 목적, 시기, 기대효과가 있다. 구체적 실현 방법은 문서작성 시 고려사항에 해당하지 않는다.

20 정답 ④

복잡한 내용은 도표를 통해 시각화하여 이해도를 높이며, 동일한 문장 반복을 피하고 다양하게 표현하는 것은 설명서의 작성법에 해당한다. 나머지는 모두 공문서 작성 시의 유의사항에 해당한다.

21 정답 ③

제시된 상황에서 필요한 것은 업무에 관련된 문서를 통해 구체적인 정보를 획득·수집하고, 종합하기 위한 능력, 즉 직업현장에서 자신의 업무와 관련된 인쇄물이나 기호화된 정보 등 필요한 문서를 확인하여 문서를 읽고, 내용을 이해하고 요점을 파악하는 능력이다. 이를 문서이해능력이라고 한다. 문서이해능력은 문서에서 주어진 문장이나 정보를 읽고 이해하여, 자신에게 필요한 행동이 무엇인지 추론할 수 있어야 하며, 도표, 수, 기호 등도 이해하고 표현할 수 있는 능력을 의미한다.

22 정답 ②

매뉴얼은 기계나 컴퓨터, 각종 제품 등의 사용방법이나 기능, 용도, 보수 및 관리 등을 알기 쉽게 설명한 책이며, 직원이 업무를 수행하는데 필요한 관련 지식과 진행방법 등에 관해 기본적인 사항을 체계적으로 정리한 지도서를 말한다. 직원 교육의 일환으로서의 매뉴얼은 주로 표준화할 수 있는 일의 작업 지시서를 말하며, 작업의 순서와 방법, 수준 등을 순서에 따라 자세하고 구체적으로 문서화한 것을 말한다. 따라서 제시된 전산팀 담당자는 컴퓨터에 관한 매뉴얼을 참고하는 것이 가장 적절하다.

23 정답 ④

부모의 교육 수준이 아동의 영양 섭취에 대한 기초지식의 차이를 만들고 이에 따라 아동의 영양 섭취에 대한 관심도의 차이를 만들 수 있다는 가설을 세울 수는 있다. 그러나 연구 목적에서 '부모의 교육 수준'이 아니라 '부모의 소득 수준'에 따른 연구를 진행하기로 하였으므로 연구 목적에 맞도록 '부모의 교육 수준'에 따른 아동의 영양 섭취는 삭제하고 보고서를 작성하는 것이 바람직하다. 보고서 작성에서는 연구의 목적과 연구의 내용 및 연구 방법, 조사 항목들이 모두 유기적으로 연관되어 있어야 하기 때문이다.

24 정답 ④

아동 성범죄자들을 추적, 관리하는 것은 이들이 사회에 적응하지 못하여 범행을 반복하는 것을 막기 위한 것이 아니라 재범 확률이 높기 때문에 이를 막기 위한 것이다.

25 정답 ④

보고서의 주제는 우리나라의 탈산업화가 고속으로 진행되는 것에 대한 대안 모색이다. 여기서 유의할 점은 탈산업화 자체가 문제가 되는 것이 아니라 우리나라의 탈산업화 속도가 빠르다는 것이 문제라는 점이다. 즉, 탈산업화의 보편적인 문제점은 주제로부터 벗어나 있다. 따라서 '탈산업화의 보편적 문제점'보다는 '고속 탈산업화에 따른 문제점'이 적절한 조사 항목이다.

26 정답 ④

탈산업화의 과정을 겪고 있는 우리나라가 서비스업과 제조업의 비율을 인위적으로 맞추는 것이 올바른 해결 방안이라고 볼 수는 없다. 문제점에 제시된 내용을 바탕으로 이에 대한 대안을 모색하는 것이 개요의 구조상 적절하다.

27 정답 ③

일반적으로 서론에는 주제 및 문제를 제시하고 본론에는 제기한 문제에 대하여 근거를 들어서 자신의 주장과 견해를 서술한다. 즉, 본론에서는 구체적인 설명을 통해 지식과 정보를 전달하는 것이다. 결론에서는 주제를 요약하고, 본문을 정리하며 서론에서 제시한 문제에 대해서 답을 제시한다.

보기의 내용을 보면 글의 화제가 '청소년 비행'임을 알 수 있다. 위에서 설명한 것으로 〈서론〉의 내용을 찾는다면 청소년의 비행과 비행의 실태를 밝힌 'ㄴ, ㄹ'이 적당하다. 〈본론〉에서는 원인과 해결책을 제시하는 것이 적당하므로 〈본론1〉에는 원인에 해당하는 'ㄷ, ㅂ'이 〈본론2〉에는 해결책에 해당하는 'ㅁ, ㅇ'이 들어가야 한다. 마지막으로 〈결론〉에는 강조와 촉구의 내용인 'ㄱ, ㅅ'이 들어가는 것이 적당하다.

28 정답 ③

자본주의의 본질에 대한 주제는 두괄식, 미괄식, 양괄식 등의 포괄식 구성이 적당하다. '자본주의의 본질은 ～하다. ～이다.'라는 형식의 결론이나 주제를 어느 한 문단에 넣고 이를 뒷받침하는 진술들을 효과적으로 배열하는 것이 좋다.

29 정답 ②

'함께하는 세상'이 대구를 이루고 있고, '세대를 초월하는 경험, 고전과 함께해요.'는 추가 자료의 내용을 잘 반영하고 있다.

30 정답 ③

제시된 글의 중심 문장은 '그네뛰기는 단순한 놀이가 아니다.'이다. 따라서 '그네뛰기는 예로부터 주로 여성들이 즐겨온 대표적인 민속놀이 중 하나이다.'라는 문장은 글의 중심 내용과는 거리가 멀고 통일성을 약화시키는 내용이므로 삭제하는 것이 적절하다.

31 정답 ①

시간을 잘 관리하는 사람과 시간을 잘 관리하지 못하는 사람이 다른 점을 언급하며 당신은 어떤 사람이냐고 묻고 있으므로 대조를 통해 문제를 제기하면서 글을 시작하였다. 그리고 도시에 공원이 필요하듯 시간에도 여백이 필요하다고 말하였으므로 유사한 상황에 빗대어 내용을 표현하였다.

32 정답 ②

문서를 파악하기 위해서는 문서의 목적을 이해하고, 문서가 제시하고 있는 현안문제를 파악한 뒤, 상대방의 의도를 메모하여 요약, 정리해야 한다.

문서 파악 방법

• 문서를 파악하기 위해서는 먼저 문서의 목적을 이해해야 한다.
• 문서의 배경과 주제를 파악한 다음에는 문서에 쓰인 정보가 무엇인지, 문서가 나타내고 있는 현안문제가 무엇인지를 파악해야 한다.
• 문서에 대한 파악이 끝나고 해야 할 행동이 결정되면 상대방의 의도를 도표나 그림 등으로 메모하여 요약 또는 정리해서 쉽게 볼 수 있게 한다.

33 정답 ②

일정한 양식에 인쇄하여 필요한 사항을 쉽게 기입할 수 있도록 만들어진 사무 문서는 장표에 대한 설명이다.

• 공람문서 : 담당 처리 수서에서 접수, 배부 받은 문서를 담당자로부터 결재권자까지 결재를 받은 후에 그 문서 내용과 관련이 있는 구성원들에게 문서 내용을 알리는 의미에서 회람시키는 문서

문서의 종류

공문서, 기획서, 기안서, 보고서, 설명서, 보도자료, 자기소개서, 비즈니스 레터, 비즈니스 메모 등

34 정답 ④

문서의 종류 중 (A)는 결산보고서, (B)는 보도자료에 대한 설명이다. 보도자료는 정부 기관이나 기업체, 각종 단체 등이 언론을 상대로 자신들의 정보가 기사로 보도되도록 하기 위해 내보내는 자료를 말한다.

보고서의 의미와 종류

• 의미 : 특정한 일에 관한 현황이나 그 진행 상황 또는 연구, 검토 결과 등을 보고하고자 할 때 작성하는 문서
• 종류
  - 영업보고서 : 재무제표와 달리 영업상황을 문장 형식으로 기재해 보고하는 문서
  - 결산보고서 : 진행됐던 사안의 수입과 지출결과를 보고하는 문서
  - 일일업무보고서 : 매일의 업무를 보고하는 문서
  - 주간업무보고서 : 한 주간에 진행된 업무를 보고하는 문서

– 출장보고서 : 회사 업무로 출장을 다녀와 외부 업무나 그 결과를 보고하는 문서
– 회의보고서 : 회의 결과를 정리해 보고하는 문서

35　정답 ④
건의문에는 건의 내용이 수용되기 어려울 경우의 차선책을 제시한 부분이 나타나 있지 않다.

36　정답 ④
건의문에는 구체적인 피해 사례를 통계 수치로 언급한 부분이 나타나 있지 않으므로 이 계획은 반영되지 않았다.

37　정답 ①
필자는 자신의 진로와 관련된 의미 있는 경험을 소개하며, 자신의 진로를 위해 노력을 기울이고 있다는 자신의 장점을 부각하고 있다.

38　정답 ④
작문 결과물에서 글쓴이는 '우리는 외국인과 다문화 가정 구성원들이 우리 문화에 동화되기를 바라면 안 되며 그들 고유의 문화를 존중하고 공유해야 한다.'고 하였다. 그리고 작문 결과물의 결론 부분에서는 '다문화적 정체성'을 강조하고 있다.
그러나 개요의 결론은 '다문화인의 적응을 도와주어야 한다.'고 하였으나 이는 실제 작문 결과물의 내용과 맞지 않는 내용이다. 따라서 정답은 ④이다.

① '인식과 행동의 변화 촉구'는 전 단락에 걸쳐서 반영되어 있다.
② 문제 상황 인식에서 '다문화 가정에 대한 차별적인 시선'은 두 번째 단락에, '다문화 가정을 위한 지원 시스템 부족'은 세 번째 단락에 반영되어 있다.
③ 해결 방안에서 '다문화 가정에 대한 인식 개선, 정부 차원의 법과 제도 개선'은 네 번째 단락에 반영되어 있다

39　정답 ④
㉮의 제조 원가 상승, 고금리, 환율에 따른 소비자 심리는 가격 경쟁에 해당되고, ㉯의 연구 개발 소홀, 품질 불량, 판매 후 서비스 부족, 납기의 지연은 비가격 경쟁에 해당된다.

개요 완성하기 문제 풀이법
개요 완성하기 문제는 개요의 전체적인 내용을 파악하여 하위 내용으로 상위 내용을 유추하거나 상위 내용을 통해 하위 내용을 유추하여 풀이할 수 있다.

40　정답 ④
글은 자원 사용과 관련하여 개인의 사회적 책임이 간과되고 있음을 목초지의 비극을 중심으로 설명하고 있다.

①, ②, ③은 개인의 사회적 책임을 설명하기 위한 내용이기 때문에 제목으로 보기에 적절하지 않다.

배열하기

02

01 ①	02 ②	03 ③	04 ④	05 ⑤	06 ③	07 ③	08 ④	09 ②	10 ①
11 ①	12 ④	13 ④	14 ④	15 ①	16 ②	17 ④	18 ⑤	19 ③	20 ③
21 ③	22 ⑤	23 ③	24 ②	25 ①	26 ④	27 ②	28 ③	29 ④	30 ③
31 ④	32 ①	33 ②	34 ①	35 ④	36 ②	37 ④	38 ①	39 ④	40 ⑤

01 정답 ①

(라)의 마지막 문장인 '지난 천 년간의 역사에서 가장 영향력이 있는 발명인 금속활자 인쇄술은 어떻게 발명되었는지 알아보자.'에서 첫 시작임을 알 수 있다. 이어 (가)에서 구텐베르크를 설명 후 활자를 복제하는 기술을 설명하며 (다), (나)의 순으로 글이 마무리된다.

02 정답 ②

(다)에서 '생체모방'에 대해 정의하고, (라)에서 놀라운 생명체의 능력과 그 비밀을 연구하여 인간 생활에 적용하여 인간을 이롭게 하고자 하는 생체모방 공학의 목적을 밝히고 있다. 이어 (가), (나)의 순서로 이러한 목적을 달성하기 위해 '자연으로 돌아가 자연을 배우고자 한다.'라는 생체모방 공학의 방향을 제시하고 있다.

03 정답 ③

제시된 첫째 단락에서 '아이가 욕을 배워 친구 앞에서 욕을 하는 것은 어른 세계에 대한 반항이자 거기서 벗어나고 싶다는 표현이다.'라고 하여 아이가 욕을 하는 이유에 대해 설명하였는데, (다)의 첫 문장인 '1968년 이탈리아에서 학생운동이 시작되었을 당시, 학생들이 귀에 담기에 힘든 폭언을 내뱉은 것도 같은 이유에서였다.'의 "같은 이유"는 앞의 이유와 연결될 수 있다.
또한 (다)의 이유에 해당하는 '자신들은 규범을 깨뜨릴 것이며 이제 기성세대에, 국가 권력에 따르지 않겠다.'는 것은 첫째 단락의 '어른 세계에 대한 반항이자 거기서 벗어나고 싶다.'와 내용상 연결된다. 따라서 첫째 단락에 바로 연결될 수 있는 것은 '(다)'이다.
(가) : 첫 문장인 '그들이 집회에서 내뱉는 폭언은 자신들과 기성세대의 차이를 분명하게 구분 짓는 행동 양식이었다.'에서 말하는 "그들"은 글의 내용상 (다)의 "학생들"이 된다. 따라서 (다) 다음에는 (가)가 연결되어야 한다.
(라) : (가) 단락의 '기성세대와는 다른 그들만의 독자성을 가진 집단'에서 '집단'과 연결되는 내용은 (라)이다. 내용상 (라)의 '어떤 집단이나 직업에도 특수한 말이 있다. … 타 분야와 확실히 구별

을 짓고 싶기 때문이다.'는 것도 (가)와 관련된 부연 설명이 된다.
(나) : '그러나 욕은 특수 용어가 아니다. 특수 용어는 개념을 더 정확하게 나타내고 미묘한 뉘앙스 차이를 분명하게 한다.'는 부분에서 사용된 "특수 용어"는 내용상 (라)의 "특수 용어"에 대한 설명과 연결된다.
따라서 이어질 글의 순서를 적절히 배열한 것은 ③이다.

04 정답 ④

주어진 글은 시장이 실패하게 되는 요인 중에서 정보의 비대칭성에 대한 경우를 살피고 있다. (다)에서 시장의 실패 원인으로 정보의 비대칭성을 꼽고 있으므로 첫 번째 문단에 와야 한다. 이후 (나)에서는 정보의 비대칭성의 뜻을 설명하고, 이로 인해 도덕적 해이와 역 선택의 문제가 발생하므로 그 다음은 순서대로 (가)에서 도덕적 해이의 의미와 (라)에서 역 선택의 의미가 나오면 된다.
따라서 문단을 순서대로 배열하면 (다) – (나) – (가) – (라)이다.

05 정답 ⑤

다문화 정책이 글 전체의 화제이므로 이에 대해 언급한 (다)가 일반적 진술로써 글 전체의 도입부가 된다. 여기서는 다문화 정책의 핵심 내용으로 좋은 인력의 선별 수용과 이민자의 정착을 위한 사회통합을 제시하였다. (다)에서 다문화 정책은 사회비용을 절약하기 위해 중요하다고 하였는데, (가)는 이러한 사회비용을 구체적으로 제시하고, 이민자를 선별 수용하지 않아 많은 사회비용이 발생한 프랑스의 예를 들었다. 따라서 (다) 다음에 (가)가 이어지는 것이 자연스럽다. (라)는 이미 들어온 이민자에 대한 지원의 필요성에 관한 내용인데, 이는 (다)에서 언급한 다문화 정책의 두 번째 내용인 이민자의 정착과 관련된다. 따라서 (가) 다음에 (라)가 이어지는 것이 자연스럽다. 또한 (나)에서 다문화 정책의 패러다임 전환과 관련하여 다문화 가족에 대한 적극적 지원과 다문화 가족과의 상생 발전을 도모할 것을 제시하였다. 이는 글의 결론에 해당한다고 볼 수 있다.
따라서 글의 연결 순서로 (다) – (가) – (라) – (나)가 가장 적절하다.

06 정답 ③

문화란 인간의 생활을 편리하게 하고, 유익하게 하고, 행복하게 하는 것이니 이것은 모두 지식의 소산이다. 이상이나 문화나 다 같이 사람이 추구하는 대상이 되는 것이요, 또 인생의 목적이 거기에 있다는 점에서는 동일하다. 그러나 이 두 가지가 완전히 일치되는 것은 아니니, 그 차이점은 여기에 있다. 이상은 현실 이전의 문화라 할 수 있을 것이다. 어쨌든 이 두 가지를 추구하여 현실화시키는 데에는 지식이 필요하고, 이러한 지식의 공급원으로는 다시 서적이란 것으로 돌아오지 않을 수가 없다. 문화인이면 문화인일수록 서적 이용의 비율이 높아지고, 이상이 높으면 높을수록 서적의 의존도 또한 높아지는 것이다.

07 정답 ③

남북의 언어가 이질화되었다고 하지만 사실은 그 분화의 연대가 아직 반세기에도 미치지 않았고 맞춤법과 같은 표기법은 원래 하나의 뿌리에서 갈라진 만큼 우리의 노력 여하에 따라서는 동질성의 회복이 생각 밖으로 쉬워질 수 있다. 문제는 어휘의 이질화를 어떻게 극복할 것인가에 귀착된다. 우리가 먼저 밟아야 할 절차는 이질성과 동질성을 확인하는 일이다. 이러한 작업은 언어 · 문자뿐만 아니라 모든 분야에 해당한다. 동질성이 많이 확인되면 통합이 그만큼 쉽고 이질성이 많으면 통합이 어렵다. 이질성의 극복을 위해서는 이질화의 원인을 밝히고 이를 바탕으로 해서 그것을 극복하는 단계로 나아가야 한다. 극복의 문제도 단계를 밟아야 한다. 일차적으로는 적응의 과정이 필요하고, 다음으로는 최종적으로 선택의 절차를 밟아야 한다. 적응의 과정은 북쪽의 문헌이나 신문을 본다든지 텔레비전, 라디오를 시청함으로써 이루어질 수 있는 극복의 원초적인 단계이다. 선택은 전문 학자들의 손을 거쳐 이루어질 수도 있고 장기적으로 언어 대중의 손에 맡기는 것이 최상의 길이다.

08 정답 ④

천체의 온갖 형상, 곧 천문을 관측하기 위하여 설치한 시설을 천문대라 한다. 천문대의 일종인 경주 첨성대는 신라 선덕 여왕 때 돌로 쌓아 만든 것으로, 높이는 약 8.7미터가 된다. 위는 모가 나 있고, 아래는 넓고 둥글어 그 속에서 위로 올라가도록 되어 있다. 윗부분이 우물 귀틀같이 생긴 것으로 보아 그 위에 천문 관측기를 놓고 하늘을 보았던 것으로 추측된다.

09 정답 ②

한국 전통 춤이 가진 특성의 하나를 단적으로 일러주는 것으로써 "손 하나만 들어도 춤이 된다."는 말이 있다. 겉으로는 동작이 거의 없는 듯하면서도 그 속에 잠겨 흐르는 미묘한 움직임이 있다. 이를 흔히 '정중동(靜中動)'이라고 한다. 그것은 수많은 움직임을 하나의 움직임으로 집중하여 완결시킨 경지이다. 가장 간소한 형태로써 가장 많은 의미를 담아내고, 가장 소극적인 것으로써 가장 적극적인 것을 전개하는 그것은 불필요한 것이나 잡다한 에피소드를 없애 나가서 드디어 사상(事象)의 본질만을 드러내는 춤이다.

10 정답 ①

다른 사람들이 하는 대로 행동하는 경향은 여러모로 유용하다. 일반적으로 다른 사람들이 하는 대로 행동하게 되면, 즉 사회적 증거에 따라 행동하면 실수할 확률이 그만큼 줄어든다. 왜냐하면 다수의 행동이 올바르다고 인정되는 경우가 많기 때문이다. 그러나 이러한 사회적 증거의 특성은 장점인 동시에 약점이 될 수도 있다.

11 정답 ①

사진술은 다양한 물질의 감광성에 대한 길고도 지루한 실험의 토대 위에서 출현하였다. 상(像)을 정착시키는 기술의 선구자인 니에프스와의 공동 연구 이후 다게르는 1837년에 동판 위에 감광성 물질인 요오드화은을 점착시키고 암상자 속에서 빛을 노출시킨 다음, 수은 증기를 쐬어 세부 묘사가 대단히 정밀한 상을 얻어 내었다. 한편 영국인 톨벗은 1835년에 최초의 '감광 소묘'에 성공했는데 이것은 염화은으로 감광성을 띠게 한 종이 위에 물건이나 식물을 놓고 산출한 음화(陰畵)였다. 그 직후 그는 작은 암상자를 이용하여 사물의 영상을 종이에 정착시킬 수 있었다.

12 정답 ④

지조를 지키기란 참으로 어려운 일이다. 자기의 신념에 어긋날 때면 목숨을 걸어 항거하여 타협하지 않고 부정과 불의한 권력 앞에는 최저의 생활, 최악의 곤욕을 무릅쓸 각오가 없으면 '섣불리 지조를 입에 담아서는 안 된다. 정신의 자존(自尊), 자시(自恃)를 위해서는 자학과도 같은 생활을 견디는 힘이 없이는 지조는 지켜지지 않는다. 그러므로 지조의 매운 향기를 지닌 분들은 심한 고집과 기벽까지도 지녔던 것이다.

13 정답 ④

인간의 순간적인 행동, 그리고 나아가 자아 형성은 다른 사람들이 나를 부르는 호칭과 이름에 영향을 받는다. 예를 들어, 처음으로 어린아이를 가진 사나이가 '아버지'라고 불렸을 때, 이 '아버지'라는 말은 그의 행동과 삶에 크게 작용하며, 그의 자아 형성에 영향을 주게 된다. 다른 사람들이 나를 '선생님'이라고 부를 때, 이 말은 나의 행동과 삶을 선생님이라는 틀 속에 몰아넣는다. 이것은 단순히 사회적인 지위나 직업이 인간의 자아의식에 미치는 심리적인 규제에서 오는 것만이 아니다. 직업이나 지위에 대한 의식보다 오히려 '선생님' 혹은 '아버지'라고 불렸을 때 그 말들은 순간적으로 나의 행동과 삶에 작용하여 유동적인 행동이나 삶을 늘 일정한 길을 따라 발전해 가게 한다.

14 정답 ④

영화의 기본적인 단위는 프레임이다. (테두리 혹은 틀을 뜻하는 프레임은 영화가 만들어져 상영되는 단계마다 서로 다르게 정의된다.) 촬영 과정에서는 카메라를 통해 들여다보는 장면의 구도로, 편집 과정에서는 필름에 현상된 낱낱의 정지 사진으로, 그리고 상영 과정에서는 극장의 어둠과 화면을 가르는 경계선으로 규정되는 것이다. 그러나 어떻게 정의되든 간에 이 개념은 영화가 프레임을 통해 비추어진 세계이며 프레임을 경계로 어두운 객석의 현실 세계와 구분된다는 것을 의미한다는 점에서 일치한다. (영화는 연속적으로 교체되는 많은 수의 프레임을 가진다.) 그리고 이 프레임들은 통합의 과정을 거치면서 한 편의 영화로 만들어진다.) 그렇기 때문에, 어떤 프레임일지라도 그 시간과 동작의 원래 맥락에서 분리되지 않으며, 그 자체가 독립적으로 완결된 의미를 지니는 경우는 거의 없다.

15 정답 ①

백신은 일반적으로 두 가지 경로를 통해 병균을 파괴한다. (백신이 투여되면 몸 안에서는 두 가지 종류의 방어군이 형성된다.) 이 중 한 가지는 병균이 세포 안에 숨어 버릴 때 그 세포를 '폭격 지점'으로 삼는다. 이 역할을 담당하는 몸 속 방어군은 T세포 – 임파구라고 불린다. 또 다른 방어군의 이름은 B세포이다. 병균 – 항원에 직접 결합해 조각내 버리는 항체를 만드는 세포이다. 그러나 두 가지 역할을 훌륭히 수행한다고 해서 모두 좋은 백신이 아니다. (기본적으로 약효뿐만 아니라 안정성을 갖추어야 하기 때문이다.) 백신이 제 아무리 면역 반응을 잘 일으킨다고 해도 몸의 입장에서는 낯선 이물질인 것이 사실이다. (그래서 과학자들은 효과를 최대화시키고 부작용을 최소화시키는 방향으로 다양한 백신을 개발해 왔다.)

16 정답 ②

(자본주의 경제체제는 이익을 추구하는 인간의 욕구를 최대한 보장해 주고 있다.) 기업 또한 이익 추구라는 목적에서 탄생하여, 생산의 주체로서 자본주의 체제의 핵심적 역할을 수행하고 있다. 곧, 이익은 기업가로 하여금 사업을 시작하게 된 동기가 된다. (이익에는 단기적으로 실현되는 이익과 장기간에 걸쳐 지속적으로 실현되는 이익이 있다.) 기업이 장기적으로 존속, 성장하기 위해서는 단기 이익보다 장기 이익을 추구하는 것이 더 중요하다. 실제로 기업은 단기 이익의 극대화가 장기 이익의 극대화와 상충될 때에는 단기 이익을 과감하게 포기하기도 한다. (자본주의 초기에

는 기업이 단기 이익과 장기 이익을 구별하여 추구할 필요가 없었다.) 소자본끼리의 자유 경쟁 상태에서는 단기든 장기든 이익을 포기하는 순간에 경쟁에서 탈락하기 때문이다. 그에 따라 기업은 치열한 경쟁에서 살아남기 위해 주어진 자원을 최대한 효율적으로 활용하여 가장 저렴한 가격으로 상품을 공급하게 되었다.

17 정답 ④

민주주의 정치 체제는 시민이 스스로 다스리는 동시에 다스림을 받는다는 원리에 근거한다.

(나) 오늘날 대부분의 민주국가는 대의 민주주의를 채택하고 있는데, 대의 민주주의에서는 시민들이 선출한 대표가 시민들의 요구에 따라 정책을 결정한다.

(마) 고대 아테네에서처럼 대표를 추첨으로 뽑는 경우, 대표는 일반 국민과 동일한 정치 의사를 가진 존재가 되고, 대표의 정치 의사는 자동적으로 국민의 정치 의사를 대변하게 된다.

(라) 반면 고대 로마에서처럼 소수의 귀족 집단에서 대표를 선거로 뽑는 경우, 대표는 일반 국민과 동일한 정치 의사를 가진 존재가 아니며, 따라서 일반 국민의 정치 의사를 따를 필요가 없다.

(가) 이러한 대표의 정체성을 두고 대리자라는 견해와 수탁자라는 견해가 대립한다.

(다) 대리자는 국민의 의사대로 정치를 해야 하는 존재이고, 수탁자는 대표 자신의 의사대로 정치 행위를 할 수 있는 존재이다.

18 정답 ⑤

가이아는 본래 그리스 신화에 나오는 대지의 여신을 일컫는 말이다. 영국의 대기 과학자인 제임스 러브룩은 지구를 하나의 생물체로 정의한 가이아(Gaia) 이론을 발표하였다. (그에 따르면, 가이아는 지구의 생물, 대기권, 대양 그리고 토양까지를 포함하는 하나의 범지구적 실체이다.) 지구를 생물과 그것의 환경, 즉 생물과 무생물로 구성된 하나의 초유기체로 보는 것이다. 지구를 초유기체로 본다는 것은 지구를 하나의 살아 있는 생명체로 간주한다는 의미이다. (생물체는 생존을 위해서 외부 환경의 변화에도 불구하고 체내의 환경을 일정한 상태로 유지하려는 속성을 갖고 있다.) 예컨대 기온이 10도 상승했다고 해서 체온이 10도 올라가는 것은 아니며, 발한 작용에 의하여 체온이 일정하게 유지된다. 생물체의 이러한 매커니즘을 항상성이라고 명명했다. (말하자면 가이아는 항상성을 갖고 있다는 것이다.)

19 정답 ③

자신이 죽는다는 사실을 아는 동물은 인간뿐으로, 인간은 그 공포에서 벗어나기 위해 수많은 설명과 행위를 만들어낸다.

유학자들도 예외가 될 수 없다. (아무리 이론적인 무장을 잘 해도 죽음 앞에서는 한갓 헛될 뿐이다.) 유교에서 제사가 그렇게 중요

시되었던 것도 바로 인간의 영생을 간접적이나마 약속해 준다는 것 때문이었을 것이다. 이것마저 양보하면 유교는 그 높은 형이상학적 교리만으로는 버틸 수가 없었을 것이다. (제사야말로 유교를 근본적으로 받쳐 주고 있는 종교 의례였던 것이다.) 그래서 조선 후기에 천주교가 제사의례를 부정하고 나왔을 때 당시 유교적 위정자들이 온갖 박해로 천주교를 탄압한 것이라고 추리할 수 있다. (종교적으로 절대적인 도그마로 뿌리박혀 있는 것을 공격하게 되면 어떤 종교에서든 강력한 거부감을 가지고 호전적으로 맞서게 되는 것이다.)

20   정답 ③

군주가 자신의 권력을 이용해 신하에게 일방적인 충성을 강요할 수 없다. (군주가 옳지 못하다면 신하는 간언을 서슴지 않아야 한다.) 만약 군주가 간언을 듣지 않는다면 그를 버리고 떠나면 그만이다. (자신의 직분을 다하지 않고 의리를 저버린다면 임금과 신하 사이의 의는 깨어지고 말 것이다.) 따라서 군신유의라 함은 힘에 의한 일방적인 복종이 아니라 덕에 의한 상호 의무를 전제로 한 관계이고 서로 견해가 다르면 언제든지 떠날 수 있는 관계이기 때문에 무조건적인 복종도 무조건적인 강요도 있을 수 없다. 비록 신분상으로는 신하일지라도 덕이 많은 사람이라면 군주도 그를 스승으로 섬기고 그에 알맞은 대접을 해야 한다. 맹자는 임금이 자기의 권력을 믿고 거만하게 행동하면 불러도 가지 않았다. (덕으로 따지면 자기가 우위라고 생각했기 때문이다.) 부자 관계는 천륜이기에 떨어질 수 없지만, 군신 관계는 언제든지 뜻이 다르면 떠날 수 있는 관계이다. 그래서 군신 관계도 수평적인 관계인 것이다.

21   정답 ③

(사이드 미러는 자동차 문에 붙여서 뒤를 볼 수 있게 한 거울이다.) 그런데 운전석에 앉았을 때 왼쪽 거울에 비치는 모습과 오른쪽 거울에 비치는 모습은 동일하지가 않다. 사이드 미러로 자기 얼굴을 비추어 보면 이를 확인할 수 있다.
(왼쪽 거울에 비추어 보면 얼굴이 실제와 거의 같게 보이는데, 오른쪽 거울에 비추어 보면 얼굴이 실제보다 작게 보인다.) 왜 그럴까? 이를 알아보기 위해서는 먼저 거울에 적용되는 반사의 법칙을 알아볼 필요가 있다. 반사의 법칙은 왜 사이드 미러의 좌우가 다르게 보이는지를 설명하는 기초가 된다. 반사면에서 수직을 이루는 가상의 선을 법선이라고 하는데, 입사광이 들어왔을 때 입사광의 진행 방향과 법선이 이루는 각을 입사각이라고 한다. 반사면에서 반사되는 반사광도 법선과 어떤 각을 이루며 반사되는데 그 각을 반사각이라 한다. (반사각이 입사각과 같다는 것이 바로 반사의 법칙이다.)

22   정답 ⑤

(20세기 겪은 문명의 야만(野蠻)은 아우슈비츠, 히로시마, 체르노빌이라는 세 지명으로 특징지어진다.) 이 지명들은 인류 문명사의 획기적인 전환점을 상징적으로 말해 준다는 점에서 단순한 이름이기보다는 역사적 기호들이다. 예컨대 과학적 인간 청소를 대변하는 아우슈비츠는 과거에도 인간에 대한 억압이 있었다는 말을 무력하게 만들었고, 히로시마의 원자 폭탄 투하로 끝난 제 2차 세계 대전은 어느 시대에나 전쟁은 있었다는 사실을 우습게 만들었으며, 인류가 과학 기술을 완전히 통제할 수 없을 뿐만 아니라 한 지역의 환경오염이 전 지구에 영향을 미친다는 교훈을 남긴 체르노빌 사건은 인간에 의한 자연의 착취가 한계에 도달했음을 보여 준다. (그것들은 문명의 진보가 반드시 인간성의 실현과 일치하는 것은 아니라는 사실을 보여 준다.) (이처럼 20세기는 야만을 극복하는 것으로 이해되어 온 문명이 전혀 다른 종류의 야만을 산출할 수 있다는 의식이 생겨난 세기이다.)

23   정답 ③

훈민정음이 말소리를 제대로 담아낼 수 있는 문자 시스템이 될 수 있었던 것은 말소리를 정확히 관찰해 분석해 냈기 때문이다. (문자를 만들기 위한 세밀한 과정이 '과정 층위'이다.) 과정 층위에서 독특한 점은 균형 잡힌 이분법과 삼분법의 철저한 결합을 시도했다는 것이다. (이분법은 자음과 모음을 각각 문자화한 것을 말한다.) 이는 다른 음운 문자와 다를 바 없다. 그러나 훈민정음은 자음과 모음이 균형을 이룬다. 영어는 26자의 자모 중에 모음이 5자(a, e, i, o, u)이고 자음이 21자이다. (이에 비해 훈민정음은 자음이 17자이고 모음이 11자로 수적으로 어느 정도 균형이 맞는다.) 실제 쓰임새에서 영어는 자음과 모음의 배열이 들쑥날쑥하다. 'school'은 '자자자모모자'이고, 'apple'는 '모자자자모'이다. 그러나 훈민정음은 글자(음절)마다 모음이 배치되어 일종의 기준 역할을 한다.

24   정답 ②

흔히 "마법의 돌"이라고 일컬어지는 반도체는 현대 생활에 없어서는 안 되는 핵심 전자 부품의 하나이다. (반도체 표면에는 다양한 두께와 모양을 가진 패턴이 새겨져 있다.) 이들 패턴이 여러 개 모여서 다양한 전자 소자를 형성하고 컴퓨터 프로그램의 수행, 카메라 영상의 촬영, 스마트폰의 전파 송수신과 같은 기능을 수행한다. 반도체 표면에 새겨진 패턴은 머리카락 굵기의 500분의 1 정도로 작은 것도 있는데, 이렇게 작은 패턴을 어떻게 새길 수 있을까? (반도체 위에 패턴을 새기는 공정을 '포토리소그래피'라고 하는데, 이는 '빛'을 의미하는 '포토'와 '돌'을 의미하는 '리소', '그림'을 의미하는 '그래피'가 결합된 말이다.) 즉, 빛을 사용하여 돌과 같이 단단한 반도체 표면 위에 그림을 새겨 넣는 과정을 말한다. (돌에 조각을 새기기 위해서는 붓으로 밑그림을 그리고 정으로 밑그림 이외의 부분을 깎아내지만 포토리소그래피에서는 새겨야 할 패턴이 매우 작기 때문에 빛과 화학 물질을 사용한다.)

25 정답 ①
주어진 글은 앞으로의 사회가 이미지의 중요성이 더욱 부각될 것이나 기호가치보다는 사용가치에 비중을 둔 합리적 소비가 많아져야 한다는 것을 주장하고 있다. (라)에서는 전체 주제를 관통하는 핵심적인 의문을 제기하며 글을 시작하고 있으며, (나)에서는 산업혁명 이전의 삶과 이후의 삶을 비교하며 소비사회를 부각했으며, (가)에서는 이 소비사회 안에서의 상품의 질보다는 브랜드나 이미지를 선호하게 된 현상에 대한 설명을 하고 있으며, (다)에서는 이러한 현상에서 상품을 구매할 때 기호 가치와 사용가치를 통해 달라지는 가격의 의미를 얘기하고, (마)에서 마지막으로 글쓴이가 전달하고자 하는 의도를 강조하며 글을 마치고 있다.

26 정답 ④
(다) 화제를 제시하며 '이들'은 인간 행위에 어떤 비판이나 칭찬도 할 수 없다고 주장하는 사람들이다.
(라) (다)의 주장에 대한 새로운 의견을 제시한 문장이다.
(가) 인간 행위가 통제될 수 있다면 부모들이 원하는 방향대로 자식을 이끌 수 있다는 의미이다.
(나) '하지만'이라는 역접의 접속어를 사용하여 부모가 원하는 대로 자식의 품성을 만들 수 없다는 점을 지적하고 있다.

문장 배열 유형 풀이법
문맥에 맞게 문장을 순서대로 나열하는 유형의 문제는 접속어, 지시어가 있는 문장을 가장 먼저 살펴보아야 한다.

27 정답 ②
(가) 화제를 제시하는 문장이다.
(라) '그것'은 인간이 오래전부터 지속되어 왔다고 여기는 '제도나 관념'을 지칭한다.
(나) (가)와 (라)에 나타난 인간의 생각이 초래하는 결과이다.
(다) '여기에'는 (나)에서 초래된 결과를 말한다.

28 정답 ③
(나) '재즈'에 대한 재즈 역사가들의 입장이 제시되어 있으며, '그 이상'이란 앞 문장에서 언급된 '하나의 이상'을 말하는 것이다.
(라) '여기에서'는 삶 속에서 우러나온 경험과 감정을 담고자 하는 열정적인 마음을 의미한다.
(가) '그들의 의지'는 (라)와 마찬가지로 삶 속에서의 경험과 감정을 담고자 했던 열정적인 마음을 의미한다.

(다) 앞의 문장들에서 진술한 내용의 대표적인 사례로 '초기 재즈'를 언급하고 있다.

29 정답 ④
제시된 문장은 '해결(解決)'의 정의와 의견 충돌 상황에서의 해결 방법에 대한 내용이다.
(라) '해결(解決)'에 대해 정의를 내린 문장이다.
(가) 서로의 의견이 충돌하는 상황을 해결하는 방법이 제시되어 있다.
(다) 서로의 의견이 충돌할 때 전제가 다르면 근본적으로 의견의 차이를 좁히기 어렵다.
(나) 상대방과 근본적으로 의견의 차이를 좁히기 어려운 상황에서의 해결 방법은 '생각의 차이'를 이해하는 것이다.

30 정답 ③
(다) 아인슈타인은 상대성 이론을 통해 시공간의 불변성을 뒤엎었다.
(가) '이러한 발상의 전환'은 아인슈타인의 상대성 이론을 말하며, 그의 이론은 과학에서 직관적 영감의 중요성을 보여주는 사례라고 평가하고 있다.
(나) 뉴턴, 갈릴레이 등도 직관적 영감을 통해 과학적 업적을 이룬 사람들이다.
(라) 앞선 사례들을 바탕으로 과학의 발전에서 직관적 영감의 역할이 과소평가되었다는 주장을 제시하고 있다.

31 정답 ④
제시된 문장 중 (라) 문장의 앞에 접속어가 나타나지 않으므로, 앞에 제시되는 것이 자연스럽다.
(라) 전체의 주장에 해당하는 첫 번째 문장을 제시한 후 하나의 생명 탄생의 과정에는 많은 생사의 고비를 거쳐야 한다는 내용이다.
(다) '이 고비'는 (라)에 제시된 생사의 고비를 뜻한다.
(나) 생명체가 생사의 고비를 넘을 때 이기주의적 전략이 좋은 방법이 된다.
(가) 따라서 인간은 이기적일 것을 요구받고, 그 요구를 벗어날 수 있는 인간은 없다.

32 정답 ①
(나) 소설 읽기를 여행에, 작가는 여행을 안내하는 사람에 빗대어 표현하고 있다.
(다) 여행의 안내자인 작가의 역할에 대해 설명하고 있다.
(라) 소설을 읽는 여정에 어려움도 있음을 제시하고 있다.
(가) 앞서 말한 어려움에 대해 구체적으로 설명하고 있다.

33 정답 ②

지시어와 접속어가 많지 않기 때문에 접속어가 있는 (다), (라) 문장을 중심으로 문맥의 흐름을 유심히 파악해야 한다.
(나) 제시된 내용 전체를 포괄하는 화제 제시 문장이다.
(마) 노동자 계급이 학습 능력을 획득하였을 때의 좋은 점이 제시되어 있다.
(가) (마)의 장점을 간략하게 정리하였다.
(라) 노동자 계급이 쓰기 능력을 획득하였을 때의 단점이 제시되었다.
(다) '따라서 노동자 계급의 쓰기 능력은 필요 없었다.'라고 언급하는 것으로 보아 (라) 뒤에 와야 한다.

34 정답 ①

(가) 글 전체는 근대 민법에 대한 내용으로, 앞에 지시어나 접속어가 없는 (가)문장이 가장 처음에 오는 것이 자연스럽다.
(다) 근대 민법의 자유롭고 평등한 인간 생활을 확보하지 못한 이유에 대해 밝히고 있다.
(라) (가)와 (다) 이외의 문장은 모두 노동자와 관련된 내용인데, 근대 민법에서 전제하는 노동자의 성격에 대해 제시한 (라)문장이 (가)와 (다)를 제외하고 가장 앞에 와야 한다.
(나) '그러나'라는 접속어를 사용하여 근대 민법에서 전제하는 평등한 인격체로서의 노동자가 현실적으로 이루어질 수 없음에 대해 서술하고 있다.
(마) '이에'는 노동자의 사회적 권리가 보호받지 못하는 현실, 노동자의 노동력 착취를 지칭하는 것이다.

35 정답 ④

(다) '사이버공간 – 관계의 네트워크'라는 전제 문장이다.
(나) 사이버공간은 물리적 네트워크로 구성되어 있다.
(라) '그러나'라는 접속어를 사용하여 앞의 문장과 상반되는 내용을 제시하고 있다.
(마) (라)와 같이 주장하는 이유가 제시되어 있다.
(가) '양쪽 차원'이란 물리적 연결과 논리적 연결을 말하는 것이다.

36 정답 ②

폴링이 폴리펩티드 사슬의 구조를 밝힌 것을 보고 크릭은 같은 방법으로 DNA의 구조도 밝힐 수 있으리라고 생각했다. → 우선 가장 중요했던 것은 라이너스 폴링이 어떻게 a나선을 발견했는지를 이해하는 일이었다. → 크릭은 곧 폴링의 발견이 상식의 산물이며 결코 복잡한 고등 수학을 통해 끌어낸 결론이 아님을 알게 되었다. → 폴링의 성공의 열쇠는 그가 구조 화학의 법칙들과 친숙했다는 점에 있었다. → X선 사진만 들여다보고 있었다면 a나선을 발견할 수 없었을 것이다.

37 정답 ④

물리계 중에는 예측 불가능한 물리계가 있다. → 이와 같은 물리계가 예측 불가능한 이유는 초기 조건의 민감성 때문인지, 물리현상이 물리학의 인과법칙을 따르지 않기 때문은 아니다. → 지구의 대기에서 나비 한 마리가 날갯짓을 한 경우와 하지 않은 경우를 비교하면, 그로부터 3주 뒤 두 경우의 결과는 판이하게 달라질 수 있다. → 따라서 몇 주일 뒤의 기상이 어떻게 전개될지 정확히 예측하려면 초기 데이터와 수많은 변수들을 아주 정밀하게 처리해야만 가능하다. → 그러나 아무리 성능이 뛰어난 컴퓨터라고 해도 이를 제대로 처리하기 어렵다.

38 정답 ①

지식의 본성을 다루는 학문인 인식론은 흔히 지식의 유형을 나누는 데에서 이야기를 시작한다. 지식의 유형은 '안다'는 말의 다양한 용례들이 보여 주는 의미 차이를 통해서 드러나기도 한다. → 예컨대 '그는 자전거를 탈 줄 안다.'와 '그는 이 사과가 둥글다는 것을 안다.'에서 '안다'가 바로 그런 경우이다. → 전자의 '안다'는 능력의 소유를 의미하는 것으로 '절차적 지식'이라고 부르고, 후자의 '안다'는 정보의 소유를 의미하는 것으로 '표상적 지식'이라고 부른다. → 어떤 사람이 자전거에 대해서 많은 정보를 갖고 있다고 해서 자전거를 탈 수 있게 되는 것은 아니며, 자전거를 탈 줄 알기 위해서 반드시 자전거에 대해서 많은 정보를 갖고 있어야 하는 것도 아니다. → 아무 정보 없이 그저 넘어지거나 다치거나 하는 과정을 거쳐 자전거를 탈 줄 알게 될 수도 있다.

39 정답 ④

X가설이란 위생 수준이 높아질수록 면역력이 떨어진다는 이론이다. → 위생 환경이 좋지 않은 곳에서 자라면 세균과 바이러스에 노출되어 그에 대한 면역체계가 만들어지고 강화된다. → 그러나 깨끗한 곳에서 자라면 면역체계를 만들 기회가 적어 쉽게 병에 걸린다는 것이다. → 이 이론에 따르면 감기 등 잔병치레를 많이 하면 면역력도 강화된다. → 따라서 의사들은 열이 조금 올랐다고 해열제를 먹이기보다는 아이가 땀을 내면서 감기 바이러스와 싸워야 한다고 말한다.

40 정답 ⑤

남북의 언어가 이질화되었다고 하지만 사실은 그 분화의 연대가 아직 반세기에도 미치지 않았다. 맞춤법과 같은 표기법은 원래 하나의 뿌리에서 갈라졌기에 우리의 노력 여하에 따라서는 동질성의 회복이 생각 밖으로 쉬워질 수 있다. → 문제는 어휘의 이질화를 어떻게 극복할 것인가에 귀착된다. 우리가 가장 먼저 밟아야 할 절차는 이질성과 동질성을 확인하는 일이다. 이러한 작업은 언어 · 문자뿐만 아니라 모든 분야에 해당된다. 동질성이 많이 확인되면 통합이 그만큼 쉬워지고 이질성이 많으면 통합이 어렵다. → 이질성의 극복을 위해서는 이질화의 원인을 밝히고 이를 바탕으로 해서 그것을 극복하는 단계로 나아가야 한다. 극복의 문제도 점차적으로 단계를 밟아야만 한다. 일차적으로는 서로 적응의 과정이 필요하고, 그 다음으로는 최종적으로 선택의 절차를 밟아야 한다. → 적응의 과정은 북쪽의 문헌이나 신문을 본다든지 텔레비전, 라디오를 시청함으로써 이루어질 수 있는 극복의 원초적인 단계이다. 선택은 전문 학자들의 손을 거쳐 이루어지거나 장기적으로 언어 대중의 손에 맡기는 것이 최상의 길이다.

03 빈칸추론

01 ①	02 ⑤	03 ④	04 ⑤	05 ①	06 ①	07 ③	08 ②	09 ③	10 ①
11 ④	12 ⑤	13 ③	14 ④	15 ④	16 ④	17 ③	18 ⑤	19 ④	20 ⑤
21 ⑤	22 ④	23 ①	24 ②	25 ②	26 ③	27 ④	28 ②	29 ①	30 ④
31 ②	32 ③	33 ③	34 ①	35 ①	36 ③	37 ④	38 ②	39 ④	40 ⑤

01 정답 ①

빈칸 뒤에는 말라리아에 대한 면역 유전자가 인종으로 구분지어지는 것은 아니라는 내용이 제시되고 있다.

 Tip

빈칸 추론

지문 속에 있는 명시적인 정보를 근거로 내용을 미루어 생각할 수 있는지를 평가하는 유형의 문제이다. 따라서 무엇보다 꼼꼼한 독해 능력이 요구된다. 특히 빈칸의 앞뒤 문맥을 잘 파악해야 한다.

02 정답 ⑤

빈칸에는 자동차가 대중화된 후 어째서 자동차 발명의 최초 동기가 충족되지 못하는지에 대한 설명이 들어가야 하는데, 빈칸의 뒤에서 과거 사람들은 집에서 근거리의 직장에 출퇴근 하였으나 오늘날엔 점점 멀어졌다는 내용이 나오므로 빈칸에는 출퇴근 거리에 대한 내용이 들어가야 한다.

03 정답 ④

고객에게 제공되는 서비스와 관련하여 '곱셈의 법칙'이 적용되는 경우를 찾으면 된다. 사칙연산에서 '곱하기 0'을 하면 어떤 숫자가 와도 모두 0이 된다는 사실과 관련하여 빈칸에 들어갈 내용으로 적절한 것은 ④임을 알 수 있다.

04 정답 ⑤

빈칸에 들어갈 문장을 찾기 위해서는 빈칸의 앞뒤 문맥을 잘 살펴야 한다. 빈칸을 기준으로 앞부분에서는 '힐링(Healing)'에 대해 정의하고, 국내에서 유행하고 있는 다양한 힐링 상품에 대해 소개하며 고가의 힐링 상품들이 나오고 있다고 언급하였다. 그러나 뒷부분에는 내면에 눈 뜨고 육체적 건강을 회복하는 것이 먼저라는 내용이 있으므로, 괄호 안에는 앞서 언급한 고가의 힐링 상품에 대한 부정적인 내용이 들어가야 할 것이다. 따라서 적절한 문장은 ⑤이다.

05 정답 ①

텔레비전 토론 프로그램이 공론장의 기능을 못하고 있으며, 이해관계에 있는 집단들의 주장을 일방향으로 전달하고 특정 입장을 홍보한다는 글의 내용으로 미루어 보아 빈칸에는 여론의 왜곡에 대한 내용이 들어가는 것이 알맞다.

06 정답 ①

자신에게 익숙한 정보를 쉽게 받아들이고, 과다하게 신뢰하여 자신이 실제로 알고 있는 것보다 더 알고 있다고 과신하는 '지식착각'에 대한 내용이다. 빈칸에는 지식착각으로 인해 발생할 수 있는 잘못된 결과에 대한 내용이 들어가야 하므로 ①이 적절하다. '모르는 게 약'이라는 속담을 통해 빈칸의 내용을 유추할 수도 있다.

 오답해설

② 패턴과 관련된 내용은 제시되어 있지 않다.
③ 지식착각은 자신의 지식을 과신하는 경우에 대한 내용으로 현재와 과거의 관념에 대한 것과는 상관없다.
④ 익숙한 정보 이외에 낯선 정보의 경우 이를 이해하고 받아들이기 위해 많은 에너지를 필요로 한다는 내용은 제시되어 있지만 무시하거나 고려하지 않는다는 내용은 없다.

07 정답 ③

빈칸에는 앞 문장인 '그런 일은 깨어있을 때에는 쉽사리 알아내기 어렵다.'는 내용에 대한 이유나 근거가 들어가야 하는데, 이는 결국 빈칸 바로 앞의 내용, 즉 '따뜻하고 화려한 옷이 상처가 결점을 가려주는 것'이 비유하고 있는 내용에 해당한다. 이러한 내용에 가장 부합하는 것은 ③이다. 즉, 따뜻하고 화려한 옷이 상처나 결점을 가려주는 것과 마찬가지로 깨어있는 의식이 내면세계의 관찰을 방해하는 것이다. 이는 빈칸 뒤의 내용('정신이 옷을 벗기를 기다려 ~ 들어갈 수 있다.')을 통해서도 확인할 수 있다.

08 정답 ②

빈칸 앞의 문장에서 물리학자들은 탁구공이 튈 방향을 예언하지 못한다고 하였고, 빈칸 다음의 내용은 과학적 예측과 관련하여 예상하지 못한 변수에 대한 구체적 사례를 들고 있다. 따라서 빈칸에 가장 알맞은 내용은 ②이다.

09 정답 ③

빈칸에는 서구와 다른 문명들 간의 힘과 문화의 관계가 문명 세계에서 가장 포괄적인 특성으로 나타나는 직접적인 원인이 제시되어야 한다.

10 정답 ①

빈칸 앞의 내용은 카오스이론이 과학의 한계를 보여주었다는 견해가 있지만 자연 속에는 비 카오스계가 더 많다는 내용이며, 뒤의 내용은 카오스 이론 연구가 과학의 연구 영역을 넓히고 새로운 연구 대상들을 제시한다는 내용이다. 따라서 빈칸에는 카오스 이론이 과학 또는 과학적 연구 영역의 한계를 반영하는 것이 아니라는 내용이 와야 한다. 이러한 내용에 가장 부합하는 것은 ①이다.

11 정답 ④

빈칸 앞에서 언급된 '상습적으로 약속을 지키지 않는 가석방자'는 신뢰하기 어려운 사람이라 말할 수 있다. 그런데 이러한 사람을 신뢰하는 것은 부주의한 행동이라는 점을 지적하고 있으므로 '왜냐하면' 다음의 빈칸에는 신뢰는 행동의 결과에 따라 책임을 져야 한다는 내용이 들어갈 것임을 추론할 수 있다. 이에 가장 부합하는 내용은 ④이다.

12 정답 ⑤

제시문은 지구의 조수 현상의 원인을 설명하고, 빈칸 다음에서 조수 현상의 원인이 지구의 물과 달 사이에 작용하는 인력이라는 결론을 내리고 있다. 먼저 둘째 단락에서 제시된 조수 현상의 원인을 설명하는 이론(가설)은 다음과 같다.
A : 지구의 물과 달 사이에 중력이나 자기력 같은 인력이 작용한다.
B : 지구와 달 사이에 유동 물질이 있고 그 물질이 지구를 누른다.
C : 지구가 등속도로 자전하지 않아 지구 전체가 흔들거린다.
셋째 단락에서는 각각의 가설을 비교하고 있는데, 빈칸의 바로 앞에서 '이 설명들 가운데 지구 전체의 흔들거림 때문에 조수가 생긴다는 설명보다 지구와 달 사이의 물질이 지구를 누르기 때문에

조수가 생긴다는 설명이 더 낫다.'라고 하였다. 이는 "C〈B"로 표현할 수 있다. 그리고 빈칸 다음에서 '우리는 조수 현상의 원인이 지구의 물과 달 사이에 작용하는 인력이라고 결론 내릴 수 있다.'라고 하였다. 이는 '원인은 결론적으로 "A"이다.'로 표현할 수 있다. 따라서 빈칸에는 삼단논법의 전개상 "B〈A"가 오는 것이 맞다. 따라서 빈칸에 들어갈 내용으로 가장 적절한 것은 ⑤이다.

13 정답 ③

1문단에서 양심의 의미를 설명하고 양심의 자유를 양심 형성의 자유, 양심 표명의 자유, 양심 실현의 자유로 구분했다. 2문단에서는 양심 형성의 자유를 설명하고, 3문단에서는 양심 표명의 자유를 설명하고 있으므로 4문단에서는 양심 실현의 자유에 대한 설명이 들어가는 것이 적절하다.

14 정답 ④

뒤의 문장에서 조직의 영향 없이 목적을 이룰 수 있는 경우, 필자는 조직이 권한을 행사하는 것을 아마도 허용하지 않았을 것이라고 언급하고 있다. 이를 통해 미루어 볼 때, 조직의 영향은 필요악임을 추론할 수 있다.

15 정답 ④

앞의 A와 B는 전두측두치매가 예술적 재능을 촉발한 촉매가 되었다는데 동의하고 있는데, C는 이와 다르게 생각한다는 것을 알 수 있다. 따라서 전두측두치매가 예술적 재능과 관련이 없을 수 있음을 설명한 ④가 오는 것이 가장 적절하다.

16 정답 ④

불찰(不察) : 조심해서 잘 살피지 아니한 탓으로 생긴 잘못

① 관찰(觀察) : 사물이나 현상을 주의하여 자세히 살펴봄
   예 현미경을 이용하면 육안으로는 (관찰)되지 않는 것도 자세히 볼 수 있다.
② 고찰(考察) : 어떤 것을 깊이 생각하고 연구함
   예 고대 소설을 (고찰)해 보면 현대 소설과는 다른 특성을 발견할 수 있다.
③ 성찰(省察) : 자기의 마음을 반성하고 살핌
   예 수도자는 자신의 내면적인 (성찰)을 게을리 하지 않아야 한다.
⑤ 시찰(視察) : 두루 돌아다니며 실지의 사정을 살핌
   예 담당자들은 아파트 건축 현장을 (시찰)하였다.

17 정답 ④

자만(自慢) : 자신이나 자신과 관련 있는 것을 스스로 자랑하며 뽐냄

 예 이번에 이겼다고 다음에도 이길 것이라고 (자만)하지 마라.

오답해설

① 고집(固執) : 자기의 의견을 바꾸거나 고치지 않고 굳게 버팀

　　예 그는 자기주장을 끝까지 (고집)하며 결코 양보하지 않았다.

② 아집(我執) : 자기중심의 좁은 생각에 집착하여 다른 사람의 의견이나 입장을 고려하지 아니 하고 자기만을 내세우는 것

　　예 그들은 (아집)에 사로잡혀서 남의 말은 받아들이지 못했다.

③ 위선(僞善) : 겉으로만 착한 체함. 또는 그런 짓이나 일

　　예 박지원의 소설들은 양반들의 (위선)을 풍자한 것이 특징이다.

⑤ 허식(虛飾) : 실속이 없이 겉만 꾸밈

　　예 그녀는 높은 위치에 있으면서도 (허식) 없이 진실하게 사람들을 대해 주었다.

18 정답 ⑤

질시(嫉視) : 시기하여 봄

오답해설

① 계시(啓示) : 사람이 알지 못하는 일을 신이 가르쳐 알게 함

　　예 부처의 (계시)를 받은 듯 홀연히 시심이 움직였다.

② 암시(暗示) : 넌지시 알림. 또는 그 내용

　　예 이 소설에서 비는 불행한 결말을 (암시)한다.

③ 명시(明示) : 분명하게 드러내 보임

　　예 전세 계약을 하면서 이사할 날짜를 계약서에 (명시)했다.

④ 과시(誇示) : 자랑하여 보임. 사실보다 크게 나타내어 보임

　　예 그는 무대에 올라서 오랫동안 닦은 기량을 (과시)했다.

19 정답 ④

잠재(潛在) : 겉으로 드러나지 않고 속에 잠겨 있거나 숨어 있음

오답해설

① 개재(介在) : 어떤 것들 사이에 끼여 있음

　　예 어떤 선입견도 (개재)하지 않았다.

② 산재(散在) : 여기저기 흩어져 있음

　　예 전국에 (산재)한 전설을 채록하다.

③ 건재(健在) : 힘이나 능력이 줄어들지 않고 여전히 그대로 있음

　　예 건물이 아직 (건재)하다.

⑤ 편재(偏在) : 한 곳에 치우쳐 있음

　　예 문화 시설 대부분이 서울에 (편재)하다.

20 정답 ⑤

수입(收入) : 다른 나라로부터 물품을 사들임

오답해설

① 유입(流入) : 액체나 기체, 열 따위가 어떤 곳으로 흘러듦

　　예 중금속이 지하수에 (유입)되었다.

② 도입(導入) : 기술, 방법, 물자 따위를 끌어 들임

　　예 새로운 이론의 (도입)으로 학문이 발전하였다.

③ 투입(投入) : 1. 던져 넣음

　　　　　　　 2. 사람이나 물자, 자본 따위를 필요한 곳에 넣음

　　예 학생들은 경찰력 (투입)에 강력히 반발했다.

④ 편입(編入) : 편입학

　　예 세 명의 학생들이 본과로 (편입)하게 되었다.

Tip

헷갈리기 쉬운 어휘

• 열거(列擧) : 여러 가지 예나 사실을 낱낱이 죽 늘어놓음

• 열람(閱覽) : 책이나 문서 따위를 죽 훑어보거나 조사하면서 봄

• 발췌(拔萃) : 책이나 글 따위에서 필요하거나 중요한 부분을 가려 뽑아냄

• 편독(偏讀) : 한 방면에만 치우쳐 책을 읽음

21 정답 ⑤

정착(定着) : 일정한 곳에 자리를 잡아 붙박이로 있거나 머물러 삶

오답해설

① 정돈(整頓) : 어지럽게 흩어진 것을 규모 있게 고쳐 놓거나 가지런히 바로잡아 정리함

　　예 국회부의장이 장내를 (정돈)시켜 질의는 계속됐다.

② 정비(整備) : 흐트러진 체계를 정리하여 제대로 갖춤

　　예 노후한 차량의 (정비)에 좀 더 손을 써야 한다.

③ 정리(整理) : 문제가 되거나 불필요한 것을 줄이거나 없애서 말끔하게 바로잡음

　　예 부도로 회사가 (정리)되었다.

④ 정제(整齊) : 정돈하여 가지런히 함

　　예 의관을 (정제)하고 자리에 앉았다.

Tip

유형분석

4개의 문장이 주어지고, 제시된 어떤 문장에도 부합하지 않는 단어를 고르는 유형이다. 발음이나 의미가 유사한 어휘들이 제시되므로 어휘 학습을 할 때는 그 용례까지 꼼꼼하게 알아둘 필요가 있다.

22 정답 ④

박약(薄弱) : 의지나 체력 따위가 굳세지 못하고 여림

① 약소(弱小) : 약하고 작음

 예 (약소)한 나라는 강대국에게 괴로움을 당하기 쉽다.

② 소원(疏遠) : 지내는 사이가 두텁지 아니하고 거리가 있어서 서먹서먹함

 예 작은 오해 때문에 오래된 친구와 (소원)하게 지낸다.

③ 척박(瘠薄) : 땅이 기름지지 못하고 몹시 메마름

 예 (척박)한 땅에는 모질고 억센 잡풀밖에 자라지 않았다.

⑤ 빈약(貧弱) : 형태나 내용이 충실하지 못하고 보잘것없음

 예 자료의 (빈약)으로 연구에 많은 어려움이 있다.

23 정답 ①

지출(支出) : 어떤 목적을 위하여 돈을 지급하는 일

② 출품(出品) : 전람회, 전시회, 품평회 따위에 작품이나 물품을 내어놓음

 예 이 작품은 해외 영화제에 (출품)되어 호평을 받은 것이다.

③ 반출(搬出) : 운반하여 냄

 예 골동품들이 국외에 (반출)되고 있다.

④ 배출(排出) : 안에서 밖으로 밀어 내보냄

 예 종량제의 실시로 쓰레기의 (배출)이 크게 줄었다.

⑤ 산출(算出) : 계산하여 냄

 예 성적이 (산출)되다.

24 정답 ②

체력(體力) : 육체적 활동을 할 수 있는 몸의 힘

① 체격(體格) : 몸의 골격

 예 건장한 (체격)의 사내들이 앞을 막았다.

③ 체형(體型) : 체격에 나타나는 특징으로 분류되는 일정한 부류

 예 그녀는 키가 작고 마른 (체형)이다.

④ 체중(體重) : 몸무게

 예 (체중)을 줄이다.

⑤ 체질(體質) : 조직 따위에 배어 있는 성질

 예 우리 회사도 (체질) 개선을 해야 한다.

Tip

헷갈리기 쉬운 어휘

• 기괴(奇怪) : 외관이나 분위기가 괴상하고 기이함

• 기이(奇異) : 기묘하고 이상함

• 특이(特異) : 보통 것이나 보통 상태에 비하여 두드러지게 다름

• 특별 : 보통과 구별되게 다름

25 정답 ②

이설(異說) : 통용되는 것과는 다른 주장이나 의견

① 구설(口舌) : 시비하거나 헐뜯는 말

 예 남의 (구설)에 오르지 않게 조심해야 한다.

③ 연설(演說) : 여러 사람 앞에서 자기의 주의나 주장 또는 의견을 진술함

 예 사람들은 그의 (연설)을 듣고 감명을 받았다.

④ 각설(却說) : 화제를 돌려 다른 이야기를 꺼낼 때, 앞서 이야기하던 내용을 그만둔다는 뜻으로 다음 이야기의 첫머리에 쓰는 말

 예 자, (각설)하고 어디 당신의 계획이나 들어 봅시다.

⑤ 항설(巷說) : 여러 사람의 입에서 입으로 옮겨지는 말

 예 (항설)에 따르면 모두 그가 차기 장관감이라고 한다.

26 정답 ③

위용(偉容) : 훌륭하고 뛰어난 용모나 모양

① 차용(借用) : 돈이나 물건 따위를 빌려서 씀

 예 프로이드의 이론은 많은 분야에서 (차용)되고 있다.

② 유용(有用) : 쓸모가 있음

 예 도서 목록은 책을 찾는 데 아주 (유용)하다.

④ 과용(過用) : 정도에 지나치게 씀. 또는 그런 비용

 예 우리 형편에 자동차를 산다는 것은 (과용)이다.

⑤ 선용(善用) : 알맞게 쓰거나 좋은 일에 씀

 예 그는 여가를 (선용)하여 텃밭을 일궜다.

27 정답 ④

상실 : (기억이나 자신·자격·권리·의미 등 주로 추상적인 것을) 잃어버림

① 배제 : 장애가 되는 것을 없앰

② 증발 : 액체가 그 표면에서 기체로 변하는 일 또는 '사람이나 물건이 갑자기 사라져 행방불명이 됨'을 속되게 이르는 말

③ 실종 : (사람의) 소재나 행방, 생사 여부를 알 수 없게 됨

⑤ 고갈 : 어떤 일의 바탕이 되는 돈이나 물자, 소재, 인력 따위가 다하여 없어짐.

Tip

내용의 추리

- 문맥을 통한 어구의 추리 : 생략되어 있는 어구를 전후 문맥을 통해 미루어 짐작한다.
- 생략된 내용의 추리 : 논지 전개의 흐름을 보아 글을 이루고 있는 문장과 문장, 단락과 단락 사이에 생략된 내용을 추리한다.
- 새로운 정보의 구성 : 기존의 정보를 바탕으로 새로운 내용을 논리적인 측면에서 이끌어 낸다.
- 함축적 의미의 파악 : 표현의 효과를 높이기 위해 사용하는 비유나 문맥에 내포되어 있는 함축적 의미를 파악한다.

28 정답 ②

다양한 인종과 민족을 하나의 새로운 '동질 문화'로 만드는 용광로 정책의 정의를 참고할 때 빈칸 안에는 '성질, 양식, 사상 따위가 다르던 것이 서로 같게 됨'이라는 의미의 '동화(同化)'가 들어가야 한다.

29 정답 ①

앞의 문장에서 언어는 구성 요소의 순간 상태에 의해서만 규정되는 가치 체계라고 언급되었으며, 뒤의 문장에서는 한 시기의 언어 상태를 기술할 때 그 상태에 이르기까지의 모든 과정이 무시된다는 내용이 언급되었다. 이를 통해 화자에게는 현상의 '연속성'이 존재하지 않는다는 것을 추론할 수 있다.

30 정답 ④

신분이나 결혼의 유무 등 사회적 신분을 표시한다고 하는 것은 사람이 어떤 새로운 상태로 넘어갈 때 겪어야 할 의식을 말하는 것이다.

31 정답 ②

오늘날 엔지니어들이 대중들에게 덜 드러나 있으며, 대중의 시선에서 벗어나 있다는 것은 엔지니어들의 비가시성을 의미한다.

32 정답 ③

기후가 어떻게 변할 것이라는 예측치란 앞으로 일어날 기후 변화를 설명하는 것이므로 '전망'이 들어가는 게 적절하다.
전망 : 앞날을 헤아려 내다봄, 또는 내다보이는 장래의 상황

33 정답 ③

다음 글은 많은 사람들이 민주주의와 시장경제가 저절로 '조화'되는 제도라고 인식하고 있기 때문에 이 인식을 변화시키기 위해서 쓰인 글이다. 지문은 민주주의와 시장경제가 서로 분명한 차이를 보이고 있음을 설명한다.
정치적 의사결정은 다수결과 강제성을 전제로 하지만 시장적 의사 결정은 완전 합의와 '자발성'을 근간으로 한다. 문단 가장 마지막 문장에 '시장적 의사 결정에서는, 시장 기구가 제대로 작동하는 한, 거래를 원하는 사람만이 자발적으로 의사 결정에 참여하며 항상 모든 당사자의 완전 합의에 의해서만 거래가 이루어진다.'고 설명되어 있다.

34 정답 ①

이해(利害) : 이익과 손해를 아울러 이르는 말
조정(調停) : 분쟁을 중간에서 화해하게 하거나 서로 타협점을 찾아 합의하도록 함

② 타개(打開) : 매우 어렵거나 막힌 일을 잘 처리하여 해결의 길을 엶
③ 조성(造成) : 무엇을 만들어 이룸, 분위기나 정세 등을 만듦

35 정답 ①

분출 : 액체나 기체 상태의 물질이 솟구쳐서 뿜어 나옴
원동력 : 어떤 움직임의 근본이 되는 힘

36 정답 ③

구조 : 전체를 이루고 있는 부분들이 서로 짜인 관계나 그 체계
골절 : 뼈가 부러짐

① 경도 : 물체의 가벼운 정도
   파손 : 깨져서 못 쓰게 됨
② 밀도 : 빽빽한 정도
   손해 : 물질적으로나 정신적으로 밑짐
④ 탈골 : (관절에서) 뼈마디, 연골, 인대 등의 조직이 정상적인 범위를 벗어나 위치를 이동하는 것

37 정답 ④

모색 : 일이나 사건 따위를 해결할 수 있는 방법이나 실마리를 찾음
혁신 : 묵은 풍속, 관습, 조직, 방법 따위를 완전히 바꾸어서 새롭게 함

38 정답 ④

문맥으로 보아 '자연법칙'에 호응하는 것은 그 법칙에 기꺼이 자신을 '순응시켜' 나가는 것이다.

39 정답 ④

질박하다 : 꾸민 데가 없이 수수하다.

① 고루하다 : 낡은 관념이나 습관에 젖어 고집이 세고 새로운 것을 잘 받아들이지 아니하다.
② 고즈넉하다 : 고요하고 아늑하다. 또는 말없이 다소곳하거나 잠잠하다.
③ 소소하다 : 대수롭지 아니하고 자질구레하다.
⑤ 고고하다 : 세상일에 초연하여 홀로 고상하다.

40 정답 ⑤

두 개의 빈칸 모두 원인 · 이유 · 근거를 나타내는 접속부사가 들어가야 한다.

01 의사소통의 기초

PART 03

01 ④	02 ②	03 ③	04 ③	05 ②	06 ①	07 ①	08 ④	09 ③	10 ①
11 ①	12 ③	13 ①	14 ③	15 ③	16 ②	17 ③	18 ①	19 ④	20 ①
21 ③	22 ②	23 ④	24 ②	25 ①	26 ③	27 ②	28 ④	29 ③	30 ②
31 ④	32 ①	33 ④	34 ④	35 ④	36 ④	37 ④	38 ③		

01 정답 ④

의사소통이란 여러 사람의 노력으로 공동의 목표를 추구해 나가는 집단의 기본적인 존재 기반이자 성과를 결정하는 핵심 기능을 한다. 정보뿐만 아니라 감정, 사상, 의견 등을 전달하고 받아들이는 과정이다. 상대방과의 상호작용을 통해 메시지를 다루는 과정이므로 의견 차이를 좁히고, 선입견을 줄이는 수단이다. 전달하는 과정뿐만 아니라 받아들이는 과정도 포함한다.

02 정답 ②

상대방이 어떻게 받아들일 것인가에 대한 고려는 의사소통을 저해하지 않는다.

의사소통 저해요인

- '일방적으로 말하고', '일방적으로 듣는' 무책임한 마음
  - 의사소통 기법의 미숙, 표현 능력의 부족, 이해 능력의 부족
- '전달했는데', '아는 줄 알았는데' 라고 착각하는 마음
  - 평가적이며 판단적인 태도, 잠재석 의도
- '말하지 않아도 아는 문화'에 안주하는 마음
  - 과거의 경험, 선입견과 고정관념
- 기타 의사소통 저해요인 : 정보의 과다, 신뢰의 부족, 폐쇄적인 의사소통 분위기, 잘못된 의사소통 매체의 선택, 메시지의 복잡성 등

03 정답 ③

자신의 생각과 느낌을 효과적으로 표현하는 것과 타인의 생각과 느낌, 사고를 이해하는 상대방을 배려하는 태도가 직장생활에서 필요한 의사소통의 기능 중에 하나이다. 자신의 생각을 일방적으로 표현하고 상황을 고려하지 않고 자신의 의견을 상대방에게 주장하는 것은 타인을 이해하고 배려하는 태도로 볼 수 없다.

04 정답 ③

의사소통 시 '상대방을 배려하는 마음가짐'은 성공적인 대화를 위해 필수적으로 갖춰야 하는 마음가짐이다. 그러므로 의사소통의 저해요인이 될 수 없다.

05 정답 ②

명확하고 쉬운 단어를 선택하여 이해를 높이고 언어를 단순화해야 한다.

06 정답 ①

의견을 제시할 때에는 혼자서 의사표현을 독점하지 않고 상대방에게 반론 기회를 주는 것이 원활한 의사소통을 할 수 있는 방법이다.

대화의 룰

- 상대방의 말을 가로막지 않는다.
- 혼자서 의사표현을 독점하지 않는다.
- 의견을 제시할 때는 반론 기회를 준다.
- 임의로 화제를 바꾸지 않는다.

07 정답 ①

질책을 할 때는 먼저 칭찬을 하고, 질책을 한 다음에 격려의 말을 하는 것이 바람직하다.

08 정답 ④

김 팀장은 상대방의 말을 가로막는 좋지 않은 경청방법을 가지고 있기에 경청훈련을 해야 한다. 경청 훈련에서 왜? 라는 질문은 상대방에게 반감을 살 수 있기 때문에 피하는 것이 좋다.

09 정답 ③

의사소통 방식이 개방적이라는 것은 생각이나 태도가 숨김이나 막힘이 없이 열려있는 것을 의미한다. 이러한 태도는 한 가지 의견이나 방식을 고집하지 않고 다른 의견이나 방식을 잘 수용한다는 것으로 볼 수 있다. 따라서 이러한 방식과 거리가 먼 것은 ③이다. 다른 의견에 대해 무척 신중한 태도를 취하는 것은 다른 의견 수용을 곤란하게 하는 부정적 측면도 있다.

10 정답 ①

K씨는 공식석상에서 연설을 하였으므로 공식적 말하기에 해당된다.

의사표현의 종류
• 공식적 말하기 : 연설, 토의, 토론 등
• 의례적 말하기 : 식사, 주례, 회의 등
• 친교적 말하기 : 대화 등

11 정답 ①

A는 오늘이 자기 생일이라고 말하여 축하를 받고 싶어 한다. 경청은 다른 사람의 말을 주의 깊게 듣고 공감하는 능력을 말하므로, A의 이러한 의도에 가장 부합하는 대화는 ①이다. 나머지는 모두 경청의 바른 태도에 부합하지 않는다.

12 정답 ③

원활한 의사표현을 위해서는 칭찬을 아끼지 않아야 한다.

원활한 의사표현을 위한 지침
• 올바른 화법을 위해 독서를 하라.
• 과감하게 공개하라.
• 좋은 청중이 되라.
• 칭찬을 아끼지 마라.
• 겸손은 최고의 미덕임을 잊지 마라.
• 공감하고, 긍정적으로 보이게 하라.
• 문장을 완전하게 말해라.

13 정답 ①

의사소통이란 기계적으로 무조건적인 정보의 전달이 아니라 두 사람 또는 그 이상의 사람들 사이에서 의사의 전달과 상호교류가 이루어진다는 뜻이며, 어떤 개인 또는 집단이 개인 또는 집단에 대해서 정보, 감정, 사상, 의견 등을 전달하고 그것들을 받아들이는 과정이다.

14 정답 ③

인상적인 의사소통이란 의사소통과정에서 상대방에게 같은 내용을 전달한다고 해도 이야기를 새롭게 부각시켜 인상을 주는 것을 말한다. 즉, 내가 전달하고자 하는 내용이 상대방에게 의사소통과정을 통하여 감탄하게 만드는 것이라고 할 수 있다. 자신에게 익숙한 말이나 자주 쓰는 표현만을 고집스레 사용하면 전달하고자 하는 이야기의 내용에 신선함이 떨어져 의사소통의 중요성을 잊기 쉽다. 또한 의사소통의 과정에서 자신의 의견을 인상적으로 전달하기 위해서는 선물을 포장하는 것처럼 자신의 의견을 장식하는 것이 필요하다.

15 정답 ③

의사소통의 형태와 종류는 크게 대화, 전화통화, 토론 등 언어적인 것과 기획서, 편지, 메모 등 문서적인 것, 그리고 몸짓과 얼굴표정, 손짓 등 비언어적인 것으로 구분할 수 있다.

16 정답 ②

상대방의 요구를 거절해야 하는 경우 정색을 하면서 안 된다고 딱부러지게 말을 하면 상대가 안 좋은 감정을 갖게 되고 인간관계까지 나빠질 수 있으므로 주의해야 한다. 거절을 하는 경우에도 테크닉이 필요한데, 우선 거절에 대해 사과한 후 응할 수 없는 이유를 설명하는 것이 좋다. 다만 절대 불가능하다고 여겨질 때는 모호한 태도를 보이는 것보다 이유를 말하고 단호하게 거절하는 것이 좋다.

17 정답 ③

의사소통은 내가 상대방에게 일방적으로 언어 혹은 문서를 통해 의사를 전달하는 것을 의미하지는 않는다. 의사소통은 상대방에게 메시지를 전달하는 과정이 아니라, 상대방과의 상호작용을 통해 메시지를 다루는 과정이라고 할 수 있다.

① 의사소통은 둘 이상의 사람들 간에 일어나는 의사의 전달과 상호교류가 이루어진다는 의미이며, 어떤 개인(집단)이 개인(집단)에 대해서 정보나 사상, 의견, 감정 등을 전달하고 그것들을 받아들이는 과정을 의미한다.
② 오늘날 의사소통은 기계적인 정보 전달로 이해하는 것이 아니라 단순한 정보 전달 이상의 것으로 본다.
④ 성공적인 의사소통을 위해서는 내가 가진 정보를 상대방이 어떻게 받아들일 것인가에 대한 고려가 바탕이 되어야 한다.

18 정답 ①

의사소통능력에는 문서적인 측면의 의사소통능력과 언어적인 측면의 의사소통능력이 있다. 경청능력과 의사표현력은 언어적인 측면의 의사소통능력에 해당되며 다른 의사소통보다는 정확성을 기하기 힘든 경우가 있으나, 대화를 통해 상대방의 반응과 감정을 잘 살필 수 있고, 바로바로 상대방을 설득시킬 수 있다는 장점이 있다.

의사소통능력의 종류

- 문서적인 측면의 의사소통능력
  - 유형
    - ⓐ 문서이해능력 : 업무에 관련된 문서를 통해 구체적인 정보를 획득 · 수집 · 종합하기 위한 능력
    - ⓑ 문서작성능력 : 상황과 목적에 적합한 문서를 시각이고 효과적으로 작성하기 위한 능력
  - 평가 : 언어적 의사소통에 비해 권위감이 있고, 정확성을 기하기 쉬우며, 전달성이 높고, 보존성도 큼
- 언어적인 측면의 의사소통능력
  - 유형
    - ⓐ 경청능력 : 상대방의 이야기를 듣고 의미를 파악하는 능력
    - ⓑ 의사표현력 : 상대방의 이야기에 적절히 반응하고 자신의 의사를 목적과 상황에 맞게 설득력을 가지고 표현하기 위한 능력
  - 평가 : 다른 의사소통보다는 정확성을 기하기 힘든 경우가 있는 결점이 있으나, 대화를 통해 상대방의 반응이나 감정을 살필 수 있고 그때그때마다 상대방을 설득시킬 수 있음

19 정답 ④

개방적인 분위기가 아니라 폐쇄적인 의사소통 분위기가 바람직한 의사소통을 저해하는 요인이 된다.

① 표현 능력과 이해 능력의 부족 등은 의사소통을 저해하는 요인에 해당한다.

② 평가적이며 판단적인 태도, 잠재적 의도 등도 바람직한 의사소통을 저해하는 요인이 된다. '엇갈린 정보'를 바로잡지 않은 채 커뮤니케이션을 하면 업무상 문제가 발생한다. 하지만 자신은 '전달했는데', '아는 줄 알았는데' 하며 착각에 빠져 있기 때문에 업무상 문제를 정보공유의 부족에서 오는 것이라고 생각하지 않는다. 이러한 착각은 서로에게 '엇갈린 정보'만 갖게 할 뿐이다.

③ 정보의 과다, 메시지의 복잡성과 경쟁 등도 의사소통을 저해하는 요인이 된다.

바람직한 의사소통 저해요인

- 미숙한 의사소통 기법, 표현 능력의 부족, 이해 능력의 부족
- 평가적이며 판단적인 태도, 잠재적 의도
- 선입견과 고정관념, 과거의 경험
- 정보의 과다
- 메시지의 복잡성, 메시지의 경쟁
- 상이한 지위와 과업지향성
- 잘못된 의사소통 매체의 선택
- 폐쇄적인 의사소통 분위기
- 신뢰의 부족

20 정답 ①

전문용어의 경우 그 언어를 사용하는 집단 구성원들 사이에서는 상호 이해를 촉진시키지만, 고객 등 조직 밖의 사람들에게 사용하는 경우 이해가 어려운 등 의사소통상의 문제를 야기할 수 있다.

② 이야기를 듣는 것은 수동적인 의미의 탐색에 해당되는데 반해 경청은 능동적인 의미의 탐색이므로, 양자는 의미상 구분된다.

③ 다른 사람 이야기에 관심가지기, 메모하는 습관 기르기 등도 의사소통능력을 개발하는 방법이 된다. 의사소통능력을 개발하는데 실천 가능한 작은 변화를 위한 습관부터 고려할수록 좋기 때문에 자신의 내재적인 특징이나 목표, 성격 등을 모두 고려하여 작성한다.

④ 의사소통에 앞서 생각을 명확히 하고 평범한 단어를 쓰는 것은 자신이 의견을 말하는 과정과 관련된 장애극복 전략이 된다.

의견을 말하는/듣는 과정과 관련된 장애극복전략

- 의견을 말하는 과정과 관련된 장애극복전략
  - 의사소통에 앞서 생각을 명확히 하라
  - 문서 작성 시 주된 생각을 앞에 쓰라
  - 평범한 단어를 쓰라
  - 편견 없는 언어를 사용하라
  - 사실에 깔린 감정을 의사소통하라
  - 비언어적 행동(어조, 표현 등)이 미치는 결과를 잘 인식하라
  - 행동을 하면서 말로 표현하라 · 피드백을 받으라
- 의견을 듣는 과정과 관련된 장애극복전략
  - 어휘의 의미보다는 요점이나 의미 파악에 집중하라
  - 자신의 생각과 사전 정보를 통해 말하고 있는 바에 몰입하라
  - 모든 이야기를 듣기 전에 결론을 내리지 말고 전체 생각을 청취하라
  - 말하는 사람의 관점에서 반복하여 피드백 해주어라
  - 청취한 내용을 요약하라

21 정답 ③

인상적인 의사소통을 위해서는 자주 사용하는 표현은 섞어 쓰지 않으면서 자신의 의견을 잘 전달하는 것이 중요하다. 자신에게 익숙한 말이나 표현만을 고집스레 사용하면 전달하고자 하는 이야기의 내용에 신선함과 풍부함, 또는 맛깔스러움이 떨어져 의사소통에 집중을 하기 어렵다. 또한 새로운 고객을 만나는 직업인이라도 매일 다른 사람을 만나기 때문에 같은 말을 되풀이하는 경향이 많은데, 상대방에게 인상적으로 나의 의견을 전달하기 위해서는 상대의 마음을 끌어당길 수 있는 새로운 표현을 익혀 사용하는 것이 필요하다.

① 인상적인 의사소통이란 의사소통과정에서 상대방에게 같은 내용을 전달한다고 해도 이야기를 새롭게 부각시켜 인상을 주는 것을 말한다.

② 인상적인 의사소통은 내가 전달하고자 하는 내용이 상대방에게 의사소통과정을 통하여 '과연'하며 감탄하게 만드는 것이라고 할 수 있다.

④ 자신의 의견을 인상적으로 전달하기 위해서는 선물 포장과 같이 자신의 의견을 적절히 꾸미고 포장하는 것이 필요하다.

22 정답 ②

의견이 다른 경우 일단 수용하는 것이 경청의 방법으로 적절하다. 논쟁에서는 먼저 상대방의 주장을 들어주는 것이 경청에서 중요하다.

① 상대에게 시선(Eye − Contact)을 맞추어 주고, 말을 가로채지 않으며, 말하는 순서를 지키는 것이 필요하다.

③ 귀로만 듣는 것이 아니라 오감을 동원해 적극적으로 경청하는 것이 중요하다.

④ 혼자서 대화를 독점하지 않고 이야기를 가로막지 않아야 한다.

23 정답 ④

주례나 회의, 식사 등과 같이 정치적 · 문화적 행사에서와 같이 의례 절차에 따라 말하기는 '의례적 말하기'이다. 공식적 말하기는 사전에 준비된 내용을 대중을 상대로 하여 말하는 것으로 연설, 토의, 토론 등이 있다.

① 의사표현은 말하는 이가 자신의 생각과 감정을 듣는 이에게 음성 언어나 신체언어로 표현하는 행위이다. 즉, 한 마디로 말하기이다.

② 의사표현에는 입말로 표현하는 구어인 음성언어와 신체의 한 부분인 표정, 손짓, 발짓, 몸짓 등으로 표현하는 신체언어(몸말)가 있다.

③ 의사표현의 종류는 상황이나 사태와 관련하여 공식적 말하기, 의례적 말하기, 친교적 말하기로 구분하며, 구체적으로 대화, 토론, 연설, 인터뷰, 낭독, 소개하기, 전화로 말하기, 안내 등이 있다.

24 정답 ②

성공하는 사람의 이미지를 위해서는 의사표현 시 자신을 너무 과소평가하지 않는 자세가 필요하다. 안 좋은 일을 항상 자신의 탓으로 표현한다든지 '죄송합니다.', '미안합니다.'라는 표현을 입에 붙들고 사는 자세는 자신의 낮은 자존감과 열등감을 표현하는 것임을 인식하는 것이 중요하다.

① 성공하는 사람의 이미지를 위해서는 부정적인 말투를 긍정적으로 고쳐야 한다. 무엇이든지 긍정적으로 말하고 힘이 부족하면 도움을 요청하며, 감사의 말을 하고 더 많이 감사할 일이 있을까를 생각하는 것이 중요하다.

③ 상대의 말에 공감하는 것이 중요하다. 즉, 상대의 말을 듣고 그럴 수도 있다고 생각하고 상대가 원하는 대답을 해주는 것이 필요하다. 이 경우 상대는 매우 고마워할 것이며, 우리도 그에게 긍정적인 대답을 들을 수 있을 것이다.

④ 자신의 대화 패턴을 주의 깊게 살펴봄으로써 불필요한 어휘나 부정적이거나 거부감을 주는 표현을 많이 쓰지는 않는지, 또는 상대방이 못 알아듣는 전문용어나 사투리를 사용하지는 않는지 점검해보는 것이 필요하다.

25 정답 ①

연단공포증은 연단에서 누구나 느끼는 생리적인 현상(가슴 두근거리고 입술이 타며 식은땀이 나고 얼굴이 달아오르는 생리적인 현상)으로, 본질적인 심리현상이기 때문에 완전히 치유할 수는 없고 의사전달 시 노력에 의해서 심리적 불안을 얼마간 유화시킬 수 있다.

③ 청자를 호박으로 보는 태도와 관련된다. 즉, 청자의 나이와 사회적 신분을 의식한다면 위축되어 말을 제대로 할 수 없게 되므로 청자가 상사 또는 고관이거나 연장자일지라도 연단에서는 내가 권위자이며, 청자의 신분이 어떠하든 간에 결국 청자와 나는 똑같은 평범한 인간이라는 생각을 가지고 임해야 한다.

④ 청자의 눈을 봐야 하는데 이것이 곤란한 경우 청자의 코를 보는 것이 해결방법이 된다.

Tip

연단공포증 극복방법

- 심호흡을 하라.
- 처음부터 웃겨라.
- 충분히 휴식하라.
- 청자의 코를 보라.
- 청자를 호박으로 보라.
- 완전무결하게 준비하라.
- 청자분석을 철저히 하라.
- 시간보다 더 많이 준비하라.
- 청중 앞에서 말할 기회를 자주 가지라.

26 정답 ③

의사표현에 있어 자기의 실패담을 이야기하는 것도 좋은 방법이 된다. 또한 유머를 활용하는 데 있어서도, 서투른 유머를 해서는 안 되며 무리하게 웃기려고 하지 않아야 한다. 특히 진지한 내용의 연설을 전개할 때 유머 삽입은 가능하면 피하는 것이 좋다.
① 숨을 얕게 들이마시면 목소리가 떨리기 때문에 숨을 깊게 들이마시는 것이 음성을 좋게 하는 방법이 된다.
② 의사표현 시 몸짓을 자연스럽게 하는 것도 필요한데 뒷짐 지기나 팔짱 끼기, 주머니에 손 넣기 등을 하지 않도록 주의하며, 시선을 골고루 배분하고 불안하게 두지 않는 것이 필요하다.
④ 기발하고 참신한 자료를 찾고, 습관적인 사고방식을 배제하며, 항상 청자를 염두에 둔 이야기를 선택한다.

27 정답 ②

ⓒ은 대화 상대방의 말 '유태인과 관련된 말이었던 것 같은데…….'를 받는 말로, 단순히 '유태인과 관련된 것이 맞아.'라고 했으므로, 더 상세하게 표현한 것이라고 할 수 없다.

반언어적 표현, 비언어적 표현

- 반언어적 표현 : 말하는 속도, 어조, 성량, 억양, 음의 길이 등 음성의 조절을 통한 의미 전달
- 비언어적 표현 : 표정, 몸동작, 손짓, 시선 등 언어 외의 수단을 통한 의미 전달

28 정답 ④

축약된 문장은 무례하거나 건방지다는 느낌을 줄 수 있으므로, 완전한 문장을 말하는 것이 필요하다. 완전한 문장은 말하는 이의 품격을 높여줄 뿐 아니라 원활한 의사소통에도 도움이 된다.

① 의사표현법의 기본은 풍부한 독서에서 형성된다. 유창하고 능숙한 말솜씨를 가지려면 풍부한 어휘력이 필요한데, 어휘력을 기르는 데는 독서가 큰 도움이 된다.
② 원활한 의사표현을 위해서는 좋은 청중이 되는 것이 필요하다. 결국 말을 잘 하고 평판이 좋은 사람은 대체로 말수가 적고 상대편보다 나중에 이야기하며, 다른 사람의 말에 세심히 귀를 기울이는 사람이다.
③ 상대편의 말에 공감하고 긍정적인 맞장구를 쳐 주는 경우 상대방은 편안함과 안정감, 친근감을 느끼게 된다.

원활한 의사표현을 위한 지침

- 올바른 화법을 위해 독서를 하라.
- 과감하게 공개하라(상대에게 먼저 자신의 속내를 드러내라).
- 칭찬을 아끼지 마라.
- 이성과 감성의 조화를 꾀하라.
- 겸손은 최고의 미덕임을 잊지 마라.
- 축약된 말보다는 문장을 완전하게 말해라.
- '뒷말'을 숨기지 마라
- 대화의 룰을 지켜라.
- 중의적 표현, 비꼬거나 빈정대는 표현을 삼가라.
- 상대방의 말을 가로막지 않는다.
- '첫마디' 말을 준비하라.
- 혼자서 의사표현을 독점하지 않는다.
- 좋은 청중이 되라(남의 말을 경청하는 사람이 되라). - 의견을 제시할 땐 반론 기회를 준다.
- 공감하고, 긍정적으로 보이게 하라.
- 임의로 화제를 바꾸지 않는다.

29 정답 ③

제시문의 마지막 부분에 언급된 '대부분의 다른 사람들과 같은 행동을 하고 싶어 하는 마음(심리)'를 동조 심리라 한다. 인간은 동조심리에 의해 행동하는 수가 많은데, 이는 유행이라는 현상을 생각하면 쉽게 알 수 있다. 즉, 다른 사람들과 같아지고 싶은 충동이 유행을 추구하게 만드는 것이다. 제시된 가상의 적이나 라이벌 의식을 부추기는 것도 이러한 동조 심리를 이용하여 설득하는 예라 할 수 있다.

논리적이고 설득력 있는 의사표현의 지침

- 겉치레 양보로 기선을 제압하라.
- 동조 심리를 이용하여 설득하라.
- 끄집어 말하여 자존심을 건드려라.

- 자신의 잘못도 솔직하게 인정하라.
- 정보전달 공식을 이용하여 설득하라.
- 변명의 여지를 만들어 주고 설득하라.
- 대비 효과로 분발심을 불러 일으켜라.
- 호칭을 바꿔서 심리적 간격을 좁혀라.
- 침묵을 지키는 사람의 참여도를 높여라.
- 약점을 보여 주어 심리적 거리를 좁혀라.
- 이상과 현실의 구체적 차이를 확인시켜라.
- 상대방의 불평이 가져올 결과를 강조하라.
- 권위 있는 사람의 말이나 작품을 인용하라.
- 혼자 말하는 척하면서 상대의 잘못을 지적하라.
- 'Yes'를 유도하여 미리 설득 분위기를 조성하라.
- 지금까지의 노고를 치하한 뒤 새로운 요구를 하라.
- 집단의 요구를 거절하려면 개개인의 의견을 물어라.
- 여운을 남기는 말로 상대방의 감정을 누그러뜨려라.
- 하던 말을 갑자기 멈춤으로써 상대방의 주의를 끌어라.
- 담당자가 대변자 역할을 하도록 하여 윗사람을 설득하게 하라.

30   정답 ②

고장난명(孤掌難鳴)이나 독불장군(獨不將軍)에서 짐작할 수 있듯이, 제시된 대화의 팀장은 상대방의 의견을 무시하고 자기 마음대로 일을 진행함으로써 자기 생각을 강요하는 방식을 취하고 있다. 고장난명(孤掌難鳴)은 '손바닥도 마주쳐야 소리가 난다.', 즉, '상대가 있어야 무슨 일이든 할 수 있다.'는 의미이며, 독불장군(獨不將軍)은 '무슨 일이든 자기 생각대로 혼자 처리하는 사람'을 뜻한다.

31   정답 ④

해당 토론에서 유행어와 속어는 사용되지 않았다.
- 유행어 : 어느 한 시기에 널리 쓰이다가 안 쓰이게 된 단어나 구절로서 신어의 일종
- 속어 : 일반 대중에게 널리 통용되면서도 정통어법에서는 벗어난 비속한 언어

① '컴퓨터 화면을 보여주며'에서 시각 매체를 사용하고 있음을 알 수 있다.
② '단호한 어조로'와 같은 반언어적 표현을 사용하고 있다.
③ '손을 위에서 아래로 내리며'와 같은 비언어적 표현을 사용하고 있다.

32   정답 ①

제시된 글에는 역설법이 사용된 부분을 찾아볼 수 없다.

② '너희들이 설총은 옳다 하면서 군상(君上)의 하는 일은 그르다 하는 것은 무엇이냐?' 등에서 대조법을 사용한 것을 알 수 있다.
③ '음(音)을 사용하고 글자를 합한 것이 모두 옛글에 위반된다.'는 신하들의 의견에 대하여 '설총의 이두'를 들어 반박하였고, '새롭고 기이한 하나의 기예(技藝)'라는 신하들의 의견에 '내 늘그막에 날[日]을 보내기 어려워서 서적으로 벗을 삼을 뿐인데'라며 조목조목 반박하고 있다.
④ 설총의 이두에 대한 선례와 자신의 학문적 성취를 들어 자신의 입장을 정당화하고 있다.

33   정답 ④

'SNS와 스마트폰의 보급으로 인간관계의 폭은 넓어졌지만 깊이는 얕아졌는지를 조사한 자료가 있다.'는 자료를 토대로 진술한 것이기 때문에 '의견'이 아닌 '사실'에 해당한다.

①, ②, ③은 모두 '의견'에 해당한다.

34   정답 ④

반대 측 토론자는 비유적 표현을 사용하지 않고 있다.

35   정답 ④

'김 교수'의 말에서는 '진행자'의 말을 일부 수정해서 말한 부분은 찾을 수 없다.

① '진행자'의 마지막 말에서 확인이 가능하다.
② '진행자'의 '아, 그랬군요. 그게 문제였군요. 성급한 추진 방식으로 보급이 중단되었다면, 이 문제를 해결할 수 있는 방안은 어떤 것이 있을까요?'에서 확인이 가능하다.
③ '진행자'의 첫 번째 말에서 확인이 가능하다.

36 정답 ④

문제의 상황은 전학 간 다은이가 진희를 만나서 고민에 대해 이야기 하는 장면이다. ㄹ에서 진희는 다은이의 말을 이해하고 긍정적으로 반응하면서 대화를 지속하고 있다. 진희가 한 말이나 전체 대화 상황에서 두 사람의 문화적 배경에 차이가 있다는 것은 발견할 수 없다. 그렇기 때문에 들은 내용의 이해 정도에서 어려움을 느끼는 부분도 찾아볼 수 없다.

① 자세, 동작, 표정과 같은 비언어적 표현을 통해 의미를 드러내면서 대화를 지속할 수 있다.

37 정답 ④

소연이와 창완이는 어제 창완이와 아버지 사이의 갈등을 이야기하며 해결방안을 모색하고 있다. 소연이는 자신의 마음을 표현하라 창완이에게 조언하지만 창완이는 말재주가 없어 어찌할 바를 모르고 있는 상태이다.

38 정답 ③

자신이 말도 없이 방에 들어가 속상하실(갈등의 원인) 아버지께 자신이 아버지의 마음을 헤아리지 못해 죄송하다(자신의 잘못 인정)라고 말하는 ③이 가장 적절하다.

①, ②에는 상대방의 심기를 건드리는 내용이 있다.
④에는 평상시에 화를 잘 내지 않으시는 아버지라 하였기에 내용이 잘못 되어 있다.

02 유의어 · 반의어

01 ③	02 ②	03 ④	04 ③	05 ③	06 ②	07 ④	08 ③	09 ⑤	10 ④
11 ②	12 ④	13 ⑤	14 ④	15 ⑤	16 ②	17 ⑤	18 ①	19 ①	20 ③
21 ③	22 ①	23 ④	24 ④	25 ①	26 ⑤	27 ④	28 ②	29 ③	30 ⑤
31 ⑤	32 ①	33 ④	34 ⑤	35 ②	36 ③	37 ①	38 ③	39 ②	40 ①
41 ①	42 ③	43 ①	44 ②	45 ④					

01 정답 ③

기운이나 상태 따위가 겉으로 드러나다.

① 어떤 한 방향으로 치우쳐 쏠리다.
②, ⑤ 빛, 소리, 향기 따위가 부드럽게 퍼지다.
④ 전기나 가스 따위가 선이나 관을 통하여 지나가다.

02 정답 ②

'오금이 묶이다'는 '일에 매여서 꼼짝 못하게 되어'라는 의미이다.

① 무슨 일을 하고 싶어 가만히 있지 못하는 것을 뜻하는 표현은 '오금이 쑤시다'이다.
③ 다리를 너무 자주 놀려 마치 불이 날 것 같다는 뜻으로, 무엇인가를 찾거나 구하려고 무척 바쁘게 돌아다님을 비유적으로 이르는 말을 뜻하는 표현은 '오금에서 불이 나게'이다.
④ 큰소리치며 장담하였던 말과 반대로 말이나 행동을 할 때에, 그것을 빌미로 몹시 논박을 당하는 것을 뜻하는 표현은 '오금(이) 박히다'이다.
⑤ 무릎의 구부러지는 오목한 안쪽 부분은 '오금', 즉, 신체 부위를 뜻한다.

03 정답 ④

주어진 뜻풀이에 해당하는 단어는 '사변적(思辨的)'이다. 비슷한 말로는 '철학적(哲學的)'을 들 수 있다.

① 사색적(思索的) : 어떤 것에 대하여 깊이 생각하고 이치를 따지는 것
② 사유적(思惟的) : 철학에서 개념, 구성, 판단, 추리 따위를 행하는 인간의 이성 작용 또는 대상을 두루 생각하는 일
③ 사상적(思想的) : 철학에서 논리적 정합성을 가진 통일된 판단

체계 또는 어떠한 사물에 대하여 가지고 있는 구체적인 사고나 생각
⑤ 사기적(詐欺的) : 나쁜 꾀로 남을 속이는. 또는 그런 것.

04 정답 ③

농어의 새끼를 '껄떼기'라고 하고 고등어의 새끼를 '고도리'라고 한다.
① 능소니 : 곰의 새끼
② 마래미 : 방어의 새끼
④ 개호주 : 범의 새끼
⑤ 굼벵이 : 딱정벌레목의 애벌레

동물의 새끼를 이르는 고유어
• 간자미 : 가오리의 새끼
• 개호주 : 범의 새끼
• 고도리 : 고등어의 새끼
• 굼벵이 : 딱정벌레목의 애벌레
• 꺼병이 : 꿩의 어린 새끼
• 노가리 : 명태의 새끼
• 능소니 : 곰의 새끼
• 동어 : 숭어의 새끼
• 발강이 : 잉어의 새끼
• 전어사리 : 전어의 새끼
• 풀치 : 갈치의 새끼

05 정답 ③

'보조개'는 말하거나 웃을 때에 두 볼에 움푹 들어가는 자국으로 '볼우물'이라고도 한다. 따라서 빈칸에는 '호젓하다'와 비슷한 말인 '후미지다'가 들어가야 한다.
• 호젓하다 : 1. 후미져서 무서움을 느낄 만큼 고요하다.
              2. 매우 홀가분하여 쓸쓸하고 외롭다.

• 후미지다 : 1. 물가나 산길이 휘어서 굽어 들어간 곳이 매우 깊다.
　　　　　　 2. 아주 구석지고 으슥하다.

① 대꾼하다 : 눈이 쏙 들어가고 생기가 없다. '때꾼하다'보다 여린 느낌을 준다.
② 대살지다 : 몸이 야위고 파리하다.
④ 담숙하다 : 포근하고 폭신하다.
⑤ 폭신하다 : 조금 포근하게 보드랍고 탄력이 있다.

06　정답 ②
물건을 세는 단위를 묻는 문제이다.
필지(筆地): 논, 밭, 대지 등을 세는 단위

① 대지(大地) : 대자연의 넓고 큰 땅
③ 요지(要地) : 중요한 역할을 하는 곳. 또는 핵심이 되는 곳
④ 공터 : 집이나 밭 따위가 없는 비어 있는 땅
⑤ 획지(劃地) : 도시의 건축용지를 갈라서 나눌 때 한 단위가 되는 땅

07　정답 ④
'지천명(知天命)'은 쉰 살(50세)을 달리 이르는 말이다. 따라서 빈칸에는 마흔 살(40세)을 달리 이르는 말인 '불혹(不惑)'이 들어가야 한다.

Tip
연령을 나타내는 한자어
• 15세 : 지학(志學), 성동(成童)
• 20세 : 약관(弱冠), 약년(弱年)
• 30세 : 이립(而立)
• 40세 : 불혹(不惑)
• 50세 : 지천명(知天命)
• 60세 : 이순(耳順)
• 61세 : 화갑(華甲), 환갑(還甲), 주갑(周甲), 환력(還曆), 회갑(回甲)
• 70세 : 고희(古稀), 종심(從心), 희수(稀壽)
• 80세 : 팔순(八旬), 산수(傘壽)
• 90세 : 졸수(卒壽)
• 99세 : 백수(白壽)
• 100세 : 상수(上壽)

08　정답 ③
• 맥수지탄(麥秀之嘆) : 멸망한 고국에 대한 한탄을 이르는 말
• 풍수지탄(風樹之嘆) : 어버이를 잃은 슬픔을 이르는 말

09　정답 ⑤
한 해를 스물넷으로 나눈 절기(節氣) 중 '청명(淸明)'은 4월 5일 무렵의 봄의 절기이다. 따라서 빈칸에는 가을의 절기에 해당하는 '상강(霜降)'이 들어가야 한다.

Tip
24절기
• 봄
　입춘(立春), 우수(雨水)
　경칩(驚蟄), 춘분(春分)
　청명(淸明), 곡우(穀雨)
• 여름
　입하(立夏), 소만(小滿)
　망종(芒種), 하지(夏至)
　소서(小暑), 대서(大暑)
• 가을
　입추(立秋), 처서(處暑)
　백로(白露), 추분(秋分)
　한로(寒露), 상강(霜降)
• 겨울
　입동(立冬), 소설(小雪)
　대설(大雪), 동지(冬至)
　소한(小寒), 대한(大寒)

10　정답 ④
우리 신체 기관인 '눈'에서 카메라의 렌즈와 같이 빛을 모아주는 역할을 하는 것은 '수정체'이다.

① '망막'은 필름과 같이 영상이 맺힌다.
② '홍채'는 카메라의 조리개와 같이 빛의 양을 조절하는 역할을 한다.

11　정답 ②
• 측정 : 어떤 양의 크기를 기계나 장치로 잼
• 전보 : 전신(電信)으로 단시간에 보내는 통신
• 통지 : 기별하여 알림

① 전출 : 딴 곳으로 이주하여 감
④ 전선 : 전류가 흐르도록 하는 도체로서 쓰는 선
⑤ 책정 : 계획이나 방책을 세워 결정함

12 정답 ④

- 스티브 잡스(Steve Jobs) : 컴퓨터 소프트웨어와 개인용 컴퓨터를 생산하는 애플사(Apple Inc.)의 공동설립자이다.
- 마크 주커버그(Mark Zuckerberg) : 소셜 네트워크서비스인 페이스북(Facebook)의 공동설립자이자 최고경영자이다.
그러므로 빈칸에 들어갈 단어는 페이스북이다.

① SNS(Social Networking Service) : 온라인상에서 이용자들이 인맥을 새롭게 쌓거나 기존 인맥과의 관계를 강화할 수 있게 하는 서비스

13 정답 ⑤

OPEC은 석유수출기구, IAEA는 국제원자력기구의 약칭이다.
- OPEC : 국제석유자본(석유 메이저)에 대한 발언권을 강화하기 위하여 결성된 조직
- IAEA : 원자력의 평화적 이용을 위한 연구와 국제적인 공동관리를 위하여 설립된 국제기구

14 정답 ④

시침은 시계의 구성요소이다. 따라서 빈칸에는 단어의 구성요소인 형태소가 들어가야 한다.

Tip

언어 형식 단위

문장(文章) 〉 절(節) 〉 구(句) 〉 단어(單語) 〉 형태소(形態素) 〉 음운(音韻)

15 정답 ⑤

- 거만 : 잘난 체하며 남을 업신여기는 데가 있음
- 겸손 : 남을 높이고 자신을 낮추는 태도가 있음
- 거시 : 어떤 대상을 전체적으로 크게 봄
- 미시 : 작게 보임. 또는 작게 봄

16 정답 ②

- 삼강(三綱) : 군위신강(君爲臣綱), 부위자강(父爲子綱), 부위부강(夫爲婦綱)
- 오륜(五倫) : 부자유친(父子有親), 군신유의(君臣有義), 부부유별(夫婦有別), 장유유서(長幼有序), 붕우유신(朋友有信)

① 입신양명(立身揚名) : 출세하여 이름을 세상에 떨침을 이르는 말이다.

17 정답 ⑤

개헌은 헌법을 고치는 것이고, 호헌은 헌법을 옹호하는 것이다(반의어 관계). 개혁은 정치 체제나 사회제도 등을 합법적·점진적으로 새롭게 고쳐 나가는 것이고, 수구는 묵은 관습이나 제도를 그대로 지키고 따르는 것이다.

18 정답 ①

백남준은 비디오아트(video art)의 선구자이며, 앤디 워홀(Andy Warhol)은 미국 팝아트(pop art)의 선구자이다.
- 팝아트(pop art) : 일상에서 자주 쓰이는 대중적인 상품의 이미지에서 제재를 찾았던 미술이다.

② 옵아트(optical art) : 추상적 무늬와 색상을 반복하여 표현함으로써 실제로 화면이 움직이는 듯한 착각을 일으키게 하는 미술이다.
③ 그래피티(graffiti) : 건축물의 벽면, 교각 등에 스프레이 페인트로 거대한 그림 등을 그리는 미술이다.
④ 미니멀리즘(minimalism) : 되도록 소수의 단순한 요소로 최대효과를 이루려는 사고방식이다.
⑤ 키네틱 아트(kinetic art) : 어떠한 수단이나 방법에 의하여 움직임을 나타내는 작품의 총칭이다.

19 정답 ①

'제'는 한약을 세는 단위로 탕약 스무 첩이 한 제이고, '쌈'은 바늘을 세는 단위로 바늘 스물 네 개가 한 쌈이다.

② 쾌 : 1. 북어를 묶어 세는 단위로 한 쾌는 북어 스무 마리를 이른다. 2. 엽전을 묶어 세던 단위로 한 쾌는 엽전 열 냥을 이른다.
③ 접 : 채소나 과일 따위를 묶어 세는 단위로 한 접은 채소나 과일 백 개를 이른다.
④ 타래 : 사리어 뭉쳐 놓은 실이나 노끈 따위의 뭉치를 세는 단위이다.
⑤ 아름 : 1. 둘레의 길이를 나타내는 단위이다. 2. 두 팔을 둥글게 모아 만든 둘레 안에 들 만한 분량을 세는 단위이다.

20 정답 ③

호모 사피엔스(Homo Sapiens)는 '지혜가 있는 사람'이라는 의미이며, 호모 루덴스(Homo Ludens)는 '유희의 인간'이라는 의미이다.

21 정답 ③

'헤알(real)'은 브라질의 화폐 단위이므로 빈칸에는 러시아의 화폐 단위인 '루블(rubl)'이 들어가야 한다.

① 엔(en)은 일본의 화폐 단위이다.
② 페소(peso)는 라틴아메리카 몇몇 나라와 필리핀에서 쓰이는 화폐 단위이다.
④ 위안(yua'n)은 중국의 화폐 단위이다.
⑤ 루피(rupee)는 인도 · 파키스탄 · 스리랑카 · 네팔 등의 화폐 단위이다.

22 정답 ①

재판관은 판결(判決)을 하고 배심원은 평결(評決)을 한다.
• 배심원 : 법률 전문가가 아닌 일반 국민 가운데 선출되어 심리나 재판에 참여하고 사실 인정에 대하여 판단을 내리는 사람이다.

②, ③ 기소와 구형은 검사가 한다.
④, ⑤ 변호와 변론은 변호사가 담당한다.

23 정답 ④

'앵돌아지다'는 '노여워서 토라지다.'라는 의미를 가진 단어로 '토라지다'와 유의어관계이다. 따라서 빈칸에는 '서름서름하다'와 비슷한 말인 '서먹서먹하다'가 들어가야 한다.
• 서름서름하다 : 사이가 자연스럽지 못하고 매우 서먹서먹하다.

① 알음하다 : 어떤 일을 알아보거나 맡아보다.
② 옴팡지다 : 1. 보기에 가운데가 좀 오목하게 쏙 들어가 있다.
                    2. 아주 심하거나 지독한 데가 있다.
③ 헤살하다 : 일을 짓궂게 훼방하다.
⑤ 애면글면하다 : 몹시 힘에 겨운 일을 이루려고 갖은 애를 쓴다.

24 정답 ④

'우수리'는 물건 값을 제하고 거슬러 받는 잔돈을 뜻하는 우리말이다. 또한 '도롱이'는 짚, 띠 따위로 엮어 허리나 어깨에 걸쳐 두르는 비옷을 뜻하는 말이다.

25 정답 ①

'영겁(永劫)'과 '찰나(刹那)'는 반의어관계이다. 따라서 ⓐ와 ⓑ에는 반의어관계인 '고의(故意)'와 '과실(過失)'이 들어가야 한다.
• 영겁(永劫) : 영원한 세월을 이르는 말이다.

• 찰나(刹那) : 매우 짧은 시간을 이르는 말이다.
• 고의(故意) : 일부러 하는 생각이나 태도를 이르는 말이다.
• 과실(過失) : 부주의나 태만 따위에서 비롯된 잘못이나 허물을 이르는 말이다.

②, ③, ④, ⑤ 모두 유의어 관계이다.
⑤ 얼개 : 어떤 사물이나 조직의 전체를 이루는 짜임새나 구조를 이르는 말이다.

26 정답 ⑤

음식과 그 재료의 관계가 되기 위해서는 ⓐ에는 '도토리묵'이 ⓑ에는 '멥쌀가루'가 들어가는 것이 적절하다.
• 도토리묵 : 도토리의 앙금을 되게 쑤어 굳힌 음식이다.
• 송편 : 멥쌀가루를 반죽하여 팥, 콩, 밤, 대추, 깨 따위로 소를 넣고 반달이나 모시조개 모양으로 빚어서 솔잎을 깔고 찐 떡으로 흔히 추석 때 빚는다.

27 정답 ④

고구마는 뿌리에 달린 뿌리식물이며, 감자는 줄기부분에 달린 줄기식물이다.

28 정답 ②

'갓밝이'는 날이 막 밝을 무렵 즉, 새벽을 이르는 말이다. 또한 '해거름(해름)'은 해가 서쪽으로 넘어가는 때인 저녁을 이르는 말이다.

③ 땅거미 : 해가 진 뒤 어스레한 상태. 또는 그런 때를 이르는 말이다.
   달구리 : 이른 새벽의 닭이 울 때를 이르는 말이다.
⑤ 해넘이 : 해가 막 넘어가는 때. 또는 그런 현상을 이르는 말이다.

29 정답 ③

OECD는 경제협력개발기구[Organisation for Economic Co - operation and Development]의 약자이다. 따라서 ⓐ와 ⓑ에는 국제원자력기구[International Atomic Energy Agency]와 그 약자인 IAEA가 순서대로 들어가는 것이 적절하다.

① 국제노동기구 [ILO, International Labour Organization]
② 세계기상기구 [WMO, World Meteorological Organization]
⑤ 세계무역기구 [WTO, World Trade Organization]

30 정답 ⑤

지식(知識)과 견식(見識) 유의어 관계이다. 따라서 ⓐ와 ⓑ에는 유의어 관계인 개업(開業)과 창업(創業)이 들어가야 한다.

31 정답 ⑤

'도로(道路)'와 '국도(國道)'는 포함관계이므로 ⓐ와 ⓑ에는 '다각형'과 '사각형'이 들어가는 것이 적절하다.

- 국도(國道) : 나라에서 직접 관리하는 도로로 고속 국도와 일반 국도가 있다.
- 다각형 : 셋 이상의 직선으로 둘러싸인 평면 도형으로 삼각형, 사각형, 오각형 등이 포함된다.

①, ②, ③, ④ 어떤 의미를 보다 명확하게 하기 위하여 대응되는 상대(相對)관계에 해당한다.

32 정답 ①

〈올랭피아〉는 프랑스의 화가 마네의 작품이고, 〈타히티의 여인들〉은 프랑스의 화가 고갱의 작품이다.

인상파

19세기 후반 프랑스에서 활동한 인상주의를 신봉한 유파이다. 표현 대상의 고유한 색채보다 그 색조를 분할하여 외광의 효과를 주로 하여 원색의 강렬한 색감으로 표출하였다.

33 정답 ④

'한산대첩(한산도대첩)'은 조선 선조 25년(1592)에 한산도 앞바다에서 이순신 장군이 왜군과 싸워 크게 이긴 전투이다. 또한 '행주대첩'은 조선 선조 26년(1593)에 전라도 순찰사 권율이 행주산성에서 왜적을 크게 물리친 전투이다.

임진왜란 3대첩

한산도대첩(이순신), 행주대첩(권율), 진주성대첩(김시민)

34 정답 ⑤

주판은 계산을 위해 사용되며, 자전거는 이동을 위해 사용된다.

35 정답 ②

'강유(剛柔)'와 '흑백(黑白)'은 서로 반대되는 의미를 가진 한자가 만나 이루어진 대립관계의 한자어이다. 따라서 ⓐ와 ⓑ에는 대립관계의 한자어인 '빈부(貧富)'와 '대소(大小)'가 들어가는 것이 적절하다.

① 서로 비슷한 뜻을 가진 한자로 이루어진 한자어들이다.
③ 서로 대등한 의미를 가진 한자가 만나 이루어진 한자어들이다.
④ '해양(海洋)'은 유사관계, '고저(高低)'는 대립관계의 한자어이다.
⑤ '청산(靑山)', '백운(白雲)'은 수식관계의 한자어이다.

36 정답 ③

금강산은 여름에는 봉래산으로, 가을에는 풍악산으로 불린다.

금강산의 계절별 명칭

- 봄 : 금강산(金剛山)
- 여름 : 봉래산(蓬萊山)
- 가을 : 풍악산(楓嶽山)
- 겨울 : 개골산(皆骨山)

37 정답 ①

- 엘니뇨(el Niño) : 열대 동태평양 지역의 바닷물 온도가 평균 수온보다 높아지는 현상으로, 2~7년마다 한 번씩 발생하여 세계 각지에 홍수 · 가뭄 · 폭설 등 기상이변을 일으킨다.
- 라니냐(la Niña) : 엘니뇨와 반대되는 현상으로 동태평양에서 평년보다 낮은 저수온 현상이 3개월 이상 일어나는 이상 해류 현상이다.
- 윌리윌리(willy - willy) : 오스트레일리아에서 발생하는 큰 열대성 저기압을 이르는 말이다.

38 정답 ③

'모도리'는 빈틈없이 아주 여무진 사람을 이르는 말이며, '골비단지'는 몹시 허약하여 늘 병으로 골골거리는 사람을 속되게 이르는 말이다.

① 따라지 : 보잘것없거나 하찮은 처지에 놓인 사람이나 물건을 속되게 이르는 말이다.
⑤ 안다니 : 무엇이든지 잘 아는 체하는 사람을 이르는 말이다.

39 정답 ②

가오리의 새끼를 이르는 말은 '간자미'이며, 곰의 새끼를 이르는 말은 '능소니'이다.

④ 고도리 : 고등어의 새끼를 이르는 말이다.
⑤ 꺼병이 : 꿩의 어린 새끼를 이르는 말이다.

40 정답 ①

'횡단(橫斷)'과 '종단(縱斷)'은 반의어관계이다. 따라서 ⓐ와 ⓑ에는 반의어관계인 '우연(偶然)'과 '필연(必然)'이 들어가는 것이 적절하다.

• 우연(偶然) : 아무런 인과관계가 없이 뜻하지 아니하게 일어난 일을 이르는 말이다.

• 필연(必然) : 사물의 관련이나 일의 결과가 반드시 그렇게 될 수밖에 없음을 이르는 말이다.

41 정답 ①

• 병인양요 : 대원군의 가톨릭 탄압으로 조선 고종 3년(1866)에 프랑스 함대가 강화도를 침범한 사건이다.

• 운요호(운양호) 사건 : 조선 고종 12년(1875)에 일본 군함 운양호의 강화 해협 불법 침입으로 발생한 한일 간의 충돌 사건이다.

42 정답 ③

'떠돌이별'은 행성(行星)을 이르는 말이고, '붙박이별'은 항성(恒星)을 이르는 말이다.

⑤ 혜성 : 가스 상태의 빛나는 긴 꼬리를 끌고 태양을 초점으로 긴 타원이나 포물선에 가까운 궤도를 그리며 운행하는 천체이다.

43 정답 ①

'종종히'와 '가끔', '가녘'과 '가장자리'는 같은 말이다.

④ 갓길 : 고속노로나 자동차 진용 도로 따위에서 자동차가 달리도록 되어 있는 도로 폭 밖의 가장자리를 이르는 말이다.

44 정답 ②

'상고대'는 서리를 '먼지잼'은 비를 이르는 말이다.

• 상고대 : 나무나 풀에 내려 눈처럼 된 서리를 이르는 말이다.

• 먼지잼 : 비가 겨우 먼지나 날리지 않을 정도로 조금 옴을 이르는 말이다.

③ 는개 : 안개보다는 조금 굵고 이슬비보다는 가는 비를 이르는 말이다.

벽력 : 공중의 전기와 땅 위의 물체에 흐르는 전기 사이에 방전 작용으로 일어나는 자연현상이다.

45 정답 ④

• 오상고절(傲霜孤節) : 서릿발이 심한 추위 속에서도 굴하지 않고 홀로 꼿꼿하다는 뜻으로 '충신' 또는 '국화'를 뜻한다.

• 세한고절(歲寒孤節) : 추운 계절에도 홀로 푸르른 대나무를 이르는 말이다.

① 오월동주(吳越同舟) : 오나라 사람과 월나라 사람이 한 배에 타고 있다는 뜻으로 어려운 상황에서는 원수라도 협력하게 됨. 뜻이 전혀 다른 사람들이 한자리에 있게 됨을 이르는 말이다.

03 언어표현

01 ④	02 ③	03 ④	04 ⑤	05 ①	06 ④	07 ⑤	08 ②	09 ③	10 ①
11 ②	12 ①	13 ③	14 ②	15 ③	16 ②	17 ②	18 ③	19 ②	20 ⑤
21 ③	22 ⑤	23 ②	24 ②	25 ⑤	26 ①	27 ③	28 ③	29 ④	30 ④
31 ②	32 ③	33 ④	34 ④	35 ⑤	36 ①	37 ③	38 ⑤	39 ⑤	40 ①
41 ②	42 ①	43 ③	44 ①	45 ①	46 ③	47 ③	48 ③	49 ④	50 ①
51 ④	52 ⑤	53 ②	54 ⑤	55 ③	56 ②	57 ④	58 ⑤	59 ①	60 ②
61 ①	62 ②	63 ①	64 ①	65 ③					

01 정답 ④

제시된 문장에서 수정한 단어나 구절이 문맥에 맞는지 맞춤법에 어긋나지 않는지를 파악하는
문제로 맞춤법 지식과 작문 능력을 평가하는 영역이다. ㉣은 '살찌다'가 아닌 '살지다'라는 용언을 활용한 '살진'으로 수정하는 것이 옳다.

• 살찌다 : '몸에 필요 이상으로 살이 많아지다'라는 의미의 동사
• 살지다 : '살이 많고 튼실하다'라는 의미의 형용사

① '가파르다'는 '르' 불규칙 용언이므로 '가팔라서'로 쓰는 것이 맞다.
② '너무'는 '일정한 정도나 한계에 지나치게'라는 의미로 보통 부정적인 어감을 지닌 단어이다. 따라서 문맥상 '무척'을 그대로 두는 것이 더 자연스럽다.
③ 부사격 조사 '에/에게'는 유정 명사에는 '에게', 무정 명사에는 '에'가 결합한다. '꽃'은 무정 명사이므로 '꽃에'로 쓰는 것이 맞다.
⑤ '찌게'는 '찌개'의 잘못된 표현이다.

02 정답 ③

㉢은 정확한 보도의 준칙을 강조하는 이유에 대해 서술한 문장이다. 앞 구절에 '~하기 때문이 아니라'라고 서술하고 있으므로 ㉢도 '달라지기 때문이다.'라고 해야 문맥이 자연스럽다.

①, ②, ④, ⑤는 원래의 단어나 어구를 그대로 두는 것이 문맥상 적절하다.

03 정답 ④

이어질런지 → 이어질는지
판단이나 추측, 불확실한 사실의 실현 가능성에 대한 의문을 나타낼 때는 '– 을는지'로 써야한다.

① 걷잡다 : 한 방향으로 치우쳐 흘러가는 형세 따위를 붙들어 잡다.
겉잡다 : 겉으로 보고 대강 짐작하여 헤아리다.

04 정답 ⑤

'숲'이라는 환경적 요소와 그 곳에서 '엄숙하고 경건한 마음'이 들어 자신도 모르게 옷깃을 여미는 행위를 하게 됐으므로 '여미게 된다.'라고 표현해야 한다.

① 넘다 : 일정한 시간, 시기, 범위 따위에서 벗어나 지나다. 경계를 건너 지나다.
너머 : 높이나 경계로 가로막은 사물의 저쪽 또는 그 공간
② 문장의 주체인 '우리'가 '수목을' 머릿속에 그리는 것이다.
③ 드리우다 : 빛, 어둠, 그늘, 그림자 따위가 깃들거나 뒤덮이다 또는 그렇게 되게 하다.
④ '나뭇잎'은 순우리말로 된 합성어로서 사이시옷을 받치어 적는다.

05 정답 ①

'– 렬/률'의 경우, 모음이나 'ㄴ' 받침 뒤에 이어지는 경우에 '– 열/율'로 적는다. 따라서 '실업률'은 올바른 표현이다.

06 정답 ④

문맥상 '띄게'가 올바른 표현이다.

• 띠다 : 물건을 몸에 지니다. 어떤 성질을 가지다.

• 띄게 : 눈에 보이다. 남보다 훨씬 두드러지다.

문장의 오류

• 주술 호응의 오류 : 보통 문장이 길어지는 경우 문장의 첫머리와 끝에 제시된 주어와 서술어가 호응을 이루지 못하는 경우가 많다.

• 조사 선택의 오류 : 조사는 독립성이 약해 혼자 쓰이지 못하지만 문장 안의 기능을 결정하는 문법적 역할을 한다. 따라서 문법에 걸맞은 조사를 선택해야 한다.

• 과도한 피동 표현 : 외국어의 영향으로 문장을 만들 때 능동의 의미도 피동문의 형태로 잘못 쓰는 일이 많고, 경우에 따라서는 이중 피동 표현을 쓰는 경우도 있다.

07 정답 ⑤

명사 '일체' 뒤에 관형격 조사 '의'가 결합하여 명사인 '장신구'를 꾸며주는 형태로 자신의 몸에 걸친 모든 장신구를 보여줘선 안 된다는 의미이다. 따라서 원래 문장에 쓰인 '일체'가 적절하다.

• 일절 : 아주, 전혀, 절대로의 뜻으로, 흔히 사물을 부인하거나 행위를 금지할 때 쓰는 말

• 일체 : '전부' 또는 '완전히'의 뜻을 나타내는 말. 모든 것

08 정답 ②

• 포섭하다 : 상대편을 자기편으로 감싸 끌어들이다.

• 포착하다 : 꼭 붙잡다. 어떤 기회나 정세를 알아차리나.

① 개인이 미래의 위험에 대비하기 위해 보험에 가입하는 것이므로 과거형이나 현재형을 쓰는 것은 자연스럽지 않다. 따라서 '빠질'로 수정해야 한다.

③ 마지막 문장은 개인이 각종 보험에 가입한다고 위험에 완벽하게 대비할 수 없다는 의미이므로 역접의 접속어 '그러나'가 들어가야 한다.

④ '- 되다'는 피동의 의미를 나타낸다. '자발적 선택'이라는 단어를 참고할 때 '가입하는'이 적절하다.

⑤ '완전히', '완벽히' 등의 단어가 더 적절하다.

09 정답 ③

영화 흥행의 승리 또는 패배보다는 '성공 또는 실패'가 문맥에 더 적절하므로 '성패(成敗)'를 그대로 쓰는 것이 더 적절하다.

10 정답 ①

'눈에 띄다'에서 쓰이는 '띄다'는 '다른 것보다 훨씬 두드러지다'라는 의미로 문맥상 '띠다'로 수정하는 것은 옳지 않다.

알아두어야 할 어휘

• 메다 : 어깨에 걸치거나 올려놓다. 어떤 책임을 지거나 임무를 맡다.

  매다 : 끈이나 줄 따위의 두 끝을 엇걸고 잡아당기어 풀어지지 아니하게 마디를 만들다.

• 빌다 : 바라는 바를 이루게 하여 달라고 신이나 사람. 사물 따위에 간청하다.

  빌리다 : 남의 물건이나 돈 따위를 나중에 도로 돌려주거나 대가를 갚기로 하고 얼마 동안 쓰다.

• 두껍다 : 두께가 보통의 정도보다 크다. 층을 이루는 사물의 높이나 집단의 규모가 보통 정도보다 크다.

  두텁다 : 신의, 믿음, 관계, 인정 따위가 굳고 깊다.

• 썩히다 : 유기물을 부패균에 의하여 분해시킴으로써 원래의 성질을 잃어 나쁜 냄새가 나고 형체가 뭉개지는 상태가 되게 하다. 물건이나 사람 또는 사람의 재능 따위를 쓰여야 할 곳에 제대로 쓰이지 못하고 내버려진 상태에 있게 하다.

  썩이다 : 걱정이나 근심 따위로 마음이 몹시 괴로운 상태가 되게 하다.

11 정답 ②

딛이고 → 디디고

• 디디다 : 발을 올려놓고 서거나 발로 내리누르다. 어려운 상황 등을 이겨내다.

12 정답 ①

가리는 → 가르는

• 가리다 : 여럿 가운데서 하나를 구별하여 고르다.

• 가르다 : 쪼개거나 나누어 따로따로 되게 하다.

13 정답 ③

주어(서유럽의 사람들은)와 목적어(혐오감을), 서술어(나타낸다)의 호응이 적절하여 완전한 문장을 이루고 있다.

㉠ '농경'은 '논밭을 갈아 농사를 지음'이라는 뜻이므로 '농경을 지어 왔다'라는 표현은 어법상 중복 표현에 해당한다. 따라서 '농사를 지어 왔다'로 수정하는 것이 좋다.

㉡ 첫 문장에서 우리나라는 전통적으로 농사를 지어왔다고 하였으므로 '우리나라와 달리'라는 표현은 문맥에 맞지 않는다.

ⓔ 서유럽 사람들을 → 서유럽 사람들에게
ⓜ 거부감이 느낄 것이다 → 거부감을 느낄 것이다

14 정답 ②

실학자들이 지붕을 기와로 덮어야 한다고 주장했지만 서민들은 경제적인 여유가 없어 초가지붕을 선호하였다는 내용이다. 따라서 ⓛ은 앞의 문장과 상반되는 내용을 연결할 때 사용하는 '그러나', '그렇지만' 등으로 수정해야 한다.

15 정답 ③

틀린 글자 수는 모두 5개이다.

> **제4조(보증조건의 변경)**
> ① 주채무자 및 보증채권자는 보증회사로부터 서면에 의한 동의를 받지 아니하고는 보증조건을 변경할 수 없습니다.
> ② 보증조건의 변경은 보증회사가 변경사항을 주채무자 및 보증채권자에게 서면으로 알리거나 보증서의 보증조건을 정정하여 재교부한 경우에만 성립합니다.
>
> **제5조(통지의무)**
> ① 주채무자 또는 보증채권자는 다음 각 호의 어느 하나에 해당하는 사유가 발생한 경우에는 1월 이내에 서면으로 그 내용을 보증회사에 통지하여야 합니다.
>   5. 보증사고 사유가 해소되었을 때
> ② 보증회사는 주채무자 또는 보증채권자가 정당한 사유 없이 제1항의 통지를 지연하거나 하지 않음으로써 증가된 채무는 부담하지 아니합니다.

16 정답 ②

틀린 글자 수는 모두 6개이다.
- 부동산의 표식 → 부동산의 표시
- 아래와 같이 지불기로 함 → 아래와 같이 지불키로 함
- 임차인이 일절 비용을 부담하여 → 임차인이 일체 비용을 부담하여
- 임차인은 이를 확인 제공함 → 임차인은 이를 확인 수령함
- 법정수수료를 중개인에게 수령하여야 함 → 법정수수료를 중개인에게 지불하여야 함
- 허가빈호 → 허가번호

17 정답 ②

기본형은 '들르다'이며 '들르-+-시-+-었-+-다 → 들르셨다'의 활용은 어법에 맞다. '들르다'의 주요 활용 형태는 '들른다, 들렀다, 들르셨다, 들러, 들른, 들르고' 등이 된다. '들르다'는 '지나

는 길에 잠깐 들어가 머무르다'라는 의미이다.

① 무릎쓰고 → 무릅쓰고 : '무릅쓰다'는 '힘들고 어려운 일을 참고 견디다'라는 의미이다.
③ 띈 → 띤 : '감정이나 기운 따위를 나타내다'라는 의미를 가진 '띠다'는 '띤'으로 활용한다.
④ 벌렸다가 → 벌였다 : '벌이다'는 '일을 계획하여 시작하거나 펼쳐놓다'라는 의미이다.
⑤ 띠었다 → 띄었다 : '두드러지게 드러나다' 라는 의미이다.

18 정답 ③

'알천'은 '재산 가운데 가장 값나가는 물건'을 뜻한다.

19 정답 ②

'도외시(度外視)'는 '상관하지 아니하거나 무시함'을 뜻하는 말이다.

20 정답 ⑤

'허청허청'은 '다리에 힘이 없어 잘 걷지 못하고 자꾸 비틀거리는 모양'을 뜻하므로 쓰임이 적절하지 않다.

21 정답 ③

'주시(注視)'는 '어떤 목표물에 주의를 집중하여 보거나 어떤 일에 온 정신을 모아 자세히 살핀다.'라는 뜻이다. 따라서 앞의 '멍하니'라는 부사와는 호응할 수 없는 어휘이다.

① 갹출(醵出) : 같은 목적을 위하여 여러 사람이 돈을 나누어 냄.
② 공포(公布) : 일반 대중에게 널리 알림.
④ 혼동(混同) : 1. 구별하지 못하고 뒤섞어서 생각함.
            2. 서로 뒤섞이어 하나가 됨.
⑤ 궤멸(潰滅) : 무너지거나 흩어져 없어짐. 또는 그렇게 만듦.

22 정답 ⑤

- 감상(感傷) : 하찮은 일에도 쓸쓸하고 슬퍼져서 마음이 상함.
- 감상(鑑賞) : 주로 예술 작품을 이해하여 즐기고 평가함.
- 감상(感想) : 마음속에서 일어나는 느낌이나 생각.

23 정답 ②

'대한(大旱)'은 큰 가뭄을, '운예(雲霓)'는 구름과 무지개를 뜻하는 말로 '대한의 운예'는 어떤 일이 일어나기를 갈망함을 비유적으로 이르는 말이다.

24 정답 ②

- '갈고리 맞은 고기' : '갈고리를 맞아 놀라서 헐떡거리며 어쩔 줄 모르는 고기와 같다.'라는 뜻으로 매우 위급한 경우를 당하여 어찌할 바를 모름을 비유하는 말이다.
- 부중생어(釜中生魚) : 《후한서》에 나오는 말로 '솥 안에 물고기가 생긴다.'라는 뜻으로, 매우 가난하여 오랫동안 밥을 짓지 못함을 이르는 말이다.

① 풍전등화(風前燈火) : '바람 앞의 등불'이라는 뜻으로, 사물이 매우 위태로운 처지에 놓여 있음을 비유적으로 이르는 말이다.
③ 초미지급(焦眉之急) : '눈썹에 불이 붙었다.'라는 뜻으로, 매우 급함을 이르는 말이다.
④ 간두지세(竿頭之勢) : '대막대기 끝에 선 형세'라는 뜻으로, 매우 위태로운 형세를 이르는 말이다.
⑤ 여리박빙(如履薄氷) : '살얼음을 밟는 것과 같다.'라는 뜻으로, 아슬아슬하고 위험한 일을 비유적으로 이르는 말이다.

25 정답 ⑤

'견출지'의 순화어는 '찾음표'이다.

26 정답 ①

'선걸음'은 주로 '선걸음에', '선걸음으로'의 꼴로 쓰여 '이미 내디뎌 걷고 있는 그대로의 걸음'을 의미한다.

27 정답 ③

'걱실걱실'은 '성질이 너그러워 말과 행동을 시원스럽게 하는 모양'을 의미한다.

① 헌칠하다 : 키나 몸집 따위가 보기 좋게 어울리도록 큼.
② 물색없다 : 말이나 행동이 형편에 맞거나 조리에 닿지 아니함.
④ 애면글면 : 몹시 힘에 겨운 일을 이루려고 갖은 애를 쓰는 모양.
⑤ 어험스럽다 : 1. 짐짓 위엄이 있어 보이는 듯함. 2. 굴이나 구멍 따위가 텅 비고 우중충한 데가 있음.

28 정답 ③

'맹아(萌芽)'는 '풀이나 나무에 새로 돋아 나오는 싹'을 뜻하는 말로 사물의 시초가 되는 것을 의미하는 말이다.

29 정답 ④

'의뭉하다'는 '겉으로는 어리석은 것처럼 보이면서 속으로는 엉큼하다.'라는 뜻이다.

① 닦아 세우다 : 꼼짝 못하게 휘몰아 나무람을 이르는 말.
② 옹골지다 : 실속이 있게 속이 꽉 차 있음.
③ 미욱스럽다 : 매우 어리석고 미련한 데가 있음.
⑤ 대근하다 : 견디기가 어지간히 힘들고 만만하지 않음.

30 정답 ④

- 기지(旣知) : 이미 앎.
- 기지(奇智) : 특별하고 뛰어난 지혜.

① 형극(荊棘) : 나무의 온갖 가시라는 뜻으로 '고난'을 비유적으로 이르는 말.
② 전철(前轍) : 앞에 지나간 수레바퀴의 자국이라는 뜻으로, 이전 사람의 그릇된 일이나 행동의 자취를 이르는 말.
③ 무산(霧散) : 안개가 걷히듯 흩어져 없어짐. 또는 그렇게 흐지부지 취소됨.
⑤ 뇌쇄(惱殺) : 애가 타도록 몹시 괴로워함. 또는 그렇게 괴롭힘. 특히 여자의 아름다움이 남자를 매혹하여 애가 타게 함을 이르는 말.

31 정답 ②

- 행사(行事) : 어떤 일을 시행함. 또는 그 일. 경축 행사 등에 쓰임.
- 행사(行使) : 부려서 씀. 또는 권리의 내용을 실현함.

① 통찰(洞察) : 예리한 관찰력으로 사물을 꿰뚫어 봄.
③ 사전(事典) : 여러 가지 사항을 모아 일정한 순서로 배열하고 그 각각에 해설을 붙인 책.
④ 무고(誣告) : 사실이 아닌 일을 거짓으로 꾸미어 해당 기관에 고소하거나 고발하는 일.
⑤ 공용(公用) : 1. 공공의 목적으로 씀. 또는 그런 물건.
　　　　　　　 2. 공적인 용무.
　　　　　　　 3. 공공 단체에서 공적으로 쓰는 비용.

32 정답 ③

- 구별(區別) : 성질이나 종류에 따라 차이가 남.
- 구분(區分) : 일정한 기준에 따라 전체를 몇 개로 갈라 나눔.
- 식별(識別) : 분별하여 알아봄.
- 판별(判別) : 옳고 그름이나 좋고 나쁨을 판단하여 구분함.

33 정답 ④

'명세'는 '내역'을 순화한 말이다.

34 정답 ④

'도투락'은 어린 여자아이가 드리는 자줏빛 댕기를 이르는 고유어이다.

35 정답 ⑤

'오죽'은 '얼마나'라는 뜻을 나타내는 우리말이다.

① 부득이(不得已)
② 물론(勿論)
③ 심지어(甚至於)
④ 도대체(都大體)

36 정답 ①

제시된 글은 우리말을 적당히 표현하기 위해 마지못해 들여온 외국말이 우리말을 대신하게 되었다는 내용이다. 따라서 이에 가장 적합한 속담은 ①이다. '굴러 온 돌이 박힌 돌 뺀다'는 것은 외부에서 새로 들어온 사람이 본래 있던 사람을 내쫓거나 해를 입힌다는 것을 비유적으로 이르는 속담이다.

② '발 없는 말이 천 리 간다'는 순식간에 멀리까지 퍼져 나가므로 말을 삼가야 함을 비유적으로 이르는 속담이다.
③ '낮말은 새가 듣고 밤말은 쥐가 듣는다'는 것은 비밀은 결국 지켜지지 않고 남의 귀에 들어간다는 뜻으로, 항상 말조심을 해야 함을 비유적으로 이르는 속담이다.
④ '말은 해야 맛이고 고기는 씹어야 맛이다'는 마땅히 할 말은 해야 한다는 것을 의미하는 속담이다.
⑤ '홍시 먹다가 이 빠진다'는 것은 일이 안 되거나 꼬이는 경우를 비유적으로 이르거나, 또는 쉽게 생각했던 일이 뜻밖에 어려워 힘이 많이 들거나 실패한 경우를 이르는 속담이다.

37 정답 ④

장님 코끼리 만지기 : 일부분을 알면서 전체를 아는 것처럼 여기는 어리석음을 뜻함

① 초상난 데 춤추기 : 때와 장소를 분별하지 못하고 경망스럽게 행동하는 경우를 이르는 말
② 호박에 말뚝 박기 : 심술궂고 잔혹한 짓을 뜻함
③ 나루 건너 배 타기 : 무슨 일에나 순서가 있어 건너뛰어서는 할 수 없음을 이르는 말
⑤ 다 된 죽에 코 풀기 : 거의 다 된 일을 망쳐버리는 주책없는 행동을 비유적으로 이르는 말

38 정답 ⑤

'초미지급(焦眉之急)'은 눈썹에 불이 붙었다는 뜻으로 매우 급박한 상황을 비유한 말이다. 따라서 잠시 동안만 효력이 있을 뿐 효력이 바로 사라짐을 뜻하는 '동족방뇨(凍足放尿)'와는 바꿔 쓸 수 없다.

① 고식지계(姑息之計) : 우선 당장 편한 것만을 택하는 꾀나 방법. 한때의 안정을 얻기 위하여 임시로 둘러맞추어 처리하거나 이리저리 주선하여 꾸며 내는 계책을 이름.
② 하석상대(下石上臺) : 아랫돌 빼서 윗돌 괴고 윗돌 빼서 아랫돌 괸다는 뜻으로, 임시변통으로 이리저리 둘러맞춤을 이르는 말.
③ 임시방편(臨時方便) : 갑자기 터진 일을 우선 간단하게 둘러맞추어 처리함.
④ 미봉책(彌縫策) : 눈가림만 하는 일시적인 계책을 이르는 말.

39 정답 ⑤

'방약무인(傍若無人)'은 곁에 사람이 없는 것처럼 아무 거리낌 없이 함부로 말하고 행동하는 태도가 있음을 의미하는 말이다.

①, ②, ③, ④는 아주 무식함을 비유적으로 이르는 말들이다.
② 일문불통(一文不通) : 한 글자도 읽을 수 없음을 이르는 말
③ 진언부지(眞諺不知) : 진서(眞書)나 언문(諺文)을 다 알지 못한다는 뜻으로, 무식하여 잘 모름을 이르는 말

40 정답 ①

'당장 먹기에는 곶감이 달다'라는 속담은 나중의 일은 생각하지 않고 당장 쉽고 입맛에 맞는 것만 하는 경우를 비꼬는 말이다.

41 정답 ②

'마른 나무를 태우면 생나무도 탄다.'는 안 되는 일이라도 대세를 타면 잘될 수 있음을 비유적으로 이르는 말이다. 따라서 이에 해당하는 상황은 ②이다.

42 정답 ①

비육지탄(髀肉之嘆)은 '허송세월을 탄식한다.'라는 뜻의 한자성어이다.

② 동족방뇨(凍足放尿)는 '언 발에 오줌 누기'라는 뜻으로 잠시 동안만 효력이 있을 뿐 효력이 바로 사라짐을 비유적으로 이르는 말이다.

③ 임기응변(臨機應變)은 '처한 상황에 맞추어 일을 처리한다.'라는 뜻이다.
④ 미봉책(彌縫策)는 일시적으로 처리해 놓은 계책을 의미한다.
⑤ 고식지계(姑息之計)는 일시적인 편리를 위해 이끌어낸 계책을 의미한다.

43 정답 ③

• 구운 게도 다리를 떼고 먹는다 : 틀림없는 듯하더라도 만일의 경우를 생각하여 세심한 주의를 기울여야 낭패가 없음을 이르는 말이다.
• 교토삼굴(狡兔三窟) : '교활한 토끼는 세 개의 숨을 굴을 파 놓는다.'라는 뜻으로, 사람이 교묘하게 잘 숨어 재난을 피함을 이르는 말이다.

① 호사다마(好事多魔) : 좋은 일에는 흔히 방해되는 일이 많음을 이르는 말이다.
② 임갈굴정(臨渴掘井) : '목마른 사람이 우물을 판다.'라는 뜻을 이르는 말이다.
④ 수구초심(首丘初心) : '여우도 죽을 때는 제 고향 쪽으로 머리를 향한다.'라는 뜻을 이르는 말이다.
⑤ 만사휴의(萬事休矣) : '모든 것이 헛수고로 돌아갔다.'라는 뜻을 의미한다.

44 정답 ①

• 곤달걀 지고 성 밑으로 못 간다 : 이미 다 썩은 달걀을 지고 성 밑으로 가면서도 성벽이 무너져 달걀이 깨질까 두려워 못 간다라는 뜻으로, 무슨 일을 지나치게 두려워하며 석연함을 비유적으로 이르는 말이다.
• 고성낙일(孤城落日) : '외딴 성과 서산에 지는 해'라는 뜻으로, 세력이 다하고 남의 도움이 없는 매우 외로운 처지를 이르는 말로 제시된 속담과는 거리가 멀다.

② 기우(杞憂) : 앞일에 대해 쓸데없는 걱정을 함을 이르는 말이다.
③ 배중사영(杯中蛇影) : 술잔에 비친 뱀의 그림자라는 뜻으로 쓸데없는 의심을 품으면 탈이 남을 이르는 말이다.
④ 의심암귀(疑心暗鬼) : 쓸데없는 의심을 하면 귀신이 생김을 이르는 말이다.
⑤ 기인우천(杞人憂天) : '기(杞)나라 사람이 하늘이 무너질까 걱정한다.'라는 말로 쓸데없는 걱정을 의미한다.

45 정답 ①

'줄창'은 '줄곧'의 뜻을 가진 말로 표준어가 아니다.

② 작작 : 너무 지나치지 아니하게 적당히. 남이 하는 짓을 말릴 때에 쓰는 말이다.
③ 된통 : '아주 몹시'라는 뜻으로 '되우', '되게'와 같이 표준어이다.
④ 하도 : 정도가 매우 심하거나 큼을 강조하여 '아주', '몹시'의 뜻을 나타내는 '하'를 강조하여 이르는 말이다.
⑤ 지레 : '어떤 일이 일어나기 전' 또는 '어떤 기회나 때가 무르익기 전에 미리'라는 뜻이다.

46 정답 ③

'저기'는 비표준어이며 '적이'가 표준어이다. 어원적으로 의미상 원형에 가까운 '적이'가 아직 쓰이고 있는 경우이므로 '적이'를 표준어로 삼은 것이다.

① '간'은 '칸'으로 통일되어 쓰이지만 '초가삼간'은 예외적으로 표준어로 인정한다.
② '울력성당'은 '떼 지어 으르고 협박함'의 뜻을 지닌 표준어이다.
④ 종전에는 '개발괴발'만이 표준어였으나 '개발새발'도 추가적으로 표준어로 인정하였다.
⑤ '수놈'과 같이 '암', '수'의 '수'는 '수'로 통일하였으므로 '수소'가 표준어이다.

47 정답 ①

'앗어라'는 '아서라'로 써야 한다.

② '오손도손'과 '오순도순' 모두 표준어이다.
③ '동댕이쳤다'는 '냄비', '쟁이'와 같이 'ㅣ'모음 역행동화를 인정한 것이다.
④ '괴팍하다'는 '붙임성 없이 까다롭고 별난 성격'을 이르는 표준어이다.
⑤ '케케묵다'는 '일이나 지식 따위가 오래되어 낡음'을 뜻하는 표준어이다.

48 정답 ③

'벌레 따위가 한곳에 많이 모여들어 뒤끓다.'라는 의미를 가진 복수 표준어는 '꾀다'와 '꼬이다'이다.

① '볕이나 불기운 따위를 몸에 받다.'라는 의미를 가진 복수 표준 어는 '쬐다'와 '쪼이다'이다.

② '느슨하거나 헐거운 것이 단단하거나 팽팽하게 되게 하다.'라는 의미를 가진 복수 표준어는 '죄다'와 '조이다'이다.

④ '물 따위의 액체나 가스, 냄새 따위가 우묵한 곳에 모이다.'라는 의미를 가진 복수 표준어는 '괴다'와 '고이다'이다.

⑤ '소의 고기'를 뜻하는 복수 표준어는 '쇠고기'와 '소고기'이다.

49　정답 ④

'～돈, ～말, ～발, ～푼'은 '서'와 어울려 쓰이고 '～냥, ～되, ～섬, ～자'는 '석'과 어울려 쓰인다. 따라서 '서 돈'이 표준어이다.

① '망태기'와 '망태'는 모두 표준어이다.

② '거치적거리다'는 표준어이며 '걸리적거리다'도 추가로 표준어로 인정되었다.

③ '간질이다'는 표준어이며 '간지럽히다'도 표준어로 추가되었다.

⑤ '찌끼'는 '찌꺼기'의 준말로 모두 표준어이다.

50　정답 ①

'봉선화', '봉숭아'는 표준어이지만 '붕숭화'는 방언으로 표준어로 인정되지 않는다.

② '씀벅씀벅'은 눈꺼풀을 움직이며 눈을 자꾸 감았다 떴다 하는 모양을 의미하는 말로 표준어이다.

③ '옹골차다'는 '매우 실속이 있게 속이 꽉 차 있다.'라는 뜻의 표준어이다.

④ '천장(天障)'은 표준어이고 '천정'은 비표준어이다. 하지만 '천정부지(天井不知)'는 '천정'으로 써야 한다.

⑤ '이기죽거리다'와 '이죽거리다'는 '자꾸 밉살스럽게 지껄이며 짓궂게 빈정거림'을 뜻하는 표준어이다.

51　정답 ④

'담쟁이'는 사람을 칭하는 것이 아니라 식물을 말하는 것으로 표준어이다.

① 시골나기 → 시골내기 : '～내기'는 그 지역에서 태어나고 자라서 그 지역 특성을 지니고 있는 사람의 뜻을 더하는 접미사로 '시골내기'라고 해야 한다.

② 미쟁이 → 미장이 : 기술자에 '～장이'가 붙는 것으로 '미장이'는 '건축 공사에서 벽이나 천장, 바닥 따위에 흙이나 회, 시멘트 따위를 바르는 기술자'를 의미하는 것으로 '미쟁이'가 아니라 '미장이'라고 해야 한다.

③ 멋장이 → 멋쟁이 : 기술자의 '～장이'외에는 '～쟁이'로 해야 하므로, '멋장이'가 아니라 '멋쟁이'로 표현해야 한다.

⑤ 자선남비 → 자선냄비 : '냄비'는 '모음 역행 동화'가 일어난 말을 표준어로 삼는 것'으로 '자선남비'가 아니라 '자선냄비'가 맞는 표현이다.

52　정답 ⑤

'설겆이'는 이미 어원에서 멀어진 형태이므로 '설거지'를 표준어로 삼는다.

① '생인손'은 손가락 끝에 종기가 나서 곪는 병을 뜻하는 표준어이다.

② '우렁쉥이'는 '멍게'의 표준어였는데 방언이던 '멍게'가 널리 쓰이게 되면서 '멍게'도 표준어로 삼게 된 것이다.

③ '담배꽁초'가 표준어이며 '담배꽁추', '담배꽁초'는 비표준어이다.

④ '새치름하다'가 원래 표준어이며 '새초롬하다'도 표준어에 추가되었다.

53　정답 ②

'펀뜻'은 '언뜻'과 같은 뜻으로 비표준어이다.

① '가엽다'와 '가엾다'는 모두 표준어이다.

③ '신기롭다'는 '신기하다'와 함께 표준어이다.

④ '입찬말'은 '자신의 지위나 실력을 믿고 지나치게 장담함'의 뜻을 가진 표준어이다.

⑤ '축나다'는 '일정한 수나 양에서 모자라다.'라는 뜻을 가진 표준어이다.

54　정답 ⑤

'여간내기'는 보통 '～아니다'와 함께 쓰여 '보통내기'의 뜻을 가진 표준어이다.

① '연신'은 기존의 '연방'과 함께 추가된 표준어이다. '연방'은 '연속해서 자꾸'의 뜻으로 연속성을 강조하는 말이고 '연신'은 '잇따라 자꾸'라는 뜻으로 반복성이 강조된 말이다.

② '되우'는 '매우'의 뜻을 지닌 말로 '된통', '되게'와 함께 표준어이다.

③ '칠칠맞다'는 '일처리가 아무지고 깔끔하다.'라는 뜻이다. 주로 '～못하다'와 함께 쓰여 '칠칠맞지 못하다.'라는 형태로 쓰인다.

④ '맨송맨송'과 함께 '맨숭맨숭', '맹숭맹숭'은 모음의 차이로 어감의 차이를 가진 것으로 모두 표준어로 인정되었다.

55 정답 ③

'후텁지근하다'는 '조금 불쾌할 정도로 끈끈하고 무더운 기운이 있음'을 이르는 표준어이다.

① 오랫만에 → 오랜만에 : 한글 맞춤법은 표준어를 소리대로 적되, 어법에 맞도록 함을 원칙으로 하므로 '오랜만에'가 옳은 표현이다.
② 째째하다 → 쩨쩨하다 : '너무 적거나 하찮아서 시시하고 신통치 않다.' 또는 '사람이 잘고 인색하다.'라는 뜻의 형용사는 '쩨쩨하다'가 옳은 표기이다.
④ 눈쌀 → 눈살 : 명사 또는 용언의 어간 뒤에 자음으로 시작된 접미사가 붙어서 된 말은 그 명사나 어간의 원형을 밝혀 적는다.
⑤ 웬지 → 왠지 : '왜 그런지 모르게' 또는 '뚜렷한 이유도 없이'를 뜻하는 부사어는 '왠지'가 바른 표기이다.

56 정답 ③

'늦둥이'는 '나이가 많이 들어서 낳은 자식'을 뜻하는 말이다. 또한 '둥이'는 '그러한 성질이 있거나 그와 긴밀한 관련이 있는 사람'의 뜻을 더하는 접미사로 '귀염둥이, 막내둥이, 해방둥이, 바람둥이'와 같은 말을 만들기도 한다.

① '들려(들리다)'는 '병이 걸리다.', '사람이나 동물이 소리를 감각 기관을 통해 알아차리다.'의 피동, '손에 가지다.'의 피동 등의 의미를 가지고 있다. '지나는 길에 잠깐 들어가 머무르다.'의 뜻을 가진 말은 '들르다'이다. 따라서 '나는 석탑 서점을 들러 오후 세 시에 바닷가로 나왔었나.'로 고쳐야 한다.
② (어린아이의 나이를 나타내는 명사구 뒤에 붙어) '그 나이를 먹은 아이'의 뜻을 더하는 접미사는 '– 배기'이다. 따라서 '두 살배기 딸이 재롱을 떨었다.'로 고쳐야 한다.
④ '손으로 한 줌 움켜쥘 만한 분량을 세는 단위'를 나타내는 말은 '움큼'이다. 따라서 '아직도 불길 좋게 타고 있는 모닥불 위에 눈을 한 움큼씩 덮었다.'로 고쳐야 한다.
⑤ '담다'는 '어떤 물건을 그릇 따위에 넣다.'라는 뜻을 가지고 있다. '김치 · 술 · 장 · 젓갈 따위를 만드는 재료를 버무리거나 물을 부어서, 익거나 삭도록 그릇에 넣어 두다.'라는 뜻을 가지고 있는 말은 '담그다'이다. 따라서 '장을 담글 준비가 되었니?'로 고쳐야 한다.

57 정답 ④

'기름이나 힘줄, 뼈 따위를 발라낸, 순 살로만 된 고기'를 뜻하는 말은 '살코기'이다. '살고기'는 '살코기'의 잘못된 표기이다.

① 가뭄, 가물 : 오랫동안 비가 내리지 않아 메마른 날씨를 이르는 말이다.
② 고깃간, 푸줏간 : 예전에, 쇠고기나 돼지고기 따위의 고기를 끊어 팔던 가게를 이르는 말이다.
③ 댓돌, 툇돌 : 집채의 낙숫물이 떨어지는 곳 안쪽으로 돌려 가며 놓은 돌을 이르는 말이다.
⑤ 벌레, 버러지 : 곤충을 비롯하여 기생충과 같은 하등 동물을 통틀어 이르는 말이다.

58 정답 ⑤

'총각미역'은 비표준어이며 '꼭지미역'이 표준어이다.

① '을씨년스럽다'는 '보기에 날씨나 분위기 따위가 몹시 스산하고 쓸쓸한 데가 있다.'라는 뜻의 표준어이다.
② '어금지금하다'는 '정도나 능력이 서로 비슷하다.'라는 뜻으로 '어금버금하다'와 함께 표준어이다.
③ '어림잡다'는 '어림치다'와 함께 표준어이다.
④ '짜깁기'는 직물의 찢어진 곳을 그 감의 올을 살려 본디대로 흠집 없이 짜서 깁는 일을 가리키거나 기존의 글이나 영화 따위를 편집하여 하나의 완성품으로 만드는 일을 의미하는 표준어이다. '짜집기'는 비표준어이다.

59 정답 ①

'허드렛일'이 표준어이다.

② '멀찌가니', '멀찌감치', '멀찍이'는 모두 표준어이다.
③ '아지랑이'는 표준어이고 '아지랭이'는 비표준어이다.
④ '야멸치다'는 '자기만 생각하고 남의 사정을 돌볼 마음이 거의 없다.' 혹은 '태도가 차고 야무지다.'라는 뜻의 표준어이다. 하지만 '야멸차다'도 표준어로 추가되었다.
⑤ '오뚝이'는 표준어이고, '오뚜기'는 비표준어이다.

60 정답 ②

- 강남콩 → 강낭콩
- 사흘날 → 사흗날
- 꺽꽂이 → 꺾꽂이

61 정답 ①

'덩굴', '넝쿨'은 표준어이지만 '덩쿨'은 비표준어이다.

② '장사치'는 '장사아치'의 준말로 준말이 널리 쓰이므로 준말인 '장사치'가 표준어이다.
③ '남우세스럽다'는 '남에게 놀림과 비웃음을 받을 듯하다.'라는 뜻을 가진 표준어이다. 또한 '남사스럽다'도 표준어로 추가되었다.
④ '거짓부리'는 '거짓된 말'을 의미하는 표준어이다.
⑤ '설령'은 부정적인 의미의 문장에 사용된 표준어이다.

62 정답 ③

표준어란 한 국가의 정치·문화적 공용어로 맞춤법이나 표준 발음의 대상이 된다. 표준어의 사용은 국민 통합, 지식이나 정보 습득 및 문화생활의 향유, 국어순화에 기여한다.

① 표준어란 교양 있는 사람들이 두루 사용하는 현대 서울말이다.
② 표준어와 방언은 각각 나름의 가치를 지닌다.
④ 공식적인 자리에서 발표를 하거나, 대중매체의 보도, 책이나 신문의 편찬, 한글 교육에서는 표준어를 사용해야 하나 일률적으로 모든 상황에서 표준어만 사용해야 하는 것은 아니다.
⑤ '~장이'는 수공업적인 기술로써 물건을 만들거나 수리하는 사람을 이르는 말로 '대장장이, 미장이, 옹기장이, 땜장이'등이 그 예다. 또한 '~쟁이'는 사람의 성질, 독특한 습관, 행동, 모양 등을 나타내는 말에 붙어서 그 사람을 이르는 말로 '고집쟁이, 겁쟁이, 미련쟁이, 허풍쟁이' 등이 여기에 속한다. 따라서 '미장이'가 표준어이다.

63 정답 ①

어떤 행동이나 일이 이미 이루어졌어야 함에도 그렇게 되지 않았음을 불만스럽게 여기거나 또는 바람직하지 않은 행동이나 일이 계속되어 옴을 나타낼 때 쓰는 말은 '여태'이다. '여직'은 비표준어이다.

② '곰곰'은 부사로 '곰곰이'와 같은 뜻의 표준어이다.
③ '성글다', 성기다'는 '사이가 뜨다.'라는 뜻으로 모두 표준어이다.
④ '허섭스레기'는 표준어이며, '허접쓰레기'도 표준어로 추가되었다.
⑤ 대부분의 경우 '산(山)'과 '멧' 중에서 '산'이 더 널리 쓰여 '멧누에', '멧줄기' 등은 비표준어로 처리되었으나 '멧부리', '멧돼지'는 '멧'의 형태가 널리 쓰이고 있으므로 표준어로 인정되었다.

64 정답 ①

'깍정이'는 비표준어이며 '깍쟁이'는 이미 모음의 발음이 변화하여 굳어진 것으로 표준어이다.

② '민둥산'은 '벌거숭이산'과 함께 표준어이다.
③ '외지다'는 '외따로 떨어져 으슥하고 후미지다.'라는 뜻을 지닌 표준어이다.
④ '노상'은 '언제나', '줄곧'의 뜻을 지닌 표준어이다.
⑤ '짜장면'은 원래 '자장면'만이 표준어였지만 '짜장면'도 표준어로 추가되었다.

65 정답 ③

'좀체로'는 비표준어이며, '좀처럼'이 표준어이다.

① '부지깽이'는 아궁이에 불을 땔 때 쓰는 막대기를 뜻하는 말로 표준어이다.
② '명절이나 생일 등을 맞이하여 보내다.'라는 뜻을 가진 표준어는 '쇠다'이다.
④ '광주리'는 대나 싸리 등으로 만든 그릇으로 표준어이다.
⑤ '두루뭉술하다'는 모음조화를 지킨 표현으로 표준어이며, '두리뭉실하다' 역시 표준어로 추가되었다.

01 경청능력

01 ④ 02 ④ 03 ② 04 ④ 05 ② 06 ③ 07 ② 08 ① 09 ③ 10 ④
11 ① 12 ④ 13 ③ 14 ① 15 ③

01 정답 ④

경청을 방해하는 요인으로 상대방의 말을 듣기는 하지만 듣는 사람이 임의로 그 내용을 걸러내며 들으면 상대방의 의견을 제대로 이해할 수 없는 경우가 있다. 효과적인 경청자세는 상대방의 말을 전적으로 수용하며 듣는 태도이다.

02 정답 ④

어떤 사항에 대해서 다른 사람의 문제를 본인이 해결해 주고자 지나친 조언을 한다면 상대는 마음을 털어놓고 싶은 생각이 사라진다.

03 정답 ②

논쟁을 할 때에는 먼저 상대방의 주장을 들어주는 것이 경청의 올바른 방법이다.

경청의 방법
• 논쟁 할 때는 먼저 상대방의 주장을 들어준다.
• 의견이 다르더라도 일단 수용한다.
• 오감을 이용하여 적극적으로 경청한다.
• 시선을 맞춘다.
• 혼자서 대화를 독점하지 않는다.
• 상대방의 말을 가로채지 않는다.
• 이야기를 가로막지 않는다.
• 말하는 순서를 지킨다.

04 정답 ④

경청하는 태도는 상대방에게 영향을 미치는 것이 일반적이다. 즉, 우리가 경청하는 만큼 상대방도 우리의 말을 경청할 수밖에 없으며, 자기 말을 경청해주는 사람을 싫어하는 사람은 존재하지 않는다.

① 경청이란 다른 사람의 말을 주의 깊게 듣고 공감하는 능력으로, 대화의 과정에서 신뢰를 쌓을 수 있는 최고의 방법에 해당한다.
② 우리가 경청하는 경우 상대방은 안도감을 느끼며 무의식적인

믿음을 갖게 된다.
③ 경청하는 사람의 상대는 경청하는 사람의 말에 자신도 모르게 더욱 집중하게 되므로, 말과 메시지, 감정 등이 더욱 효과적으로 상대에게 전달될 수 있다

효과적인 경청의 방법
• 상대방의 말을 가로채지 않는다.
• 논쟁에서는 먼저 상대방의 주장을 들어준다.
• 혼자서 대화를 독점하지 않는다.
• 말하는 순서를 지킨다.
• 시선(Eye – Contact)을 맞춘다.
• 귀로만 듣지 말고 오감을 동원해 적극적으로 경청한다.

05 정답 ②

상대방을 향하여 상체를 기울여 다가앉는 것은 열심히 듣고 있는 것으로, 경청의 올바른 자세이다.

① 상대를 정면으로 마주하는 자세는 함께 의논할 준비가 되었음을 알리는 모습이다.
③ 손이나 다리를 꼬지 않고 개방적인 자세를 취하는 것은 상대에게 마음을 열어 놓은 모습이다.
④ 우호적인 눈의 접촉은 자신이 관심을 가지고 있다는 모습이다.

06 정답 ③

적극적 경청의 태도에는 상대가 무엇을 느끼고 있는가를 상대의 입장에서 받아들이는 공감적 이해가 중요하므로, 상대에 대한 비판적 · 충고적인 태도를 버리는 것이 바람직하다.

적극적 경청의 자세
• 상대방이 말하는 의미를 이해한다.
• 비판적 · 충고적인 태도를 버린다.
• 단어 이외의 표현에도 신경을 쓴다.
• 상대방이 말하는 동안 경청하고 있다는 것을 표현한다.
• 대화 시 흥분하지 않는다.

07 정답 ②

경청의 방해요인 중 (A)는 '짐작하기', (B)는 '슬쩍 넘어가기'에 대한 설명이다.

경청의 방해요인

- 짐작하기 : 상대방의 말을 듣고 받아들이기보다 자신의 생각에 맞는 단서를 찾아 자신의 생각을 확인하는 것을 말한다. 대체로 상대방의 목소리 톤이나 얼굴 표정, 자세 등을 지나치게 중요하게 생각하며, 말의 내용은 무시하고 자신의 생각이 옳다는 것만 확인하려는 경향이 강하다.
- 대답할 말 준비하기 : 상대의 말 다음에 자신이 할 말을 생각하는데 집중해 상대의 말을 잘 듣지 않는 것을 말한다. 이 경우 결국 자기 생각에 빠져서 상대방의 말에 제대로 반응할 수가 없게 된다.
- 걸러내기 : 상대의 말을 듣기는 하지만 온전하게 메시지를 듣지 않는 경우를 말한다. 즉, 듣고 싶지 않은 것들을 막아버리는 것을 의미한다. 상대방의 감정이나 기분을 인정하고 싶지 않다거나 무시하고 싶을 때 자기도 모르는 사이에 상대방이 아무 문제도 없다고 생각해버린다.
- 판단하기 : 상대방에 대한 부정적인 판단 또는 비판을 위해 상대방의 말을 듣지 않는 것을 말한다.
- 다른 생각하기 : 상대방에게 관심을 기울이는 것이 더 힘들어지고 상대방이 말할 때 자꾸 다른 생각을 하게 되는 것을 말한다.
- 조언하기 : 다른 사람의 문제에 대해 지나치게 본인이 해결해 주고자 하는 것을 말한다. 말끝마다 조언하려고 끼어드는 경우 상대방은 제대로 말을 끝맺을 수 없으며 마음을 털어놓고 이야기하기도 어려워진다.
- 언쟁하기 : 언쟁은 단지 논쟁하기 위해서만 상대방의 말에 귀를 기울이는 것을 말하는데, 이는 상대방이 무슨 말을 하던 자신의 입장을 확고히 한 채 방어하는 것으로, 상대방의 생각을 전혀 들을 생각이 없기 때문에 어떤 이야기를 해도 듣지 않게 된다.
- 자존심 세우기 : 자존심이 강한 사람은 자존심에 관한 것을 모두 봉쇄하기 때문에 자신의 부족한 점에 대한 상대방의 말을 경청할 수 없게 된다. 자신이 잘못했다는 말을 받아들이지 않기 위해 거짓말을 하거나 고함을 지르고, 변명을 하게 되는 것이다.
- 슬쩍 넘어가기 : 대화가 너무 사적이거나 위협적인 경우 주제를 바꾸거나 농담을 하여 이를 넘기려 하는 것을 말한다. 어떤 문제나 상대방의 부정적 감정을 회피하기 위해서 유머를 사용하거나 핀트를 잘못 맞추게 되면 상대방의 진정한 고민을 놓치게 된다.

- 비위 맞추기 : 상대방의 비위를 맞추거나 위로하기 위해 지나치게 빨리 동의하는 것을 말한다. 의도는 좋지만 상대방이 걱정이나 불안에 대해 지지 또는 동의하는데 치중함으로써 상대방에게 자신의 생각이나 감정을 충분히 표현할 시간을 주지 못하게 된다.

08 정답 ①

상대를 정면으로 마주하는 자세는 그와 함께 의논할 준비가 되었음을 알리는 자세로서 경청의 올바른 자세가 된다.
또한 우호적인 눈의 접촉을 통해 자신이 관심을 가지고 있다는 사실을 알리게 되는데, 눈을 피하게 되면 상대방에게 의논할 자세가 안 되었다는 느낌을 줄 수 있으므로 주의해야 한다.

② 손이나 다리를 꼬지 않는 소위 개방적 자세를 취하는 것은 상대에게 마음을 열어놓고 있다는 표시이다.
③ 상대방을 향하여 상체를 기울여 다가앉은 자세는 자신이 열심히 듣고 있다는 사실을 강조하는 것이다.
④ 비교적 편안한 자세를 취하는 것은 전문가다운 자신만만함과 아울러 편안한 마음을 상대방에게 전하는 것이다.

09 정답 ③

적극적 경청의 태도에는 상대가 무엇을 느끼고 있는가를 상대의 입장에서 받아들이는 공감적 이해가 중요하므로, 상대에 대한 비판적·충고적인 태도를 버리는 것이 바람직하다.

적극적 경청의 자세

- 상대방이 말하는 의미를 이해한다.
- 비판적·충고적인 태도를 버린다.
- 단어 이외의 표현에도 신경을 쓴다.
- 상대방이 말하는 동안 경청하고 있다는 것을 표현한다.
- 대화 시 흥분하지 않는다.

10 정답 ④

맞장구는 대화법을 통한 경청훈련이 아니라 적절한 맞장구를 통한 경청훈련에 해당한다.

① 경청능력은 훈련을 통해 개발할 수 있는데, 대표적인 훈련방식으로는 대화법을 통한 경청훈련, 적절한 맞장구를 통한 경청훈련, 놀이를 통한 경청훈련 등이 있다.
② 대화법을 통한 경청훈련은 부부관계와 부모 – 자녀관계, 친구관계, 직장동료 관계, 직장 상사와 부하직원과의 관계 등 모든 인간관계에서 그대로 적용될 수 있다.

③ 적절한 맞장구는 말하는 사람의 의욕이 북돋아 더욱 열의를 갖고 이야기를 할 수 있게 하므로, 적절한 맞장구는 대화에 필수적인 요소라 할 수 있다.

경청훈련

• 대화법을 통한 경청훈련
  – 주의 기울이기(바라보기, 듣기, 따라하기)
  – 상대방의 경험을 인정하고 더 많은 정보 요청하기
  – 정확성을 위해 요약하기
  – 개방적인 질문하기
  – '왜'라는 질문 피하기
• 적절한 맞장구를 통한 경청훈련
  – 치켜 올리듯 가볍게 하는 맞장구(저런! 그렇습니까! 잘됐습니다)
  – 동의하는 맞장구(그렇겠군요, 알겠습니다)
  – 정리하는 맞장구(말하자면 이런 것입니까?)
  – 재촉하는 맞장구(그래서 어떻게 됐습니까?)

11 정답 ①
경청은 대화의 과정에서 신뢰를 쌓을 수 있는 최고 방법 중 하나이며, 우리가 먼저 경청하면 상대는 안도감을 느끼고, 듣는 이에게 무의식적으로 믿음을 갖게 되며 더 집중하게 된다.

12 정답 ④
경청을 할 때에는 비판 – 충고적인 태도를 버려야 한다.

13 정답 ③
상대방이 원하는 것이 공감과 위로일 경우에 조언은 오히려 반감을 살 수 있다. 이러한 대화가 매번 반복된다면 상대방은 무시당하고 이해받지 못한다고 느낄 수 있다.

14 정답 ①
경청을 할 때에는 상대방이 말하는 의미를 이해하며 공감해야 한다.

15 정답 ③
공감을 할 때에는 상대방의 말을 집중해서 들으며 상대방의 '말' 안에 담겨져 있는 감정과 기분을 이해하려는 노력이 필요하다. 대답할 말을 미리 준비하는 것은 적절하지 않은 방법이다.

02 기초외국어능력

01 ③   02 ④   03 ②   04 ②   05 ③   06 ④   07 ④

01 정답 ③

외국어 의사소통에서 대화뿐 아니라 몸짓과 표정, 무의식적인 행동으로 자신의 기분과 느낌을 표현하는 문화도 이해해야 한다.

02 정답 ④

실수를 겁내지 말고 기회가 있으면 외국어로 말하는 것이 좋다.

03 정답 ②

오늘날의 세계화 시대에서 기초외국어능력을 특정 직업인에게만 필요한 능력이라 보기는 어렵다. 기초외국어능력은 특정한 사람에게만 요구되는 능력이 아니라, 직업인으로서 누구나 자신의 업무에서 필요한 능력이라 할 수 있다. 즉, 모두가 외국인과 원활한 의사소통이 가능한 유창한 외국어능력이 필요한 것은 아니며, 또한 외국인과 업무제휴가 잦은 특정 직업인에게만 필요한 능력도 아니다.

04 정답 ②

기초외국어능력에서 중시되거나 필요한 외국어는 꼭 영어만을 말하는 것은 아니며, 자신의 분야에서 주로 상대해야하는 외국인 고객이나 외국회사에 따라 요구되는 언어는 다양하다.

① 직업인은 자신이 속한 조직의 목적을 달성하기 위해 외국인을 설득하거나 이해시켜야 하지만, 이런 설득이나 이해의 과정이 모든 업무에서 똑같이 이뤄지지는 않는다. 예를 들어, 비서업무를 보는 사람은 외국인과의 의사소통 상황에서 전화응대나, 안내 등의 기초외국어를 숙지하는 것이 필요하고, 공장에서 일하는 사람의 경우에는 새로 들어온 기계가 어떻게 작동되는지 매뉴얼을 봐야하는 상황에서 기초외국어능력이 필요하며, 일반 회사원의 경우 다양한 상황에 직면할 수 있지만 주로 외국으로 보낼 서류를 작성하거나, 외국에서 온 서류를 이해하여 업무를 추진해야 하는 상황과 관련된 기초외국어능력이 필요할 것이다.

③ 무엇보다 중요한 것은 자신에게 기초외국어능력이 언제 필요한지 잘 숙지하고, 그에 대비하여 자신의 업무에서 필요한 기초외국어를 적절하게 구사하는 것이다.

④ 외국어 의사소통에서 중요한 것은 자신이 왜 의사소통을 하려고 하는지 상대방과 목적을 공유하는 것이며, 이를 위해서는 자신이 전달하고 싶은 것을 먼저 생각하는 사고력과 생각한 내용을 어떤 형태로 표현할 것인가를 결정하는 표현력이 필수적이다.

05 정답 ③

경우와 경우에 대한 설명이 바뀌었다. 즉, 말의 속도가 빠르거나 짧게 얘기하는 경우 공포나 노여움을 나타내며, 말이 중단되거나 속도가 느린 경우 결정적인 의견이 없거나 긴장 또는 저항을 나타낸다.

① 눈을 쳐다보는 것은 흥미와 관심이 있음을 나타내며, 눈을 보지 않는 것은 무관심하다는 것을 의미한다.

② 어조가 높은 경우 적대감이나 대립감을 나타내며, 어조가 낮은 경우 만족이나 안심을 나타낸다.

④ 큰 목소리는 내용을 강조하거나 흥분 또는 불만족을 나타내며, 작은 목소리는 자신감 결여를 나타낸다.

06 정답 ④

혼자 공부하는 경우 공부에 소홀할 수 있고 집중력을 계속 유지하기 어렵다. 따라서 자극이 되는 사람이나 라이벌을 정하여 공부하는 것이 필요하다.

기초외국어능력 향상을 위한 공부법
• 왜 외국어 공부를 해야 하는지 그 목적부터 정하라.
• 매일 30분씩 눈과 손과 입에 밸 정도로 반복하여 공부하자.
• 실수를 두려워하지 말고, 기회가 있을 때 마다 외국어로 말하라.
• 외국어와 익숙해 질 수 있도록 쉬운 외국어 잡지나 원서를 읽자.
• 혼자 공부하는 것보다는 라이벌을 정하고 공부하라.

- 업무와 관련된 외국어 주요용어는 꼭 메모해 두자.
- 출퇴근 시간에 짬짬이 외국어방송을 보거나, 라디오를 들어라.
- 외국어 단어를 암기할 때 그림카드를 사용해보라.
- 가능하면 외국인 친구를 많이 사귈 수 있는 기회를 만들어 대화를 자주 나눠보라.

07 정답 ④

이름이나 호칭은 상대방에게 어떻게 해야 할지 먼저 물어보는 것은 피해야 할 행동이 아니라 예의 있는 행동이다.

시스컴은
여러분을
응원합니다